이윤재 정치학총서 02

시민정치와
N G O

이
태
동

박영사

항상 고마운 형, 이태희에게

:: 머리말

민주주의의 근간은 시민이며, 그렇기에 민주주의는 시민과 시민들의 조직이 주체가 되는 정치체제라고 할 수 있다. 시민은 다수를 차지하지만, 개인으로서 혹은 집단 행동을 통한 정치 과정에 영향을 끼치기 힘든 주체이기도 하다. 선거 과정에서 투표를 통해 정치에 참여하지만, 시민들이 직접 정치 과정에 영향을 끼치는 제도와 문화는 아직 성숙되지 못했다. 시민들의 조직인 NGO(Non-Governmental Organization)의 활동 여건도 수많은 도전에 직면해 있다. 이러한 맥락 속에서 본서는 시민정치와 NGO 정치의 개념, 성장, 영향을 이해하려는 목적으로 작성되었다.

1부에서는 시민정치에 관한 다음의 질문에 답하는 장들로 구성된다. 시민정치는 무엇이고, 왜 필요한가? 시민들은 무엇을 원하는가? 시민들은 정치 참여를 위해 어떤 전략을 어떻게 활용하는가? 시민들이 숙의과정(Deliberative Process)을 통해 정책을 결정할 때, 가장큰 영향을 미치는 요인은 무엇인가? 마지막으로, 시민정치 교육은 정치참여에 어떤 영향을 미치는가?

2부에서는 시민사회조직인 NGO(Non-Governmental Organization)를 주제로 다음의 질문들을 답하고자 한다. NGO는 무엇이고 어떤 역할을 하는가? NGO의 등장과 성장 요인은 무엇인가? NGO는 입법 과정에서 기업들에게 어떻게 영향을 미치는가? NGO와의 민관 파트너십(Public Private Partnership)은 정책에 어떤 영향을 미치는가? 각 장에서는 위에서 언급한 질문에 답함으로써, 독자들에게 시민정치와 NGO에 대한 이해를 도울 것으로 기대한다.

본서는 한국이 중심이 되지만 다양한 사례들(미국, 동유럽, 전세계)을 다룬다. 방법론에 있어서 패널데이터분석, 빅데이터분석, 준실험연구, 회귀분석 등 양적 방법과 함께 비교사례 연구, 과정추적법, 사후가정사고, 인터뷰 등 질적 방법을 활용하여 시민정치와 NGO 주제를 분석하였다.

필자는 2010년 The Rise of International NGO 논문을 Voluntas에 출간한 후, 꾸준히 시민정치와 NGO 주제를 연구하고 강단에 서서 교육해 왔다. 본서는 저자의 지난 십여 년간 시민정치 주제에 대한 연구를 종합하여 작성하였다. 또한 영문

논문으로 출판된 연구들을 한글로 번역하여 접근성을 높였다. 관련 주제에 대한 교양서, 교과서, 편집서, 번역서가 주를 이룬 시민정치와 NGO 분야에서, 개인적으로 사회과학 전문학술서의 단독저서 출간은 이론적 질문에 실증적으로 답하는 학술적 의미를 가진다고 생각한다.

시민사회에 대한 학문적, 실천적 관심을 가지고 연구한 내용을 정리하면서, 많은 분들이 함께 하셨다. 우선 무엇보다, 연구의 공저자분들께 감사를 표한다. 김민정, 백우열, 유인태, 이상엽, 차재권 교수님과 Erica Johnson, Aseem Prakash 교수님은 시민정치와 NGO를 이해하고 설명하는 데 많은 도움을 주셨다. 지도학생들이었고 각자의 자리에서 열심히 연구하고 활동하는 노관령, 손효동, 안정배, 임상영, 임혜수, 황세정에게 감사드린다. 원고를 꼼꼼히 읽고 번역하고, 수정해 준 강다혜, 강지연, 김경민, 김유진, 배정훈, 이경호 조교의 도움은 이 책을 만드는 꼭 필요한 수고였다. 이 지면을 빌려 다시 한 번 감사드린다. 항상 격려와 사랑으로 연구를 독려한 부모님들과 가족(민경, 근휘, 준휘)에게도 사랑을 가득 담아 감사를 표한다. 평생 친구같이 우애 좋은, 물심양면으로 항상 도움주는 형 이태희에게 감사한다. 이 연구는 2022년 연세대학교 인문사회지원연구의 지원을 받았다. 또한 이윤재 정치학 총서 시리즈 출판으로 연세대학교 정치외교학과 연구력 향상에 도움을 주신 이윤재 선배님께 감사드린다.

:: 차 례

제6장   동아시아와 세계시민

제7장   NGO 정치란 무엇이고, 왜 필요한가?

제8장   국제 NGO의 성장 : 하향식(Top-down)과 상향식(Bottom-up) 요인

제9장   미디어 독립성과 비정부기구에 대한 신뢰 : 탈공산주의 국가들에 대한 사례 연구

제10장   국제규범의 국내입법 과정에서 NGO의 영향력 : 한국의 단일 난민법 제정사례를 중심으로

도서의 구성

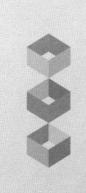

도서의 구성

본서는 시민정치와 NGO에 관한 2부, 12 챕터로 구성된다.

1부. 시민정치

1장. 시민정치란 무엇이고, 왜 필요한가?

시민은 누구인가? 시민정치는 무엇인가? 시민정치는 왜 필요한가? 대의민주제(Representative Democracy)와 시민정치는 어떻게 조화될 수 있는가? 본 장은 시민정치의 개념, 필요성, 역할, 다른 정치 체제, 정치적 행위자 간의 갈등과 조화를 개괄적으로 검토한다.

2장. 시민들은 무엇을 원하는가? 민원과 청원

시민들을 코로나 확산과 같은 위기 상황에서 정부에 무엇을 요구할까? 코로나의 급속한 확산을 겪은 도시와 그렇지 않은 도시 사이에 시민들의 온라인 민원 내용에 차이가 있을까? 이 장은 서울, 부산, 대구, 인천에서의 온라인 민원에 대한 빅데이터 분석을 통해, 시민들은 위기 상황에서 무엇을 원하는가에 대한 질문에 답하고자 한다. 텍스트 마이닝, 토픽 모델링의 적용 결과, 급격한 코로나 확산을 겪은 대구와 같은 도시는 '방역'을 중심으로 한 민원이 주를 이루고, 그렇지 않은 부산과 같은 도시는 '지원'을 핵심어로한 민원이 주가 됨을 밝혔다. 결론적으로 해당 연구를 통해 지역과 경험에 따라 시민들이 요구하는 정부 대응은 다를 수 있음을 보여주고 있다.

그렇기에 온라인 청원과 민원에 대한 지속적이고 과학적인 분석을 통해 시민들이 원하는 바를 찾아내는 노력이 필요하다.

┃Taedong Lee. Wooyeal Paik, Sangyoung Lim, Sang Yup Lee. 2022. Online Citizen Petitions to COVID－19 in South Korean Cities: A Big Data Analysis. The Annals of Regional Science.

3장. 시민/주민자치는 새로운 기술을 어떻게 활용하고 있는가?

4차 산업혁명의 기술을 활용한 주민자치의 유형과 사례에는 어떤 것들이 있고, 이는 어떤 이론적·정책적 함의를 가지는가? 빅데이터(Big Data), 인공지능(Artificial Intelligence), 블록체인(Blockchain)과 같은 기술들은 산업의 변화와 동시에 정치의 전환에도 영향을 끼치고 있다. 그렇기에 본 장을 통해 4차 산업혁명 시대의 기술 진화가 가져온 다양한 기술적 수단들을 활용하여 시민 스스로가 지역혁신의 주체로 성장할 수 있도록 지방자치제도를 주민자치 중심으로 혁신해 나갈 필요가 있음을 주장하고자 한다. 본 장에서는 4차 산업혁명 시대의 주민자치의 유형을 주민자치의 단계(참여, 심의, 결정)와 기술의 단계(정보 수집－대응, 정보 공동 생성)로 나누어 한국 주민자치 사례를 분석하고자 한다. 본 장은 지방 정치에서 제도적 및 기술적 진보를 통해서 주민들이 참여, 논의, 결정하여 정보를 공동 생성하는 주민자치 발전 형태를 실현할 때 대의 민주주의와 직접 민주주의의 조화가 가능할 것으로 본다.

┃이태동, 차재권. 2020. 4차 산업혁명 시대 주민자치 유형과 활성화 방안 연구. 글로벌정치연구 Journal of Global Politics 13(1): 119－145.

4장. 시민정치는 어떻게 정책을 결정하는가? 공론화와 숙의

공론화란 원전 건설 등과 같이 쟁점이 되는 이슈들에 대한 일련의 토의 및 토론을 통한 대표적인 의견들을 채택하여 대중의 집단적 의사결정을 정책결정 과정에 활용하는 방식이다. 이 장은 공론화 참가자들의 선택에 영향을 준 요인으로 에너지 가치 우선 순위, 숙의 과정과 개인 속성을 분석한다. 원전 관련 공론화에 참여한 시민들은 왜 공사를 재개할 것을 결정했을까? 본 장은 특히 첫 번째 설문에서는 자신의 의견을 정하지 않았던 사람들이 왜 마지막 (네 번째) 설문에서는 원전 건설 재개를 선택하게 되었는지에 대해 탐구하고자 한다. 통계 분석을 통해 보수적인 정치 이념을 가진 사람들과 안정된 에너지 공급과 원자력 발전소의 산업적 영향을 중시하는 이들이 건설 재개를 지지하는 경향이 있다는 것으로 밝혀졌다. 반면, 환경적 영향에 대해 우려를 가진 사람과 TV로 중계된 토론을 지켜본 사람들은 건설의 중단을 지지하는 경향이 많았다. 이 장은 (1) 에너지에 대한 가치 우선 순위, 숙의 과정 속 정보들의 출처, 개인 속성, 개인 의사 결정 간의 이론적 연관성과 (2) 원자력 정책에 대한 결정을 내리지 못한 이들이 결정을 내리게 되는 과정에 대한 실증적 근거를 제공함으로써 지속가능한 에너지 거버넌스와 개인의 행동에 관한 연구분야에 기여하고자 한다.

▌Taedong Lee, Sohyeon Ryu, Minjung Kim. 2022. Public deliberation on nuclear power plant construction: The impact of values, processes, and personal attributes. Journal of Cleaner Production 355 131794. 1-11

5장. 시민정치 교육은 정치 참여에 영향을 끼치는가?

지역기반 시민교육(Community-Based Learning: CBL)은 시민들의 정치 참여에 어떤 영향을 끼칠까? 민주사회에서 시민정치를 활성화하기 위한 방안으로 교육의 중요성을 강조하는 경우가 많다. 그러나 아직까지 지역기반의 시민교육이 시민참여에 어떤 영향을 끼치는가에 대한 실증적 연구는 많지 않다. 이 장에서는 준실험연구를 활용하여 지역기반 수업을 수강한 정치외교학과 대학생들과 그렇지 않은 학생들이 정치 참여에 다른 양상을 보이는가를 검증하고자 하였다. 이 장은 지역기반시민교육을 수강한 학생들이 자발적인 봉사활동이나 학생 조직을 만들 가능성이 높음을 보여주고 있다. 또한 지역 민원을 통해 정치에 참여하고자 하는 경향도 높게 나타났다. 그러나 전통적인 정치 행태인 투표 참여에 있어서는 두 그룹의 학생들 간에 큰 차이는 없었다. 이 장으 지역기반 시민교육은 학생들의 지역 정치 참여에 실질적으로 긍정적인 영향을 끼칠 수 있음을 보여준다.

▌Lee, Taedong, Jungbae An, Hyodong Sohn, In Tae Yoo. 2019. An Experiment of Community-Based Learning Effects on Civic Participation. Journal of Political Science Education. 15(4): 443-458.

6장. 세계시민의 개념은 동아시아 국가에서 어떻게 다른가?

세계시민은 시민의 경우보다 국가적 요소가 더욱 희박하고 대신 자유주의적 속성은 더욱 강화된 개념이다. 시민의 경우, 국민과 시민은 하나의 영토적 정치적 체제 내 국민 또는 시민이라는 점에서 일정부분 국가주의적 요소를 가지고 있다. 하지만 세계시민은 특정한 국가의 범위를 넘어서는 인류보편의 가치를 추구한다는 점에서 자유주의적 속성이 가장 강하게 드러난다. 따라서 세계시민과 국민의 개념은 상충적이다. 국민주의는 자국민과 타국민의 구분이 중시되는데 세계시민 혹은 세계시민주의가 우선시하는 것은 자유주의적 인류 보편의 가치이다. 세계시민의 경우 그 개념과 세계시민교육에 있어서 한국, 중국, 일본의 동아시아 삼국은 차이점을 보이고 있다.

한국은 세계시민(世界市民), 일본은 지구시민(地球市民), 중국은 세계공민(世界公民)이란 용어를 주로 사용한다. 지칭하는 것은 비슷해 보여도, 세계(世界)와 지구(地球)는 그 범주에 있어서 세계는 좀 더 인간 중심적이고 구체적인 곳이라는 인식이, 지구는 인간과 자연을 포괄하며 추상적인 인식이 반영되어 있다. 또한 시민(市民)과 공민 公民은 공동체에 속한 자유로운 개인(市民)과 공적인 인간(公民)으로서의 개인이라는 것도 차이를 보인다. 그 내용에 있어서, 중국의 세계시민의 개념을 현 국가 체제를 유지하고 확장하는 연속선상에서 인식하는 접근이 다른 두 국가에 비해 강하다고 보여진다. 이러한 차이점에도 불구하고 전체적으로 삼국에서 세계시민에 대한 담론, 그리고 세계시민의 의식은 확산될 것으로 보인다.

▌이태동. 2017. 동아시아와 세계시민. 동아시아 근현대 '民'의 형성과 변천. 동북아역사재단 보고서.

2부. NGO 정치

7장. NGO 정치란 무엇인고, 왜 필요한가?

NGO란 무엇인가? 왜 등장했고, 왜 필요한가? 시민들의 자발적인 조직인 NGO는 국가, 경제주체와 때로는 경쟁하고, 때로는 협력하며 회원들의 가치를 추구한다. 본 장에서는 NGO의 개념, 이론적 논의, 역할, 조직, 국가−NGO 간의 학술적 논제들을 설명하고자 한다.

8장. NGO는 왜 등장했는가?

국제 NGO가 국가마다 다르게 등장하는 요인은 무엇인가? 이 장은 1982년부터 2000년까지, 126개 국가에서 국제 비정부 기구(INGOs)의 성장을 가능케 했던 조건들에 대해 분석한다. 전 세계 INGO의 지리적으로 불균등한 성장을 설명하기 위해,

본 장은 대립적인 두 개의 이론적 접근을 시험하고자 한다. 성장에 대한 하향식 (Top-down)관점은 한 국가의 세계 정치와 경제 체제에 대한 통합성의 정도에 초점을 맞춘다. 상향식(Bottom-up)관점은 한 국가 내의 민주주의의 발전과 내부 경제의 번영을 INGO 성장의 주요한 요인으로 강조한다. 최소자승법(OLS)을 통한 패널데이터의 계량경제학적 분석에 따르면, 세계적 그리고 국내적 수준에서의 경제적 그리고 정치적 요인 둘 모두 INGO의 성장을 설명한다.

▍Lee, Taedong. 2010. "The Rise of International Nongovernmental Organizations: A Top-down or Bottom-up Explanation?" Voluntas: International Journal of Voluntary and Nonprofit Organizations. 21(3): 393-416.

9장. NGO에 대한 신뢰의 요인은 무엇인가?

왜 탈공산주의 국가들 간에 비정부기구(Non-Governmental Organization 이후, NGO)에 대한 공적신뢰도가 다르게 나타나는가? 미디어 독립성이 이러한 신뢰도에 어떻게 영향을 주는가? 본 장에서 저자는 NGO가 시민들의 규범적 기대에 맞게 기능을 할 때와 시민들이 NGO의 활동에 대한 정보를 정기적으로 얻을 시민들이 NGO에 대한 신뢰를 갖게 된다는 전제로부터 논의를 진행하고자 한다. NGO의 정보 수급과 신뢰도라는 부분에서 미디어는 필수적인 역할을 갖게 된다. NGO 분야가 덜 발전된 단계에 있으며, 특히 활동주의적인 기관이자 공공재와 서비스의 제공자로서의 NGO에 대한 시민들의 경험이 부재한 동부유럽·前소련권 국가들에서 NGO 신뢰도 향상을 위한 미디어의 역할은 더욱 부각된다. NGO에 대한 미디어의 역할들을 설명하고자 한다. 첫째, 미디어는 시민들이 개별 NGO나 NGO라는 하나의 사회적 행위자 집단에 대한 의견을 형성할 수 있도록 NGO의 활동에 대한 정보를 제공해 줄 수 있다. 둘째, 미디어는 NGO의 활동을 감시하고 NGO에 책임을 물을 수 있게 해 주는 수단이 될 수 있다. 그러나 미디어는 자체적으로 편향성을 가질 수 있으며, 그렇기에 NGO에 대한 왜곡된 정보를 제공할 수도 있다. 그러므로 이 연구는 미디어의 독립성이 NGO에 대한 신뢰와 연관된다고 예측한다. 이 장은 NGO에 대한 신뢰와 미디어의 독립성을 분석함에 있어 28개의 탈공산주의 국가들의 1997년부터 2006년까지에 대한 시계열(Time Series), 횡단면 패널(Cross-section Panel) 데이터 분석을 진행하여, NGO 부문에 대한 신뢰에 영향을 미치는 국내·국제적 요인을 찾기 위한 연구를 설계하였다. 이 장의 분석 결과를 통해 독립적 미디어가 NGO에 대한 신뢰에 긍정적 상관관계가 있음을 설명하고자 한다.

┃ Lee, Taedong, Johnson, Erica, and Prakash, Aseem. 2012. "Media Independence and Trust in NGOs: The Case of Post−Communist Eurasia." Nonprofit and Voluntary Sector Quarterly 41(1): 8−35.9.

10장 NGO는 입법 과정에 어떻게 영향을 끼치는가?

국제규범을 국내법으로 이행 입법한다는 것은 국제규범을 국내법 체계 안에서 규정하고 동시에 다른 국내법과 동일하게 법적 구속을 받겠다는 것을 의미한다. 국가가 이렇게 '이중구속' 구조를 선택하는 이유는 무엇인가? 특히, 국제 규범의 국내 입법 과정에서 시민단체(Non−Governmental Organization: NGO)의 역할은 무엇인가? 위 질문에 대한 답으로 이 장에서는 NGO의 역할과 그 영향력에 중점을 두고 한국에서 단독으로 진행되었던 난민법 제정사례를 살펴보고자 한다. 난민법은 '난민보호'라는 국제규범을 국내법으로 이행 입법한 예이다. NGO의 영향력이 발휘되는 요인들을 크게 정치적 기회와 NGO 운동 역량으로 나누어 각각의 작용을 확인하였다. 특히 표면화하기 어려운 NGO의 영향력을 분석하기 위해 인터뷰와 함께 반대상황을 가정하는 사후가정사고(Counterfactual Thinking)를 진행하였다. 그 결과 난민 NGO들이 단일 난민법 제정의 필요성에 대한 아이디어와 법안 초안을 최초로 제안하였고 국회 내 영향력 있는 지지자를 확보하여 로비활동을 한 것이 결정적인 요인으로 밝혀졌다. 이를 통해 본 장은 국가가 자기 구속적 선택을 하도록 만드는 NGO의 영향력을 경험적으로 확인하였다.

┃ 노관령, 이태동. 2019. 국제규범의 국내입법 과정에서의 NGO의 영향력: 한국의 단일 난민법 제정사례를 중심으로. Influence of NGOs on Domestic Legislation of International norms: The Case of South Korea's single Refugee Law Enactment. 사회과학연구. 45(1): 75−99.

11장 NGO는 어떻게 기업에 영향을 끼치는가?

왜 그리고 어떻게 NGO는 기업의 활동에 영향을 끼치는가? 본 연구는 NGO의 기업에 대한 영향력—NGO의 주장과 활동에 따라 기업의 행동이 변하고 이후 파급효과가 작동하게 되는 메커니즘을 밝히는 데 목적을 둔다. 본 장은 NGO의 정보정치 전략 메커니즘인 순위 평가가 기업의 행동에 영향을 미친다고 주장한다. 이를 위해 NGO−기업 관계의 이론적 논의를 토대로 그린피스의 쿨IT 캠페인 사례를 질적 연구 방법을 통해 분석하였다. 그린피스(Greenpeace)는 IT(Information Technology) 기업의 재생가능에너지 사용을 촉구하며, 주요 타겟으로 네이버와 삼성SDS를 선정했다. 그린피스가 조사 발표한 보고서에서 네이버는 캠페인 동참으로 상위권이었지만 삼성SDS는 응답거부로 하위권이었다. 이후 네이버는 목표 실천을 위한 추가 조치가 없는 등 행동의 변화가 없었지만, 삼성 SDS는 재생가능에너지 사용을 사칙에 넣는 등 행동 변화가 발생하였다. 이를 통해 본 연구는 그린피스의 순위 평가가 기업의 행동 변화에 영향을 미치는 요인이라는 것을 논증하였다. 본 장은 NGO－기업 관계에 대한 이론적 논의를 바탕으로 NGO 영향력의 경험적 사례 분석을 통해 NGO의 역할에 대한 정치학 연구발전에 기여하고자 한다.

▎황세정, 이태동. 2018. NGO의 기업에 대한 영향력 연구: 그린피스의 쿨IT 캠페인을 중심으로. The Influence of NGO's Information Politics on Business: The Case of Cool IT Campaign. 동서연구 30(4): 127－156.

12장 NGO 민관 파트너십의 영향은 무엇인가?

왜 어떤 정책은 일관되게 추진되는 데 반해, 유사한 정책은 일관적이지 않은가? 거버넌스 유형이 어떻게 정책 일관성에 영향을 주는가? 본 장은 거버넌스 구조를 이루는 민관협력 파트너십(Public－private partnership)의 유형을 비교하여 공공부문, 민간부문, 제3부문이 자발적으로 참여하는 거버넌스 구조가 정책 일관성(Policy Consistency)에 긍정적인 영향을 끼친다고 주장한다. 정책 일관성은 비교적 장기간 동안 정책목표와 정책수단이 유지되는 것을 말한다. 본 장은 정책 일관성과 그 요인에 대한 이론적 분석 틀을 구축하고, 이를 통해 뉴욕시와 서울시의 건강도시(Healthy City) 정책 사례를 분석하였다. 뉴욕시와 서울시는 도시 인구 및 소득수준과 교육 수준 등이 유사한 대도시로 두 도시 모두 정치적 리더십의 변화를 경험했으며, 또한 건강도시 정책 추진을 위해 민관협력 파트너십을 거버넌스 제도로 두고 있다. 하지만 서울시는 민간위탁형 파트너십을 채택한 반면 뉴욕시는 자발적 네트워크 구성형 파트너십을 채택함으로써 서울시보다 재정적으로 안정적이고 기존제도와 협력적이며 독립적인 협의기구를 지속적으로 유지할 수 있었고, 그 결과 건강도시 정책을 일관성 있게 유지할 수 있었다. 이러한 연구 결과는 지방정책의 수립과 시행에서 자발적 네트워크형 민관협력 모델이 장기적으로 일관성 있는 정책을 유지하는 데 도움이 된다는 함의를 제공한다.

▍ 임혜수, 이태동. 2017. 민관협력 파트너십과 정책 일관성 영향 연구: 뉴욕시와 서울시의 건강
도시 정책 비교. Public—Private Partnership and Policy Consistency: Comparative
Analysis of Healthy City Policy in Seoul and New York. 지방정부연구. 21(1):
267-290. (KCI)

결론: 시민정치와 NGO의 과제

시민 없는 시민정치, 시민 갈등을 부추기는 정치를 지양하기 위해서 무엇을 해야
하는가? 시민정치는 대의정치의 한계를 보완할 수 있는 기제인가? 성숙한 민주주의
를 만들어 가는 데 시민정치와 NGO의 역할은 무엇인가? 이 장은 앞의 연구에서 발
견한 내용을 요약하고, 이를 바탕으로 시민정치와 NGO가 지향할 과제를 제안한다.

시민정치란 무엇이고
왜 필요한가?

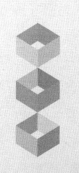

시민정치란 무엇이고, 왜 필요한가?

초 록

시민은 누구인가? 시민정치는 무엇인가? 시민정치는 왜 필요한가? 대의민
주제와 시민정치는 어떻게 조화될 수 있는가? 본 장에서는 시민정치의 개념
과 필요성, 그리고 그 역할과 다른 정치 갈등과 조화를 개괄적으로 검토하고
자 한다.

1.1. 시민이란?

시민은 재산을 소유하고, 정치에 참여하는 자율적인 개인이다. 사전적인 개념으
로 시민은 1) 합법적으로 당국에 소속되어있고, 해당 국가의 보호를 받고 권리를
가지고 있는 사람, 2) 특정 지역에 사는 사람이다. 시민의 개념을 구성하는 요소로
개인의 권리(재산권, 참정권), 국가와의 관계, 지역이 포함된다.

또한, 시민은 역사적 개념이기도 하다. 시민의 발전은 시장(Market), 재산권
(Property Rights), 민주주의의 발전과 그 궤를 같이해 왔다. 무어(Moore 1993)에 따
르면, 재산권을 가진 시민들의 혁명(Bourgeois Revolution)이 자본주의를 기반으로
한 민주주의 형성에 기여하였다고 설명한다. 국가는 국민국가(Nation-state) 건설
작업의 일환으로 경제적 자원을 축적하기 위해 중상주의적 경제 정책을 고려해 시

장 영역을 발전시켰다. 이러한 추세 속에 시장을 통한 시민들의 부의 축적은 국가의 경제 정책과 대외 관계, 특히 전쟁의 재원을 제공하는 주요 원천이 되었다. 국가의 잦은 전쟁 활동으로 전비가 필요하게 되고, 시민들은 세금을 납부하면서 정치적 권리를 점진적으로 확보할 수 있었다. 국가의 발전과 더불어 시민들은 상공업 중심의 경제 체제를 발전시키고, 공업 기술력, 교역 및 상업의 발전을 통해 사유재산권을 확립하였다. 그 결과 재산을 모으고 교육을 받은 시민들이 자신의 재산권과 정치적 권리를 지키기 위해 시민들의 집합인 시민사회를 형성하게 되었다. 따라서 시민사회는 민주적 가치에 초점을 두고 시장은 자유주의적 가치를 강조하는 방향으로 발전해왔으나, 시민사회와 시장의 관계를 독립적인 관계로 이해할 수는 없다(이연호 2009).

시민은 도시와 함께 발전한다. 시민의 '市民', 영어의 Citizen은 두 단어 모두 도시에 주거하는 사람들을 의미하고 있다. 그렇기에 밀도 높은 도시에서 발생하는 상거래와 정치적 상호작용은 시민을 구성하는 요소라 할 수 있다. 도시는 개인인 시민이 시민사회를 만들어가는 최적의 조건을 제공한다.

시민사회는 구성원이 자유롭게 들어오고 나갈 수 있는 모임들의 집합이라 할 수 있다(Whitehead 2002). 특히 시민사회는 자율성과 상호 존중과 시민성에 기반한 자발적 상호작용을 전제로 하고 있다. 이는 국가와 일차적 모임(Association)이 그러한 자율적 행위가 가능한 공간을 제공해야 가능한 전제이다. 그러나 시민사회는 가족과 같은 일차적 모임과는 그 구성원이 결정되어 있지 않다는 점에서 다르다. 또한 군대, 관료 같은 위계적인 조직은 그 구성원에게 수직적 원칙을 강요하기에 시민사회에 해당되지 않는다. 즉, 모임의 자유도는 시민사회의 힘의 정도에 영향을 미친다고 할 수 있다. 그렇기에 시민사회가 강력할수록 민주성과 자치는 더 수월하고 안정적일 가능성이 높다. 하지만 그러한 자율적 모임 역시 모임의 방향, 범위, 구성원에 따라 다르며, 이는 단순히 모임의 자유도가 민주성 향상에 긍정적인 영향을 미친다고 볼 수만은 없게 한다.

슈미터(Schmitter 1995)는 시민사회를 자발적 조직들의 집합체이며, 다음과 같은 특징을 가진다고 주장한다. 시민사회는 1) 공적 권위(예: 국가)와 사적 (재)생산 집단(예: 기업)으로부터 비교적 독립적이다. 2) 그들의 이익을 위해 숙고하고 집단적 행동을 취할 수 있다. 3) 국가 조직이나 기업을 대체하거나 지배하려는 목적이 아니다. 4) 기존의 확립된 시민적 및 법적 규칙을 따른다. 여기서 시민사회의 규범은 집합 행동(Collective Action), 비찬탈성(Non–Usurpation), 시민성(Civility)을 들 수 있다. 콜링우드(Collingwood 1992)는 시민성을 타인의 감정을 존중하고 그들의 자아존중 및 자유에 위협되는 것을 자제하는 성향으로 정의한다. 이는 시민들 간의 관계 속 행동에 기반된 정의이다.

시민사회는 목적에 맞게 만들어진, 규범적으로 정당화된 모임의 영역이다(Edward 2011). 이러한 이유로 시민사회는 경쟁적인 선거와 마찬가지로 민주주의의 핵심 특징이다. 사람들은 연합을 통해서 그들의 관심사, 가치, 의견을 조직하고 그에 따라 행동한다. 어떤 시민사회는 종교나 스포츠 연합에서처럼 직접적으로, 다른 시민사회는 간접적으로 여론을 조직하거나, 투표와 다른 형태의 압력을 형성하기도 한다. 이렇듯 시민은 국가의 일원으로서의 "국민"과 민주주의의 제도에 응답하는 "개인"이라는 속성 모두를 가지고 있다(Urbinati & Warren 2008).

킨(Keane 1998)은 시민사회를 비폭력적이고 자기조직적이며 자기반성적이며, 성찰적인 비정부조직들이 복잡하고 역동적인 앙상블을 이루는 사회라고 설명하고 있다. 이들은 상호작용을 통해 틀과 규범을 만든다. 시민사회는 폭력 또는 강제의 반대되는 개념이며, 관용적이고 차이를 존중하는 참여형 민주주의 사회에서 시민성을 가진다고 본다. 시민사회는 자유롭게 참여하고 형성되는 기본적인 민주적 자유에 기반하기 때문에 시민들은 정치적, 사회적, 문화적 목적을 위해 다양한 시민사회 연합을 만들 권리가 있다.

1.2. 시민정치란?

세계대전 이후 주요 국가들은 국가 복구를 위해 복지국가를 추진했으나, 1970년대 오일쇼크로 국가 재정의 한계를 경험하게 된다. 1980년대의 신자유주의의 붐 속에서 국가들은 복지국가의 역할과 자유시장의 역할 사이에서 배회하는 가운데, 복지국가나 자유시장의 간극 사이에서 시민의 정치적 역할에 대한 관심이 커져갔다. 또한, 대의 민주주의라는 기성의 정당정치가 시민들의 정치적 요구를 충족하는 데 한계를 보여줌에 따라 시민정치 시대가 열리게 되었다.

시민정치는 시민이 주체가 되어 정치과정에 참여하고 정책을 결정하는 것을 의미한다. 시민정치는 시민 개개인이 자발적이고 일상적인 정치 참여를 통해 공적가치를 배분하고 민주주의를 달성하는 과정이다. 민주주의 발전사에 있어 시민사회의 역할은 민주주의 제도가 시민들의 정치 참여를 통한 정책 결정 과정에서의 영향력 확대에 초점을 맞춘다. 민주주의 이론가들은 집단적인 결정에 의해 영향을 받는 사람들이 자신들이 목소리가 대변될 기회를 가질 것을 요구한다(Good in 2007; Habermas 1994; Young 2000).

복잡한 사회에서 민주주의는 선거 제도를 통한 투표뿐만 아니라 의사결정 과정의 여러 지점에서 발생할 수 있는 조직, 옹호, 네트워킹, 숙의 등 개인이 집단 결정에 영향을 미치는 데 사용할 수 있는 다양한 수단을 가리킨다. 그리고 실제로 지난 30년간 선거 민주주의의 극적인 확장 외에도, 사회 운동, 이익 단체, 감시 및 감독 조직, 집중적인 미디어 캠페인, 네트워크 조직 및 새로운 형태의 직접 행동들이 급속하게 증가했다(Warren 2003; Rosanvallon 2008). 정부는 국민투표, 의사결정권의 이양 및 해제, 새로운 형태의 네트워크 및 협업 거버넌스, 공공 숙의, 이해당사자 회의, 그리고 선거 민주주의 제도와 거의 관련이 없는 다른 종류의 장치를 활용하여 이러한 발전을 점점 더 가속한다(Warren 2009; Edwards 2009; Leighninger 2006).

시민사회는 집단적 결정이 궁극적으로 정당성을 도출하는 공공 영역의 기반 역할을 수행한다. 첫째, 시민정치는 정치과정에서의 '포함(Inclusion)'과 밀접한 관계를 가진다. 결정의 정당성은 정치의 영향을 받는 사람들에 대한 반응에 달려 있다. 시민사회의 연합은 옹호와 잠재적으로 영향을 받는 사람들의 이익, 가치, 목소리를 프레이밍하여 사안을 정치화하고 세력을 형성함으로써 대표성을 나타낸다(Young 2000). 시민사회는 집단 결정을 정당화하는 공공 영역을 지지함으로써 민주주의를 심화시킬 수 있다. 둘째, 시민정치는 공공 숙의(Public Deliberation)를 통해 정치과정에 영향을 끼친다. 공공 숙의를 통하여 시민사회에서의 의사표현이 여론을 형성하는 담론으로 변환되어 숙고된 논쟁을 통해 도출된 결정과 합의에 도달할 수 있다(Habermas 1996). 시민사회의 조직들은 대중들에게 정보를 전달하며, 공공의 심의를 촉발시키고, 공무원과 기관을 감시함으로써 심의 과정을 돕는다. 때때로 싱크탱크나 미디어 그룹과 같이 공공 담론을 전문으로 하는 전문가 집단이 공공 심의를 유발하고 지지하기도 한다(Urbinati 2000). 간단히 말해, 시민사회는 집단적 결정을 선도하고 정당화하는 공공 영역을 수행함으로써 민주주의를 심화시킬 수 있다. 셋째, 시민정치는 제도적 기능을 수행하기도 한다. 시민사회 단체들은 선거에서 대표로 출마하기도 하고, 선거에 출마한 후보자들에 대한 정보를 제공하거나 비판적 견해를 밝히기도 한다(Urbinati & Warren 2008). 넷째, 시민정치는 이익, 가치 또는 목소리가 기존의 정치과정에서 반영되지 않을 때 대안적 목소리와 반대 목소리를 발산할 기회를 제공한다(Young 2000).

유창복(2020)은 시민정치에 있어 시민의 참여는 정책 수립뿐만 아니라 서비스 생산 및 전달하는 역할까지 포함해야 한다고 주장한다. 그러기 위해서는 시민에게 의사결정의 권한이 주어져야 하며, 또한 민관 사이에 수평적인 협력 구축이 필요하다. 시민은 지역사회의 수요를 충족할 서비스를 생산하고 전달하고 시민사회 내에서 나타날 수 있는 충돌을 제어하고 민주적인 합의를 이끌어 냄으로써 스스로 문제를 해결할 능력을 높여야 한다는 것이다.

지역에서의 시민정치 예시로 시민정치운동을 들 수 있다. 여기서 시민정치운동은 시민이 정치인의 선출에 개입하는 등의 정치 참여 운동을 의미한다. 정치적 권력 형성을 목표로 하는 시민들이 유권자를 모으는 캠페인 행동이다. 정보통신기술의 발달로 조직화된 엘리트가 아니라 일반 시민들의 정치참여 가능성이 늘어나고 있다. 또한 시민정치의 일환으로 주민참여 행정을 들 수 있다. 특히 지방 행정 과정에서 주민들의 직접 발언을 보장하고 발언 내용이 정책에 반영되도록 제도화하는 것이다. 시민정치가 가능하기 위해서는 시민들이 지역 커뮤니티 안에서 활발하게 활동해야 한다. 지역 커뮤니티 활동이란 지역사회 주민들이 지역 문제에 대응하고 이를 해결하려는 방향으로 조직하는 활동이다. 즉, 이는 조직된 주민들의 주도하에 지역의 문제를 해결하는 것을 의미한다. 이러한 맥락에서 이태동(2019)은 동네 민주주의를 '주민들이 주체가 되어 정치 제도(행정, 입법)와 함께 개인적, 지역적, 국가적, 세계적으로 연결될 수 있는 지역 문제에 대해 대의제 선거 때뿐만 아니라 일상적으로 자발적 참여와 자치를 통해 민주주의와 삶의 질을 향상시키는 제도와 과정'으로 정의하고 있다.

주민 조직화는 지역의 이해당사자들이 지역의 문제를 해결하고 서비스의 수요와 공급의 균형을 위한 집합적 의사결정을 통해서 지역 일체감을 형성하는 수준으로 주민들의 관계망이 심화되는 것으로 정의할 수 있다. 이를 위해선 지방자치단체장이나 지역 국회의원 등 정치인을 선출하는 과정에 개입할 영향력이 있을 정도의 조직이 구축되어 있어야 한다.

시민정치의 가장 일반적인 형태 중 하나는 옹호(Advocacy)와 청원 활동이다. 민주화 이후 시민단체들이 등장한 이래로 옹호와 청원은 오랜 기간 동안 시민운동의 보편적인 활동 방식이 되었다. 최근 시민단체는 기존에 활용하던 대변 방식보다, 당사자가 중점적으로 활동하는 청원의 방식이 대두되고 있는 상황이다. 하지만, 시민단체 활동은 청원에 국한되지 않고 다양하게 이루어진다. 시민들은 옹호, 청원, 서비스 제공 등 지역과 상황에 맞는 방법으로 시민들의 일상적으로 정치에 참여할 수 있다.

1.3. 시민정치는 왜 필요한가?

시민정치는 고대 아테네의 민주정치에 토대를 둔 만큼 정치이론에서 가장 오래된 개념 중 하나이지만, 해당 개념에 대한 논의가 진척된 것은 18세기의 가족, 시장, 국가 외에서의 자립성, 자발성, 자율성을 충족한 연합생활의 영역이 도래하면서 시작되었다. 특히 19세기 미국의 민주주의 발전은 자발적 결사 측면에서 설명할 수 있다. 퍼트남은 정치적 제도화, 사회경제적 발전에 있어서 시민사회를 결정적인 요소로 보았다. 즉, 시민사회를 상호신뢰와 공유된 가치를 함양하고 궁극적으로 사회적 결속을 강화하는 협력적, 결속적 유대관계로 보았다(Putnam 1993).

근대 산업화를 통해 국가주도형 산업화와 관료제가 발전하게 되었고, 이에 기반하여 국가의 사회 통제력이 증가하였음에도 불구하고 시민사회는 민주정치의 필요조건이라 할 수 있다(Kamrava 2000). 시민사회는 민주적 자유를 토대로 자발성과 상호작용성을 갖춘 조직이며, 시민사회가 정치에 참여함으로써 국가와 같이 구축된 제도가 완전히 메워주지 못하는 민주주의의 공백을 채울 수 있기 때문에 시민정치는 중요하다.

첫째, 시민정치는 지역 민주 정치의 선행 조건이다. 근대 산업화로 인해 경제가 발전하면서 인구가 늘고, 늘어난 인구에 맞는 시스템이 구축되었다. 그렇기에 사회는 점점 다변화되고 복잡화되면서, 이에 대한 대안으로 나온 정치 시스템이 대의민주주의이다. 하지만 대의민주주의의 상징인 선거 자체를 민주주의의 전체 모습이라고 볼 수 없다. 민주정치의 진정한 본질은 시민의 참여에 있다. 특히, 지역 민주주의의 예로 풀뿌리 민주주의를 들 수 있다. 풀뿌리 민주주의는 개인 각각에게 영향을 끼치는 대중적인 민주주의를 의미하며, 시민들이 직접 지역 공동체 운영에 참여하는 민주주의 방식을 의미한다. 특히 한국의 정치구조는 중앙집권적인 특징을 가지고 있으나 해당 특징에 비해 인구와 규모가 커서 중앙의 관리가 지방 차원으로 세심하게 이뤄지기 어려울 수 있다. 그렇기에 해당 경우에는 풀뿌리 민주주의 방식을 고려하여 지역 운영의 발전을 도모할 수 있다고 본다(이태동 2019).

둘째, 시민정치는 시민이 주체가 되어 정치를 형성하고 결정한다. 다양한 시민사회의 공론장에서 사회의 공적 문제들을 시민들이 자발적으로 논의하고 발굴하여 문제해결을 위한 합의를 도출할 수 있다. 대표적인 예로 숙의 민주주의는 시민들의 숙의를 기반으로 이뤄지는 민주주의 모델이며 시민들의 생활을 중심으로 논의장이 형성되어 시민들 간의 숙의와 합의가 반영되는 숙의적 거버넌스이기도 하다. 민주주의 체계에서의 궁극적인 주인인 시민들이 직접적인 정치참여를 통해 시민들의 정치적 효능감이 상승할 뿐만 아니라 정치 절차에 대한 정당성도 강화될 수 있다(이태동 2022).

셋째, 시민정치는 사회적 요구가 정치 의사결정에 반영되도록 영향력을 행사할 수 있다. 특히 NGO는 시민정치의 조직 형태 중 하나로 국가 행위자로부터 독립적이고 해당조직의 공통된 목적을 이루기 위해 다양한 활동을 수행하는 비영리적 조직이라 할 수 있다(Bernard & Helmich 1998). NGO는 시민사회의 특정한 입장을 대변하거나, 국가 기관과 협력하거나 국가 기관에 압박을 가하는 등 민주주의에서 중요한 감시·견제 기능을 담당하고 있다. 예를 들어, 빈곤 문제 해결을 중시하는 NGO는 정부의 자원 배분을 모니터링하고, 지지층을 군집하여 자원 배분에 대한 의견을 정부에 제안하고 실제로 반영되도록 영향력을 행사할 수 있다. 이러한 NGO의 기능은 민주주의 사회에 다양성을 허락해 기득권 외에도 다양한 조직들이 정치적 메시지를 표출할 수 있는 기회를 부여하고 있다.

1.4. 시민정치와 대의민주정치의 관계

시민정치가 시민 개개인의 정치 참여를 중시한 개념이라면, 대의 민주주의는 개개인의 정치적 권한을 일부 선출된 정치인에게 위임하는 방식으로 작동하는 민주주의의 형태이다. 시민정치는 대의 민주정치를 대체하는 것은 아니며, 오히려 시민정치가 상호 보완하면서 민주주의의 과정과 제도, 한계를 극복할 수 있다고 본다.

시민정치와 대의 민주정치를 자유의 개념에 빗대어 비교할 수 있다. 소극적 자유는 개인이 타자에 의해 행동의 제약을 받지 않은 상태를 의미한다. 정치 차원에서 소극적 자유는 국가가 직접적으로 개인에게 위해를 가하지 않고 국가로서의 기본적인 역할을 수행하는 것과 같이 국가 제약의 최소화가 자유의 조건으로 볼 수 있다. 적극적 자유는 개인이 주체 의식을 갖고 결정 및 행동할 수 있는 상태를 의미한다. 시민정치는 시민 개개인들이 자율적으로 판단하고 정치에 참여한다는 점에서 적극적 자유를 추구하고, 대의 민주정치는 국가가 자신을 억제하는지에 대한 기준을 중점적으로 고려하는 소극적 자유에 초점이 맞춰져 있다.

대의 민주주의는 사회의 비대화, 복잡화 등으로 인해 시민 개개인의 직접적인 정치 참여가 불가능해졌다는 점에서 매우 현실적인 민주주의 제도이다. 대의 민주주의는 국정 운영, 수사법 등 정치 분야에서 탁월한 능력이 있는 사람을 공적인 업무에 집중하게 해 개인의 적성과 역량에 따라 적절한 역할분담할 수 있게 한다. 특히 선거는 경쟁을 통해 이뤄지기 때문에 역량을 갖춘 사람이 정치 권력을 획득할 가능성이 크다. 또한, 정치 시스템을 구축해 안정적이고 일관적인 정치적 절차를 심화시킨다는 점에 있어서 민주주의는 중우정치(衆愚政治)[1]처럼 흘러가는 상황에서 이를 막아주는 장치 역할을 하기도 한다. 하지만, 대의 민주주의는 시민의 대표성을 확립할 수 있는지에 대한 의구심을 들게 한다. 선출자가 가치를 대표하는지, 이익을 대표하는지에 대한 논의는 지속되어왔다. 또한, 선거철에만 민주주의의 역할이 강조되고 일상에서는 그렇지 못한 단절적 흐름이 발생한다. 선거철에 유독 특정 이익을 관철하기 위한 정치적 행위들, 의사결정이 활발해진다는 점에서 일상에서의 민주주의의 역할이 경시되어왔다(조일수 2020).

---

1) 중우정치(衆愚政治)란 '다수의 어리석은 민중이 이끄는 정치'라는 의미이다.

　시민정치는 국가의 주인인 시민이 직접 정치에 참여함으로써 정치적 의사결정에 대한 정당성을 확립하고 일상에서도 정치적 논의를 진행해 민주성을 강화할 수 있다. 이를 통해 시민정치는 대의 민주정치를 보완하는 역할을 할 수 있다. 특히 세계화, 정보화를 통해 과거에 비해 사회 전반적으로 정보 공유가 투명해지고 접근성이 높아졌다. 또한 높은 교육수준으로 시민 개개인의 역량이 발전했기 때문에 참여정치의 질을 높일 수 있을 뿐만 아니라 중우정치의 위험을 예방할 수 있다고 본다. 그렇기에 시민정치와 대의민주제의 조화는 향후 정치 과정에서 반드시 다뤄야 할 중요한 과제이다.

참고
문헌

Azis, A. A. 2016. The Concept of Civil Society and Its Significance on Development Practice. Transformasi Global, 3(2): 238−248.

Barrington Moore. 1993. Social origins of dictatorship and democracy: lord and peasant in the making of the modern world. Beacon Press.

Harper, R. A. 2012. The oxford handbook of civil society. Choice, 49(10): 1963.

Laurence Whitehead. 2002. Democratization: Theory and Experience. Ch.6 On Civil Society.

Michael Edward. 2011. the Oxford Handbook of Civil Society Chap. 30 Oxford University Press.

Philippe Schmitter. 1995. On Civil Society and the Consolidation of Democracy: Ten Propositions. mimeo, Stanford Dept. of Political Science.

Powell, F. 2013. The Politics of Civil Society : Big Society and Small Government: Vol. 2nd ed. Policy Press, p.32−37

R. G. Collingwood. 1992. The New Leviathan: On Man, Society, Civilization and Barbarism(Oxford:OUP), paras, 35−41, p.292.

임정아. 2010. "소극적 자유와 적극적 자유−밀(J. S. Mill)을 중심으로." 동서철학연구, 57: 27−46.

정병순. 2020. "시민민주주의의 조건, 숙의민주주의의 제도화." 서울연구원 정책리포트 제311호.

조일수. 2020. "대의 민주주의와 참여 민주주의의 특징 및 한계 비교 연구." 한국교육논총, 41: 23−50.

시민들은 무엇을 원하는가?

: 코로나19 온라인 시민 민원 빅데이터 분석

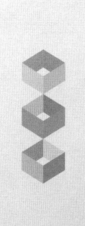

시민들은 무엇을 원하는가?

: 코로나19 온라인 시민 민원 빅데이터 분석

초 록

새로운 전염병이 확산됨에 따라 위험의 증가를 인지하기 시작한 시민들은 그들의 지방정부에게 어떠한 대책을 요구하고 있는가? 전염병에 대한 경험이 각기 다른 국내 도시들의 코로나-19(COVID-19) 관련 온라인 시민청원을 통한 정치적 참여 유형의 유사점과 차이점은 무엇인가? 본 장은 한국 도시 지역의 코로나19 팬데믹 관련 시민 청원을 조사함으로써 앞의 2가지 질문에 답하는 것을 목표로 하고자 하였다. 시민들의 요청 패턴은 시공간적 차원을 가진 통합적인 사회생태학적·정치적 시스템의 일부이다.

코로나19 발생의 진원지였던 서울, 부산, 대구, 인천 등 국내 4개 도시의 온라인 시민 청원 패턴을 비교한다. 텍스트 마이닝, 주제 모델링 및 네트워크 분석과 같은 빅데이터 분석 기술을 적용하여 4개 도시의 코로나19 관련 시민 청원의 특성을 비교하였다. 특히 금전·복지 지원 또는 코로나19 예방을 원하는지의 여부와 원할 경우 어떤 방식을 희망하는지 비교하였다. 급속한 확산이 진행 중인 도시에는 지원보다는 예방을 위한 청원이 더 많을 가능성이 높으며, 이에 비해 이런 경험이 없는 도시는 지원을 요구하는 청원이 더 많을 가능성이 높다는 것을 밝혔다. 본 장은 청원에 대해 유관한 빅데이터를 경험적으로 분석하여, 새로 출현한 감염병에 대응하는 시민-지자체의 상호작용을 추적함에 있어서 유의미하게 기여한다. 이 장은 도시 당국이 시민들의 긴급한 요구에 귀를 기울이고, 분석하고 그것에 대응해야 함을 시사한다.

2.1. 서론

인구 밀도가 높은 도시 지역은 전염병(Emerging Infectious Diseases 이후, EID)에 아주 취약하다. 과거 사스, 에볼라에서 현재의 코로나19 바이러스를 포함한 EID의 확산으로 기존 보건 체계에 발생하는 문제는 도시화 그리고 도시 내 및 도시 간 유동인구의 증가와 높은 관련성이 있다(Ahmed et al. 2019; Degeling et al. 2015). 대규모의 거주 인구 유입과 상호작용도가 높은 도시 환경은 도시를 일종의 새로운 전염병 인큐베이터로 만들 우려가 있다. 하지만 한 국가의 경제, 정치 및 기술력이 고도로 집중된 도시는 EID를 해결하기 위한 신속한 조치를 계획하고 구현할 수 있다(Neiderud 2015).

공중 보건, 도시 연구, 정치학 및 공공 정책의 학자와 실무자들은 도시 지역의 코로나19 확산의 원인, 과정 및 결과를 조사하는 데 높은 관심을 보이고 있다. "코로나바이러스"와 "도시"를 핵심단어로 설정하여 샤리프와 카바리안(Sharifi & Khavarian-Garmsir 2020)은 계량 서지학적 분석(Bibliometric Analysis)을 실시하였으며, 167개의 학술 논문에서 (1) 환경 상태에 대한 COVID-19 대유행의 영향(예: 물 및 대기 오염), (2) 사회 경제적 영향(예: 불평등 및 도시 경제), (3) 관리 및 거버넌스(예: 다양한 사회적 부문과 스마트 시티 이니셔티브 간의 조정), 그리고 (4) 교통 및 도시 설계(예: 교통수단 및 도시 형태에 따른 전염 위험)등의 주제를 다룬다. 이것들은 모두 도시 경관(Landscape), 특히 시민들의 정치 참여와 관련된 주제들이다. 그러나 기존의 연구들에서는 시민들이 코로나19 발생 관련하여 정부 당국에 무엇을 어떻게 요청하는지 연구한 바가 없다.

이 장의 목적은 (1) 감염병 확산에 대처함에 있어 시민들이 지역 당국에 요청하는 내용과 (2) EID 발생과 관련하여 다양한 경험을 가진 도시 간에 시민 요청이 어떻게 다른지 검토하는 것이다. 이를 위해, 우리는 "시민 요청의 경관"(Citizen Request Landscape)을 몇 가지 시공간적 차원을 가진 통합적인 사회생태학적·정치적 시스템의 일부로서 개념화하였다. 시민 청원은 정치적 참여의 한 형태로서 도시환경과 시간에 따라 그 형태가 다양한 편이다. 시민 요청 경관은 관습적이거나 물리적인 것이 아니다. 하지만, 그것은 사람들이 중요하게 여기는 정치적, 문화적 특성을 가지고 있고 종종 다른 종류의 경관 변화를 유도한기도 한다. 도시 경관에서 가장 중요한 구성 요소 중 하나는 시민이다. 따라서 시민들의 요구를 인정하고 반영하는 것이 도시 계획과 EID 정책 수립에서 주요 구성 요소가 되어야 한다. 본 장에서는 국내 4대 도시(서울·부산·대구·인천)의 지방자치단체에 대한 온라인 시민청원으로 구성된 빅데이터를 분석하여 EID 발생에 대응하는 사람들의 경관을 설명하고자 한다.

2.2. 문헌 조사

2.2.1 새로운 전염병과 도시

기존 연구들은 도시 환경과 EID 사이 관계에 대해 기반시설 경관과 EID 발생 관련(Honey–Rosés et al. 2020; Spencer et al. 2020), 전 지구적으로 상호 연결된 도시와 전염병 전파(Alirol et al. 2011), 도시의 인구동태·기반시설의 불평등과 EID 팬데믹 사태(Wilkinson 2020), 그리고 EID 거버넌스에 대한 선행연구들을 조사했다(Sharif & Khavarian–Garmsir 2020). 그러나 EID 발생에 대한 시민들의 요구와 지역 당국과의 상호작용에 대해서 알려진 것은 많지 않다. 누가 지역 당국에 EID 처리를 요구하는가? EID 팬데믹이 발생하거나 발생하지 않은 지역들 간에 시민 청원의 유사점과 차이점은 무엇인가? EID 관련 정책들에 대한 시민들의 요청에 응답하는 것은 EID와 도시 거버넌스에 대한 이해를 높일 수 있을 뿐만 아니라, 이를 통해 우수한 전략과 제도적 설계에 기반한 정책을 적시에 제안할 수 있다.

공중 보건 정책 구축과 대응방안의 설계에 있어서, 사람들의 요청을 이해하는 것은 시민들에게 시기적절하고 효과적인 전략을 제공하기 위한 기본 조건이라 생각한다. 경찰과 군대를 활용하여 격리 및 봉쇄와 같은 침습적 방법으로 접근하는 것이 아닌, 지역사회 기반의 이니셔티브를 구축하는 것은 공중 보건 위기에 효율적으로 대응할 수 있을 뿐만 아니라 자원이 제한된 도시환경에서 공중보건 인프라를 강화하는 데에 효과적이다(Fallah et al. 2016). EID에 대한 커뮤니티 정보와 공중보건 및 지방 정부의 대응은 시민들이 스스로를 보호하고 전염병 확산을 예방하는 데 도움이 될 수 있다(Neiderud 2015).

코로나19 팬데믹 시기 동안 대부분의 사람들은 상호 간에 또는 지역 당국과 직접적인 연락을 취할 수 없었다. 따라서 비접촉식 상호작용이 점점 더 확대되었다. 도시 차원에서 코로나19 사태 해결을 위한 참고 대상으로 데이터 기반 대응전략을 구축할 수 있는 스마트시티 사례들이 주목받기 시작하였다. 교통·보행자 볼륨이동량 및 흐름과 같은 기존 데이터와 함께 새롭게 수집된 데이터는 맞춤형 EID 정책 및 도시 거버넌스에 새로운 인사이트를 제공할 수 있다(James et al. 2020). 더 나아가, 코로나 19 사태 확산예방을 위해, 중국과 한국 같은 아시아권 국가에서 감염자를 식별하기 위한 능동적인 감시 시스템을 포함한 스마트 기술이 적극 도입되어 사용되었다. 그 외에, 다른 나라들(대부분이 서구 민주주의 국가)은 개인 정보를 보호하고자, 감염자를 탐지하는 데에 개인 정보와 데이터를 사용하지 않는 것을 선호하였다(Kummitha 2020). 하지만 데이터 기술의 활용에 대한 논란에도 불구하고, 코로나19는 이러한 방향으로의 윤활유 역활(Kunzmann 2020) 또는 가속기와 같은 역할을 수행했다고 본다. 더욱이, 스마트 도시 개발 과정에서 비즈니스, 교육 및 공중 보건 관리의 디지털화는 이미 뉴노멀(New Normal)이 되었다고 본다.

2.2.2 EID와 온라인 시민 청원

코로나19 팬데믹은 자연적으로 발생하였지만 인간사회를 통해 급속도로 전파되었기에, 자연적이면서도 인공적인 역설적 재난이라 표현할 수 있다. 다른 재난들처럼 EID는 정치적 차원에서도 발생한다. 비록 이 팬데믹들이 (우리의 통제를 벗어나는) 위기를 유발할 수 있지만 국가 및 지역이 어느 정도 대응 능력이 있는가 혹은 대응에 어느 정도 준비되어있는가가 전염병에 타격받는 인구수와 사람들이 겪어야 하는 고통의 정도를 결정짓는다(Cohen & Werker 2008; Davis & Seitz 1982; Platt 1999). EID는 거버넌스 시스템이 대응해야 하는 외인성 쇼크다. 전염 등의 큰 충격이 발생한 지 며칠, 혹은 몇 주 안에 이 전염병 재난은 정치적인 요소로 변모한다. 이러한 정치화는 타격받는 공동체, 혹은 사회 전체가 전염 통제, 확진자 입원조치, 백신 생산, 경제적 회복의 단계를 거치면서 증폭된다. 어떤 학자들은 영향 받게 된 지역의 정치에 대해 EID가 갖는 상당한 영향을 눈여겨보기 시작했다(Honey-Rosés et al. 2020; Kunzmann 2020).

이 맥락에서 EID의 급격한 확산은 영향 받는 지역에 대한 지원을 요청하는 시민들의 정치 참여를 대규모로 확대시켰을 가능성이 높다. 정치적 참여의 전통적 정의는 국가의 고용인력, 정책수립 및 수행과정에 대한 민간 시민들이 수행하는 법적 활동들로 정의하고 있다(Verba et al. 1978). 민주주의에서 정치적 참여는 법적 보호를 받는 선거를 통한 정치적 지도자 선출, 의제 설정, 정책수립, 정책 이행 등을 포함하기도 한다. 그러나 비민주주의 국가들에서는 정치적 참여는 대안적 기관을 통한 정책 수립과 정책 실행에 영향을 주는 행위에 가깝다(Cai 2004; Huntington & Nelson 1976; Shi 1997; Verbe et al. 1978). 정치체제가 민주주의든 권위주의든 상관없이, 영향을 받게 되어 시민들은 정부기관에 연락해서 요구를 하거나, 어떤 때는 기관의 지침에 저항할 가능성이 존재한다. 그렇기에 시민청원은 일종의 제도화된 비선거참여방식의 범주에 속한다 할 수 있다.

그러나 지금까지 이러한 직관적인 사고방식을 지원해 주는 명확한 증거는 많지 않았다. 시민들이 EID 관련 피해에 대한 조치를 정부기관과 정당들에게 요구하기 위해 정치과정에 더 많이 참여하는지 명확하게 알 수 있는 방법은 찾기 어렵다. 이런 맥락에서 본 장은 시민의 정치적 참여로서의 청원 활동을(백우열 2012) 활용하고, 특히 정치적 당국이나 정부에게 인명에 대한 심각한 피해를 최소화하고 사회 속에서 시민 개개인의 삶의 질 개선을 위해 공공자원을 재분배할 것을 요구하는 청원 활동에 집중하였다. 청원은 인류의 역사 속에서 복잡한 정치적 실체의 등장과 함께 계속 존재해 온 정치적 참여의 일환이다. 정치적 참여란 정책 등을 제안하고 시민들의 경제적, 사회적, 정치적 필요를 해결할 것을 요구하기 위해 편지를 보내는 행위, 직접 방문하는 것, 또는 지정된 정부기관에게 민원을 제출하는 등의 모든 행위를 포함한 것을 말한다.

빠르게 발달 중인 ICT와 합쳐지면서 새로운 청원의 종류인 온라인 청원이 등장하였고, 이는 금세 국제적으로 확산되었다(Gibson & Cantioch 2013; Horstink 2017; Karpf 2016; Schlozman et al. 2010; Zúñiga et al. 2010). 점점 커져가는 온라인 청원의 존재감은 대부분의 나라들에서 체감되고 있는데, 그 정도는 대부분의 정부 웹사이트에 온라인 청원 섹션이 구축되어 시민들의 통합된 요구를 정부 당국에 전하는 데에 change.org와 같은 사영기관들이 필수적이게 된 상황들을 통해 확인할 수 있다. 호주의회가 한 것과 같이 많은 국가들은 코로나19의 영향으로 시민들에게 대면청원보다 온라인 청원시스템을 활용할 것을 권고하고 있다.

우리는 EID의 확산과 시민의 정치 참여 정도 사이에는 정비례적인 상관관계가 존재할 것으로 가정하였는데, 이는 영향을 받는 시민과 사회적 실체의 특정 요구 없이 이뤄지는 팬데믹 사태에 대한 정부의 통제와 대응과는 구별된다. 놀랍게도 이 상관관계를 뒷받침할 수 있는 신뢰 가능한 증거는 지금까지의 연구에서 발견되지 않았다(Kim 2021). 이와 같은 증거의 부재는 EID의 영향을 받은 시민들의 실질적이고 적극적인 정치 참여가 실제로 발생하지 않기 때문일 수도 있으며, 또한 상관관계가 존재하더라도 관련 분야들로부터 관심을 받지 못했기 때문일 수도 있다. 그러나 코로나19의 경우에는 우리가 앞서 설명한 현상을 관찰하였다. 전례 없이 만연히 지속되는 코로나19의 대유행으로 인한 정치적 문제에 대해 국가와 지방정부가 조치를 취할 것을 시민들이 더 적극적으로 요구하는 것은 새로운 현상이다. 하지만 시민들이 팬데믹 대처를 요구하는 것은 다루어지지 않았으며, 청원 유형, 빈도 및 패턴 역시 조사되지 않았다.

본 장은 팬데믹 경험에 따라 청원의 내용과 패턴이 달라질 수 있을 것으로 예상한다. 특히 지역적 시민 청원은 코로나19 팬데믹 경험이 있는 도시와 없는 도시 간에 다를 가능성이 높다고 본다. 팬데믹을 경험한 지방 정부에 대한 시민 청원은 코로나19의 근원적 원인 제거를 요구할 가능성이 높다. 반면 팬데믹 경험이 없는 지방 정부에 대한 청원은 지역 경제의 관리와 코로나19의 예방에 관련된 주제들을 다룰 가능성이 높다. 더 나아가, 도시의 위치 역시 고려해야 하는 중요한 요소이다. 특히 공항 등을 통한 전염병의 전파가 가능한 도시의 시민들은 코로나19 예방을 요구할 수도 있다. 공항으로의 연결성과 인구의 규모는 초기 코로나19의 국제적 확산의 동인 중 하나였다. 관련 연구에서 코로나19의 일일 증가율이 대부분 (사회경제적, 기후 요인들을 통제한) 세계 항공 운송 네트워크의 중요성에 의해 주도되었음을 발견했다(Coelho et al. 2020). 이는 더 많은 글로벌 공항 연결망을 가진 도시들이 팬데믹 예방에 대한 청원에 직면할 가능성이 높다는 것을 시사한다. 반면, 일정 규모의 인구 유입이 없는 도시들은 지원에 초점을 두고 요구하는 청원이 더 많은 편이다 (Nakamura & Managi 2020).

2.3. 방법론

2.3.1 데이터

본 장에서는 대한민국의 주요 도시들을 비교 분석하고자 서울, 부산, 인천, 대구를 선정하였다. 해당 도시들은 인구 규모순으로 보았을 때 대한민국에서 가장 큰 네 개의 도시이다. 이들은 인구상 대한민국의 가장 큰 4개의 도시다. 서울과 대구는 부산과 인천과는 다른 시기에 코로나19가 빠르고 광범위하게 발생했다. 서울은 다른 도시들보다 더 많은 인구와 높은 인구 밀도를 가지고 있다. 대구와 인천의 인구 밀도는 비슷하다(2,750명/km2). 부산과 인천의 지역 내 총생산 수준은 유사한 편이다. 코로나19 확진자는 대구(7,181명)가 10만 명당 수치(294명)가 가장 높게 조사되었으며, 각 도시에 대한 상세한 정보는 표1에서 설명하고 있다.

본 장에서는 일반 시민의 온라인 청원 행동을 통해 코로나19 팬데믹을 중심으로 하는 도시 정치 메커니즘을 예비적으로 분석하려 한다. 이러한 맥락에서 선정된 4개의 도시는 지리적으로 잘 분포되어 있고 다음과 같은 중요한 변형을 가진 한국의 주요 도시 환경을 대표한다.

한국의 도시들은 코로나19에 대해 다양한 경험을 가지고 있다. 대구는 2020년 2월과 3월 신천지 종교단체의 집단 감염으로 EID 확산의 진원지가 되었다. 대구 지역 일일 확진자 수의 정점은 2020년 2월 29일로 하루 741명 확진자 발생이 기록되었다. <그림 2-1>은 한국의 주요 도시에서 하루에 확진된 EID 환자 수를 보여준다.

코로나19에 대한 시민들의 요청을 분석하기 위해 2019년 1월 1일부터 2020년 9월 23일까지 서울, 부산, 대구 및 인천에서 44,242건의 관련 온라인 청원을 수집했다. 이 온라인 청원은 한국의 지역 행정 정보 시스템의 일부인 "새올 전기 청원 창구" 시스템에서 나왔다. 파이썬 프로그래밍 언어를 사용하여 모든 새올 시스템에 적용할 수 있는 웹 사이트 크롤러를 개발하여 청원 데이터를 수집했다. 우리는 완성된 공개 청원뿐만 아니라 남아있는 비공개 청원, 답변되지 않은 청원 및 삭제한 청원도 수집했다.

청원은 시민들에 의해 한국어로 작성된 텍스트 형태의 데이터이다. 이러한 텍스트 데이터를 분석하기 위해서, 우리는 해당 데이터를 사전처리하였다. 먼저 한글 자동 띄어쓰기용 파이썬 패키지인 PyKoSpacing을 사용하여 띄어쓰기 문제를 해결하였으며 그런 다음 MeCab 한국어 형태 사전을 사용하여 데이터에서 명사와 동명사를 추출했다. 본 장의 목적은 코로나19에 대한 시민들의 반응을 포착하는 것을 목표로 설정했기에 '우한폐렴', '질병관리청', '신천지' 등의 단어들을 추가하여 조사하였다. 명사들 중에서, 불용어와 일음절 명사가 제거되었다. 마지막 단계는 너무 흔하거나 잘 사용되지 않는 단어들을 제거하는 것이었다. 제거를 결정한 단어들은 각 문서에 대한 정보를 거의 제공하지 않고 모델의 성능을 훼손한다. 청원된 온라인 문건에서 사용 빈도수가 가장 높은 40개의 단어와, 빈도수가 가장 낮은 10개의 단어 총 24,480개를 제거하여 분석하였다.

표 2-1 인구, 인구밀도, 그리고 코로나19 확진자수

구분	인구(2020)	인구밀도 (㎢당 인구수)	지역 GDP 10억 원 (2018)	확진자 수 (2020년 10월까지 누적)	십만 명 당 확진자 (2020.10 기준)
서울	9,589,159	16,425	423,742	6145	62.7
부산	3,397,598	4484	89,980	594	17.3
인천	2,942,233	2748	88,735	1056	35.5
대구	2,242,171	2794	56,716	7181	294.6
대한민국	51,838,000	515	1,902,528	26,925	51.7

자료: 한국통계청(2018, 2020)

2.3.2 분석

2.3.2.A 청원 주제에 따른 모델 설계

우리는 잠재 디리클레 할당(Latent Dirichlet Allocation: LDA) 주제 모델링 방법을 청원 데이터에 적용함으로써, 코로나19에 대한 청원 주제들을 식별하였다. 주제 모델링은 한 문서의 집합(이 경우에는 청원)에서 개념적인 주제들을 찾는 데에 사용되는 텍스트 분석 기법이다. LDA 모델링 방법은 2002년 Bille 연구를 통해 소개된 이

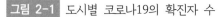 도시별 코로나19의 확진자 수

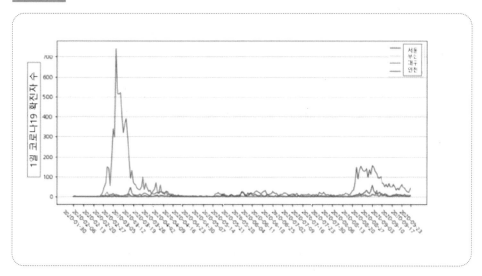

후, 주제 모델링에서 가장 빈번하게 활용되는 방법론이다. 이 LDA 분석은 "토모토피" 파이썬 패키지의 LDAModel 클래스를 사용하여 수행하였다. LDA 모델에서 난해성 지수(Perplexity Score)가 낮다는 의미는 해당 모델이 데이터 세트에 더 적합하다는 것을 의미한다. 그렇기에 분석 결과, 총 40개의 주제의 난해성 지수가 가장 낮기 때문에, 청원 데이터의 주제 수를 40개로 결정하였다. 다시 말해 우리는 LDA는 각 문서(즉, 청원)에 대한 주제의 확률 분포를 산출하기 때문에 우리는 가장 높은 확률을 가진 주제를 문서의 주요 주제로 결정한 것이다.

2.3.2.B 네트워크 분석

우리는 각 도시의 코로나19와 관련된 청원에서 특히 "코로나19"라는 단어와 함께 사용되는 단어를 조사하기 위해 네트워크 분석을 진행했다. 이에 따라, 우리는 각 도시에 대해 코로나19에 대한 청원에 사용된 명사와 동명사로 구성된 네트워크를 구축했다. 전처리 단계에서 본 장에서는 유의미한 의미를 갖지 않는 불용어(예: 대명사)는 제거하였다.

우리는 각 도시에 대해 별도로 명사와 동명사를 사용하는 네트워크를 구축했고, 그래서 도시 4개에 대한 4개의 네트워크를 구축하였다. 네트워크의 노드는 도시의 청원에 사용된 명사 또는 동명사들로, 두 개의 노드 (즉, 두 개의 단어) 사이의 연결은 두 단어가 동일한 청원서에 사용될 때 존재하는 것으로 정의하였다. 두 단어 한 쌍이 함께 사용된 청원의 수는 두 단어 사이의 동점이 갖는 비중이다. 서울 네트워크의 노드 수는 3785개, 부산 3338개, 대국 2024개, 인천 2796개였다. 또한, 서로 다른 네트워크 간의 상관 계수는 이차 할당 절차(Quadratic Assignment Procedure: QAP) 방법을 사용하여 계산했다.

2.4. 결과와 논의

2.4.1 주제 모델링 결과

우리는 주제 모델링을 통해서 온라인 청원에 있는 40개의 주제를 식별하였다. 코로나19에 관한 주제는 크게 두가지로 구분할 수 있었다. 하나는 "예방"에 관한 것이며, 다른 하나는 "지원"에 관련된 주제이다. "예방" 주제에 관련된 키워드들은 "확진", "마스크", "자가격리", "격리", "진단", "경로" 그리고 "보건소" 등을 포함하였다. 당시 대한민국에서 보건소들은 코로나19를 진단하고 치료하는 최전선으로 인식되었다. 반면, "지원" 주제에 대한 키워드들은 "재난지원금", "신청", "복지", "제공" 등으로 나타났다.

이런 청원 데이터를 더 자세히 보면 "예방" 주제에는 (1) 코로나19가 확진된 개인들의 이동경로 정보 공개에 대한 문의 (2) 마스크 의무화에 대한 문의 (3) 사회적 거리두기 정책의 시행에 대한 문의 (4) 자가격리 수칙을 위반한 개인들에 대한 처벌의 요구 (5) 다수의 사람들이 모이는 장소의 폐쇄에 대한 요구 (6) 특정 사회경제적 조건에 부합하는 인물들에 대한 마스크 제공에 대한 요청 등이 포함된다는 것을 확인할 수 있다. 또한, 예방에 대한 청원들에는 해외 방문객 관련 방역조치에 대한 문의도 있었다. 반면, "지원" 주제에 관련된 청원들은 대체로 재난지원금과 재난기본소득에 대한 문의였다. 이러한 청원을 통해 시민들은 보통 (1) 충족 요건 (2) 지원금 (또는 소득) 신청은 누가 할 수 있는지 (3) 어떻게 신청하는지 (4) 해당 지원금(또는 소득)이 언제 제공되는지, (5) 그 지원금(또는 소득)이 어디에 쓰일 수 있는지에 대해 문의했고, 어떤 청원들은 그런 정부 지원의 자격 요건의 불공정성에 대한 불평불만을 담고 있었다.

<그림 2-2>는 각 4개의 도시의 청원의 주제별 건수를 나타낸다. 코로나19 관련 주제들은 다양한 특징이 존재한다. 서울 지역에서의 예방 관련 주제(주제ID33)는 전체 청원 주제 중에서 2위를 기록하였으며, 동시에 지원 관련 주제(주제ID10)는 상대적으로 낮게 취급되었다. 이를 통해 서울에서는 '지원'보다는 '예방'에 대한 청원이 더 많았음을 시사한다. 반면, 부산에서 지원 관련 주제는 2위로 조사되었고 (약 600건의 청원) 예방 관련 주제는 적게 취급되었다(200건보다 적은 청원). 대구에서는 지원 관련 청원들이 예방 관련 청원보다 많았다. 이런 결과는 코로나19의 발생 및 전파 속도를 반영하는 것일 수도 있다. 대한민국에서 대구는 처음으로 단 2주 만의 급속한 지역전파를 경험하였고, 이에 따라 예방 관련하여 청원을 접수할 시간이 불충분했을 수 있다. 대신, 중앙 정부와 대구 지자체 모두 재빠르게 지역을 재건하기 위한 코로나19 재난지원금을 발표했다.

<그림 2-3>은 "예방"과 "지원" 주제의 청원 비율을 도시별로 비교하였다. 서울과 인천은 예방에 대한 유사한 패턴을 보이고 있다(각 9%와 7%). 부산과 대구는 지원 관련 청원의 비중이 예방 관련 청원보다 높다. 부산은 코로나19의 확산세가 비교적 약했던 만큼 지원 관련 청원의 비중이 상대적으로 더 높았다.

이론 부분에서 언급하였듯이, 이러한 패턴은 국제 항 연결로서의 도시의 위치를 반영할 수 있다. 서울과 인천은 한국의 국제 접속 허브이다. 서울 김포국제공항과 인천국제공항은 중국과 일본을 오가는 국제선 이용객의 주요 공항이며, <표 2-2>에서 인천과 서울의 네트워크 분석에서 가장 많이 사용되는 단어 중 하나는 '방문'이다. 국제적 팬데믹 초기에는 해외 방문을 통제하기 위한 예방 조치에 대한 청원이 늘어날 수 있다. 예방 청원은 '해외 여행객을 위한 일시적 방역시설 건설', '해외에서 고립된 여행객을 위한 엄격한 관리' 등을 요청했다. 국제여행허브와 청원 유형 간의 관계는 엄중히 조사되어야 하지만, 해외 유입 팬데믹 초기에는 글로벌 항공여행허브에 있는 시민들이 예방청원을 통해 목소리를 높일 수 있었다.

<그림 2-4>는 2020년 1월부터 9월까지 확인된 코로나19 사례(파란색)와 "지원" 청원 수(노란색) 및 "예방" 청원 수(녹색)의 변화를 보여준다. 온라인 청원을 통한 시민 요청 경관는 4개 도시 전체의 공통적인 특징과 서로 다른 특징 모두를 보여주었다. 첫째, 자신들의 도시나 타 도시에서 모두 확진 사례가 발생하면 시민들의

EID 예방 청원이 증가할 가능성이 높다. 지난 2월 말 대구로부터의 코로나19 급증 및 확산으로 인천과 서울 지역 시민들은 EID 예방에 대한 온라인 탄원서(예: 안면 마스크 배포, 감염자 이동 정보 공개)에 서명했다. 코로나19가 많이 발생하지 않은 도 시의 시민들도 온라인 청원을 통해 우려를 제기하는 경향이 있다. 둘째, 지원에 대 한 청원은 예방 청원에 뒤이어 제기될 가능성이 높다. 코로나19의 부정적 경제적 영향으로 긴급재난구호자금의 신속한 제공 등 '지원'을 요구하는 청원이 증가하는 추세다. 중앙정부의 코로나19 긴급구호자금 (또는 재난지원금) 배분과는 별도로, 각 지자체별로 사용 가능한 재원에 따라 지자체별로 지역차원에서의 금액 배포 속도는 상이하였다. 방역당국이 도시 내 코로나19 확산조치를 완화함에 따라 시민들의 청 원이 재정·복지 지원으로 경향을 바꿀 수도 있다. 이러한 발견점 외에도, 우리는 각 도시가 또 다른 패턴을 나타내고 있다는 점도 발견하였다. 대구는 지난 2월 말과 3월 동안 확진자 증가를 경험한 것은 물론 '지원'과 '예방' 청원이 모두 증가했으며, 4월 이후에는 둘 다 급격히 하락했다. 부산은 지난 8월 확진자 수가 최고조에 달했을 때도 상대적으로 '예방' 청원이 적은 것에 비해 3~4월 '지원' 청원을 대거 제시했다.

흥미로운 점은, 심각한 전염병 확산이 없었던 인천은 "예방"을 많이 요구하였다. 지난 8월 대규모 시위 관련 확진 사례가 정점을 찍으면서 예방 관련 청원이 증가했 다. 서울도 인천과 비슷한 패턴의 확진 패턴과 지원·예방 청원 패턴을 보이고 있다.

그림 2-2 도시별 청원 주제 비율의 비교

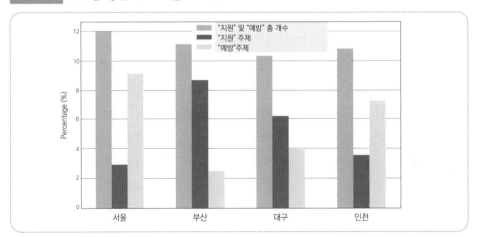

| 표 2-2 | 정도 기준 도시별 네트워크의 상위 20개 단어 |

도시	상위 20개 단어와 정도
서울	'코로나': 3061, '확진': 2054, '필요': 2024, '구민': 1957, '마스크': 1880, '서울': 1798, '발병': 1701, '감염': 1692, '방문': 1667, '가능성': 1605, '보건소': 1592년, '내용': 1575년, '이유': 1560년, '상관': 1557년, '관리': 1555년, '정부': 1469년, '예방': 1455년, '거리': 1454년, '생활': 1412년, '센터': 1410
부산	'코로나': 2453, '부산': 2089, '마스크': 1999, '구민': 1821, '지원': 1710, '지불': 1530, '확진': 1337, '센터': 1304, '주거': 1300, '필요': 1295, '재해': 1278, '신청': 1276, '코로나바이러스 구제 기금': 1253, '생활': 1252, '최고', '구청장': 1214, '지원금': 1200, '이해': 1199, '복지': 1182, '기간': 1172, '이유': 1167
대구	'코로나': 1386, '대구': 1369, '마스크': 1098, '센터': 891, '지원': 842, '확인된 경우': 838, '구': 742, '공무원': 714, '건강': 651, '구': 648, '부분': 638, '정부': 631, '기관': 628, '직원': 610, '복지': 590, '지불': 587, '필요': 582, '가족': 576, '배급': 573, '전화': 572
인천	'코로나': 2050, '인천': 1486, '확진': 1310, '사례': 1292, '마스크': 1259, '진전': 1207, '지원': 1202, '내용': 1149, '가능성': 1140, '이유': 1106, '예방': 1104, '생활': 1093, '전화': 1050, '정부': 1047, '시행': 1035, '확산': 1007, '지불': 980, '신청': 973, '방문': 964, '발병': 953

2.4.2 네트워크 분석 결과

2.4.2.A 정도를 기준으로 네트워크 별 상위 20개 단어

네트워크 분석에서 노드 차수는 해당 노드에 인접한 다른 노드들의 수를 의미한다. 각 도시의 단어 네트워크에서 먼저 20개의 노드(즉, 단어)를 가장 큰 수준으로 추출했다. 관련하여 <표 2-2>를 통해결과를 설명하고 있다. '코로나19'는 각 도시의 네트워크에서 빈도가 가장 크다. 서울의 네트워크에서는 '확인된 사례'가 두 번째로 많은 빈도를 가지고 있다. 부산의 경우 도시 이름이 네트워크상에서 두 번째로 큰 정도를 가지고 있으며, 그 다음이 '페이스 마스크'이다. 부산과 비슷한 대구에서도 도시 이름이 2위, '페이스 마스크'가 3위다. 인천의 네트워크에서는 도시 이름이 '확진자' 다음으로 두 번째로 큰 비중을 차지 하였다 .

<표 2-2>의 결과도 주제 모델링 분석에서 발견된 패턴과 유사한 패턴을 보여

주고 있다. 부산과 대구에서는 '지원'에 대한 청원이 많아지면서 '지원' 자체와 '지불' 등 '지원' 관련 단어가 청원에 다른 단어와 함께 사용되는 경우가 많아졌다. 이에 비해 서울과 인천에서는 예방과 관련된 단어가 '예방' 자체, '보건소', '거리', '강제' 등 정도가 더 큰 경향을 보였다.

그림 2-3 도시별 청원 주제 빈도 비교

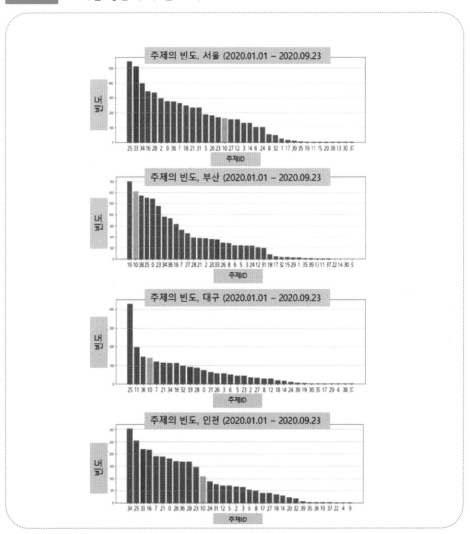

2.4.2.B QAP 분석

각 도시의 단어 네트워크 간의 상관관계를 비교하기 위해 QAP 분석을 수행했다. Quadratic Assignment Procedure(QAP)은 상관관계의 유의미성을 통계적으로 검증하기 위해 소셜 네트워크 분석에서 사용하는 통계적 검증방법이다. QAP 분석은 두 네트워크 사이의 상관 계수를 계산하는 데 사용될 수 있으며, 또한 계수 통계적 유의성을 제공한다. 우리는 "COVID-19", "확정 사례", "감염 사례", "경로", "시험소", "검진소", "문자 메시지", "발병", "격리", "마스크", "유료", "지원금", "응용", "재난" 및 "분산" 등 코로나19와 관련된 동일한 단어 집합을 사용하여 도시별로 별도의 네트워크를 구축했다. <표 2-3>은 QAP 분석 결과를 나타내고 있다.

표 2-3 도시별 청원 네트워크의 QAP

	서울네트워크	부산 네트워크	대구 네트워크	인천 네트워크
서울 네트워크	–	–	–	–
부산 네트워크	0.12 (0.248)	–	–	–
대구 네트워크	0.19 (0.094)	0.42 (<0.001)	–	–
인천 네트워크	0.54 (0.001)	0.22 (0.059)	–	–

* 괄호 속 값은 p 값이다.

<표 2-3>의 결과는 서울의 통신망이 인천의 통신망(r=0.54)과 더 높은 상관관계를 보이며 0.5 수준에서 통계적으로 유의한 반면, 부산의 통신망은 대구(r=0.42, p<0.001)와 더 높은 상관관계를 보인다. 이는 선택된 단어의 사용 패턴이 부산과 대구뿐만 아니라 서울과 인천에서 더 유사하다는 것을 나타내고 있다. 결과는 주제 모델링 결과의 유사한 행에 있다. 주제 모델링 결과를 통해, 서울과 인천에서는 지원보다는 예방에 대한 청원이 많았고, 부산과 대구는 예방 관련 청원이 예방 관련 청원보다 지원 관련 청원이 많았다는 것을 알 수 있다.

2.5. 결론

본 장은 다음의 두 가지 질문에 답하고 있다. 첫째, 시민들은 증가하는 위험을 인지한 후 EID의 확산에 대처하기 위해 그들의 지방 정부에 무엇을 요구하는가? 둘째, 청원을 통한 시민들의 정치 참여 요구에서 어떤 유사점과 차이점이 있는가? 전염병 관련한 경험에 따라 서로 다른 도시에서 COVID-19 관련 행동이 어떻게 다른가? 특히, 우리는 몇 가지 공간 및 시간적 차원을 갖는 통합 사회 생태학적 및 정치 시스템의 일부로 시민 요청을 개념화하여 한국의 도시 지역에서 COVID-19 팬데믹이 어떻게 관리되는지 조사했다. 시민 요청 경관이 주류적 관점에서 볼 때 관습적이거나 물리적 측면은 아니지만, 도시학에서 기존의 경관 차원을 바꾸는 정치적, 경제적 특징을 가지고 있다.

서울, 부산, 대구, 인천 등 코로나19 발생의 진원지인 한국 4개 도시의 온라인 시민 청원 패턴을 비교분석 하였다. 이에 따라, 우리는 이들 4개 도시의 시민 청원에 대해 공개적으로 이용할 수 있는 데이터를 수집하였다. 주제 모델링 및 네트워크 분석과 같은 관련 빅데이터 분석 기법을 활용하여 4개 도시의 COVID-19에 대한 시민 청원의 특징, 특히 그들이 금융 또는 복지 "지원" 또는 COVID-19 "예방"을 원하는지 여부를 비교했다. 수도권 도시인 서울과 인천은 지원보다는 예방을 위한 청원이 더 많을 것으로 보았다. 반면 지방인 부산과 대구에 위치한 도시들은 상대적으로 지원 청원이 많을 것으로 보았다. 결과적으로 본 연구를 통해 몇 가지 혼합된 결과를 발견하였다. 이 연구는 팬데믹 경험이 있는 시민들이 EID 예방을 요청할 가능성이 높을 것으로 예상하였고, 동시에 전염병 경험이 없는 시민들은 지원을 요청할 것으로 예측하였다. 다만 EID 발생과 확산의 진원지인 대구는 지원을 요청했고, 심각한 EID 확산이 없었던 인천은 지원보다 예방을 요구했다. 이러한 발견에 대한 설명은 향후 연구에서 답해야 한다.

정보통신기술(ICT)의 발달로 시민들의 요구에 대한 데이터를 수집하고 분석하는 것이 쉬워졌다. 텍스트 마이닝 및 분석 발전은 또한 시민 요청 환경의 분석을 활성화 시켰다. 특히 긴급한 상황에서 사람들의 요구를 충족시키기 위해서는 시민 요청 경관에 대한 이론, 방법 및 경험적 분석을 개발하는 것이 필수적이다. 본 장은 세

그림 2-4 코로나19 지원과 예방 청원 빈도 변화

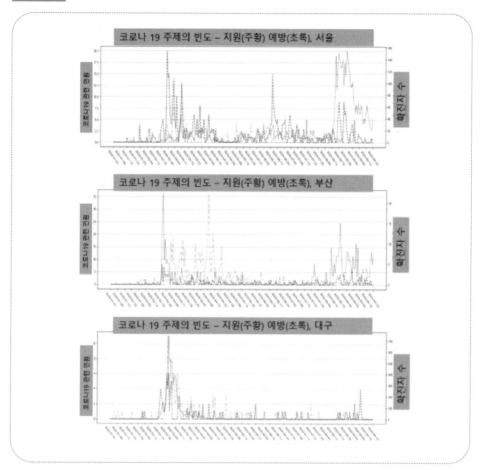

가지 측면에서 해당 연구분야에 기여하고자 한다. 첫째, 시민 요청 경관를 개념화하여 EID에 대응하는 시민과 지방 정부의 상호 작용 이론에 기여하고자 한다. 둘째, 우리는 44,000개 이상의 시민 청원의 빅데이터를 분석하기 위해 텍스트 마이닝과 함께 주제 모델링 및 네트워크 분석을 포함한 텍스트 데이터에 대한 통계 데이터 분석 도구를 경험적으로 사용하였다. 셋째, 우리의 개념화 및 경험적 데이터 분석을 기반으로, 우리는 도시 거버넌스에 관하여 간단하지만 중요한 정책적 시사점을 발견하였다. 즉, 지방 정부는 온라인 청원과 계획된 프로토콜을 활용하여, EID의 영향으로 생계에 직접적인 타격을 받은 시민들에게 신속하게 대응해야 한다. 그러나 서

울은 도시의 규모가 크고 인구 밀도가 높기 때문에, 앞서 언급한 제안에 흥미로운 특이점이 존재한다. 상대적으로 높은 인구 밀도와 특정 규모 이상의 인구를 보유한 도시들은 EID 확신을 막기 위한 경제적, 사회적 비용을 절감하기 위해 지원 정책보다 예방 정책을 요청할 경향이 높다고 나타났다. 효율적으로 EID에 대응하기 위해 국가 전략은 일관성 있어야 하지만, 지역 전략은 지역 격차와 다양한 요청에 대응할 수 있도록 유연해야 한다. 해당 지역 시민이 "지원"(마스크, 백신 또는 재정적 도움)에 중점을 둔 요청을 할 경우, 지방 및 국가 당국은 요청한 특정 지원을 제공해야 한다. 시민들이 '예방'을 요청하면 당국은 과학적 근거에 기반한 예방책을 제공할 뿐 아니라 시민들의 우려를 즉각 반영하여 대응해야 한다.

물론 본 장에는 연구의 한계점이 존재한다. 첫째, 이 연구는 4개 도시의 시민 청원의 변동 유형(COVID-19 상황 예방 또는 지원)에 대한 예비 기술 데이터를 지방 정부에 제공하지만, 기존 경관 연구의 관점에서 변동의 주요 원인을 찾지 못한다. 항공 여행 허브와 같은 일부 특정 요인이 드러나지만, 4개 도시의 서로 다른 특성으로 인해 아직 일반화하기는 이르며 추가적인 심층적인 학제 간 연구가 필요하다. 둘째, 데이터는 한국의 4개 도시로 국한되어 있어 일반화가 불가능하다. 셋째, 가장 중요한 한계점은 온라인 청원을 통한 시민들의 정치 참여 방식에 대한 지방 정부의 반응이다. 향후 연구는 지방 정부가 팬데믹 대응 메커니즘을 수정하고 후속 정책에 적용했는지 여부를 알아봐야 한다. 따라서 다음과 같은 세 가지 유형의 변형이 종합되어야 한다.

이 방면의 연구로 첫째, 도시 경관 변수(크기, 밀도, 교통 시스템, 위생, 학교/교회/도시 구조, 지형, 하천/개울/바다, 주거 지역 유형/구성, 공항 위치 등)의 변화는 온라인 (그리고 그중 9개) 청원 정치의 보다 구체적인 역학을 명시하기 때문에 분석이 필요하다. 둘째, 팬데믹의 심각성이 도시 시민들 사이에 더 많은 변화를 형성하기 때문에 특정 도시 경관 변수에 의한 COVID-19 팬데믹 확산 정도(또는 확인된 사례 수)의 변화를 고려해야 한다. 마지막으로, 온라인 시민 청원에 대한 지방자치단체의 다양한 대응은 시민과 지자체 간의 양방향 상호작용을 완성하는 동전의 양면성과 같다고 볼 수 있다. 각 주제별 키워드의 전체 목록은 <부록1>에 있다.

부록1

주제 ID	키워드
0	발생, 사진, 손상, 안전, 스폿, 포장, 파손, 수리, 상태, 부품
1	광명, 강서구 항동, 국제, 경기장, 서울, 삼정, 고덕, 강서, 입주
2	신청, 전화, 이용, 안내, 카드, 문자, 가능, 내용), 등록, 발급
3	교통 표지판, 횡단보도, 좌회전, 교통 신호등, 교차로, 교통 차선, 방향, 직진, 보행자
4	설치, 지원, 농촌, 시흥시 사무, 자치, 조직, 학교, 연도, 통합, 설립
5	운동, 체육, 운영, 센터, 사용, 문화, 공간, 회원, 폐쇄, 프로그램.
6	주차장, 공간, 공용, 지하, 스폿, 사용료, 쇼핑몰, 전기
7	전화, 공무원, 직원, 담당자, 말, 책임, 본인, 연락, 업무, 대화
8	아동, 보육원, 초등, 안전, 학생, 유치원, 통학, 보호구역, 운동장, 학교 학부모
9	읍, 가좌, 일산, 도시철도, 고양시, 연장, 고양, 더기동, 파주 자족
10	지원, 마스크, 제공, 복지, 적용, 센터, 보조금, 장애, 코로나19 구제 펀드, 코로나
11	대구 북구, 시민, 시장, 장, 학생, 고통, 능력, 통장, 허가
12	내용, 제조, 안건, 공개, 정보, 관련, 규칙, 대표자, 회의결과
13	의왕시, 중학교, 주민, 통합, 학군, 서바이벌, 지구, 특수, 백운, 가정
14	협회원, 협회원, 계약서, 주택, 협회장, 계약서류, 샘플, 코로나, 총회, 추첨
15	건설, 다리, 월곶, 도보, 회의, 사업, 설계, 필요, 조립, 시장.
16	나무, 산책, 고양이, 동물, 화장실, 주변, 동반자, 제거, 인형, 공간
17	구, 개발, 사업, 대안, 협회, 개편, 능곡, 시행, 고양시, 행사
18	흡연, 담배, 지역, 금연, 부스, 건물, 서초구, 거리, 청북, 서초
19	동래구청장 승인, 긴급, 낭민동, 안전, 대심, 시민, 취소, 동래구
20	송도, 유림, 해변, 힐스테이트, 승인, 토지, 사고, 수소, 가정, 관광객
21	주차, 벌칙, 신고, 배너, 위반, 오토바이, 지구, 부과, 금지, 사진
22	설치, 종합, 교육, 시흥시, 지원, 부서, 택지, 예산, 서약, 서비스
23	냄새, 방지, 악취, 송도, 서구, 힐스테이트, 모기, 커튼, 벌레, 색상
24	역, 노선, trafc, 마을버스, 차량 배정, 기사, trafc, 정류장, 간격, 센터
25	현장, 건물, 창문, 손상, 아침, 먼지, 새벽, 발생, 공사장, 시작
26	사업, 개발, 추진, 의견, 환경, 검토, 개발, 개선, 이유, 예산
27	판매, 시장, 상점, 판매, 상인, 노점상, 쇼핑몰, 운영, 판매, 회장
28	수집, 폐기, 허가 없이, 청소, 식품, 가방, 배출, 도포, 폐기물, 방치
29	문화, 시흥시, 수성, 센터, 예술, 공청회, 프로, 예술작품, 효성, 예술
30	공장, 시공사, 도장, 의식, 승인, 입주, 변경, 푸르지오, 적용, 갱신하다
31	주택, 건설, 분양, 허가, 토지, 변경, 용도, 승인, 준공, 건물
32	도서관, 입주, 세대, 평택, 토지, 부분, 분양, 중앙, 건물, 평택시
33	코로나, 확진자, 마스크, 보건소, 검사, 경로, 노출, 격리, 착용, 예방, 자기
34	보도, 자전거, 보도, 가로등, 블록, 사진, 통로, 유지관리, 보행자, 위치
35	푸르지오, 시흥역, 도장, 유치, 도시, 변화, 분양, 행사, 고양시, 이사

36	차선, 사고, 입구, 구간, 주차, 통로, 트레일, 방향, 방지, 중간
37	재단, 중학교, 통합, 시흥시 학구, 이의, 교육, 토지, 통학, 논곡
38	부산, 장안, 선거, 유지, 교육, 교육감, 기장, 교장,주지사, cer의 승인
39	평택, 안성, 소각장, 평택시장, 환경, 승인, 병원, 반대, 소각

자료: https://www.aph.gov.au/petition_sign?id=EN1823 참조

정치학에서는 두 가지 기준에 따라 정치적 참여를 네 가지 카테고리로 분류한다. 제도화와 선거 그리고 폭력의 두 조건으로 4가지 모드가 생긴다(Bennett & Bennett 1986; Bratton 1999).

4차 산업혁명 시대 주민자치 유형과 활성화 방안 연구

4차 산업혁명 시대 주민자치 유형과 활성화 방안 연구

3.1. 서론

　지방자치는 단체자치를 통한 지방분권의 강화와 주민자치를 통한 자치이념의 구현이라는 두 축이 균형을 갖출 때 비로소 제도로 제 구실을 할 수 있다. 최근 서구 선진국들의 지방자치는 대부분 단체자치 중심에서 주민자치 중심으로 적극적으로 진화해 가는 모습을 보여주고 있다. 미국, 영국 등 일찍부터 지방자치가 잘 발달되어 온 국가들에서는 단체자치보다 주민자치에 기초한 지방자치제도가 발달되어 있어 풀뿌리 민주주의가 지방민주주의의 근간을 형성하고 있다. 그간 단체자치를 강조해 왔던 독일, 프랑스, 일본 등의 국가들도 최근 다양한 주민자치의 제도적 실험을 통해 주민자치 중심의 지방자치를 구현하기 위해 노력하고 있다.

　하지만 우리나라의 경우에는 하향식으로 주어진 지방자치제도가 애초부터 단체자치에 중점을 두고 있어 주민자치의 성격이 매우 약한 상황이다. 주민발안, 주민소환 등과 같은 주민참여에 바탕을 둔 주민자치제도들이 아직 현실적으로 적용되고 있지 않다. 지방자치단체가 수행하는 정책과정에도 주민의 직접적인 참여가 제도적으로 활성화되고 있지 않아 주민이 배제된 사실상의 또 다른 관치행정에 불과한 단체자치가 이루어지고 있다는 비판이 존재한다(안철현 2017). 실제로 우리나라의 현행 지방자치제도하에서 주민자치의 기능이 제도로서 보장되는 수준은 지방의원과 지방자치단체장을 선거로 뽑거나 지방자치단체의 각종 위원회에 주민을 대표하여 전문가가 참여하거나 주민을 대상으로 한 각종 공청회에 참여하는 정도에 불과하다 (이태동 외 2018). 물론 최근 들어 사회적 공론 형성 과정에서 활용되고 있는 '공론화위원회'나 '주민참여예산제' 등을 통해 주민이 제도적으로 정책결정과정에 참여할 수 있는 기회가 많아지고 있는 것은 사실이다(김주형 2018). 따라서 주민자치 중심의 지방자치가 더욱 강화되어 가고 있는 세계적 흐름이 형성되고 있고 지역주민들의 지방자치에 대한 인식과 요구가 높아지고 있는 상황에서 주민자치 중심의 지방자치제도로의 전환에 대한 시대적 요구가 우리나라에서도 꾸준히 제기되고 있다.

우리나라 지방자치가 중앙집권적 단체자치 중심의 경향을 극복하고 단체자치와 주민자치가 균형을 이룬 명실상부한 지방자치로 나아가기 위해서는 주민자치를 강화하기 위한 다양한 혁신방안이 요구되고 있다. 최근 주민자치의 중요성이 부각되면서 '시민주권'과 '동네 민주주의'의 개념이 강조되는 등 주민자치 패러다임에 입각한 새로운 주민자치 시스템에 대한 실험적 접근이 지방자치단체나 시민사회를 중심으로 광범하게 시도되고 있는 것도 이런 현실을 반영한 것이다(이태동 외 2018). 결국 기술 발전을 활용하여 지방자치, 주민자치, 그리고 궁극적으로 민주주의의 활성화하는 모델을 만들어 갈 필요가 있다.

기술 발전에 따라 주민들의 지방자치 참여와 주민자치는 어떻게 가능한가? 4차 산업혁명의 기술을 활용한 주민자치의 유형과 사례에는 어떤 것들이 있고 이는 어떤 이론적, 정책적 함의가 있는가? 본 장은 이러한 질문에 답하는 것을 목적으로 한다. 또한, 4차 산업혁명 시대에 기술의 진화가 가져 온 다양한 기술적 수단들을 활용하여 지역주민의 적극적인 참여를 유도해 냄으로써 지역주민 스스로가 지역혁신의 주체로 성장할 수 있도록 지방자치제도를 주민자치 중심의 패러다임을 기반으로 혁신해 나갈 필요가 있음을 역설한다. 이를 위해, 주민들이 지방 정치 과정에 단순히 참여하는 구조를 넘어서 스스로의 문제들을 논의하고 결정하려는 기술, 문화, 제도가 필요하다. 또한 주민들의 필요를 제기하고 행정이 대응하는 구조에서 지역의 문제 해결 방안을 공동 생성(Co-creation)하는 방향으로 발전적 기술과 제도를 적용하는 것도 중요하다.

4차 산업혁명시대가 가져올 우리 사회의 전반적인 변화에 대해서는 각 부문별로 많은 예측과 전망이 이루어지고 있다. 하지만 대부분 경제·산업 혹은 사회·문화 분야에서의 영향을 중심으로 이루어지고 있어 정치 분야에서 나타나게 될 변화들에 대해서는 분석이 미흡한 실정이다(김선혁 2016; 조권중 2015). 특히 우리나라와 같이 중앙집권적 성격이 강한 지방자치 시스템에서 각 자치에서 단계별 공공정책 및 공공서비스의 생산·제공 과정에 어떤 근본적인 변화가 초래될 것인 지에 대해서는 초보적인 수준의 분석에 머물고 있다.

정보통신기술(Information & Communication Technology: ICT)기술의 발전이 정치와 행정체제 등 우리 사회의 통치양식에 지속적인 변화를 가져온 것은 사실이다. 하지만 ICT 기술에 기반을 둔 전자정부 등 정부 통치형태의 변화에도 불구하고 현실에서는 위계적 관료제의 질서는 좀체 변화되지 않고 있다. 정보 기술의 발전은 지방과 주민자치 관련 정보를 수집하고 분석을 용이하게 만든다. 더 나아가 주민들이 함께 정보를 만들어가는 공동 생성(Co-creation)을 가능하게 한다. 4차 산업혁명 기술을 활용해 주민들은 주민자치에 참여하거나, 숙의, 결정하는 것이 이전보다 용이해지고 있다. 디지털화 되고 모바일화 된 ICT 기술의 발전과 직접 민주주의의 문제의식이 결합된 새로운 의사결정 방식을 가져올 수 있다는 것이다. 지방자치행정 기관을 중심으로 펼쳐졌던 기존의 지방자치시스템이 다양한 4차 산업혁명 시대의 기술로 인해 자기조직화된 강화된 개인이 정부, 정당, 시민단체와 함께 권력을 공유하며 공동체의 의사결정과정에 적극적으로 참여하는 새로운 형태의 민주주의 통치양식으로 전환되어 나갈 것으로 보인다(서용석 2016; 이민화 2016; 김애선 2016).

본 장은 4차 산업혁명의 기술진화가 초래하게 될 지방자치의 크나큰 환경 변화 속에서 새로운 유형의 풀뿌리 주민자치 모형을 구축하는 데 주된 목적을 두고 있다. 이를 위해 본 장은 4차 산업혁명 기술진화에 바탕을 둔 주민자치의 다양한 국내의 사례들을 발굴하고 그 속에서 공통적으로 발견되는 주민자치 활성화의 성공 요인들을 찾아내어 향후 4차 산업혁명 시대 주민자치 활성화를 위한 제도적 개선 방안들을 도출하는 데 초점을 두어 연구를 전개한다.

이와 같은 복합적인 목적 아래 이루어지고 있는 본 장이 지닌 학술적, 정책적 차원의 의의는 다음과 같다. 첫째, 4차 산업혁명 시대에 기술의 진화를 주민자치 중심의 지방자치에 어떻게 접목해 나갈 것인가를 고민하는 연구라는 점에서 학술적 의미를 지니고 있다. 4차 산업혁명과 관련된 기존 연구들은 대부분 4차 산업혁명 관련 ICT 기술분야의 발달이 각각의 분야에서 어떤 구체적인 영향을 미칠 것인지에 대해 기술적인 차원에서 분석하는 연구들이 주류를 형성하고 있다(하태석 2018; 경정익 & 권대중 2018; 원상필 2019; 김득원 외 2018; 조성은 외 2018). 4차 산업혁명이 중앙 혹은 지방정부의 정책환경에 어떤 근본적인 변화를 가져올 것인지에 대한 연구는 초보적인 수준에 머물고 있는 것이 현실이다(김희복, 김희주 2019; 허태욱 2017). 특히 4차 산업혁명시대의 기술진화가 지방자치 시스템에 어떤 근본적인 변화를 가져올 것인지에 대한 연구는 매우 미흡한 실정인 바, 4차 산업혁명을 지역혁신과 연결한 한국정보화진흥원(2018), 윤예지 외(2017)의 연구 정도가 전부라 할 정도이다. 따라서 본 연구는 지방자치 관련 분야에서 4차 산업혁명의 영향 효과에 대한 연구 관심을 진작할 목적으로 시도되고 있다는 점에서 해당 분야의 선도적인 연구라 할 수 있다.

둘째, 본 장은 4차 산업혁명 시대 증대하고 있는 주민자치에 대한 정책적 요구에 부응할 수 있는 연구라는 점에서 의의를 지닌다. 현재 정부가 추진하고 있는 자치분권 종합계획, 지방자치법 전부개정 추진 등으로 인해 주민자치가 대폭 확대됨에 따라 지방행정 및 주민자치 활성화제도 개선에 대한 정책 요구가 증대할 것으로 예상된다. 따라서 정부 차원에서는 이와 같은 주민들의 정책 요구에 적극적으로 대응해 나갈 필요가 있으며, 그런 맥락에서 본 장은 4차 산업혁명 기술을 활용한 국내 선진적인 주민자치 중심의 지방자치 모형 개발을 통해 현재의 단체자치 중심의 지방자치제도를 풀뿌리 민주주의에 더 가까운 주민자치 중심의 지방자치로 전환해 나가는 실천적 계기를 마련하는 데 도움을 줄 것이다.

본 장에서는 문헌연구 방법을 통해 2장에서 우리나라 지방자치에 적용된 주민자치가 갖고 있는 특성과 함께 그 현실적 제도 적용의 한계와 문제점을 분석한다. 3장에서는 4차 산업혁명 시대에 나타나는 다양한 커뮤니케이션 기술의 진화가 우리 사회의 근본적인 변화를 어떻게 추동해 내고 있으며, 결과적으로 그것이 어떻게 주민자치에 필요한 제도적 환경을 바꿔 나가고 있는 지에 대한 다양한 연구 성과들을 분석하였다. 4차 산업혁명 기술(IoT, AI, Big Data, Block Chain 등)을 활용한 국내외의 다양한 주민자치의 모범적인 사례들에 대한 구체적인 사례들을 사례연구의 차원에서 4장에서 소개하고, 그 결과를 바탕으로 5장 결론에서 우리나라 중앙정부 및 지방정부가 추진해 나가야 할 주민자치 활성화를 위한 4차 산업혁명 시대 기술 플랫폼 활용 정책에 대한 정책적 함의와 제언을 도출하였다.

3.2. 주민자치의 현황과 문제점

지방자치는 어떤 측면에 강조점을 두는가에 따라 크게 주민자치와 단체자치 두 가지 유형으로 나눌 수 있다. 먼저 단체자치의 경우 독일을 비롯한 유럽대륙 국가의 전통적 지방자치 형식으로 국가와 별개의 법인격이 부여된 단체가 조직되어 국가로부터 비교적 독립된 지위와 권한에 따라 독자적인 행정사무를 처리하는 지방자치의 유형을 의미한다. 그러나 단체자치의 경우 형식적 요소와 법제적 요소가 강조되어 정부주도의 행정이 여전히 지속된다는 비판을 받아 지방자치의 실현에 한계를 가지는 것으로 인식된다(곽현근 2017).

반면 주민자치의 경우 지역사회의 정치와 행정을 주민의 자율적 책임과 의사로 결정되는 시스템으로 주민 스스로가 지역의 문제에 대한 해결에 나서 정책에 대한 결정과 집행을 주도하고, 또 그에 대한 책임을 스스로 지는 제도로 이해된다. 이는 주민참여를 통해 자치정부를 구성하는 것이 자연법상의 권리라는 전통을 가진 영국과 미국 등에서 유례된 것으로 상향식 의사결정과 민주적 성격이 강조된 개념이라 할 수 있다. 따라서 주민의 적극적인 참여와 자치적 행사에 초점이 맞춰진다. 또한 자발적 참여와 자치역량의 강화, 주민 간 혹은 주민과 자치단체 간의 협력적 거버넌스 구축, 행정의 효율성과 민주성 확대라는 맥락에서 주민자치는 그 필요성이 강조된다(최근열 2015).

주민자치의 접근방식에 대해서는 다양한 견해가 있다. 대의민주주의나 직접민주주의 방식과는 무관하다는 견해(안철현 2017)도 있다. 하지만 기존 단체자치 중심의 지방자치와 간접민주주의가 지닌 한계를 보완하기 위한 주민참여가 강조되기도 한다(김혜정 2016). 물론 대의민주주의의 한계를 보완하고 직접민주주의를 구현한다는 목표를 동시에 추구한다는 시각도 존재한다(이태동 외 2018). 이를 정리해 보면 주민자치를 구현하기 위해서는 다양한 접근이 이루어질 수 있으나, 대의제의 단점을 보완하기 위해 직접민주주의적 요소가 어느 정도 가미되어야 한다는 것이다.

한편 주민자치를 주민참여의 맥락에서 논의할 필요도 있다. 주민참여는 주민의 욕구와 가치관 등을 정부의 의사결정에 반영하는 것을 의미하는데, 이러한 참여는 국민의 의사를 정부의 그것과 근접하게 하는 요소로 평가받을 뿐만 아니라 책임 의식과 공동체 의식을 함양하고 시민교육을 담당하는 기능까지도 수행할 수 있는 요소로 평가받는다(박세정 2008). 페리 외 다른 저자들(Parry et al. 1992)은 주민참여를 시민이 관료와 의원의 의사결정에 영향력을 행사하는 목적의 행동이라 정의하며 법에서 보장된 관습적 참여와 비합법적 형태의 비관습적 참여로 구분한다. 또 김욱(2005)은 개인의 정치참여에 있어서 편익을 고려하여 비용이 적게 드는 쉬운 참여와 비교적 많은 비용이 들어가는 어려운 참여로 구분하기도 한다. 또, 박찬욱(2005)은 자발성을 기준으로 소극적 참여와 적극적 참여로 구분하기도 한다. 이러한 맥락에서 주민자치는 관습적 참여의 형태를 띠면서 어려운 참여, 적극적 참여로 분류할 수 있을 것이다. 따라서 주민자치의 발현을 위해서는 정부의 적극적 지원과 협력이 필요한데, 우리나라의 주민자치조직은 이러한 평가에서 한계를 가지는 것으로 평가받는다.

따라서 이상적인 주민자치의 모습은 주민의 자발적인 조직화를 통해 발현되어 정책 결정 과정 등에 주민이 적극적으로 참여하고 이를 자치단체를 비롯한 공적 영역에서 이를 적극적으로 협력하는 형태일 것이다. 또한 참여 구조에 있어서 민주성과 자치역량의 확보가 필요하며, 특히 형식화에 그치지 않고 실질적인 제도적, 기능적 수행이 필요하다. 정책결정과정에서 형식적이고 동원에 그쳐 버리는 주민참여는 주민의 열의를 이끌어내기 어려운데, 대표적으로 1960년대 미국의 시민참여가 성공하지 못한 배경으로 형식화에 그친 참여를 꼽기도 한다(박세정 2008).

우리나라에서 주민참여 제도는 거의 모든 제도를 완비했다는 평가를 받지만(박인수 2007), 전반적으로 여전히 중앙집권적인 권력형태가 지속되고 있다는 비판도 받는다(안철현 2017). 한국에서 주민참여 제도는 크게 주민투표와 주민발의, 주민소환, 주민소송, 주민감사청구, 주민참여예산제도, 주민자치회 등이 있다. 그러나 이들 제도들의 마련에도 불구하고 현실적으로 제대로 운용되고 있는가에 대해서는 향후 평가할 부분이다.

우리나라 지방자치가 이런 장애를 극복하고 단체자치와 주민자치가 균형을 이룬 명실상부한 지방자치로 나아가기 위해서는 주민자치를 강화하기 위한 다양한 혁신 방안이 요구되고 있으며, 4차 산업혁명 시대의 발달한 기술적 인프라는 이와 같은 주민자치의 실험을 가능하게 하는 환경적 요소로 작용할 가능성이 높다. 한국형 지방자치 모형의 패러다임 전환에 대한 시대적 요구를 수용할 필요가 있다. 지금까지의 한국형 지방자치 모형은 권위주의 시대의 중앙집권적 행정중심주의의 영향으로 인해 지역의 자율성을 제약하는 단체자치에 의존해 왔다. 지역민이 주체가 되는 진정한 의미에서의 지방자치로 나아가기 위해서는 단체자치의 전통적 패러다임에서 주민자치 중심의 새로운 패러다임으로 지방자치체제를 전환해 나갈 필요가 있다(김찬동 2019). 이를 위해, 주민자치는 주민의 참여, 참여을 통한 의제 설정, 숙의, 결정이라는 단계를 통해 실질적인 참여−숙의−결정을 실현할 방안을 찾아야 한다. 이러한 주민자치의 활성화는 대의민주주의의 의제 설정, 숙의와 결정 과정을 보충할 수 있을 것이다(정진웅 2019).

3.3. 4차 산업혁명 시대 기술 진화와 다중사회의 새로운 정치 참여

빅데이터(Big Data), 인공지능(Artificial Intelligence: AI), 사물인터넷(Internet of Things: IoT), 블록체인(Bloc Chain) 등으로 대표되는 4차 산업혁명은 산업과 기술 부분만의 변화가 아닌 우리 사회 전반의 변화를 예고하고 있다. 4차 산업혁명은 그 실체와 그것이 가져올 미래상에 대한 경험적 분석이 부족함은 물론 학술적 논쟁의 와중에 있지만, 최근 생활의 전 분야에서 그 존재감이 더욱 확산되고 있는 추세이다. 행정서비스를 제공하는 중앙정부뿐만 아니라 지방자치단체들도 4차 산업혁명이 행정서비스 분야에서 가져오게 될 파급효과를 분석해서 4차 산업혁명 시대의 도래에 적극적으로 대응해 나가고자 노력하고 있다(김선혁 2016). 아울러 4차 산업혁명은 정책과정 전반에 정책 수요자인 시민의 참여를 보다 적극적으로 요구하게 될 가능성이 높은 바, 4차 산업혁명으로 인해 나타나게 될 정책과정의 새로운 패러다임 변화를 구체적으로 분석해 볼 필요가 있다.

현대 민주주의는 근본적으로 대의제의 위기라는 심각한 고민을 안고 있다. 대의제는 국민으로부터 위임받은 대표자가 국민을 대신해 권력을 행사하여 공동체의 의사를 결정하는 체제를 의미한다. 대의민주주의에 대한 위기는 1970년대 이후 서구에서 붉어지기 시작하여 투표율의 저하, 정당 일체감의 약화 등 대의제에 대한 근본적인 위기에서 비롯된 것이라 할 수 있다. 이러한 위기는 근본적으로 국민의 의사나 이해를 반영하지 못함에 따라 정당성과 효율성에 대한 문제를 낳고 대의제의 근간이라 할 수 있는 대표성에 대한 위협으로 작용하게 된다. 정보 통신 기술의 발달이 이러한 위기를 보완할 수 있을 것이란 시각이 강하였고 실제 전통산업사회와 비교하여 기술의 진화에 따른 정책과정에서 살펴볼 수 있듯이 이전보다 시민들의 정책 결정과정과 정치 과정의 참여, 공식적 행위자들의 반응성 등은 크게 개선되었다고 볼 수 있다(정진웅 2019). 그러나 한편에서는 대의제 위기로 제시된 문제들이 여전히 해결되지 못하는 모습을 보이고 있다. 투표율로 대변되는 정치 참여, 시민과 정치결정과정과의 거리감은 여전히 해결되지 못한 채 상존하고 있는 실정이다(김찬동 2019).

이러한 상황에서 다중사회의 등장과 4차 산업혁명으로 대변되는 정보통신기술의 비약적인 발전은 대의제에 대한 위기의 해법이나 대안으로 작용할 수 있다. 일찍이 현대 대의제 민주주의의 대안으로서 참여와 숙의 등이 강조되었고, 이는 시민들의 참여가 무엇보다도 강조된다. 다중의 등장과 다중사회로의 진입은 사회 문제에 대한 보다 많은 참여를 기대하게 하며 특히 정치영역에서 이러한 움직임이 두드러지게 할 것이다(조희정 외 2016). 또한 4차 산업혁명의 특성인 연결과 탈중앙화, 공유 등은 기술의 발전을 통해 이러한 움직임에 보탬이 될 것으로 생각된다.

4차 산업혁명 시대에 새롭게 등장한 새로운 민주주의 담론들을 살펴보면 다음과 같다. 첫째, 디지털크러시(Digitalcracy)와 관련된 담론이다. 디지털크러시는 직접민주주의가 모바일 및 디지털과 결합한 의사결정 방식을 뜻한다. 디지털크라시의 등장으로 인해 기존의 기득권 거대 정당은 입지를 잃게 되고, 정당은 개별 정책을 중심으로 시민사회와 연대하는 '정책 네트워크'의 형태로 진화할 것이라는 전망이 있다(허태욱 2017). 디지털크러시 하의 정치과정에서는 국회의원이 정당의 주역이었던 과거와 달리 정당의 주역이 정책전문가 그룹으로 대체되고 시민의 의사를 실시간으로 반영하는 온라인 정당으로 진화할 가능성이 높다(서용석 2016).

둘째, 다중민주주의 담론을 들 수 있다. 전원에 의한 전원의 민주주의를 의미하는 다중 민주주의는 직접민주주의의 형식적 전통과 보다 깊은 관련이 있다.[2] 그 예로 헤테라키 민주주의(Heterarchy Democracy) 담론을 들 수 있다. 헤테라키 민주주의는 기존의 민주국가에서 위계에 기반을 둔 엘리트 중심의 대의제를 취하는 반면 사회 구성원의 통합을 목표로 다중지배를 중심으로 하는 두는 사회 질서 원리를 말한다.

---

2) http://www.hani.co.kr/arti/international/international_general/513533.html (검색일: 2019.11.1.)

헤테라키 민주주의하에서는 힘이 강화된 개인과 정부, 정당, 시민단체 사이의 권력이 공유되고 지배가 존재하기 때문에 수평적이면서 협업의 의사결정을 지향한다. 헤테라키 질서 하에서 ICT는 구성원들을 매개하는 중요한 역할을 수행하며 시민의 민주적 참여 촉진과 참여자간의 협동 추진, 정치적 책임성 구현, 시민의 영향력 향상, 갈등 조성의 효과를 발생한다(서용석 2016).

기술의 발달에 따른 정치참여 전반의 영향에 대해서 다양한 견해가 제시된다. 라인골드(Howard Rheingold)는 '스마트 맙(Smart Mobs)'이라는 개념을 통해 대중들이 펼치는 새로운 정치참여의 양상을 설명한다(Rheingold 2002). 또 디지털 정치참여(Digital Political Participation)의 측면에서 기술발전이 정치참여에 긍정적인 효과를 미침(정연정 2004)은 물론 정치참여에 직접적인 영향을 끼친다는 연구 또한 제시된다(유석진 외 2005).

인터넷 기술의 발전은 시민사회의 여러 가지 제도들을 강화하고 공공영역에서 정보소통 및 정치참여의 통로를 확대하여 기존의 권력구조에 변화를 주는 새로운 기제로서의 가능성을 보여주었다. 이는 인터넷이 정치참여에서 발생하는 비용과 장벽을 해소해줌으로써 정치에 대한 공중의 신뢰를 회복하는 데 도움을 준다는 주장이다(Bonchek 1997). 한편, 인터넷 기술 진화의 결과로 공동체 조직들에게 권력을 하향 배분케 하는 현상에 주목하기도 한다(Barber 1999). 전자투표, 이메일, 게시판, 채팅 그룹은 이슈와 아이디어의 교환이 이루어지는 새로운 공공영역을 대변하는데, 인터넷이 만들어 낸 그러한 공간은 직접민주주의의 실현과 공동체 네트워크 형성의 기회를 만들어 주고 있다(Rheingold 1993; Browning 1996).

기술의 발전에 따른 정치체계의 근본적인 변화를 구체적으로 살펴보면 먼저, 웹 1.0 시대의 진입으로 정보가 폐쇄적인 정책결정에 의한 독점에서 시민 일반에게 개방, 공유 되어 인터넷 시대 이전의 전통적인 산업사회에서의 정책과정과는 차이를 보였지만, 여전히 정부를 중심으로 추진되었다. 일방적으로 시민들에게 공급될 뿐 시민은 정보소비자로만 남게 된다. 다만 인터넷의 도입을 통해 시위, 투표참여, 청원과 같은 형태로 시민 일반의 정치참여에 의미 있는 영향을 주었다는 주장이 논쟁거리가 되고 있으며(Bimber 1999; 2001; Gibson 2002; Mossberger et al. 2003; Norris 2001; Shah et al. 2001), 정치참여의 종류나 범위에 역시 견해가 상이하다. 그럼에도 불구하고 인터넷의 도래로 시민사회의 참여 확대에 긍정적인 영향을 끼친 것은 분명한 사실이다(Whaley 2000; Yang 2003).

웹 2.0은 참여, 공유, 개방을 통한 변화가 내재되어 있다. 기존에 웹 1.0 시대가 전자정부를 통한 일방적 정보의 생산과 배포에 머물렀지만, 웹의 개방과 공유가 진행되며 일반 시민 역시 정보의 생산과 배분의 주체로 변화한 것이다. 이는 집단지성을 통한 공동적 대안이 자생적으로 형성으로 이끌었다(이원태 외 2012).

웹 1.0 사회에서는 시민사회의 집합적 권력이 정책을 결정하는 과정에서 보다 능동적으로 참여하게 된다. 아울러 입법부의 정책과정에서도 참여가 보다 능동적으로 이루어지게 된다. 그러나 행정부와 전문가 집단 및 이익집단의 영향력은 유지되고 있고 개별 시민 또한 수동적 입장에 머물러 있다. 공식적 행위자로서 소외되었던 입법행위자의 역할이 능동적으로 바뀐 한편 시민단체의 영향이 증가하는 집중형의 정책네트워크에 포함되어 핵심적인 정책 행위자 그룹에 일부 시민단체들이 포함되기도 한다(허태욱 2017).

웹 2.0 사회에서는 각종 소셜 미디어를 통해 시민사회와 공식적인 정책 행위자의 상호작용성이 증대되어 개별시민들과 시민단체의 참여가 제도화되고 능동적인 형태를 보인다. 또한 정책과정의 주도권이 입법부로 넘어가면서 정당의 역할은 상대적으로 줄어들며, 특히 전문가나 이익집단과 같은 비공식적인 행위자들의 참여는 현저히 감소하게 된다. 그러나 여전히 시민 개개인의 참여보다는 시민단체를 통해서 집합적 차원으로 참여하는 것이 대부분이다(조희정 외 2016).

디지털 기술의 발달은 공간성과 시간성의 제약을 극복하게 해준다는 측면에서 정책결정과정의 변화를 가져온다. 공간성과 시간성의 제약을 벗어나 공유와 개방, 그리고 참여의 정신에 입각한 분산된 네트워크를 만드는 한편, 개인의 개별성(Individuality)을 강화하는 방향으로 영향을 미쳤으며 이들의 분산된 네트워크는 이후 복잡계 네트워크의 형태로까지 발전할 가능성이 있다. 또한 동시성과 이동성을 보다 강화시키는 결과를 초래한다(김선혁 2016). 요약하면, 시민 참여와 관련된 디지털 기술은 정부의 정보 제공에서, 시민의 참여와 이에 대한 정부의 대응, 그리고 시민과 정부의 정보 공동 생성으로 발전해 가고 있다. 즉 디지털 기술은 주민과 정부가 함께 문제를 발견하고, 아젠다를 설정하고 논의하여 결정하는 정보 공동 생성(Information Co-creation)을 가능하게 한다(이태동 외 2018).

3.4. 4차 산업혁명 시대 새로운 주민자치 모형의 유형화와 사례

정보통신 기술의 발전에 따라 주민자치의 가능성과 영향력은 증대될 수 있다. 본 연구에서는 4차 산업혁명 시대 주민자치 모형을 주민 참여의 정도에 따라 한 축은 주민 참여, 숙의, 결정으로, 다른 축은 기술의 활용 구성 양상에 따라 정보 수집 – 응답과 정보의 공동 생성(Co – creation) 크게 두 가지 축으로 구분한다.

먼저 주민자치의 정도에 따른 구분으로, 지방자치에 주민이 온라인 기술을 활용하여 (1)참여, (2) 숙의, (3) 결정하는 단계를 제시할 수 있다. 참여는 주민들이 지방자치에 참여할 수 있는 공간과 기회를 가지는 단계이다. 참여 단계에서 주민들은 민원이나 청원의 방식으로 지방자치의 이슈에 대한 아젠다를 제시할 수 있다(조희정 외 2016). 숙의는 참여에서 발전된 단계로, 주민들이 행정, 의회나 주민들이 제시된 문제에 대한 온라인에서 논의가 가능한 단계이다. 지방자치의 다양한 이슈에 대한 찬성과 반대를 피력할 수 있고, 간략한 의견에 대해 논의할 수 있다. 결정은 말 그대로 주민들이 주민/지자체의 참여를 통해 발굴된 이슈에 대해 논의된 사항을 결정하는 단계를 의미한다. 주민이 스스로 무엇을 어떻게 통치하는가(자치)를 결정하는 단계이다(허태욱 2017).

기술의 활용에 따른 주민자치 분류도 유형화의 한 축이다. 정보 수집 – 대응은 주로 기존의 대의제 아래에서 정책결정을 주도한 행정부나 입법부를 중심으로 작동하는 모형이다(조희정 외 2016). 이는 자치단체 중심의 주체들이 구성한 플랫폼 등을 통해 시민의 참여가 이루어지는 양상을 뜻한다. 하향식 방식으로 진행되는 것이 일반적이라 볼 수 있지만, 플랫폼 내에서 모여진 시민의 의사가 정책 반영에 담기는 형태이다. 이는 플랫폼을 통한 의사 개진 등이 해당된다. 이들은 4차 산업혁명 기술이 제한적으로 사용되거나 아직 미치지 못한 사례들이 해당된다.

반면 정보 공동 생성(Information Co – creation) 모형의 경우 시민과 시민단체 등 기존의 비공식적 참여자들이 아젠다와 정책을 함께 만드는 모형이라 할 수 있다(허태욱 2017). 이들의 경우 기존의 행정부와 의회를 비롯한 대의정치 참가자들이 플랫폼 자체를 구성하더라도, 주민들이 주도하거나 정보를 함께 만들어간다. 이는 4차 산업혁명의 기술 도입을 통해 정책결정과정이 고도화된 형태를 의미한다. 이들의 특징은 탈중앙화, 분산화 등의 4차 산업혁명의 핵심 기술이 녹아들어 기존의 플랫폼과 비교하여 시민의 접근성과 신뢰성, 참여성을 높였다고 볼 수 있다. 지방자치 정책의 시혜자나 단순 참가자가 아닌 정책 결정의 파트너가 된 경우이다. 예를 들어, 리빙랩(Living Lab) 혹은 정책랩(Policy Lab)의 접근 방식을 활용해 사용자와 주민이 문제를 전문가, 행정, 정치인과 정의하고, 문제의 대안을 공동으로 모색하며, 정책 방안(Prototype)을 공동으로 생성하는 것이다(이태동 외 2019).

정보 기술의 성격과 주민자치 정도에 따른 모형을 유형화하면 다음과 같다.

그림 3-1 정보 기술의 성격과 주민자치 정도에 따른 유형

3.4.1. 정보 수집 & 응답-주민 참여

정보 수집 & 응답 – 주민 참여 모형의 경우, 청와대 광화문 1번가와 국민청원 이후, 온라인을 활용하여 정보 수집하고 관련 대의 기관에서 응답하는 형태이다. 지방자치단체에서도 청와대의 1번가와 유사한 주민 청원을 수집하고 일정 정도 이상의 공감이 있는 청원에 대해 응답하는 플랫폼을 운영하고, 주민들은 민원 성격의 글을 작성하거나 동의하여 참여하는 형식이다. 부산 OK 1번가 – 시민소통 플랫폼이 그 예시이다. 부산 OK 1번가는 온라인을 통해 시민의 다양한 목소리를 듣고 시정에

반영하는 시민중심의 소통창구다. 부산시는 2018년 6월 29일부터 시민들이 자유롭게 지역과 시정 발전을 위한 정책이나 의견·아이디어를 제안할 수 있는 홈페이지 'OK 1번가'를 개설하고 시민 목소리를 담아내고 있다. 취업에 어려움을 겪고 있는 청년을 위한 취업복지카드 도입, 활기를 잃은 주택가 골목상권 활성화 대책, 산업단지 근로자 환경 개선, 미세먼지로부터 안전한 부산, 아이 낳고 기르기 좋은 부산, 베이비부머 세대 일자리 확충 등 시민이 일상생활 속에서 느낀 꼭 필요한 정책을 만들어 달라는 바람들이다(부산시 OK 1번가 홈페이지).

OK 1번가 시즌 1의 정책 제안은 7회 지방선거 이후 시정 초반 정책 수렴을 위해 진행되었다. OK 1번가 시즌 2는 주요 사회적 이슈나 시책 등을 대상으로 시민들의 참여기회를 확대하고 그들의 목소리를 시정에 반영하기 위해 마련됐다. 이를 위해, 시즌 2는 청원('시민청원 와글와글')과 정책 토론('시민토론 ON AIR')를 포함시켰다. '시민청원 와글와글'은 부산시 정책이나 부산시 관련 사회적 이슈 등에 대한 내용을 누구나 신청할 수 있는 곳이다. 청원을 제출하면, 접수일로부터 30일 동안 시민 공감을 받는 기간이 주어지고 그 기간 내에 300명 이상의 공감을 받으면 청원이 성립된다. 성립된 청원은 부산시의 관련부서에서 다각적인 논의와 검토를 거쳐 청원기간 종료일로부터 20일 이내에 정책반영 등에 대한 부산시의 공식적인 답변을 제공한다.

'시민토론 ON AIR'는 부산시 주요정책 관련 시민의견 수렴이 필요한 과제나 온·오프라인으로 접수된 시민우수제안에 대해 시민과 시정이 상호 소통하는 온라인 정책담론장이다. 부산시 정책, 시민우수제안을 검토한 후 선정된 주제에 대해 온라인상에서 30일간 토론이 진행된다. 시민들은 토론댓글 및 온라인 투표를 통해 정책에 대한 의사를 표현할 수 있다(투표참여 시 댓글 작성은 필수다). 토론이 종료되면 토론결과를 정리하여 공개한다.

대전시소도 정보 수집-대응의 주민 정책참여 플랫폼이다. 대전시소는 놀이기구인 시소를 탄 두 사람이 동일한 공간과 시간 속에서 마주 보면서, 서로 다른 시점의 생각을 한다는 뜻을 담은 양방향 소통으로 "시민과 시민이 소통하고 대화하는 일이 시소놀이 같다"는 것을 뜻한다(https://www.daejeon.go.kr/seesaw/index.do). 또한 시소는 균형점을 맞춰나가려는 노력의 과정, 그리고 쌍방향형 소통을 의미하는 정책참여 플랫폼이다. 대전시소는 '시민제안', '시민토론', '대전시가 제안합니다'로 구성하고 있다.

'시민제안'은 시민들이 일상 속에서 느낀 문제를 제기하고 해결방안에 대한 의견을 제안한다. 또한 다양한 의견을 제안하는 것 이외에도 타인의 제안을 공감해주거나 그것을 공유하며 논의 할 수도 있다. 등록된 제안은 30일간의 다른 시민들과 공감대를 형성하는 제안기간을 가진다. 공감/비공감, 댓글 등을 통해 타인의 제안에 의견을 표현할 수 있다. 공감 되는 제안을 함께 발전시켜는 것을 강조한다. 제안기간이 종료된 제안은 시민제안의 '제안완료' 탭에서 확인 가능하고, 공감 30개 이상인 제안에 대해서는 해당부서에서 검토하고 답변을 한다.

'시민토론'은 '대전시소'에서 다수의 공감을 받은 제안에 대해 시민들이 다양한 의견과 공감대를 형성하여 해당 제안을 구체화하고 시민들을 대표하는 생각으로 숙성, 발전시킨다. 이때 댓글토론, 찬반투표 등으로 참여할 수도 있다. 그리고 토론의 제로 채택된 제안에 대해서는 해당부서의 보충자료, 검토의견 등을 함께 제시한다.

'대전시가 제안합니다'에서는 대전시가 정책 수립 전·후 시민들의 생각을 듣는다. 시민들은 댓글토론, 찬반투표를 통해 정책에 대한 의사를 표시하고, 추가적인 의견도 듣는다. 이러한 시민들의 의견을 반영하여 더 발전된 정책을 통해 새로운 대전을 만들어가는 것을 목표로 한다.

결과적으로 2019년 11월 9일 기준 8건(구직 청년 정장 무료 대여, 청년 자율 예산 편성 권한 부여, 무장대 통합 놀이터 등) 실행했다. 143건 제안 종료되었고, 138건 제안 진행 중이다. 3건 답변 대기, 16건 답변 완료했다. 1건(1회용 플라스틱 없는 하루 지정) 토론 진행 중이다.

3.4.2. 정보 수집&응답-주민 결정

서울시 엠보팅(https://mvoting.seoul.go.kr/)은 지방자치를 위해 주민들의 의사를 투표의 형태로 수집하고 이에 대해 응답하여 지방자치 문제에 대한 주민 결정을 활성화시키는 시민투표 플랫폼이다. 서울특별시는 시민들의 정책참여를 늘리고 정책결정과정을 투명화하는 직접민주주의를 이루기 위해 적극적인 시민참여가 필요했다. 기존의 시민참여 방식은 설문조사를 통해서만 가능했는데, 이 방식은 큰 시간, 비용 및 자원의 소모를 발생했고, 적극적인 시민 참여가 어려워 정책의 수혜대상자와 괴리되는 현상이 발생했다. 이를 극복하기 위해, 2014년 3월 서울특별시는 정책결정과정에서 시민들이 직접 참여하고 투표할 수 있는 엠보팅 서비스를 시작했다. 엠보팅은 모바일(Mobile)의 M과 투표(Voting)의 합성어로 정책결정과정의 개방과 시민의 참여 및 협업, 공공정책의 질적 향상을 목표로 한다.

엠보팅은 앱과 온라인 홈페이지와 앱을 통해 투표참여가 가능하다. 엠보팅을 이용한 시민 투표 방법은 두 가지가 있다. 첫 번째는 '정책투표'로 서울시가 시민 또는 직원에게 물어보는 투표(시→시민·직원)방식이고, 두 번째는 '우리끼리'로 일반시민이 직접투표를 참여하는 투표(시민→시민)방식이다.

엠보팅의 공개범위는 기본적으로 시민 모두에게 진행되는 전체공개 투표이다. 하지만 투표의 범위를 한정지어서 진행하는 특정범위 투표도 가능하다. 서울시 보유 데이터베이스를 기반으로 나이/지역/직업/성별 등 특정 대상을 지정해서 특정인 투표 진행 가능하고, 현장 중심의 행사에서는 GPS 기반 혹은 비밀번호, QR코드 등을 활용한 현장투표도 가능하다. 엠보팅을 이용한 다양한 형태의 시민참여 방식은 높이 평가 받아 2015년 월드 스마트 시티 어워드(WSCA)를 받았으며, 2016년 7월 기준 가입자 수 28만 건, 투표 참가자 수 누적 포함 110만 명, 투표 제안 4,404건(시민 3,889건, 공무원 515건)을 기록했다(https://mvoting.seoul.go.kr/).

정보 수집과 응답 기능에서 정보 공동 생성 기능으로의 전환을 진행하였다. 2019년 3월 서울특별시는 보안을 강화하고 안정성을 보장하기 위해 블록체인 기술 도입했다. 4차산업 기술 도입 이후 서울시 자치구 주민제안사업, 주민참여예산제 투표에 사용하고 있고, 디자인거버넌스 사업 주제 선정 등 각종 정책 및 사업 선호도 조사 및 결정에 활발히 이용하고 있다. 엠보팅은 향후 재개발·재건축 조합 선거 분야에도 사용할 계획이며, 하남시에도 업무협약을 통한 기술 도입을 추진 중이다.

3.4.3. 정보 공동 생성-주민 참여

광주 광산구 – GS(광산)imap(https://imap.gwangsan.go.kr/imap/)은 온라인을 통한 정보의 공동 생성에 주민 참여를 가능하게 하는 모형의 사례이다. 광주 광산구의 행정환경의 변화는 복잡한 사회문제를 기존방식으로 해결하는 데 한계에 봉착하고, 급격한 도시환경 변화로 인해 환경오염, 저출산, 계층 양극화 등 각종 도시·사회문제가 발생하고 있다. 그리고 무선인터넷과 모바일 기기 등 정보통신 기기의 발전으로 정책에 참여하는 경로가 다양화되고 정부와 지자체에서 생산되는 행정데이터는 기하급수적으로 증가하고 있으며, 복잡한 사회문제 해결을 위한 열쇠로 공공데이터가 주목받는 상황이었다. 이러한 상황에 정책에 대한 주민의 참여 욕구와 행정에 대한 투명성에 관한 요구도 커져서 2012년부터 공공데이터와 지방자치 행정을 결합 시도하였고 2012년 광산구 GIS 정책지도 제작했다. 2013년 11월 커뮤니티 매핑 사업을 진행하고 2014년 5월 공개했다.

'GSimap(Gwangsan Itegrated Map)'은 광산형 통합정보 지도이다. 주민생활에 필요한 공공데이터를 통합관리하고 정보가 필요한 사람에게 제공하는 온라인 창구를 의미한다. 광산구는 활용되지 못하고 방치되던 다양한 공공데이터를 수집하고 각종 통계기법을 이용·분석하여 행정의 빈틈을 찾아내고 주민들의 수요를 파악했다. 그리고 공급자 위주 공공데이터 한계를 주민참여로 극복하여 실제 주민들이 살아가는 삶의 현장과 격차가 없도록 보완했다. 이를 통해 'GSimap'는 공공데이터를 개방·공유하여 주민과 소통하고자 한다(광산구 2019).

'GSimap'은 세 가지 방향성을 추구한다. 첫 번째는 데이터와 기술을 융합한 과학 행정구현이다. 즉, 국가나 지방자치단체 등 공공기관이 보유하고 있는 다양하고 방대한 양의 공공데이터를 활용하여 새로운 가치를 창출한다. 공공데이터와 GIS를 활용해 과학적이고 객관적인 행정을 구현하고, 분석결과를 다양한 분야의 정책에 반영하며 주민들과 공유한다. 두 번째는 주민 맞춤형 서비스제공이다. 데이터 분석결과를 기반으로 주민들의 다양한 요구를 확인하고 그에 맞는 맞춤형 행정서비스를 제공한다. 세 번째는 공공데이터 공유·개방을 통한 주민들과의 소통이다. 즉, 개방, 소통, 공유, 협력을 통해 국민들의 생활의 질을 높이자는 정부3.0의 전략에 발맞추어 보유하고 있는 공공데이터를 개방하는 것이다. 이를 통해 사용자의 입장에서 필요한 형태의 정보제공과 쉽게 접근할 수 있는 경로를 개발한다(광산구 2019).

추진 방식은 데이터 수집, 데이터 정리, 데이터 분석, GSimap 구성으로 나뉜다. 첫 번째 데이터 수집은 활용할 데이터의 현황파악 및 수집단계로 공공기관에서 업무 관련 생산하는 공공데이터와 주민들이 직접 지역을 조사하여 생산한 주민참여 데이터를 통해 데이터를 수집한다. 두 번째 데이터 정리는 확보한 데이터를 활용가능한 상태로 정리하는 단계이다. 이 단계에서는 분석가능한 형태로 정리하고 자료의 속성 가운데 오류부문을 정정하는 클리닝 작업을 거치고, GIS 공간분석을 위해 자료의 위치속성(주소)을 좌표하는 지오코딩 작업을 한다. 세 번째 단계는 데이터 분석이다. GIS(지리정보시스템), 통계분석을 활용하여 데이터의 의미를 분석하고 시사점을 도출한다. GIS를 이용하여 데이터의 공간분포나 변화를 분석하고 통계프로그램을 이용하여 데이터 간의 상관관계 등을 파악한다. 마지막 단계는 GSimap 구성이다. 이 단계는 정리 및 분석된 데이터를 기반으로 GSimap의 3가지 컨텐츠(GIS 정책지도, 마을안내지도, 커뮤니티 매핑)로 구성한다. GIS 정책지도는 구정 8개 분야(인구, 안전, 교통, 도시계획, 보건·환경, 교육, 복지, 문화·체육)의 각종 현황을 제공한다. 마을 안내지도는 건강, 편의, 안전, 여가, 어르신, 부모자녀 6가지 테마별로 필요한 시설물의 상세정보를 제공한다. 커뮤니티 매핑은 주민들이 조사한 지역문제 데이터를 5가지(두려운 곳, 보기 안 좋은곳, 보행위험, 안전시설, 기타)유형으로 제공한다.

GSimap은 마을안내지도를 통해 생활정보를 제공한다. 그리고 커뮤니티 매핑을 통한 'MOM 편한 광산'의 경우 어플리케이션으로도 정보 제공한다. 이를 통해, 가로등 고장, 도로 파손 등의 민원을 신속하게 처리하고 생활안전지도 구성으로 순찰 강화, CCTV 설치 등 실제 정책 수립과 연동 가능하다. GSimap은 크롬 등 다양한 웹브라우저에서 구동이 가능하도록 제작하고 페이스북, 트위터와의 연동을 통해 주민들의 편리하고 쉽게 참여가 가능하다. 지역 혁신과 마을만들기의 관점에서 주민 참여 및 주민역량 강화를 위한 방안으로 활용도가 높게 평가되어 경남 김해시, 전남 나주시, 서울 성북구 등에서도 유사한 공공데이터 플랫폼 운용 중이다.

3.4.4. 정보 공동 생성-주민 결정

주민자치를 위해 주민들이 대의기관과 함께 정보를 공동으로 생성하고, 논의하며 결정하는 사례도 있다. 2019년 9월 대전 대덕구 송촌동, 중리동, 덕암동 주민총회에 블록체인 기술을 활용하여 투표를 진행했다(한효정 2019). 대덕구는 주민투표에 블록체인을 기반으로 한 온라인 투표를 도입하여 총회 장소에 방문하지 않고도 투표가 가능하도록 하였는데, 이는 참여도와 대표성을 최대한 보장하여 직접민주주의를 구현한다는 목적이다. 신개념 소통 솔루션인 블록체인은 수집한 정보를 암호화하고 이를 저장함으로써 개인정보를 보호하고 탈권위적인 의사소통에 입각하여 기존 솔루션과의 차별화를 통해 흥미를 유발하였다. 더불어 주민총회 당일에 참석할 수 없는 주민들도 시공간적 제약 없이 스마트폰을 이용한 사전투표를 통해서 의사결정에 참여할 수 있게 하였다.

대전 대덕구 중리동 주민자치회가 9월 31일 대덕구 청소년수련관 체육관에서 주민 200여 명이 참석했다. 대덕구-자치회 간에 마을협약 체결, 분과별 마을의제 발표와 원탁 토론, 그리고 온라인 현장 투표 순으로 진행되었다. 특히, 지난 5월 자치회 출범 후 마을 조사와 분과별 토론을 거쳐 선정된 8개의 마을의제(어서와~주민자치회는 처음이지?, 중리동 브랜드가치를 높여라, 아이키우기 좋은 중리동만들기 프로젝트, 6070 인생이모작, 아름답고 깨끗한 중리동 등)에 대해 지난 26일부터 30일까지 5일간 블록체인 기법을 활용한 온라인 사전 주민투표와 당일 현장투표로 총 396명의 주민투표가 이뤄졌다. 투표는 휴대폰 번호를 통한 주민인증 후 의제 가운데 3개를 선택하는 방식으로 진행되었다. 실시간으로 집계가 이루어졌고. 투표 종료 후 결과를 발표했다. 그 결과 '아름답고 깨끗한 중리동, 우리동네 새동네' 사업이 1순위 사업으로 선정됐다.

총회 장소에 방문하지 않고도 투표가 가능하도록 하여 대표성과 참여도가 높은 직접민주주의를 구현한다는 블록체인 기술의 목적을 보여준 사례도 발생했다. 이날 현장에 참여하지 못한 주민들도 투표에 활발히 참여했다. 덕암동의 경우 현장에 참여하지 못한 주민 400여 명 사전투표 포함 총 1,141명 참가했다. 중리동의 경우 8개의 의제를 놓고 온·오프라인을 통해 396명이 투표했다.

대덕구 주민총회 블록체인 투표의 특징은 주민자치회의 전환에 따라 시행된 주민총회에 보다 많은 주민의 참여를 위하여 도입했다는 것이다. 또한, 투표 이외에 의견을 남길 수 있다. 고령의 주민은 사용이 어려워 자원봉사자의 도움을 받아야 했으나, 개인 정보를 침해받지 않고 안전하게 의견을 제시하고 투표를 할 수 있다는 긍정적 측면을 보여주었다.

다른 예로 '공감e구로'(http://livinglab.guro.go.kr/) 사업은 디지털 기술을 활용하여 지역주민의 직접적인 참여와 기여를 기반으로 지역 현안을 발굴하고 해결하도록 지원하는 디지털 사회혁신 지원사업이다. 이 사업은 지역 현안의 당사자인 주민들이 일상에서 직접 사회적 문제의 해결방법을 모색하고 이를 실행하는 방식(사회혁신의 방식)으로 진행되며, IoT(사물인터넷), 블록체인, 빅데이터, 커뮤니티 맵핑 등의 디지털 기술을 실생활에 적용하여 지역의 현안을 해결·개선하게 된다. 이번에 추진되는 '공감e구로' 사업은 '공감e가득' 프로젝트와 '공감e가득' 도시 등 2개 분야로 진행한다. '공감e가득' 프로젝트는 주민참여, 집단지성 등을 활용한 주민체감 서비스 중심의 단일 사업을 지원하고, '공감e가득' 도시사업은 지역 생활권에서의 유기적인 다수의 과제를 지원한다(하종숙 2018).

'공감e구로' 사업은 구로동·가리봉동을 중심으로 이주민·원주민 상생의 스마트 플랫폼을 구축하고, 안전·복지를 중심으로 다양한 시민참여형 데이터 기반의 실험적 서비스가 리빙랩을 통해 창작되는 '스마트 시민복지 공감 혁신도시' 및 한국형 산탄데르 모델의 구현이 목적이다. 여기서 말하는 한국형 산탄데르의 모델이란 소규모 지역 단위 실험 프로젝트 실행이다. 소규모 단위 접근이 중요한 이유는 주민의 실질적 이해와 필요에 주목하고, 주민참여를 통해 서비스 모델 개발 접근, 성공과 실패에 대한 즉시적 확인하기 위함이다. 원활한 프로젝트 진행을 위해 시민참여 데이터 확보를 위한 데이터 기반 서비스 실험을 하고 소프트웨어 인프라(Software Infra) 구축에 집중하는 디지털 혁신 실험을 했으며 온라인 공간과 오프라인 공간을 병행하는 플랫폼 구축이 필수적이다.

리빙랩(Living Lab)은 사람이 살아가는 삶의 현장 곳곳을 실험실로 삼아 다양한 사회문제의 해법을 찾는 방법으로, 공공과 민간 그리고 공동체 영역을 한데 묶어 연구와 실행을 연결하는 플랫폼을 제공한다(이태동 2019). 이는 사용자 주도형 혁신, 개방형 혁신, 생활 속에서의 혁신·미래를 구성해 나가는 '실험적 학습공간' 등의 특징으로 구성되어있다. 또한 지역 시민과 기술자, 행정가, 예술가, 비즈니스와 공동영역 조직들이 함께 모여서 지역의 문제와 도전을 해결할 아이디어와 기술과 수단을 함께 창조하는 공간이다. 이곳은 혁신과 새로운 가능성을 위한 공간이면서 변화에 필요한 유연하고 반응적인 공간이 될 수 있도록 진행과정에서 반영과 평가가 이루어진다.

구로구 지역주민들이 '주민 스스로 해결단'을 구성하여 세 가지 분야의 리빙랩 프로젝트를 진행하고 있다. 첫 번째는 '9로톡'이다. 원주민의 리빙랩 참여, 구로구의 지원, 관련 지원 기관의 데이터 업데이트 및 참여, 이주민의 생활 접근성 강화를 선순환할 수 있도록 도와주는 리빙랩 프로젝트이다. 더불어 '함께하는 지도'를 통해 정보교류와 소통을 진행하고, '소통하는 구로'를 통해 일정 기간 내 자유로운 소통과 토론을 진행했다. 또한, '도와주세요~'를 분야별 전문가가 문제 해결을 도와주고 '한국 생활 정보'를 통해 다문화 가정의 한국 생활 정보 등을 제공하고 있다. 이러한 '9로톡'은 주민이 참여하고 소통이 확산되며 지역기반 커뮤니티 매핑을 통해 주민들이 참여하여 생생한 정보를 제공하는 것을 목표로 하고 있다.

두 번째는 '안전한 우리동네 만들기'이다. 주민 참여 스스로 해결단의 활동결과를 바탕으로 야간 취약지역의 안전한 밤길을 위한 LED 안전등 설치가 포함된다. 실제로 야간 보행이 불편하고, 위험지역에 LED 무선 센서 등을 500개를 설치하여 안전한 밤거리 보행이 가능하도록 지원했다.

'공감e구로'는 주민과 기업, 행정기관(구)의 협업을 위해 '구로 상상공장'을 통한 네트워킹 공간을 제공하여 실질적 실험이 가능하도록 지원한다. '구로 상상공장'은 전문가 네트워킹 스페이스, ICT 기술 인프라, 플랫폼 등 자원 구축, 일상생활 적용 실험 그리고 데이터 측정과 수집 및 피드백의 공간으로서 다수의 프로젝트를 동시에 수용할 수 있도록 구성되어 있다. 또한 메이커교육자 양성의 선행을 통한 공동체 추구와 나아가 새로운 직업으로서의 메이커 양성하기 위한 '모더레이터 교육', 상대적으로 메이커 문화에 익숙지 않은 주변 지역 내의 어린이, 청소년들에게 메이커 교육 시행하는 '어린이 교육', 그리고 청소년의 메이커스 대회 등 개최를 통하여 다른 지역과는 차별적 성격 구축하는 '청소년 교육'을 제공한다. '공감e구로' 사업은 매니페스토 우수사례 경진대회 시민참여·마을자치 분야 최우수상을 받을 만큼 다양한 분야에서의 지원 및 적극적 시민참여를 이끌어 냈다.

3.4.5. 사례 소결

4차 산업혁명 기술을 활용한 주민자치 사례를 살펴볼 때, 국내 주민자치 혁신 사례들은 주로 지방정부 주도로 형성되었음을 확인할 수 있다. 순수하게 주민이 주도로 시행된 주민자치 플랫폼은 드물지만(예외로 (주)우주청: 우리들의 주민청원 ourlocalpetition.co.kr이 있다), 주민이 참여, 논의, 결정할 수 있는 구조를 정보를 수집하거나 공동생성하면서 운영하고 있다. 또한 서울시와 같이 온라인 정부 시스템이 발전한 지자체를 중심으로 다양한 민원과 청원 통로를 통합하고 발전시키는 경향을 보인다. 천만상상 오아시스, 응답소, 엠보팅(M Voting) 등의 다양한 혁신 사례가 주민참여 예산제까지 포함한 민주주의 서울로 발전하는 형태이다.

가장 일반적인 유형은 청와대의 광화문1번가, 국민 청원과 유사한 형태의 청원 시스템을 지자체의 온라인 참여 활성화 형태로 도입한 경우 (정보 수집 & 응답-주민참여형)이다. 부산 OK 1번가, 대전 시소, 똑똑 세종, 만사형통 충남, 전북 소통대로, 광주 행복1번가, 인천은 소통e가득과 같은 주민 정책 참여와 청원 플랫폼의 사례에서는 주민들의 온라인을 통한 제언을 활성화하려는 목적을 가지고 시행되고 있다. 민원과 비슷한 방식으로 온라인 청원을 운영하고 곳도 있지만, 아젠다 형성, 토론의제 선정이 가능한 플랫폼이다.

세 번째, 온라인 참여의 다양한 혁신은 기초지자체에서 시도되고 있다. 대전시 대덕구의 주민총회 블록체인 투표의 경우, 정보를 암호화되어 저장하는 블록체인 기술을 활용하여 투표하는 방식으로 주민 총회 의사 결정에 참여할 수 있는 사례를 보여준다. 광주 광산구의 imap의 경우는 시민들이 필요한 각종 도시, 사회 문제를 GIS(지리정보시스템)을 활용하여 지도화하여 통합 정보 지도를 주민들과 함께 만들어가는 사례이다. 공감e구로도 디지털 기술을 활용하여 아동, 여성, 안전, 복지 문제를 해결하는 구로 상상공장, 리빙랩을 비롯한 다양한 실험을 진행하고 있다. 다만 이러한 사례를 볼 때, 주민이 주체가 되어 주민 참여 플랫폼을 형성하거나, 이를 통해 주민 참여 활성화를 이끌어 낸 사례는 드물다는 한계를 가지고 있다.

3.5. 결론: 주민자치 온라인 참여 활성화를 위한 정책 제언

정보통신기술이 발전함에 따라 온라인 플랫폼을 활용한 정보–시민 관계는 다양한 형태로 발전하고 있다. 여기에 4차 산업혁명이 진전됨에 따라 전통적인 방식의 온라인 주민참여 플랫폼도 새로운 변화를 맞이하고 있다. 기존의 웹 페이지 기반에서 스마트 앱으로 전환이 가속화되고 있으며, 블록체인과 빅데이터를 적용한 주민 참여 플랫폼이 발견되고 있다. 해외사례에서도 확인되지만, 최근 온라인 주민참여 플랫폼은 기술진보에 따라 다양한 채널의 연동과 빅데이터 분석 시스템과 블록체인 전자투표 등이 활용되고 있다.

국내사례는 크게 (1) 중앙정부의 국민 참여 플랫폼의 지자체 확장, (2) 지자체 주도의 주민 참여 플랫폼 형성, (3) 기초지자체의 주민 참여 혁신 실험의 형태로 나타난다. 대부분 주민 참여의 플랫폼은 중앙과 지방 정부가 제공하는 이를 주민들이 활용하는 형태이다. 물론 주민들이 플랫폼 형성을 주도하는 데에는 예산과 실행에 한계가 있지만, 주민 참여에 있어 플랫폼의 운영과 진화에는 함께 만들어가는 구조를 만들어야 할 것이다. 즉, 4차 산업혁명 기술을 통해 주민들이 자신의 필요만 피력할 것이 아니라, 기존의 중앙–지방 정부, 의회, 전문가, 다른 관심 있는 시민들과 다양한 공적 요구들을 토론, 숙의하고 현실화 시킬 수 있는 방안의 마련이 필요하다. 이를 통해 대의 민주주의의 근간이 선거 기간뿐만 아니라, 상시적으로 주민들의 공적인 필요들을 토론하고 결정하는 주민 참여의 혁신들을 만들어 갈 수 있다.

앞서 살펴 본 국내외 사례분석의 종합적 분석 결과를 바탕으로 4차 산업혁명의 다양한 신기술을 활용한 온라인 주민참여 플랫폼의 세계적인 변화상에 주목하여 이를 적용하기 위한 몇 가지 정책적 함의를 도출해 보면 다음과 같다.

첫째, 온라인 주민참여 플랫폼이 성공하기 위해서는 지향하는 정책목표가 분명히 제시되어야 한다. 온라인 주민참여 플랫폼이 지향하는 목적을 분명히 하여야 그 성과도 분명해질 수 있다. 많은 다수의 참여 플랫폼을 원하는 것인지, 소수이지만 질 높은 토론과 숙의의 플랫폼을 원하는 것인지, 정책결정의 참고자료(설문조사 등) 플랫폼을 원하는지에 대한 분명한 정책목표의 설정이 중요하다. 그 이후 신기술 도입은 자연스럽게 결정될 수 있다.

둘째, 다가오는 미래사회는 발전적인 측면에서 더 복잡하고 다양하며, 지역 단위에서 다양한 갈등이 표출될 것이고 사회적 불안이 증가될 것으로 예상된다. 따라서 이와 같은 지역 내의 다양한 갈등과 불안을 보다 효과적이고 효율적으로 해소할 수 있는 온라인 주민참여 플랫폼에 대해 고려해야 한다.

셋째, 참여주민의 권한과 역할에 대한 규정은 온라인 주민참여 플랫폼 디자인과 운영에서 매우 중요하다. 진정한 의미에서 주민자치를 위한 온라인 플랫폼을 개발한다면, 우선 주민참여 권한과 권위가 분명히 제시되어야 한다. 단순히 온라인 주민참여 플랫폼을 만든다고 해서 주민들이 참여할 것이란 생각은 금물이다. ICT가 발전하면 당연히 주민참여도 증가할 것이란 단순논리는 그동안의 경험을 통해서 잘못된 방향이란 것을 확인했다. 따라서 온라인 주민참여 플랫폼에서 논의되고 결정되는 지역의제가 어떻게 반영이 되는지에 대한 피드백은 매우 중요하다. 이른바 참여의 효능감을 강화해야 반복적인 관심과 참여가 증가하는 것은 자명하다. 자신의 의견이 반영되지 않는 단순한 온라인 플랫폼은 주민들의 참여를 촉진할 수 없을 것이다.

4차 산업혁명 기술을 활용한 주민참여 혁신이 성공을 거두기 위해서는 여러 접근이 필요하다. 첫째, 개방적 구조를 유지해야 한다. 디지털 융합 환경에서 이루어지는 커뮤니케이션에 대해 탈이념적 시각으로 바라보아야 하며 통제는 디지털 융합 환경을 오히려 억제하는 역기능을 초래할 수 있다. 물론 부분적인 통제의 필요성이 부정될 수 없다. 특히 4차 산업혁명 시대 기술의 특징인 탈중앙화와 강력한 보안성 등에 대한 침해는 기술의 본질을 해쳐 도입 취지를 무색토록 하는 위험한 시도이기 때문에 반드시 통제되어야 할 부분이다. 그러나 이를 최소화 하여 시장과 시민사회가 가진 모니터링(Monitoring) 기능을 제도적으로 강화하여 반사회적 행태에 대한 객관적이고도 단호한 규제가 가능토록 시스템을 유도해야 한다.

또한 정보 소외계층에 대한 배려가 필요하다. 소위 디지털 격차(Digital Divide)에 따른 정책참여의 소외문제를 어떻게 극복할 것인가 하는 비단 4차 산업혁명 기술을 도입에 따른 문제라 보기는 힘들다. 그러나 기술적 변화에 따른 격차 확대는 4차 산업혁명 기술 도입으로 더욱 확대될 가능성이 높다. 아울러 단순한 디지털 격차의 문제를 넘어서 정책고객이 접근하려고 하는 정책의 내용에 따라 어떠한 정책 플랫폼 등의 방법을 활용할 것인가와 관련된 참여격차의 문제도 중요하게 고려될 필요가 있다. 이러한 문제는 한정된 주민 참여를 넘어서기 위해 도입된 기술이 오히려 주민 참여의 제약을 불러올 가능성이 높은 것이다. 앞선 다양한 사례에서 볼 수 있었듯이 4차 산업혁명 기술을 기반으로 한 주민참여 사례들은 노약자를 비롯한 정보 접근이 어려운 계층에 배려가 주효했다. 대전 대덕구의 주민총회와 노원구 NW의 경우 오프라인 도우미를 통해 접근을 도왔다. 기술의 도입을 통한 주민참여의 접근성 향상과 함께 기술에 대한 접근성 향상도 함께 이루어져야 되는 것이다.

이러한 시각에서 주민자치회에서 4차 산업혁명의 신기술을 적용하는 것은 전자민주주의 차원에서 의미 있는 시도하고 할 수 있다. 무엇보다 온라인 주민참여 플랫폼이 홈페이지 기반의 웹과 스마트 기기 기반의 앱을 벗어나 신기술을 도입한다는 차원에서 세계적인 모범이 될 수 있을 것이다. 주민자치회의 근본적인 의미가 공동체 기초단위에서의 민주주의, 풀뿌리 민주주의의 구현이라는 점을 감안하면 진정한 의미의 자기통치(Self-governing)로 발전할 가능성이 있다고 하겠다. 이런 의미를 가진 주민차치조직의 온라인 플랫폼에서 참여의 전개과정에 따라 4차 산업혁명 신기술의 도입은 다음과 같이 구성할 수 있을 것이다.

첫째, 주민 의사수렴 통로를 마련하기 위해 빅데이터 분석 기반의 재설계를 활용해야 한다, 그동안 주민참여 플랫폼은 단순히 글이나 동영상을 게시하는 일종의 하소연 공간이었다. 하지만 미래지향적인 관점에서 의사수렴 통로는 주민 스스로가 지역 정보를 파악하고 의견을 제시할 수 있는 종합적인 플랫폼으로 변해야 한다. 예를 들면, 각 지역이나 단위별로 1개월마다 민원 게시글 빅데이터 분석 기법을 도입하여, 주민의 이해와 요구를 선제적으로 수렴할 수 있는 인터페이스를 구축할 필요가 있다. 주민의 요구에 의해서 변하는 것이 아니라 주민들의 이해와 요구를 먼저 파악할 수 있는 시스템을 구축하는 것이 중요하다.

둘째, 블록체인 기술을 적용한 정책결정 플랫폼도 주민자치의 온라인 플랫폼에 적용해야 한다. 소셜미디어 주민설문조사와 정책결정 근거 활용을 위한 블록체인 기반 주민투표시스템은 전 세계적으로 새로운 시도이고 전자정부의 고도화에도 기여할 수 있는 좋은 아이템이라고 할 수 있다.

셋째, 주민자치회를 운용하는 것도 중요하지만 주민들이 참여하여 효능감을 느낄 수 있는 방안도 고민해야 한다. 효능감을 제고하는 것은 참여를 통해 정책이 개선되는 것도 필요하지만 지속가능한 지역 참여를 위해서는 인센티브도 필요하다. 이미 서울과 경기 등에서 시행하고 있는 블록체인 기반의 암호화폐를 온라인 주민자치 플랫폼에서 제공하는 것은 하나의 새로운 시도이다. 서울시 노원구의 NW화폐는 이미 자원봉사활동의 인센티브를 암호화폐로 지급하고 있는데, 온라인 주민참여 플랫폼에서 많은 참여를 하고 적극적인 행동을 하는 주민들에게 이를 지급하여 새로운 온라인과 오프라인이 융합하는 새로운 참여모델을 만들 수 있다.

넷째, 4차 산업혁명 기술을 통해 수집된 주민 참여의 다양한 방법들이 어떻게 기존의 대의민주주의 제도와 행정 제도와 더불어 발전할 것인지에 대한 거버넌스를 고민해야 한다. 단순한 민원에 대응하는 것이 아닌, 상시적인 주민 토론과 주민 정책 결정이 기존의 시스템의 전 단계에 걸쳐 영향을 끼치게 될 것이다. 이때, 대의민주주의와 관료제의 효율성과 주민 참여의 조화를 위한 거버넌스와 구조들을 만들어 갈 필요가 있다. 민주주의 서울 사례에서 볼 수 있듯이 주민참여예산, 주민제안과 토론, 그리고 실행까지 투명하게 진행하여, 참여의 효능과 효과를 공유할 수 있을 것이다.

형식적인 제도에 얽매여 있는 우리나라 주민자치를 실질적인 주민참여가 가능한 방향으로 활성화하기 위해서는 본 장의 주요 모범사례들에서 도출되는 정책적 개선 방안들을 보다 전향적인 태도로 수용할 필요가 있다. 아울러 본 장의 사례분석과 그에 바탕을 둔 유형화의 과정에서 확인된 사실을 바탕으로 4차 산업혁명 기술이 보다 적극적이고 효율적으로 주민자치에 활용될 수 있도록 하는 규범적인 발전 모형을 참고할 필요가 있다.

참고
문헌

Barber, Benjamin. 1999. "Three Scenarios for the Future of Technology and Strong Democracy." Political Studies Quarterly 113(4): 573−589.

Bimber, B. 1999. "The Internet and Citizen Communication with Government: Does the Medium Matter?"Political Communication 16(4): 409−428.

Bimber, B. 2001. "Information and Political Engagement in America: The Search for Effects of Information Technology at the Individual Level." Political Research Quarterly 54(1): 53−67.

Bonchek, M. S. 1997."From Broadcast to Netcast: The Internet and the Flow of Political Information." Ph.D. Diss., Harvard University.

Browning, G. 1996. Electronic Democracy: Using the Internet to Influence American Politics. Wilton, CT: Pemberton Press.

Wilton, CT: Pemberton PressGibson, R. 2002. Elections Online: Assessing Internet Voting in Light of the Arizona Democratic Primary. Political Science Quarterly 116(4): 561−583.

Mossberger, K., C. Tolbert, & M. Stansbury. 2003. Beyond the Digital Divide. Washington, D.C.: Georgetown University Press.

Norris, Pippa. 2001. Digital Divide: Civic Engagement, Information Poverty, and the Internet Worldwide. Cambridge, MA: Cambridge University Press.

Parry, G., Moyser, G., & Day, N. 1992. Political Participation and Democracy in Britain. Cambridge: Cambridge University Press.

Rheingold, H. 1993. The virtual community: Finding commection in a computerized world. Boston, MA: Addison−Wesley Longman.

Rheingold, H. 2002. Smart Mobs: the next social revolution. Cambridge. MA: Perseus.

V. Shah, Nojin Kwak, R. Lance Holbert, D. 2001. "Connecting"and "disconnecting"with civic life: Patterns of Internet use and the production of social capital."Political communication 18(2): 141−162.

Yang, G. 2003. "The Co−Evolution of the Internet and Civil Society in China."Asian Survey 43(3): 405−422.

광산구. 2019. "내 삶을 바꾸는 안전광산 프로젝트." 광산구 통계 백서.

곽현근. 2017. "지방자치 원리로서의 '주민자치' 재해석을 통한 생활자치 개념화와 제도모형 구성." 현대사회와 행정, 27(2): 1−29.

경정익, 권대중. 2018. "제4차 산업혁명시대 부동산 산업의 정보기술 수용의 영향 요인에 관한 연구." 대한부동산학회지, 36(3): 183−198.

김득원, 김상용, 김지환, 김희천, 임동민, 정아름, 김인희. 2018. "4차 산업혁명 관련 전파 정책 동향 조사·분석 및 발전 방안 연구." 서울: 한국방송통신전파진흥원 연구보고서.

김선혁. 2016. "정보통신기술혁명과 민주주의의 미래." 국제지역연구, 25(3): 95−124.

김욱. 2005. 정치 참여와 탈 물질주의: 한국과 스웨덴의 비교, 파주: 집문당.

김주형. 2018. "숙의와 민주주의." 현대정치연구, 11(3): 69−104.

김주희, 이대희, 차재권. 2020. "4차 산업혁명시대 지방발전을 위한 스마트거버넌스: 한국과 독일의 스마트시티 시범 사업을 중심으로." 국제정치연구, 23(1): 111−137.

김찬동. 2019. "주민주권과 민주주의에 입각한 주민자치 활성화 방안." 한국지방정부학회 추계 학술대회 자료집.

김혜정. 2016. "주민직접참여제도의 제도분석." 한국공공관리학회 학술대회, 천안 6월.

김희복, 김희주. 2019. "4차 산업혁명시대의 인문성과 인문역량모색." 인문사회과학연구, 20(1): 183−207.

박세정. 2008. "주민참여 관점에서 본 주민자치센터 : 현실과 향후과제." 사회과학연구, 24(2): 135−151.

박인수. 2007. "주민자치 확대 법제와 문제점." 공법학연구, 8(1): 3−27.

박창기. 2016. "거버넌스 디지털 플랫폼." 창조경제연구회 제30차 공개 포럼 자료집.

서용석. 2016. "첨단 기술의 발전과 미래 정부의 역할과 형태." 미래연구포커스, (28): 22−25.

안철현. 2017. "지역주권과 주민주권의 관점에서 본 지방정부 기관구성과 주민자치회 조직형태." 21세기정치학회보, 27(4): 31−53.

원상필. 2019. "4차 산업혁명 인식과 기업가정신이 창업 의지와 창업행동에 미치는 영향." 성균관대학교 박사학위논문.

유석진, 이현우, 이원태. 2005. "인터넷의 정치적 이용과 정치 참여: 제17대 총선에서 대학생 집단의 매체 이용과 투표 참여를 중심으로." 국가전략, 11(3): 141−169.

윤예지, 김애선, 주강진, 김예지, 신영섭, 이홍화, 이재은, 이정훈, 이형용. 2017. "블록체인과 거버넌스 혁명." 서울: KCERN 34차 포럼보고서.

이민화. 2016. "블록체인과 거버넌스 혁신." 창조경제연구회 제30차 공개포럼 자료집.

이원태, 차재권, 신호철. 2012. 스마트 미디어 환경에서 SNS이용과 정책 참여 활성화 방안 연구, 서울: 반송통신정책 연구보고서.

이태동, 김한샘, 고인환. 2018. "동네 민주주의 개념과 적용 연구." 한국정치연구, 27(2): 143－171.

이태동, 류소현, 박재영. 2019. "리빙랩(living lab)을 활용한 환경 에너지 정치 교육." 사회과학 논집, 50(2): 1－19.

정연정. 2004. "영리한 군중(SmartMobs)의 등장과 디지털 정치 참여." 국제정치논총, 44(2): 237－258.

정진웅. 2019. "정당 중심의 대의 민주주의와 4차 산업혁명: 참여와 심의의 조화로운 발전 모색." 한국정치학회보, 53(5): 79－99.

조권중. 2015. "디지털과 시민의 정치참여." 세계와 도시, 7: 6－9.

조성은, 이원태, 이시직, 정성룡, 박정환, 정종하. 2018. 4차 산업혁명 대응 법제정비 연구, 서울: 방송통신정책 연구보고서.

조희정, 이상돈, 류석진. 2016. "디지털 사회 혁신의 정당성과 민주주의 발전: 온라인 청원과 공공 문제 해결 사례를 중심으로." 정보화정책, 23(2): 55－72.

최근열. 2015. "읍면동 주민자치회의 발전방안." 한국정부학회 학술발표논문집.

하태석. 2018. "적응도시: 4차 산업혁명의 건축과 도시." KIBM Magazine, 8(3): 40－47.

하종숙. 2018. "행안부, 공감e가득 사업 추진…정부혁신 가속화." http://www.ikld.kr/news/articleView.html?idxno=89588 (검색일: 2019.11.1).

한국정보화진흥원. 2018. "2018 국가정보화백서." 서울: 한국정보화진흥원(NIA).

한효정. 2019. "종이투표 대신 '블록체인'…마을 주민 속에 들어온 '과학'." Hello DD, 9월 4일, https://www.hellodd.com/?md=news&mt=view&pid=69564 (검색일:2019.11.1).

허태욱. 2017. "4차 산업혁명 시대 블록체인 거버넌스 시스템으로의 전환과 시민사회의 역할에 관한 서설적 연구." NGO연구, 12(2): 95－125.

기 타 자 료
http://livinglab.guro.go.kr/ (검색일: 2020.4.20).
https://imap.gwangsan.go.kr/imap/ (검색일: 2020.4.22)
https://www.daejeon.go.kr/seesaw/index.do (검색일: 2020.4.15).
https://mvoting.seoul.go.kr (검색일: 2019.11.1)

시민정치는 어떻게
정책을 결정하는가?

: 원전 건설 공론화와 숙의

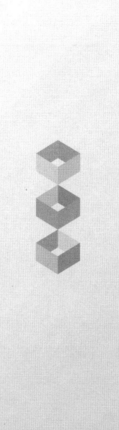

4 장

시민정치는 어떻게 정책을 결정하는가?

: 원전 건설 공론화와 숙의

4.1. 서론

  에너지 정책에 있어서 핵심적 질문 중 하나는 에너지 믹스(Energy mix)에서 어떤 에너지원이 어느 정도의 비중을 차지해야 하는지의 문제다. 특히 원자력 기반 에너지 시스템을 재생 에너지(Renewable Energy) 시스템으로 전환되어야 하는지 대한 논의는 계속되어 왔다(Lee et al. 2020; Carbonara & Pellegrino 2018). 원자력 에너지 사용의 확대 및 중단에 대한 결정은 산업분야, 전문가 집단, 그리고 정치적 기관과 복잡하게 얽힌 이해관계에 지대한 영향 받는다. 이에 원자력 관련 결정과정에서 특정 이익에 의한 독점을 막고 민주적 참여를 증진하기 위해, 참여적인 과정들을 도입하기도 했다(Huang et al. 2021). 시민 참여 과정의 예시로 공론조사(Deliberative Polling)를 들 수 있다. 공론 조사는 무작위로 추첨된 일반인들이 원자력발전소나 공항 같은 공공 기반시설 건설과 관련하여 (격심한 갈등을 피하면서도) 여러 옵션을 논의하고 선택할 수 있게 하는 의사결정 방식이다. 이러한 의사결정 방식은 이론적으로도 또는 실질적으로도 다양한 분야에서 활용되고 검토받아 왔다(Farr et al. 2010; Fishkin et al. 2010). 에너지와 환경에 대한 숙의(Deliberation)에 관해서 베르그와 리드스코그(Berg & Lidskog 2017)는 과학의 민주화가 정치와 과학의 영역 사이에서 심의적이고 역동적인 교류를 통해 국제 환경 정치분야에 기여할 수 있다고 주장했다.

Luskin은 공공 효용성과 관련된 거버넌스 이슈(정부 vs 기업경영)에서 공론조사에 참여한 사람들의 학습과정에 대한 실증적 연구를 진행하였다(Luskin et al. 1999). 그러나 숙의에 대한 이전 연구들의 기여에도 불구하고, 숙의과정과 개인적 가치 우선순위를 포함한 어떤 요소가 개인의 의사결정을 주도하는지에 대하여 거의 알려져 있지 않다. 특히 특정한 견해가 부재한 이들이 (공론조사에서 결정하지 못한 사람들) 숙의를 통해서 어떻게 결정에 다다르는지에 대한 연구는 미흡한 편이다. 첫 단계에서 결정하지 못한 사람들이 숙의에 영향을 받을 가능성이 제일 높다고 본다. 본 장은 한국의 원자력 발전소 건설에 대한 공론화 사례를 연구함으로써, 숙의과정을 통한 개인의 결정 여부를 연구함으로써 이론적이고 경험적인 기여를 하고자 한다. 이 장의 또 다른 기여 포인트는 에너지 사용과 정책 결정에 대한 거버넌스가 시민 참여라는 더 넓은 측면과 연결되어 있다는 점이다.

2017년 한국 정부는 당시에 중단된 원자로의 건설 재개 여부를 결정하기 위해 공론화 전략을 채택했다. 최종 4차 조사결과에 따르면, 응답자의 58.11%(265명)가 찬성하여 원전 건설 재개를 요구하였다. 흥미로운 점은 전체 응답자(456명) 중 1단계에서 결정을 하지 못하거나(129명) 또는 모르겠다고 응답한 사람은(29명) 총 156명이었으며, 이 중 87명이 최종단계에서 결정 재개를 지지하였다는 점이다. 덧붙여 건설 중지에 찬성한 사람은 1단계에서는 168명(36.84%)이었지만, 최종 단계에서는 265명(58.11%)으로 증가하였다. 시민들은 왜 원자력 발전소 건설 재개를 결정하였는가? 원자력 에너지의 다양한 가치관, 숙의 정보 출처 및 개인 속성을 어떻게 이해해야 하는가? 이러한 질문에 답하기 위해서, 본 장은 첫 번째 조사에서 "결정하지 못함" 옵션을 선택한 129명에 대한 다변량 로짓 모델을 사용하여 응답 변화를 추적하고 그 결과를 다른 그룹(건설 반대·찬성 조기 결정자) 및 모든 참가자의 결과와 비교 분석하였다.

본 장은 다음과 같이 진행된다. 먼저 에너지 정책의 공론화에 대한 이론을 검토하고 원전 문제에 대한 공론조사에서 국민 결정에 영향을 미칠 수 있는 잠재적 요인을 제시한다. 그런 다음, 2017년 한국에서의 원자력 발전소 건설 재개에 대한 숙의과정을 설명하고자 한다. 그리고 다음 부분에서는 데이터에 대한 설명과 경험적 분석에 대해 논의하고자 한다. 마지막 부분에서는 정책 시사점과 함께 분석 결과와 결론에 대해 논의한다.

4.2. 에너지 정책에서의 공론화

에너지 정책 전환이 성공적으로 구현되기 위해서는 상당한 사회적 수용을 필요로 한다(Pellizzone et al. 2017; Lee et al. 2014; Yuan et al. 2017). 그러나 에너지 정책은 매우 복잡하고 기술적인 문제로 고려됨에 따라 소규모 전문가 그룹이 에너지 분야의 정책 결정 과정 전반을 지배하고 있는 형국이다. 그렇기에 에너지 정책의 정치적, 사회적 측면은 종종 무시되어 왔다. 원자력 정책은 논란의 여지가 존재하기에 대중의 지지가 가장 필요한 에너지 정책 분야라 할 수 있다(Mah et al. 2021; Shen & Wu 2005). 그럼에도 불구하고 여전히 관련된 연구는 미흡한 편이다. 일견 핵에너지가 화석연료의 효율적 대안이 될 수 있으나, 안전성에 대한 대중의 우려는 2011년 후쿠시마 사고를 정점으로 극심해졌으며, 전 세계적으로 화석연료의 핵에너지 전환에 큰 차질을 빚게 되었다(Hao et al. 2019; Suman 2018).

원자력에 대한 대중의 태도는 이러한 경향 덕분에, 정책 입안자들과 학자들은 최근 원자력 정책 결정과정에 대중의 참여를 확대하는 방안에 대한 유용성, 또는 그 필요성을 인지하게 되었다(Guo & Wei 2019). 에너지 분야에서의 의사 결정 방향은 중앙 집중적이며, 공식적이고 전문가 중심적인 관점에서 분산적이며 비공식적이고 공공 지향적인 관점으로 크게 전환되었다(Baldwin et al. 2018). 의사결정 과정에서 에너지 소비자로서 일반 시민의 참여는, 대중들 사이에서 에너지 기술이 어떻게 이해되고 인식되는지에 영향을 미친다(Guo & Wei 2019). 따라서 원자력 정책 수립 과정에 시민참여를 확대한다면 심각한 사회 갈등의 가능성을 줄이고 많은 논란이 되는 에너지 전환 정책에 대해 충분히 대중의 수용 가능성을 높일 수 있다고 본다. (Schroeter et al. 2016).

에너지 정책 분야의 학자와 정책 입안자 모두는 정책결정에서의 공론화에 점점 더 많은 관심을 기울이고 있다(Mah et al. 2021; Shen & Wu 2005). 공론화의 주요 원칙은 일반적으로 시민의 의견을 구함으로써 사회 구성원의 민주적 참여를 정당화하는 것과 정책 결정 과정의 진정성을 높이기 위해 응집력 있는 숙의과정을 활성화하는 것을 포함한다.

공론화의 본질은 참여자들 간의 소통과 그 소통을 기반으로 구축된 의견 형성에 그 뿌리를 두고 있다. 합법적인 정책 결정은 의사결정에 의해 영향을 받을 것으로 예상되는 사람들에게 정당화되어야 하기에 책임성은 숙의의 중요한 특징이다 (Chambers 2003). 따라서 특정 정책의 지지자와 반대자 모두 이러한 맥락에서 문제에 대한 자신의 견해를 설명하고 정책 선호를 정당화해야 한다(Chambers 2003).

공론화 참여자는 숙의 시, 쟁점에 대한 중요한 정보를 제공받고 숙의 과정을 거쳐 정책선호도를 결정한다. 숙의 이론가들은 정치가 서로 다른 이해관계를 가진 행위자들 간의 경쟁 그 이상에 해당한다고 생각한다. 숙의 민주주의 이론은 정치적 과정이 협상과 집합적 메커니즘에 의해 통제되는 것을 넘어선다고 주장한다. 숙의는 단순한 투표보다 더 많은 시간과 자원이 필요하다. 그러나 지역사회의 많은 곳에서는 사회경제적 조건 및 민주적 확립 수준과 관계없이 의사결정 과정에 어떤 형태의 공론화를 포함하려고 노력한다(Fishkin et al. 2010).

정책 결정을 보다 합법적이고 공정하게 만들 수 있는 공론화의 잠재력에도 불구하고, 모든 정책 결정 과정이 이러한 유형의 숙의를 필요로 하는 것은 아니다. 오히려 "가치 및 증거 모두에 대한 고려"를 수반하는 공공 정책 문제에 가장 잘 사용될 수 있다(Solomon & Abelson 2012). 이런 문제는 보통 공공 가치의 충돌, 심각한 논란, 정부에 대한 낮은 신뢰와 같은 복합적인 특성을 가지고 있다(Solomon & Abelson 2012). 대중은 숙의과정을 통해 해당 문제와 관련하여 상충되는 이해관계와 복잡성을 이해하고 서로에 대한 신뢰를 쌓을 수 있다(Solomon & Abelson 2012). 주요 개념과 정책 문제의 전제에 대한 공통된 이해를 바탕으로 협상을 강조하는 합의형성 과정과 달리, 참가자가 문제의 근본에 대한 이해의 차이가 있을 때 숙의가 가장 효과적인 방안이다(van de Kerkhof 2006).

공론조사는 공론화의 일종으로 대중 여론과 정보 여론의 이러한 차이와 관련이 있다. 표준 여론조사는 특정 사안에 대한 대중의 태도를 수집하고 제시하는 데 그치는 반면, 공론조사는 대중이 관련 문제에 대해 더 많은 정보를 보유하고 있고 그것에 대해 더 철저하게 생각할 수 있게 된다면 대중의 태도가 어떻게 변화되는지를 분석한다(Luskin et al. 1999; Mah et al. 2018). 공론화 참여자들이 숙의 과정을 거치지 않은 일반 대중보다 문제를 더 잘 이해하고, 문제에 관한 더 폭넓은 관점을 가질 수 있으며, 그들의 이익과 대중의 이해에 부합하는 최선이 선택이 무엇인지 알고 더 잘 요구할 수 있다고 전제한다(Chambers 2003; Gastil et al. 2010).

공론조사는 정책 수립을 위한 유일한 숙의적 방법이 아님에도, 많은 공공 정책

이슈에서 자주 사용되는 방법 중 하나이다. 공론조사는 상대적으로 짧은 세션과 낮은 참여율과 같은 몇 가지 약점을 가지고 있다. 그러나 이슈 포럼, 스터디 서클, 시나리오 워크숍 및 합의 회의 등과 같은 다른 숙의 방법들과 비교하여 몇 가지 강점이 있다(AHRQ 2013; Anderson & Jaeger 1999). 공론조사의 장점으로 대표성이 높은 표본, 전문가와의 활발한 소통, 다양한 교육자료 등이 있다(AHRQ 2013; The Public Deliberation Committee on Shin-Gori Nuclear REActors No.5 & 6 2018).

공론조사는 모집단의 대표 표본을 선정해 특정 공공정책 이슈에 대한 의견을 묻는 것에서부터 시작된다. 참가자들은 다양한 관점을 설명하는 브리핑 자료와 함께 균형 잡힌 배경 정보를 제공받는다. 그런 다음, 그들은 사회자가 주도하는 소규모 그룹 토론에 참여한다. 토론 참여를 바탕으로, 이 그룹들은 전문가와 정책 결정권자로 구성된 균형 잡힌 패널들에게 질문을 제기한다. 해당 과정은 며칠씩 걸릴 수 있다. 마지막에, 참가자들은 숙의 전과 같은 설문장치를 사용하여 같은 문제에 대해 다시 설문 조사를 받는다. 연구원들은 태도의 변화 여부와 변화를 조사하기 위해 조사 전과 후의 결과를 비교한다(Lehr et al. 2003; Luskin et al. 2002).

공론조사는 지역 기반구조 프로젝트(Fishkin et al. 2010), 국가 에너지 자원 옵션(Hall et al. 2011; Zarnikau 2003), 기후변화 정책(Cavalier et al. 2008), 국가 경제 및 정치 시스템, 국가 범죄 정책(Luskin et al. 2002) 등을 포함한 다양한 주제 영역에 사용되어 왔다. 많은 예시들 중에서도 아마 가장 논란이 많은 사례는 원자력 관련일 것이다. 마 외에 다른 저자들(Mah et al. 2021)은 원자력 에너지에 대한 일본의 2012년 국가 공론조사를 연구했고, 정부-산업-사회의 친핵 연합이 일본 원자력 거버넌스에서 숙의의 사회적 학습 영향을 제한한다는 것을 보여주었다. Huang 외 다른 저자들(2021)은 대만과 한국의 공론조사를 통해 "국가 주도의 민주주의 혁신"이 원자력 에너지에 대한 여론을 양극화할 수 있다고 주장하였다. 박(Park 2021)은 한국의 비핵화 이슈와 같이 쟁점이 되는 정책 현안에 대해 공론화 및 참여를 제도화하기 위한 공론화위원회 설치의 필요성을 주장했다. 원자력 정책에 대한 대중의 인식과 숙의에 대한 선행 연구의 가치 있는 기여에도 불구하고(Chung 2020), 특히 초기 단계에 의사가 결정되지 않았던 숙의 참여자들의 가치, 과정, 개인 속성을 포함한 다차원적 요소를 검토하는 연구는 드문 편이다. 본 장은 이러한 연구의 부족을 해소하고 원자력 관련 의사결정에 대한 가치 인식, 숙의 과정 및 정치·사회경제적 속성을 포함한 사용자 지향적 관점의 이론적 설명에 기여하는 것을 목표로 하고 있다.

4.3. 공론조사에서의 개인 의견 형성에 대한 설명

　전통적인 민주주의를 특징짓는 전통적이고 주기적인 투표 과정을 넘어 숙의 민주주의 이론가들은 숙의적 투표와 같은 과정을 통한 직접 참여가 관건이라는 부분에 동의한다. 그러나 숙의 과정에 대한 학문적 담론은 종종 공론화 참여자 본인들과 비교하여 불균형적인 가중치를 부여받아 왔다. 숙의에 관한 일반적인 가정은 그것이 민주적 의사 결정의 질을 향상시킨다는 것이다(Gastil et al. 2008). 기존 연구는 숙의의 규범적인 측면과 숙의 과정을 더 민주적이고 합법적이며 정의롭게 만드는 방법에 초점을 맞추는 경향이 있다. 학자들은 숙의를 위한 이상적인 과정 조건을 옹호하는 다양한 모델을 제시해 왔다. Fishkin과 Luskin(2005)은 적합한 숙의는 유익한 정보를 제공하고, 균형 잡혀 있어야 하고, 양심적이어야 하고, 실질적이어야 하고, 포괄적이어야 하는 5가지의 핵심 요소를 필요로 한다고 제시하였다. 그들은 또한 이러한 특성이 절차적으로 엄격해야 한다는 점을 지적한다. 실제로, 숙의 민주주의 지지자들은 기존 연구들이 무엇이 실제로 합리적인 숙의 과정을 구성하는지에 대한 문제를 거의 고려하지 않는다는 점에서 비판 하였다(Blattberg 2003).

　본 장은 공론화 참여자의 최종 선호도, 특히 숙의 이전에 선호가 없었던 사람들의 최종 선호도가 형성되는 방식에 관한 것이다. 이 연구는 가치 우선순위 지정과 숙의 과정이 공론화 참여자의 최종 결정에 미치는 영향을 사회과학적으로 실험하였다. 이 연구는 원자력 및 숙의 자료와 관련하여 서로 다른 가치의 중요도 인식과 개인의 의견 형성에 영향을 미칠 수 있는지 여부를 조사한다.

　Chambers(2003)는 숙의 참여자들이 숙의 과정 후에 한 방향에서 다른 방향으로, 또는 결정되지 않은 상태에서 의견을 갖는 것으로 종종 변화한다는 것을 발견했다. 많은 숙의 민주주의 학자들은 다양한 정책 분야에서 그러한 변화를 검토하는 데 주력해 왔다(Farrar et al. 2010; Luskin et al. 2014). 이들은 특정 정책대안에 대한 숙의 후 종합된 의견을 숙의 전 의견과 비교하였다. 공론화 참여자들의 인식과 의견 변화를 전반적으로 완전히 파악해야 함에도 불구하고 특정 정책대안을 지지하거나 반대하는 참여자들의 대규모 집단을 개인 차원에서 검사하는 것도 결정적으로 중요하다. 순변화가 거의 없을 때 발생하는 개별적인 변화는 면밀히 연구해야 한다. 어떤 경우, 지지에서 반대하는 쪽으로 변하는 사람들의 수가 반대에서 지지 쪽으로 이동하는 사람들의 수와 거의 같을 수 있기 때문에, 개별적인 변화가 서로 상쇄되어 순변화가 일어나지 않을 수도 있다(Luskin et al. 2002). 그렇기에 정책 현안이 논란이되고 여론이 균등하게 갈릴 때 각 측의 집계 분포는 숙의 후에도 변함이 없을 수도있다.

더군다나 공론조사의 목적이 기존에 알려지지 않은 대중에게 전달되고 나서 의견을 개진하게 하는 것이라면, 숙의 전에 결정이 미정이었던 사람들을 파악해 관찰하는 것이 중요하다. 이러한 미결정 또는 무의견 응답자들은 전통적인 여론 조사 응답자들의 상당한 부분을 차지할 수 있다(Montola et al. 2002; Schuman & Presser 1980). 아직 입장을 결정하지 못한 응답자의 존재는 여론조사를 해석하는 여론 학자와 이러한 여론조사에 기반하여 결정을 내리는 정책 입안자에게 지속적인 어려움이된다(Hall et al. 2011; Monterola et al. 2002). 숙의가 정책 현안에 대한 정보와 의견을 제공하지만, 신념을 갖고 숙의에 온 사람들은 동기기반 추론 성향 때문에 쉽게의견을 바꾸지는 않는다(Nir 2011). 그럼에도 불구하고, 이해가 부족하여 자신의 의견을 결정하지 못한 사람들은 정보를 얻은 후에 그 문제에 대해 특정한 태도를 형성한다. 숙의 관련 문헌에서는 숙의가 아직 결정을 내리지 못한 공공 구성원을 의견을 가진 구성원으로 변화시킬 수 있다고 주장한다(회의소 2003). 따라서, 이번 연구는 미결정 대중이 숙의 후 특정 의견을 발전시키는 요인을 분석하는 것을 목표로한다.

선행연구는 공론화 이후 최종 개인 선호도에 영향을 미칠 수 있는 몇 가지 요인을 제시하고 있다. 이러한 잠재적 요인으로 정보 또는 지식(Luskin et al. 2002; Odonkor & Adams 2020), 정치 이념 또는 정당 정체성(Chung 2020; Gastil et al. 2008), 소득 수준(Lehr et al. 2003; Luskin et al. 1999; 2002), 교육 수준(Chung 2020; Lehr et al. 2002), 성별(Chung 2020; Odonkor & Adams 2020) 등등 다양한 변수를 포함한다. 최종 선호도 결과에는 다양한 요인이 영향을 미칠 수 있음에도 불구하고, 공론화에 대한 많은 연구는 전체 그림 중 일부분만 보여주는 경향이 있다.

선행연구들은 숙의가 공론화 참여자들이 지식을 얻는 데 도움이 된다고 강조하지만, 이러한 지식 습득이 반드시 정책 선호도에 영향을 미치는지는 불분명하다. 이는숙의관들에게 양측으로부터 균형 잡힌 정보와 주장을 제공받을 것이기 때문에 원자력 정책과 같이 논쟁적이거나 깊게 분열된 문제에 대해 특히 불명확할 수 있다. 사회 심리학 연구에서는 이미 사람들이 가치 우선순위에 따라 새로운 정보를 해석한다는 것을 발견하였다(Hansla et al. 2008; Steg et al. 2005). 가치 우선순위가 다른 사람들은 동일한 정보와 지식에 접근할 수 있는 경우에도 서로 다른 정책 선호도를 형성하기도 한다(Hall et al. 2011). 본 장은 사회심리학 연구결과를 바탕으로 원자력 관련, 개인의 가치가 최종 정책 선택에 어떠한 영향을 미치는지 살펴보는 것이 중요하다는 것을 시사하고자 한다.

이 장은 이전에 의견이 결정되지 않았던 대중들이 원자력 정책 대안에 대한 태도를 형성하도록 이끄는 것에 대한 체계적인 분석을 만들어낸다. 그것은 공론화 참여자의 최종 결정에 영향을 미치는 잠재적 요인을 원자력 관련 다양한 가치의 인식된 중요성, 숙의 자료의 영향, 그리고 개인적 속성 세 가지 유형으로 분류한다.

4.3.1 원자력 에너지와 관련된 가치 우선순위

동기기반 추론의 강력한 원천 중 하나는 핵에너지와 연관시키는 개인의 가치 우선순위이다. 사회심리학에서는 일반적으로 개인의 가치를 "지도원칙"으로 정의한다. 가치는 비교적 안정적이며, 사람들은 자신의 가치를 바탕으로 자신의 태도를 발전시킨다(Shaw & Corner 2017). 매우 논쟁적인 이슈 영역을 숙의하는 동안, 참가자들은 그들이 처리해야 하는 상반된 주장과 정보에 직면하게 된다. 그렇기 때문에, 그들은 그러한 방식으로 정보를 해석하고 문제에 대한 다양한 태도를 개발하기 위해 가치 우선순위에 의지하게 된다(Hansla et al. 2008; Steg et al. 2005). 숙의 과정에 있는 모든 사람이 동일한 정보를 제공받지만, 일부는 자신의 가치에 맞서는 정보보다 우선순위에 있는 가치와 일치하는 정보를 신뢰하기로 선택할 수 있다(Nir 2011). 이런 종류의 동기기반 추론이 존재하면 공론화의 정보효과가 약해진다.

사회 심리학에서는 사람들이 새로운 정보를 얻을 때 인지적·정서적 가치가 그것을 평가하는 데 사용하는 표준이 된다고 주장한다(Redlawsk 2004; Richhey 2012). 그러나 숙의에 관련된 선행연구들은 일반적으로 다양한 관점과 신념의 교환이 공공숙의의 또 다른 중요한 목적이라는 사실을 간과하고, 단지 정보 제공과 지식 향상에 초점을 맞추고 있다(Gastil et al. 2010). 정책 이슈와 관련된 가치 우선순위의 효과와 지식의 효과를 구분하는 것이 중요하다. Gastil 외 연구진(2010)은 연구자가 숙의 여론조사를 검토할 때 참가자의 가치 우선순위를 신중하게 고려해야 한다고 제안하였다. 이를 위해 연구자들은 먼저 공론화 참여자들에게 정책 선택의 기초가 되는 가치를 식별하도록 명시적으로 요청해야 한다(van de Kerkhof, 2006).

일부 이전 연구에서는 시민들이 원자력 발전에 대해 자체적으로 위험·편익 인식을 가지고 있으며(Odonkor & Adams 2020; Yuan et al. 2017), 이러한 인식은 원자력 에너지에 대한 시민들의 일반적인 태도와 연관될 수 있다는 것을 발견했다(Hao et al. 2019). 원자력 에너지에 대한 대중의 의견을 주제로 하는 연구에서, Lee(2020)는 개인적 그리고 사회적 위험 인식이 원자력 소비에 대한 개인적 태도와 반비례적 연관성이 있다는 것을 발견했다. 또한, Jang과 Park(2020)은 유사한 사용자 지향적 관점을 채택하여 에너지 시스템 신뢰성에 대한 인식이 한국에서 원자력을 사용하려는 대중의 태도와 의도에 긍정적인 영향을 미친다고 제시하였다. 그러나 이러한 위험·편익 인식이 숙의과정 이후에도 핵 정책에 대한 국민의 선호도에 영향을 미치는 지속적인 가치인지는 불분명하다. 따라서 이 장은 정책 태도에 영향을 미칠 수 있는 다른 숙의 행위자를 고려하여 위험·편익 우선순위 사이의 연관성과 숙의 후 공론화 참여자의 원자력 정책에 대한 최종 선택을 시험한다. 본 장은 에너지 옵션을 고려할 때 안전과 환경을 가장 중시하는 참여자들이 원전 건설에 반대할 가능성이 높을 것으로 예상하고 있으며, 에너지 공급의 안정성, 전력 공급 비용, 원전이 지역 및 국가 산업에 미치는 영향, 전기 요금 등을 우선시하는 사람들이 원자력 발전소 건설을 지지할 것이라는 가설에서 출발한다.

4.3.2 숙의과정의 효과

공론조사 참여자들이 숙의 전과 후에 동일한 정책 이슈에 대해 다른 의견을 가지고 있는 것을 흔히 볼 수 있다(Luskin et al. 2007). 그렇기에 숙의 과정에 참여하는 행동이 참여자들의 의견에 영향을 미치는 것으로 보인다. 어떻게 이런 일이 발생하는 것인가? 숙의의 어떤 구성요소가 공론화 참여자의 정책 선호도를 변경하게 만드가?

많은 연구가 숙의의 일반적인 정보 효과에 초점을 맞추고 있다(Indermaur et al. 2012; Luskin et al. 2002; 2007). 그러나 본 장은 숙의의 효과를 완전히 이해하기 위해서는 지식 습득의 효과 이상의 분석이 필요하다는 것을 시사한다. 정보 효과에 대한 일반적인 강조는 적자 모델의 가정으로부터 비롯된다. 정보 부족 모델은 일반 시민이 정책 문제에 대한 지식이 부족하고 그들의 무지가 사실적이고 과학적인 이해를 필요로 하는 정책에 대한 반대를 초래한다고 가정한다(Fishkin & Luskin 2005; Hagendijk & Irwin 2006). 따라서 정확한 정보를 효과적으로 제공하고 대중을 교육하는 것이 숙의 과정에서 중요한 요소가 된다(Creutzig & Kapmeier 2020). 문헌에서는 사람들이 숙의하는 동안 정보를 충분히 갖게 되면 그들의 의견은 자연스럽게 바뀔 것이라고 주장한다.

이전 연구에 따르면, 실제로 공론화 참여자들은 숙의 참여를 통해 많은 지식을 습득하게 된다(Esterling et al. 2011; Luskin et al. 1999). 참가자들이 숙의에서 직접 얻은 지식에는 이슈와 관련된 사실 지식과 일반적인 정치 지식이 포함되어 있다(Luskin et al. 1999; 2002). 그럼에도 불구하고, 대부분의 실증적 연구는 공론화 과정에서 발생하는 지식 습득과 선호도 변화 사이의 인과 관계 또는 유의한 상관관계를 발견하는 데 실패했다(Shaw & Corner 2017; Sturgis & Allum 2004). 또한 지식 강화 캠페인에 의해서보다 대중의 참여로 인해 원자력 수용도가 더 증가했다는 것이 경험적으로 입증되었다(Guo & Wei 2019). 본 장은 선호도 변화 중 어떤 것은 문제에 대해 더 많이 알게 된 것의 결과일 가능성을 무시하려고 하지 않는다(Shaw & Corner 2017). 대신 숙의 과정의 효과를 보다 광범위하고 종합적으로 검토할 필요가 있음을 시사하고자 한다.

정보 결핍 모델의 가정과 달리, 공론화는 일방적인 정보 전달 수단 그 이상이다(Creutzig & Kapmeier 2020). 공론화 과정은 여러 행위자 간의 의사소통 과정이며 적극적인 대중 참여의 과정이라 할 수 있다(Shaw & Corner 2017). 우리는 숙의의 다양한 구성 요소들의 효과를 분석함에 있어, 사실 정보를 주로 제공하는 자료뿐만 아니라 공개 토론과 참여에 더 중점을 둔 자료들을 포함하여 제공하였다. 후자의 효과는 토론에 대한 참여, 문제에 대한 더 많은 관심, 더 신중해진 생각, 정책 옵션에 대한 다른 의견에 대한 이해 등의 효과를 포함하였다. 이러한 숙의의 효과는 지식 습득 효과와 구별되어야 한다(Luskin et al. 2002). 공론화의 어떤 부분이 원자력 에너지에 대한 사람들의 태도에 영향을 미치는지를 정확히 알아보기 위해, 해당 연구에서는 다양한 숙의과정을 적용하여 분석하였으며 또한, 제공된 자료가 원자력 발전소에 대한 공론화 참여자들의 선호도에 미치는 영향을 탐구하였다.

4.3.3 개인적 속성

숙의가 최종 정책선호도에 미치는 영향을 검토하려면 숙의의 효과와 기존 개인속성의 영향을 구분하는 것이 중요하다. 특정한 사회경제적 또는 정치적 특성을 가진 참여자의 특정한 속성으로 인하여 어떤 문제에 대한 입장을 결정하지 못하는 상태에서 특정 입장을 지지하거나 반대하는 것으로 바뀐다면, 숙의과정이 이러한 참가자에게 더 큰 영향을 미치게 될 것이다. 에너지 정책에 대한 공공 태도에 대한 문헌에서 개인의 선호도에 영향을 미치는 일부 개인적 특징에 대한 경험적 증거를 발견했기 때문에, 이러한 동일한 특징이 태도 변화에도 영향을 미칠 수 있다.

기존 연구에 따르면 소득 수준은 에너지 정책에 대한 개인의 선호도에 영향을 미치며 소득이 높은 사람들은 원자력 관련 위험 인식이 더 큰 것으로 밝혀졌지만(Mah et al. 2014), 그들은 또한 원자력 에너지를 수용할 가능성이 더 높다(Kim et al. 2013). 이런 상관관계에서의 기대는 이러한 고소득의 일반적 효과가 고소득 공론화 참여자들이 초기에 신중하면서도 결정하지 못하게 만들고, 궁극적으로는 숙의를 거쳐 원전 건설의 지지자가 되게 만들 것이라는 기대 심리가 존재한다. 또한 저소득층의 사람들은 에너지 효율을 추구하는 공익사업을 지원할 가능성이 더 높으며, 재생 에너지 비용을 지불하기로 선택한 고객에게만 그 비용을 할당하는 아이디어를 선호한다는 연구 결과가 있다(Lehr et al. 2003). 이런 경향성은 원전 건설 문제에도 적용될 수 있다. 본 장에서는 저소득층이 다른 에너지원보다 저렴하고 효율적인 원자력 에너지를 선호하기 때문에 원자력 에너지 선호 정책에 더 유리하게 작용할 것으로 예상하였다.

교육 수준 또한 원자력 선호도에 영향을 미치는 것으로 밝혀졌다(Chung 2020; Kim et al. 2013). 교육 수준은 재생 에너지 비용을 할당하는 방법에 관한 개별 선호도에서도 중요하다(Lehr et al. 2003). 교육 수준이 높은 사람들은 일반적으로 원자력 에너지에 대한 낮은 위험 인식과 높은 수용도를 가지고 있기 때문에 원자력 발전소 건설 재개를 선호할 것으로 예상하고 있다.

개인의 정치적 성향은 사람들이 숙의하는 동안 그들이 받는 새로운 정보를 이해하고 처리하는 방법에 영향을 줄 수 있기 때문에 공론 조사에서 정치적 이데올로기 또한 개인의 정책 선호를 형성하는 데 중요하다. 연구에 따르면 사람들은 종종 제공된 정보의 일부, 즉 기존의 정치적 정체성과 일치하는 정보만을 선별적으로 선택하고 이에 부합하는 방식으로 정보를 해석한다(Goidel et al. 1997; Hart & Nisbet 2012). 정치적 성향은 동기기반 추론의 가장 강력한 원인 중 하나이다(Kunda 1990; Taber & Lodge 2012). 원자력 정책과 같이 논란이 많은 이슈는 동기기반 추론을 쉽게 활성화하기 때문에(Hart & Nisbet 2012), 정치적 성향은 공론조사에서 원자력 정책 선호도를 높이는 강력한 요인이 될 수 있다. 이 연구의 설정에서는 정치적으로 보수적인 공론화 참여자들은 원자력 에너지를 선호할 것으로 예상하고 있다.

4.4. 데이터와 변수

한국은 세계 5위의 원자력 생산국(IAEA, 2021년)이다. 한국 사례조사는 원자력 에너지 사용에 대한 합의에 도달하기 위한 숙의 과정이 공론화 참여자에게 어떤 영향을 미치는지를 보여준다. 원자력은 국내외적으로 논란이 많은 이슈이다. 특히 원자력에 대한 세계적인 우려와 탈원전 로드맵이 구축되었음에도 불구하고, 시민들은 숙의 끝에 이전의 반핵 담론과 탈원전 트랙은 모두 무효화되고 결국 신고리 5호, 6호의 건설은 재개되었다.

본 장은 신고리 원자로 5·6호기 공론화위원회가 제공한 공개조사 자료를 활용하여 진행하였다. 위원회는 공론조사의 일환으로 네 번의 참여 조사를 실시했다. 1차 조사에서 응답자의 28.29%가 '미정'이라고 응답했다. 참가자들은 2차 조사에서 원자력과 관련한 자신들의 가치와 앞전에 제공받은 재료의 유용성을 보고하도록 하였으나, 건설 재개에 대한 이분법적 의견을 제시하도록 요구받지 않았다. 2차 조사와 4차 조사 사이에, 응답자들은 공론화 과정을 경험하였다. 마지막 조사였던 4차에서는 원전 건설 재개(표 4-1 참조)에 대해 숙의 여론조사 참여자의 58.11%가 최종적으로 찬성한 것으로 나타났다. 마지막을 제외한 각 조사에서는 '동의한다', '반대한다', '미정' 등 3가지 선택으로 재개에 대한 의견을 조사하였으나, 마지막 설문 조사에서는 '동의함'과 '동의하지 않음'의 두 가지 선택지만으로 참가자들이 결정하게 만들었다.

도시	첫 번째 조사	세 번째 조사	네 번째 조사
중단	132 (28.95%)	150 (32.89%)	191 (41.89%)
재개	168 (36.84%)	206 (45.18%)	265 (58.11%)
미정	129 (28.29%)	100 (21.93%)	–
모르겠음	27 (5.92%)	–	–
합계	456 (100%)	456 (100%)	456 (100%)

표 4-1 정도 기준 도시별 네트워크의 상위 20개 단어

* 참고: 네 번째 조사에서 "미정"이라고 응답한 15명의 응답자가 의견 형성과 변화의 과정을 명료화하기 위해 전체 분석에 포함되지 않았다.
출처: 신고리 원자로 5호 및 6호에 대한 공론화를 위한 시민 참여 조사

이 연구는 최종 의견을 종속 변수로 코드화했다. 건설 재개 찬성은 1, 중단 지지는 0으로 코드화되어 있다. 다중 변수 로짓 회귀 분석을 사용하여 하나의 종속이진 변수와 여러 독립 변수를 분석했다. 전체 참가자 456명 중 미정인 129명 중 73명이 재개에 찬성했고, 56명은 지난 조사에서 중단을 지지했다. 본 장에서는 1차 조사 당시 의견이 있던 사람들의 데이터를 미결정을 선택한 참가자들과 비교하기 위해 다변수 로짓 분석을 추가로 실시하였다. 경험적 모델에는 사람들의 의견 형성 과정에 어떤 결정 요소가 영향을 미쳤는지 찾기 위한 몇 가지 독립 변수가 포함된다. 독립 변수는 세 가지 기준으로 분류하였으며, 세 개의 기준은 각각 재개를 지지하거나 반대하는 데에 인식된 가치 우선순위, 비판적 숙의 프로그램의 인식된 효과와 개인적 속성이다.

첫 번째 범주는 건설 재개를 지지하고 반대하는 데 인식된 가치 우선순위를 포함한다. 참가자들은 원자력발전소 건설에 관한 결정에 대한 중요성, 즉 안전, 에너지 공급의 안정성, 전력 공급 비용, 지역 및 국가 산업에 미치는 영향, 전기 요금, 환경 등 6가지 요소를 기준으로 평가하도록 요청받았다. 참가자들은 각 요인에 대해 1에서 7까지의 중요도를 평가하도록 요청 받았다. 이러한 요소들은 참여자들이 원자력 발전에 관한 자신의 위험과 편익을 이해하는 값을 수반하였으므로, 본 장은 원자력 에너지에 관한 각 값이 건설 재개 또는 중단과 어떻게 관련되는지를 분석할 수 있었다.

두 번째 독립 변수 범주는 참가자의 의견에 영향을 미칠 수 있는 숙의 프로그램의

유용성과 관련이 있다. 숙의 여론조사 과정에 참여하기로 합의한 참가자들은 위원회가 제공하는 프로그램을 거쳤는데, 1일 오리엔테이션, 비판적 공론화 참여자료집, 3일 일반포럼, e러닝, 온라인 질의응답 등으로 구성됐다. 게다가, 그들은 지역 공개 토론, TV 토론, 그리고 미래 세대 토론을 포함하여, 참가자들만을 위한 것이 아니라, 원래 일반 대중을 위한 프로그램에 노출되었다. 이러한 조치들은 <표 4-2>가 설명하는 바와 같이 참가자들에게 다양한 방법으로 정보를 제공할 것으로 기대되었다. 이들 변수를 분석해 재개나 중단과 관련된 각 조치의 차이를 구분할 수 있다.

마지막 범주는 나이, 성별, 소득, 교육 수준과 같은 인구학적 변수를 포함하는 개인 속성이다. 또한 정치적 성향은 원자력과 같은 논쟁적인 문제에 대한 의견에 영향을 미칠 수 있기 때문에 정치적 보수성의 수준이 포함된다. 마지막 부분은 개인 배경 정보와 공론조사 초기 단계부터 4차 조사 종료까지의 지식 습득 수준으로 구성된다. 참가자들은 그들의 지식수준을 시험하기 위해 두 번째, 세 번째, 네 번째 조사에서 핵 에너지에 대한 동일한 8개의 지식 기반 질문을 받았다. 지식 습득 수준은 4차 조사에서 2차 조사에서 정답 수를 뺀 것이다.

표 4-2 숙의 프로그램

구분	내용
자료집	자료집은 원자력발전소에 대한 정보와 건설 재개에 대한 찬반 논의를 제시했다.
E러닝	e러닝 컨텐츠는 원자력 발전소가 전기, 산업, 에너지 등에 끼치는 영향을 개인 컴퓨터, 태블릿PC, 휴대폰 등으로 제공했다.
TV토론	응답자들은 전문가들과 고등학생들의 원전에 대한 TV 토론을 시청했다.
전문가 발표	전문가들이 원자력발전소의 안전성, 환경에 대한 영향, 경제적 가능성에 대해 발표했다
전문가 질의응답	전문가들은 온라인 게시판으로 통해 응답자들의 질문에 꾸준히 응답했다.
토론	응답자들은 9-10명의 조별로 원자력발전소에 대한 사회적 수용도에 대해 토론했다.
지인	응답자들은 지인들과 원전의 사회적 수용도에 대해 논의했다.

미디어	미디어는 숙의 과정에 대한 언론 보도를 제공했다.
숙의 과정	응답자들은 지속적인 숙의 과정에 참여할 것을 요구받았다

자료: 신고리 원자로 5호 및 6호에 대한 공론화에 대한 백서 보고서

표 4-3 기술적 통계

		평균 (표준편차)			
		미정	중단	재개	모두
종속변수	재개 (빈도)	0:56	0: 49	0:73	0: 191
		1: 73	1: 83	1: 95	1: 265
독립변수 찬성 혹은 반대하는 근거	안전	5.67(.82)	5.69(.76)	5.77(.50)	5.72(.68)
	안정성	5.29(.10)	5.19(1.22)	5.26(.96)	5.26(1.05)
	공급비용	4.81(1.28)	4.87(1.27)	4.99(1.08)	4.91(1.19)
	산업	4.71(1.39)	4.64(1.41)	4.81(1.09)	4.75(1.28)
	전기요금	4.66(1.23)	4.72(1.23)	4.60(1.24)	4.67(1.22)
	환경	5.42(.92)	5.30(1.20)	5.34(1.01)	5.35(1.05)
독립변수 비판적 숙의 프로그램	자료집	4.45(1.15)	4.45(1.04)	4.08(1.18)	4.31(1.13)
	E러닝	4.37(1.23)	4.48(1.06)	4.29(1.12)	4.38(1.12)
	TV토론	3.99(1.24)	3.74(1.37)	3.46(1.38)	3.71(1.36)
	전문가발표	4.93(1.04)	4.70(1.17)	4.82(1.10)	4.81(1.11)
	전문가 질의응답	5.03(1.10)	4.76(1.24)	4.81(1.25)	4.87(1.19)
	토론	4.33(1.32)	4.39(1.24)	4.36(1.27)	4.39(1.27)
	지인	3.87(1.19)	3.82(1.26)	3.76(1.26)	3.82(1.23)
	미디어	3.38(1.32)	3.23(1.37)	2.97(1.30)	3.18(1.33)
	숙의과정	4.89(1.08)	4.85(1.02)	4.80(1.01)	4.85(1.04)

	여성	0: 54	0: 57	0: 107	0: 224
		1: 75	1: 75	1: 61	1: 232
독립 변수 개인 속성	나이	44.95(14.35)	42.70(12.70)	62.58(14.10)	47.13(14.42)
	지식습득	3.88(2.29)	2.82(2.54)	3.02(2.42)	3.27(2.46)
	교육수준	2.63(.59)	2.49(.70)	2.70(.58)	2.61(.62)
	소득수준	4.71(1.97)	4.63(2.12)	5.13(2.07)	4.84(2.04)
	보수성	2.73(.78)	2.71(.81)	2.74(.88)	2.72(.81)

<표 4-3>은 미정, 일시 중단, 재개 그룹 및 모든 참가자에 의한 변수의 요약 및 기술 통계량(평균 및 표준 편차)을 제공한다.

로짓 분석을 수행하기 전에, 왜곡되거나 잘못된 결과를 초래할 가능성이 있는 다중 공선성을 제어하기 위해 상관성 테스트를 수행하였다. 이를 통해 안정성과 공급 비용의 쌍과 소스북과 e-러닝의 쌍이 상관관계가 있음을 보여주었다. 이들의 상관계수는 0.7보다 크고 통계적으로 유의했다. 에너지 공급의 안정성과 공급 비용을 모두 고려하는 사람이 중요하다. 이는 비용을 낮게 유지함으로써 에너지 공급의 안정성이 어떻게 가능한지에 대한 이해를 높일 수 있기 때문이다. 비용은 안정성을 보장할 뿐만 아니라 안정적인 에너지 공급을 가능하게 하는 중요한 요소 중 하나이다. 소스북과 e-러닝 간의 강력한 상관관계는 콘텐츠에서 비롯된다. 이 자료집은 일반 국민 숙의 과정과 원자력 관련 정보를 참가자들에게 제공하기 위해 고안되었다. 소스북의 정보를 바탕으로 제작된 동영상 강의를 통해 이해를 증진시키기 위한 학습 자료가 제공되었다. 따라서 기본적으로 소스북과 e-러닝은 동일한 정보를 제공하지만 다른 방법을 통해 사람들에게 제공된 것이다. 이 모델은 이러한 상관관계를 인정하면서도 공급 비용과 e-러닝 변수를 배제하고 안정성 및 소스북 변수를 유지하였다.

4.5. 결과

본 장에서는 원전 재개 중지 찬성자(모델 2)에 비해 초기 미결정자(모델 1)와 재개 찬성자(모델 3) 및 전체 참여자(모델 4)의 최종결정을 가능하게 하는 것이 무엇인지를 파악하기 위해 로지스틱 회귀분석을 실시했다. <표 4-4>는 다음의 분석 결과를 보여준다. <표 4-4>를 조금 더 쉽게 설명하자면 계수가 양수이면 변수가 공사 재개와 긍정적인 상관관계가 있음을 의미하고, 음수이면 재개와 부정적인 상관관계가 있음을 의미한다. Hosmer Lemeshow의 검정방법은 적합 모형이 예측 확률에 따라 표본을 나누어 데이터에서 관측된 결과 경험을 적절하게 설명하는지 여부를 결정하기 위한 적합도 검정이다(Hosmer & Lemeshow 2000). 검정 결과는 이 로지스틱 모형의 적합도 수준이 허용 범주에 있다는 것을 증명하였다(Hosmer-Lemeshow 22=14.27, p=0.0751).

모델 1에서 주요 결정 요인 중 안정성과 산업 변수는 긍정적이고 통계적으로 유의한 계수로 나타났다. 이는 당초 미결정 참여자 가운데 지역·국가산업은 물론 에너지 공급의 안정성을 중요한 이유로 꼽은 이들이 마지막 조사에서 재개를 지지할 가능성이 높았다는 점이다. 안정적 에너지 공급의 중요성이 인정된 단위가 증가하면 예상되는 베타 계수를 고려할 때 재개를 주장할 확률이 5.92 증가한다. 이는 사람들이 간헐적으로 사용할 수 없는 재생 가능 에너지에 비해 원전은 안정적인 에너지원으로 고려한다는 것을 의미한다. 덧붙여 통계에 따르면, 지역 및 국가 산업에 미치는 영향의 중요도 단위가 증가하면 건설 재개에 동의할 가능성이 1.67 높아진다. 요컨대 안정성과 산업 모두 부동층이 재개를 찬성하도록 유도하지만 산업이 안정성보다 상대적으로 더 강한 요인으로 분석된다.

또한 환경변수가 원전 건설 재개 반대 원인으로 드러났다. 당초 에너지 환경문제에 대해 더 우려한 미결정 응답자는 공사 재개를 지지할 가능성이 0.34로 낮았다. 일반적으로 원전 건설에 반대하는 대부분의 주장들은 환경문제, 고농축 방사성 폐기물 문제, 또는 공중 보건 문제들에 관련되어 있다고 알려져 있다. 원자력에 의해 야기될 수 있는 문제들은 회복이 불가능하며, 심지어 대규모로 발생하기 때문에, 대중들의 두려움을 유발하는 경향이 있다.

참가자들은 안전, 에너지 공급 및 산업과 지역사회에 미치는 영향에 대한 정보와 함께 원자력 에너지에 대한 찬반 논쟁을 제시하는 다섯 번의 TV 토론을 참관했다. 제공된 비판적 숙의 프로그램 중에서, TV 토론이 가장 유용하다고 생각한 사람들은 재개에 대해 부정적인 생각을 갖는 경향이 있었다. TV토론의 중요성에 대한 인식의 단위 증가는 건설 재개에 동의할 가능성이 0.48보다 낮은 것과 관련이 있다고 나타났다.

어떤 비판적 숙의 프로그램도 응답자가 재개를 동의한 결정에 긍정적이고 통계적으로 유의미한 영향을 미치지 않았다는 사실이 흥미롭다. 모든 유의한 계수는 공사 재개에 동의하지 않는다는 것을 보여주었다.

실증분석 결과 보수적 정치이념을 가진 사람이 공사 재개에 동의할 가능성이 더 높은 것으로 나타났다. 다시 말해, 자신을 보수주의자로 규정한 사람들은 핵에너지의 사용을 지지하는 경향이 있는데, 이는 정치적 이데올로기가 사람들이 선호하는 에너지원의 개념에 영향을 미친다는 것을 암시한다.

표 4-4 집단 간 비교

1차 조사		모델1	모델2	모델3	모델4
		미정	중단	재개	모두
원자력 에너지에 관하여 인식된 가치					
	안전	−0.622 (0.501)	−0.779 (0.494)	−0.748 (0.519)	−0.747** (0.235)
	안정성	1.778*** (0.534)	1.333*** (0.425)	1.348*** (0.394)	1.156*** (0.213)
	산업	0.510* (0.309)	0.183 (0.373)	0.411 (0.261)	0.232* (0.136)
	전기요금	0.268 (0.366)	0.218 (0.413)	0.575** (0.243)	0.452*** (0.151)
	환경	−1.079* (0.564)	−1.128*** (0.421)	−0.550* (0.290)	−0.816*** (0.184)
자료의 유용성					
	소스북	−0.208 (0.349)	−0.126 (0.341)	0.140 (0.253)	0.0158 (0.137)
	TV토론	−0.729* (0.349)	−0.0139	−0.373* (?)	−0.180

	(0.387)	(0.280)	(0.195)	(0.117)
전문가 발표	0.272	1.891***	0.254	0.503***
	(0.425)	(0.546)	(0.323)	(0.176)
전문가 질의응답	0.0721	−0.394	0.113	0.0839
	(0.357)	(0.445)	(0.271)	(0.163)
토론	−0.301	0.322	−0.206	−0.104
	(0.298)	(0.347)	(0.244)	(0.130)
지인	−0.433	0.0852	−0.426*	−0.235*
	(0.292)	(0.305)	(0.219)	(0.121)
미디어	0.00830	−0.609**	−0.295	−0.233*
	(0.318)	(0.302)	(0.231)	(0.125)
숙의 과정	−0.472	−0.338	0.173	−0.149
	(0.390)	(0.398)	(0.299)	(0.160)
개인 속성				
여성	0.424	−0.984	−0.433	−0.204
	(0.627)	(0.647)	(0.508)	(0.276)
나이	0.0201	0.0426*	−0.0109	0.00739
	(0.0250)	(0.0230)	(0.0166)	(0.00912)
지식습득	0.0272	0.145	−0.00863	0.000437
	(0.137)	(0.134)	(0.108)	(0.0563)
교육수준	−0.342	−1.321**	−1.190**	−0.815***
	(0.485)	(0.583)	(0.557)	(0.250)
소득수준	−0.195	−0.0856	0.150	0.0236
	(0.175)	(0.176)	(0.139)	(0.0732)
보수성	1.771***	1.400***	1.351***	1.135***
	(0.502)	(0.508)	(0.352)	(0.199)
상수	−0.132	−3.601	−3.083	−0.927
	(4.233)	(3.964)	(4.239)	(1.616)
N	129	132	168	456

그림 4-1 모든 응답자 그룹에 대한 지인과의 소통의 효과에 대한 조정된 예측

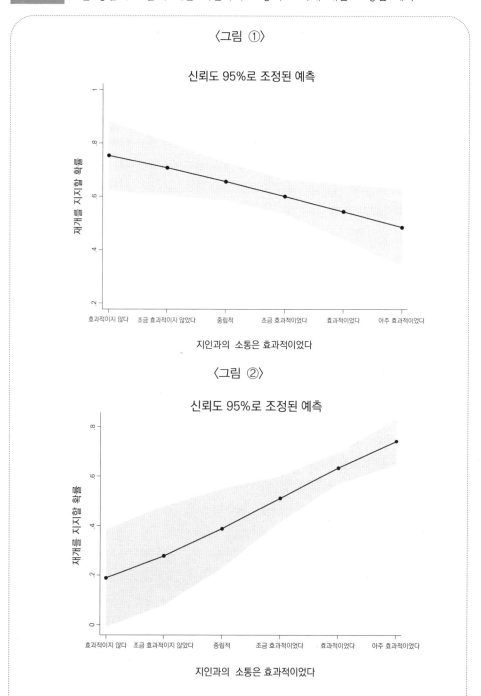

두 번째 부분의 분석은 1차 조사에서 서로 다른 의견을 가진 세 기준의 참여자들을 비교하였다. 한편, 부동층과 건설 재개를 찬성하는 사람들은 TV 토론을 보는 것이 그들의 최종 의견을 결정하는 데 도움이 된다고 느낀다면 최종 조사에서 건설 중단을 지지할 가능성이 더 높았다. 반면 TV가 중지를 찬성하는 사람들의 최정 결정 형성에 영향을 미치는 것으로 판단하였고, 특히 이것을 통해 중지의사를 재개로 전환될 가능성이 높았다. 일반적으로 TV 토론이나 미디어와 같이 경쟁적인 이익을 제공하는 자료는 응답자들이 중지를 선택하도록 유도할 가능성이 높았다. 여기에 지인들과 의견을 나눌 수 있는 소통이 이뤄지면서 중단을 선택할 가능성이 더욱 높아졌다. 반대로 전문가 발표 등 사실 정보를 제공하는 자료는 재개를 유도할 가능성이 높았다. 그림 ①과 ②는 모든 응답자 그룹의 결정에 대한 두 가지 숙의 프로그램의 조정된 예측결과를 보여준다. 그림 1은 지인과의 소통이 효과적이라고 생각하는 응답자일수록 재개를 반대할 가능성이 높다는 것을 보여준다. 대조적으로, 그림 ②는 전문가의 발표가 효과적이라고 느낀 사람들이 재개를 지지할 가능성이 더 높다는 것을 보여준다.

교육 수준이 높은 사람들은 모델 1을 제외한 모든 모델에서 재개를 선택할 가능성이 낮았다. 이는 교육수준에 관계없이 부동층이 최종 결정을 형성했음을 의미한다. 그러나 정치적 보수주의는 모든 모델에 적용되었다. 그렇기에 정치적으로 보수적인 응답자들은 원전 건설 재개를 지지할 가능성이 더 높았다.

4.6. 논의

본 장에서는 우리나라 원자로 건설에 대한 국민의 숙의 후 선호도에 영향을 미치는 요인을 조사하였다. 모든 참가자를 포함하는 경험적 모델은 공론화 참여자의 원자력 관련 인식 가치 우선순위가 숙의 후 의견에 영향을 미쳤음을 시사한다. 에너지 공급의 안정성, 지역 및 국가산업에 대한 원전의 영향, 전기요금 등을 우선시하는 사람들은 재가동을 지지할 가능성이 더 높았고, 안전 및 환경영향에 더 관심이 있는 사람들은 중단에 찬성하는 경향이 더 높았다. 공론화 참여자료 중 지인과의 대화 내용이나 언론 등이 의견수렴에 도움이 된다고 판단한 사람들은 최종 조사에서 건설 중단 옵션을 선택하는 경향성을 보였다. 이와는 대조적으로 전문가 발표가 최종 의견을 결정하는 데 도움이 된다고 생각하는 사람들은 재개를 지지할 가능성이 더 높았다. 결과는 또한 개인 속성 변수들 중에서 교육 수준과 정치적 이념이 중요하다는 것을 보여주었으며, 보수층은 공사 재개를 선호할 가능성이 높았고, 교육 수준이 높은 층은 중단을 택하는 경향을 보였다.

본 장은 가치, 공론화 참여자료, 개인적 속성 등의 요소를 포함한 다각적인 분석을 제공하는 것 외에도, 사전숙의조사에서 의견별로 분류된 3개 하위그룹(재개지지, 중단지지, 미결정)을 비교함으로써 기여하고 있다. 첫 조사 때의 의견과 무관하게 모든 공론화 참여자들에게 같은 방식으로 영향을 준 몇 가지 요인이 존재한다. 예를 들어 에너지 공급의 안정성을 중시하는 국민과 보수층은 숙의 전 당초 생각했던 것과 상관없이 최종 라운드에서 재개 옵션을 선호할 가능성이 높았다. 또한, 환경가치를 우선시하는 모든 그룹의 참여자들은 공사 중단을 지지하는 경향이 있었다.

그러나 이 장의 독립 변수 중 일부는 참가자의 특정 부분군에만 영향을 미쳤다. 본 장에서 보다시피 이러한 요인들이 모든 공론화 참여자들에게 같은 방식으로 영향을 미친다고 가정하지 않고, 대신 부분군을 개별적으로 분석할 필요성을 시사한다. TV토론이 도움이 된다고 본 숙의위원들은 최종 조사에서 원전 건설 중단을 선택할 가능성이 높았지만, 처음에 같은 옵션을 선택했던 사람들에게는 이 효과가 크지 않았다. 지인과의 소통과 고등교육 수준은 둘 다 처음 재개를 원했던 참가자들의 마음을 지난 설문 조사까지 바꾸게 만들었다. 그럼에도 불구하고 같은 집단이 낮은 전기요금을 유지하는 것이 중요하다고 생각한다면 다시 재개 옵션을 선택할 것이다. 처음에 정지를 지지했던 숙의위원들 가운데 전문가 발표가 유용하다고 생각한 노년층과 사람들이 마지막 라운드에서 의견을 바꿀 가능성이 더 높았다. 그러나 그들은 언론 보도가 도움이 된다는 것을 발견하면 첫 번째 생각을 유지하는 경향이 있었다. 그들은 또한 그들의 교육 수준이 더 높을 경우 더 큰 가능성으로 중단에 대한 지지의 입장을 유지했다. 산업에 미치는 영향을 우선시하는 것과 지인들과 대화하는 것은 결정되지 않은 그룹에만 큰 영향을 미쳤으며, 그마저도 그것도 반대의 방향으로 영향을 미쳤다. 이러한 다양한 효과는 같은 요소가 숙의 전 사람들의 의견에 따라 사람들에게 다르게 영향을 미칠 수 있다는 것을 보여준다. 따라서 결과는 숙의가 모든 참가자에게 동일한 영향을 미치지 않으며, 숙의 효과를 보다 신중하게 분석해야 한다는 것을 의미한다.

더 나아가, 이 결과는 개인이 핵에너지와 연관 짓는 가치의 중요성을 나타낸다. 공론화 참여자들이 원자력 관련 가치를 우선시하는 것이 원전 건설 선호도에 영향을 미칠 수 있다는 것은 그동안 문헌에서 무시돼 왔다. 안전성과 환경을 중시하는 사람들은 대체로 공사 중단을 지지하고, 에너지 공급의 안정성, 원전이 산업에 미치는 영향, 값싼 전기를 우선시하는 사람들은 더 많은 원전을 원할 것이라는 실증 분석이 나왔다. 이러한 결과는 사람들이 핵에너지에 부가된 가치 우선순위 측면에서 동일한 정보를 매우 다르게 해석한다는 것을 의미한다. 원전 건설이 매우 논란이 되는 사안이라는 점을 고려할 때, 숙의 과정에서 대립되는 주장에 직면했을 때 참가자들이 의지하는 가치들을 반드시 고려해야 한다.

그 결과는 또한 원자력 관련 소통에 대한 접근 방식이 바뀌어야 한다는 것을 시사한다. 많은 과학자들과 정책 입안자들은 대중과 소통할 때 적자 모델을 가정한다. 그들은 정보를 정확하게 이해한다면 이러한 시민들이 더 나은 결정을 내릴 것이라고 가정하기 때문에 원자력 정책에 대한 정확한 과학적 정보를 일반 시민에게 제공하는 최선의 방법을 개발하는 데 초점을 맞추는 경향이 있다(Yuan et al. 2017). 따라서 정책 소통의 초점은 과학적 지식을 명확히 정립하는 방법과 대중이 정보를 정확하게 이해하도록 보장하기 위해 정책 소통의 초점을 단어 활용법에 두고 있다(Richhey 2012; Schuman & Presser 1980).

그럼에도 불구하고 결과는 원전에 대한 사실적 지식을 통해서가 아니라 TV 토론 형식으로 이 문제에 대한 다른 의견을 배우는 것이 공공 정책 선호도에 영향을 미친다는 것을 보여준다. 아울러 숙의에서 최종 의견의 전개에 전문가뿐만 아니라 지인들도 영향을 미치는 것으로 조사되었다. 이러한 결과는 원자력 관련 소통이 보다 포괄적인 논의를 강조해야 함을 의미한다(Guo & Wei 2019; Richey 2012). 특히 소셜 미디어가 계속 발달함에 따라, 소통을 서로 대화하는 수많은 행위자들 사이의 공개적인 상호작용이라는 점을 고려해야 한다(Richey 2012). 원자력 관련 정책 결정에 대한 민주화된 접근법의 목적을 달성하기 위해, 숙의 과정은 일반인을 교육하려고만 하지 말고 참여시키는 데 더 중점을 두어야 한다(Guo & Wei 2019).

4.7. 결론과 전망

공론화 과정에서 시민들이 원전 건설을 재개하기로 한 이유는 무엇일까? 이 질문에 답하기 위해, 본 장에서는 2017년 신고리 원자로 5·6호기의 국내 건설 가능성과 관련하여 에너지 정책에서의 공공행태 이론을 검토하였고, 참여형 설문조사의 초기 및 최종 자료를 분석하였다. 1차 조사에서는 중단 찬성 28.95%와 재개 찬성 36.84%로 나타났지만, 최종 조사에서는 건설재개 찬성률(58.11%)이 중단 찬성률(41.89%)보다 16.22% 높게 나타났다. 분석결과에 따르면 전반적으로 보수적인 정치 성향을 가지고 있고 안정적인 에너지 공급, 발전소의 산업 효과, 전기 요금 등을 우선시하는 사람들이 건설 재개를 지지할 가능성이 더 높다는 고 나타났다. 덧붙여, 전문가 발표가 도움이 된다고 생각하는 사람들 또한 재개를 선택하는 경향이 더 많았다. 이에 비해 교육수준이 높고 안전·환경이 우선인 이들은 공사중단을 지지할 가능성이 높았다. 흥미로운 점은 지인과의 대화나 언론매체가 의사결정에 도움이 된다고 생각하는 사람들도 건설 중단을 선호하였다. 1단계에 미결정을 선택했던 참가자들의 경우, 중단과 재개를 결정지은 요소들은 비슷한 영향을 미쳤다. 그러나 TV 토론은 처음에 결정하지 못했던 공론화 참여자들의 최종 결정에 영향을 준 유일한 숙의 자료였다. 이 결과는 미결정자가 공론화에 참여할 때 공론화 참여자료보다 가치에 더 강한 영향을 받을 수 있음을 시사한다.

원자력 정책에 대한 공론화는 몇 가지 시사점을 가지고 있다. 시민들은 이 문제를 알게 될 뿐만 아니라 보통 인근 발전소에 사는 전문가와 주민들이 지배하는 지역에서 결정을 내릴 수도 있다. 상명하복 방식보다는 상향식(Bottom-up) 방식으로 일반인의 참여와 논의의 공감대를 통해 결정된 것이다. 숙의 과정을 통해 형성된 시민들의 결정은 정부의 에너지 정책기조와 다를 수 있다. 실제로 원전 재가동 결정은 당시 재생에너지로의 전환을 추진하여 원자력 의존도를 감축하고자 하였던 정부의 방향과는 달랐던 것이다. 만약 시민들의 결정이 정치권에게 높은 신뢰도를 줄 수 있다면, 공론화를 통해 도달한 결정들은 정당화될 수 있고 최종적인 결의안으로 받아들여질 수 있다(Shin & Lee 2021).

이 장은 이론적이고 경험적으로 에너지 시스템과 사회에 관한 연구에 기여하고자 하였다. 특히, 본 장은 핵에너지에 대한 추진요인과 배후에 있는 개별 의사결정의 이론화에 기여하고자 노력하였다. 가장 먼저 본 장은 숙의를 통해 원전 건설에 관한 다면적인 요소(가치, 프로세스, 개인적 속성)와 개별적인 결정 간의 관계를 이론화하였다. 그리고 원자력 관련 이슈(안전, 가격, 안정성, 산업 영향 및 환경 영향), 숙의 과정 및 제공된 정보(TV 토론, 전문가 프레젠테이션, 지인과의 대화, 언론 보도)들이 다양한 가치 우선순위와 사회 경제적, 정치적 속성(나이, 교육 및 정치적 이념)에 따라 에너지 관련 의사결정에 영향을 끼칠 수 있다고 보여진다. 특히, 숙의 과정과 참여자들의 선택 사이의 관계에 대한 이론화에 유의미하게 기여한다. 첫 번째와 마지막 조사의 경험적 비교분석을 통해, 첫 번째 단계에서 서로 다른 유형(미결정, 중단 지지, 재개 지지)을 선택한 개인들에게 어떤 요소가 최종 결정에 영향을 미쳤는지를 분석함으로써 해당분야에 기여할 수 있다.

원전 건설 공론화 연구도 정책적 시사점을 제공했다. 에너지 정책에 대한 공론화는 일반인의 상식, 토론 및 직접 민주주의를 상향식으로 통합하는 데 효과적인 도구가 될 수 있다. 그러나 이 결정은 정부와 정치 지도부가 기대하거나 추구하는 것과는 다를 수 있다. 한국에서는 문재인 대통령과 정부가 에너지 전환 정책의 일환으로 비핵화와 점진적인 원전 단계적 탈원전을 선언했다(Shin & Lee 2021년). 이는 선출된 대표가 내린 결정과 참여적 의사결정 사이에 딜레마를 초래할 수 있다. 정부 정책과 상향식 결정을 국민 숙의에 따라 절충하는 것이 중요한 과제가 될 것이다.

이 장의 결과는 특정 국가에서의 공론화를 제시한다. 향후 연구는 다른 정책 영역(예: 재생 에너지, 폐기물 관리, 교육, 인프라 구축 등)의 가치, 과정 및 속성에 대한 일련의 조사를 탐구할 수 있다. 주제 문제에 따라, 가치에서 다른 구성 요소의 영향은 향후 연구에 의미 있는 분야가 될 것이다. 숙의 과정과 개인적 속성의 구성요소는 유사할 수 있다. 그러나 다른 실무 영역의 가치 우선순위는 다를 수 있으며 숙의 결정에 다양한 영향을 미칠 수 있다. 둘째, 다양한 사회 경제적 또는 국가 환경(예: 일본, 프랑스 및 미국)에서 원자력 숙의를 탐구하면 가설을 시험할 수 있고, 따라서 외부 타당성을 보장할 수 있다. 이러한 일련의 연구는 사회 경제적 배경, 과정, 가치 요소 및 기타 요소가 참여자의 숙의 결정과 그에 따라 지속 가능하고 민주적인 정책 결정 과정에 미치는 영향을 조명할 수 있다.

참고
문헌

AHRQ. 2013. Community Forum Knowledge Brief Number 2: Methods and Measures of Public Deliberation Defining Features of Public Deliberation? [WWW Document]. https://effectivehealthcare.ahrq.gov/sites/default/files/knowledge－brief－2－methods －public－deliberation－130213.pdf (accessed 11.7.2021).

Andersen, I.E. & Jaeger, B. 1999. Danish participatory models Scenario workshops and consensus conferences: towards more democratic decision－making. Science and Public Policy 26, 331-340. https://doi.org/https://doi.org/10.3152/147154399781782301

Baldwin, E., Rountree, V., Jock, J. 2018. Distributed resources and distributed governanc e: Stakeholder participation in demand side management governance. Energy Researc h and Social Science 39, 37-45. https://doi.org/10.1016/j.erss.2017.10.13.

Blattberg, C. 2003. Patriotic, not deliberative, democracy. Critical Review of International Social and Political Philosophy 6, 155-174. https://doi.org/10.1080/13698230510001702 723.

Bohman, J. & Rehg, W. 1997. Deliberative Democracy: Essays on Reason and Politics. MIT press, Cambridge, MA.

Carbonara, N. & Pellegrino, R. 2018. Public－private partnerships for energy efficiency p rojects: A win－win model to choose the energy performance contracting structure. Jo urnal of Cleaner Production, 170, 1064－1075. https://doi.org/10.1016/j.jclepro.2017.0 9.151

Cavalier, R., Attari, S., Dawson, T., Schweizer, V. 2008. A Deliberative Poll on Climate Change. In UNITAR－Yale conference on environment and democracy.

Chambers, S. 2003. Deliberative democratic theory. Annual Review of Political Science. https://doi.org/10.1146/annurev.polisci.6.121901.085538

Chung, J.B. 2020. Public deliberation on the national nuclear energy policy in Korea － Small successes but bigger challenges. Energy Policy 145, 11724. https://doi.org/10.10 16/j.enpol.2020.111724

Creutzig, F., Kapmeier, F. 2020. Engage, don't preach: Active learning triggers climate ac tion. Energy Research and Social Science 70, 101779. https://doi.org/10.1016/j.erss.202 0.101779

Esterling, K.M., Neblo, M.A., Lazer, D.M.J. 2011. Means, motive, and opportunity in bec oming informed about politics: A deliberative field experiment with members of cong ress and their constituents. Public Opinion Quarterly 75, 483-503. https://doi.org/10.1 093/poq/nfr001

Farrar, C., Fishkin, J.S., Green, D.P., List, C., Luskin, R.C., Levy Paluck, E. 2010. Disaggr egating deliberations effects: An experiment within a deliberative poll. British Journal of Political Science 40, 333-347. https://doi.org/10.1017/S0007123409990433

Fishkin, J.S. 2009. When the People Speak. Oxford University Press, New York.

Fishkin, J.S., He, B., Luskin, R.C., Siu, A. 2010. Deliberative democracy in an unlikely pl ace: Deliberative Polling in China. British Journal of Political Science. https://doi.org/1 0.1017/S0007123409990330

Fishkin, J.S. & Luskin, R.C. 2005. Experimenting with a Democratic Ideal: Deliberative P olling and Public Opinion. Acta Politica 40, 284-298. https://doi.org/10.1057/palgrave. ap.5500121

Gastil, J., Bacci, C., Dollinger, M., Gastil, J.;, Bacci, C. 2010. Is Deliberation Neutral? Patterns of Attitude Change During "The Deliberative PollsTM." Journal of Public Deliberation 6: 9-20.

Gastil, J., Black, L., Moscovitz, K. 2008. Ideology, attitude change, and deliberation in s mall face−to−face groups. Political Communication 25: 23-46. https://doi.org/10.108 0/10584600701807836

Goidel, R.K., Shields, T.G., Peffley, M. 1997. Priming Theory and RAS Models Toward a n Integrated Perspective of Media Influence. American Politics Quarterly 25: 287-318. https://doi.org/https://doi.org/10.1177/1532673X9702500303

Guo, Y. & Wei, Y. 2019. Government communication effectiveness on local acceptance of nuclear power: Evidence from China. Journal of Cleaner Production 218, 38-50. htt ps://doi.org/10.1016/j.jclepro.2019.01.243

Hagendijk, R.& Irwin, A. 2006. Public deliberation and governance: engaging with scien ce and technology in contemporary Europe. Minerva 44: 167-184. https://doi.org/http s://doi.org/10.1007/s11024−006−0012−x

Hall, T.E., Wilson, P., Newman, J. 2011. Evaluating the Short−and Long−term Effects o f a Modified Deliberative Poll on Idahoans' Attitudes and Civic Engagement Related t o Energy Options Recommended Citation, Journal of Public Deliberation. https://doi.o rg/https://doi.org/10.16997/jdd.117

Hansla, A., Gamble, A., Juliusson, A., Gärling, T. 2008. The relationships between aware
ness of consequences, environmental concern, and value orientations. Journal of Envi
ronmental Psychology 28, 1–9. https://doi.org/10.1016/j.jenvp.2007.08.004

Hao, Y., Guo, Y., Tian, B., Shao, Y. 2019. What affects college students' acceptance of
nuclear energy? Evidence from China. Journal of Cleaner Production 222, 746–759. htt
ps://doi.org/10.1016/j.jclepro.2019.03.040

Hart, P.S. & Nisbet, E.C. 2012. Boomerang Effects in Science Communication: How Moti
vated Reasoning and Identity Cues Amplify Opinion Polarization About Climate Mitiga
tion Policies. Communication Research 39: 701–723. https://doi.org/10.1177/009365021
1416646

Hosmer, D.W. & Lemeshow, S. 2000. Applied Logistic Regression, 2nd ed. Wiley, New
York.

Huang, G. C. L., Chen, R. Y., & Park, B. B. 2021. Democratic innovations as a party too
l: A comparative analysis of nuclear energy public participation in Taiwan and South
Korea. Energy Policy, 153, 112251. https://doi.org/10.1016/j.enpol.2021.112251

IAEA. 2021. Nuclear Share of Electricity Generation in 2020 [WWW Document]. URL htt
ps://pris.iaea.org/PRIS/WorldStatistics/NuclearShareofElectricityGeneration.aspx/ (acces
sed 7.19.2021).

Indermaur, D., Roberts, L., Spiranovic, C., Mackenzie, G., Gelb, K. 2012. A matter of jud
gement: The effect of information and deliberation on public attitudes to punishment.
Punishment and Society 14: 147–165. https://doi.org/10.1177/1462474511434430

Jang, Y., & Park, E. 2020. Social acceptance of nuclear power plants in Korea: The role
of public perceptions following the Fukushima accident. Renewable and Sustainable E
nergy Reviews, 128, 109894. https://doi.org/10.1016/j.rser.2020.109894

Kim, Y., Kim, M., Kim, W. 2013. Effect of the Fukushima nuclear disaster on global pub
lic acceptance of nuclear energy. Energy Policy 61, 822–828. https://doi.org/10.1016/j.
enpol.2013.06.107

Kunda, Z. 1990. The Case for Motivated Reasoning. Psychological Bulletin 108: 480–498.
https://doi.org/https://doi.org/10.1037/0033−2909.108.3.480

Lee, T., Glick, M.B., Lee, J.H. 2020. Island energy transition: Assessing Hawaii's multi−l
evel, policy−driven approach. Renewable and Sustainable Energy Reviews 118. https:
//doi.org/10.1016/j.rser.2019.109500

Lee, T., Lee, T., Lee, Y. 2014. An experiment for urban energy autonomy in Seoul: The
One "Less" Nuclear Power Plant policy. Energy Policy 74: 311–318. https://doi.org/10.
1016/j.enpol.2014.08.023

Lee, Y. K. 2020. Sustainability of nuclear energy in Korea: From the users' perspective.

Energy Policy, 147, 111761. https://doi.org/10.1016/j.enpol.2020.111761

Lehr, R.L., Guild, A.W., Thomas, D.L., Dennis, T., Swezey, A.B.G. 2003. Listening to Cus tomers: How Deliberative Polling Helped Build 1,000 MW of New Renewable Energy Projects in Texas (No. NREL/TP−620−33177). Golden, CO .

Luskin, R.C., Fishkin, J.S., Hahn, K.S. 2007. "Deliberation and Net Attitude Change," in: ECPR General Conference. Pisa, Italy , pp.6-8.

Luskin, R.C., Fishkin, J.S., Jowell, R. 2002. Considered opinions: Deliberative polling in Britain. British Journal of Political Science 32: 455-487. https://doi.org/10.1017/S00071 23402000194

Luskin, R.C., Fishkin, J.S., Plane, D.L. 1999. Deliberative Polling and Policy Outcomes: E lectric Utility Issues in Texas, annual meeting of the Midwest Political Science Associa tion. Chicago.

Luskin, R.C., O'Flynn, I., Fishkin, J.S., Russell, D. 2014. Deliberating across deep divides. Political Studies 62: 116-135. https://doi.org/10.1111/j.1467−9248.2012.01005.x

Mah, D., Hills, P., Tao, J. 2014. Risk perception, trust and public engagement in nuclear decision−making in Hong Kong. Energy Policy 73: 368-390. https://doi.org/10.1016/j. enpol.2014.05.019

Mah, D., Lam, V., Siu, A., Ye, H., Ogata, S., Wu, Y.Y. 2018. Understanding undergradua te students' perceptions of dynamic pricing policies: An exploratory study of two pilo t deliberative pollings (DPs) in Guangzhou, China and Kyoto, Japan. Journal of Clean er Production 202: 160-173. https://doi.org/10.1016/j.jclepro.2018.07.255

Mah, D., Siu, A., Li, K. yan, Sone, Y., Lam, V.W.Y. 2021. Evaluating deliberative particip ation from a social learning perspective: A case study of the 2012 National Energy De liberative Polling in post−Fukushima Japan. Environmental Policy and Governance 31: 125-141. https://doi.org/10.1002/eet.1923

Monterola, C., Lim, M., Garcia, J., Saloma, C. 2002. Feasibility of a neural network as cl assifier of undecided respondents in a public opinion survey. International Journal of Public Opinion Research 14: 222-229.

Nir, L. 2011. Motivated reasoning and public opinion perception. Public Opinion Quarte rly. https://doi.org/10.1093/poq/nfq076

Odonkor, S.T. & Adams, S. 2020. An assessment of public knowledge, perception and acceptance of nuclear energy in Ghana. Journal of Cleaner Production 269, 122279. h ttps://doi.org/10.1016/j.jclepro.2020.122279

Park, J. 2021. Deliberative Democracy in South Korea: Four Deliberative Polling Experi ments. In Deliberative Democracy in Asia (pp.154−171). Routledge.

Pearce, W., Brown, B., Nerlich, B., Koteyko, N. 2015. Communicating climate change: C onduits, content, and consensus. Wiley Interdisciplinary Reviews: Climate Change. htt ps://doi.org/10.1002/wcc.366

Pellizzone, A., Allansdottir, A., de Franco, R., Muttoni, G., Manzella, A. 2017. Geotherma l energy and the public: A case study on deliberative citizens' engagement in central Italy. Energy Policy 101: 561-570. https://doi.org/10.1016/j.enpol.2016.11.013

Redlawsk, D.P. 2004. Motivated Reasoning and Voter Decision Making: Affect and Evalu ation, in: Annual Meeting of the International Society of Political Psychology.

Richey, M. 2012. Motivated Reasoning in Political Information Processing: The Death Kn ell of Deliberative Democracy? Philosophy of the Social Sciences 42: 511-542. https:// doi.org/10.1177/0048393111430761

Schroeter, R., Scheel, O., Renn, O., Schweizer, P.J. 2016. Testing the value of public par ticipation in Germany: Theory, operationalization and a case study on the evaluation of participation. Energy Research and Social Science 13: 116-125. https://doi.org/10.10 16/j.erss.2015.12.013

Schuman, H. & Presser, S. 1980. Public Opinion and Public Ignorance: The Fine Line B etween Attitudes and Nonattitudes. American Journal of Sociology 85: 1214-1225. http s://doi.org/https://doi.org/10.1086/227131

Shaw, C. & Corner, A. 2017. Using Narrative Workshops to socialise the climate debate: Lessons from two case studies – centre–right audiences and the Scottish public. Ener gy Research and Social Science 31: 273-283. https://doi.org/10.1016/j.erss.2017.06.029

Shen, L. Y. & Wu, Y. Z. 2005. Risk concession model for build/operate/transfer contract projects. Journal of construction engineering and management, 131(2): 211－220. http s://doi.org/10.1061/(ASCE)0733－9364(2005)131:2(211)

Shin, S. & Lee, T. 2021. Credible Empowerment and Deliberative Participation: A Compa rative Study of Two Nuclear Energy Policy Deliberation Cases in Korea. Review of Po licy Research 38: 97-112. https://doi.org/10.1111/ropr.12407

Solomon, S. & Abelson, J. 2012. Why and when should we use public deliberation? Has tings Center Report. https://doi.org/10.1002/hast.27

Steg, L., Dreijerink, L., Abrahamse, W. 2005. Factors influencing the acceptability of ener gy policies: A test of VBN theory. Journal of Environmental Psychology 25: 415-425. https://doi.org/10.1016/j.jenvp.2005.08.003

Sturgis, P. & Allum, N. 2004. Science in society: Re－evaluating the deficit model of pub lic attitudes. Public Understanding of Science 13: 55-74. https://doi.org/10.1177/09636 62504042690

Sturgis, P. & Roberts, C., Allum, N. 2005. A Different Take on the Deliberative Poll: Info rmation, Deliberation, and Attitude Constraint, Source: The Public Opinion Quarterly.

https://doi.org/https://doi.org/10.1093/poq/nfi005

Suman, S. 2018. Hybrid nuclear−renewable energy systems: A review. Journal of Clean
er Production. https://doi.org/10.1016/j.jclepro.2018.01.262

Taber, C. S &. Lodge, M. 2012. Motivated skepticism in the evaluation of political beliefs
(2006). Critical Review 24: 157-184. https://doi.org/10.1080/08913811.2012.711019

The Public Deliberation Committee on Shin−Gori Nuclear Reactors No. 5 & 6. 2018. De
liberation and Attentive Hearing: White Paper of Public Deliberation on Shin−Gori N
uclear Reactors No. 5 & 6.

van de Kerkhof, M. 2006. Making a difference: On the constraints of consensus building
and the relevance of deliberation in stakeholder dialogues. Policy Sciences 39: 279-299.
https://doi.org/10.1007/s11077−006−9024−5

Yuan, X., Zuo, J., Ma, R., Wang, Y. 2017. How would social acceptance affect nuclear
power development? A study from China. Journal of Cleaner Production 163: 179-186.
https://doi.org/10.1016/j.jclepro.2015.04.049

Zarnikau, J. 2003. Consumer demand for 'green power'and energy efficiency. Energy Pol
icy 31: 1661-1672. https://doi.org/https://doi.org/10.1016/S0301−4215(02)00232−X.

시민정치 교육은 정치 참여에 어떤 영향을 끼치는가?

: 지역사회 기반 교육 효과 연구

5장
시민정치 교육은 정치 참여에 어떤 영향을 끼치는가?

: 지역사회 기반 교육 효과 연구

초 록

지역사회 기반 교육(Community Based Learning, 이하 CBL)은 시민 참여에 대한 학생의 태도에 어떻게 영향을 끼치는가? CBL의 우선적인 목표들 중 하나는 대학생들의 시민 참여를 증진하는 것이다. 그러나 아직은 CBL 수업 형태가 학생들의 지역사회·정치 참여에 미치는 교육적 영향에 대해서는 알려진 바가 적다. 실험 그룹과 통제 그룹의 유사 사전-사후 연구 분석을 통해, 필자는 CBL 수업을 듣는 학생들은 학생 단체를 조직하거나 지역 조직에 봉사하는 등 지역사회 참여 활동에 참여하려는 의지가 더 커지기 때문에, 이 학생들의 시민 참여가 증진될 확률이 높다는 것을 발견하였다. 통계적 분석을 통해, CBL수업을 듣는 학생은 선거 과정에 참여함으로써 정치적 과정에 참가할 확률이 높다는 것을 알 수 있었다. 또한, 이 분석이 제시하는 바에 따르면 이 학생들은 지역 조직에 자발적으로 참여하고, 지역 이슈를 해결하기 위한 학생 단체를 조직할 확률이 더 높았다. 따라서 필자는 직접적인 경험을 통해 구체적인 지역 문제를 해결하는 것을 강조하는 CBL 강의 프로그램을 기획 및 제공하는 것이 지역사회의 시민 참여에 대한 학생들의 태도를 촉진할 수 있다고 결론 내렸다.

5.1. 서론

지역사회 기반 교육(CBL) 강의는 구체적이고 현실적인 정치학 교육 환경을 제공함으로써 지역사회에 대한 학생의 이해와 참여를 증진하는 것을 목표로 한다. 그러나 몇 년간 시행된 정치학 CBL 교육은 근본적인 질문을 제기한다: CBL 강의가 시민 참여에 대한 학생들의 태도를 얼마나 바꿀 수 있는가? 선행 연구들은 이론들과 다양한 CBL 교육법을 검토 및 연구하였다(Bennion, McKinlay & Tankersley 2006; Jakubowski & Burman 2004; Wickersham et al. 2016; Zlotkowski & Duffy 2010). 하지만, 시민 참여에 대한 CBL의 영향에 대한 연구는 미비한 편이다. 본 장은 실험 연구 방법에 기반하여 CBL 이론을 경험적으로 실험함으로써 이러한 연구 격차를 줄이는 것에 목표를 두고 연구를 수행하였다.

필자는 정치학 전공 강의를 위한 설문 형식의 유사 실험을 기획했다. 피 실험 집단은 마을학개론(Village Community Politics: VCP)이라는 정치학 전공 CBL 과목을 수강하였으며, 통제 집단은 국제법과 국제기구(International Law and International Organization: ILIO)이라는 비 CBL 과목을 수강하였다. 필자는 시민 참여의 두 가지 요소(정치 참여도와 지역사회 참여도)를 설문조사를 통해 측정하였다. 필자는 사전 설문 조사(Pre-survey)가 두 그룹 간의 유사한 인구학적 특성과 시민 참여 수준을 나타내고, 사후 설문조사가 CBL 수업에 의해 증진된 참여 수준을 나타낸다면, CBL 수업이 정치적 참여(투표와 청원)와 지역사회 참여(봉사와 지역 학생단체 조직)에 긍정적 영향을 끼칠 수 있는 추론의 근거가 된다고 판단하였다.

본 장은 정치학 CBL 강의에 대한 개요와, 시민 참여에 CBL 강의가 미치는 영향에 대한 이론적 논의에서부터 시작하고자 한다. 먼저 CBL 강의와 연구 기획에 대하여 설명한 후에, 평균 비교분석과 회귀 분석 방법론을 활용한, 사전-사후 실험 데이터 분석결과를 설명하고자 한다. 그리고 마지막 부분에서는 해당 연구의 교훈과 의의를 설명하며 마무리한다.

5.2. 정치학과 지역사회기반교육

CBL은 구체적인 지역·공동체적 환경과 수업 경험을 통합시키는 교육 방식이며, 이는 가르침과 배움의 격차를 줄이는 기회로 작동한다. 이러한 교육 방식은 20년 넘도록 교육학의 다양한 분야에서 활용되어 왔으며, 심지어 해당 분야에서 충분하다고 검증된 교실 기반의 교육방식 개념에 도전하고 있다(Zlotkowski & Duffy 2010). 그렇기에 CBL 교육방법은 실험적인 교육 모델의 한 유형으로 이해될 수 있다 (Jakubowski & Burman 2004). 이러한 실험적인 교육 모델은, 교육자들이 "직접적인 경험과 성찰과정에 참여함으로써, 명확한 목적의식을 형성하고, 학생들과 교류하여 지식을 더해 주고, 기술을 개발하도록 하며, 가치를 명확하게 하고 지역사회에 기여할 수 있는 사람들의 능력을 발전시키고자 하는" 교육방식이다. 이런 방식은 교육자들의 "최적의 교육은 경험을 통해 이루어진다는 신념에 기반한다."(Bennion 2015, 351). 봉사 학습(Battistoni 2000; Jenkins 2008), 문제 기반의 교육(Maurer 2015), 그리고 지역사회 기반의 연구(Goss, Gastwirth & Parkash 2010)를 비롯한 정치학에서의 다른 유형의 경험적 교육은 이러한 점에서 CBL과 닮아 있다(Mooney and Edwards 2001). 그러나 다른 유형의 경험적 교육은 항상 그러지 않는 것에 비해, CBL은 지역 "공동체"에 초점을 둔다. 그러므로 CBL은 지역사회에 대한 시민 참여의 질을 강조한다(Bennion & Dill 2013).

시민 참여를 강조하는 정치학의 다른 경험적 교육 분야처럼(Bennion & Dill 2013; Maloyed 2016; Strachan 2015), CBL은 두 가지의 주요한 목표를 가진다. 첫째로, CBL은 학생들이 수업의 내용을 실제 캠퍼스 외부의 문제와 이슈에 적용할 수 있도록 학생들의 교육을 증진하고자 한다. 둘째로, CBL은 지역사회에 대한 학생의 이해를 구축함으로써 시민적 책임감을 고취시키고, 민주주의에서의 참여를 활성화하고자 한다(Colby et al. 2010; Ehrlich 2000; Melaville, Berg & Blank 2006). 이러한 목표를 달성하기 위해, 교육자들은 "학생들이 지식, 기술, 그리고 시민적 책임감을 성취하기 위한 필수적인 태도를 형성하도록 돕기 위해 가장 좋은 방법은 무엇인가?", "학생들이 그들의 지역사회에 기여하기 위해서는 시민적 책임감에 대하여 어떤 태도를 가져야 하는가?", 그리고 "교육자들이 어떠한 기준과 방법을 통해 학생들이 배웠으면 하는 내용들을 학생들이 실제로 습득하였는지를 평가할 수 있는 가?"(Ishiyama, Miller & Simon 2015, 8)와 같은 질문을 제기해야 할 필요가 있다.

이미 많은 선행 연구들이 앞서 언급한 질문의 대답들을 찾아왔다. 그러나 CBL이 영향을 미칠 수 있는 시민적 가치와 책임감에 대한 태도에 대한 연구는 부족한 상태로 보인다. 특히 대부분의 사람들이 학부 수준의 교육에서 체계적인 접근법이 CBL에 매우 중요하다는 것을 인정함에도 불구하고, 인지적 습득이 정확히 무엇으로 구성되는지 정의하는 것은 여전히 어렵다(Wickersham et al. 2016, 18－19). CBL이 지역 시민 참여에 미치는 영향에 대한 평가는 학생의 참여와 강의에서 얻는 지식 이상을 고려해야 한다(Ibrahim et. al. 2016). Bennion과 Dill(2013)은, 시민참여 연구의 평가 방안을 개략적으로 제시하여, 시민 참여의 영향을 효율적으로 측정하기 위해서는 연구자들은 '보여주고 말하는' 것 이상을 수행해야 함을 강조했다.

이 목표를 성취하기 위해, 필자는 CBL 수업이 시민 참여에 대한 학생의 태도에 미치는 영향을 경험적 실험을 통해 연구하였다. 연구의 엄밀성을 확신하기 위해, 필자는 실험 연구 디자인을 활용했다(Jenkins 2011; McHugh & Mayer 2013; Smith 2006). 또한, "지역"의 시민적 책임에 대한 학생의 태도(지역에 대한 참여의 경향)를 강조함으로써, 필자는 다양한 차원에서 지역적 시민 참여를 조명하고자 노력하였다.

5.3. 지역사회기반교육 시민 참여

시민 참여는 민주주의 시민성과 시민 참여 교육의 중요한 요소이다. 이는 지역에 대한 돌봄, 책임, 그리고 사회적 이슈의 제기를 포함하고 있다(Ostrander 2004). 본 장에서 시민 참여를 정치 참여와 지역사회 참여 두 가지 유형으로 분류하였다. 정치참여는 선거, 청원, 정당 가입, 후보자에 대한 지지 그리고 공직 출마 등과 같은 정치적 절차에 대한 상대적인 공적 참여도를 말한다. 반면에, 지역사회 참여는 지역사회에 대한 봉사, 대중적 지지 동원, 모금 활동, 그리고 지역 단체의 조직 참여 등 지역에 기반한 활동으로서의 시민 참여를 의미한다(Colby et al. 2010).

CBL 수업은 사회과학과 관련된 구체적인 지역 이슈에 대한 정보를 제공함으로써 학생들의 시민 참여에 대한 태도에 영향을 주고자 한다. 학생들이 지역 시민 이슈에 대해 더 많이 인지하게 되면서, 그들이 공공 문제에 더 많이 참여하게 된다고 본다(Galston 2001, 223-224; Rockquemore & Harwell Schaffer 2000). 그러므로 CBL 수업은 학생들로 하여금 그들이 현재 갖고 있는 흥미, 이해의 틀, 그리고 새로운 지역사회의 정보를 결합시키게 하는 것이다(Galston 2001; Gorham 2005).

그 후에, CBL 수업은 학생들에게 실제로 지역 문제, 현존하는 기관의 역할, 한계점, 그리고 새로운 해결 방안 마련 등 직접적인 경험 기회를 제공함으로써, 학생들의 시민참여 태도 형성에 영향을 미치고자 하였다(Maurer 2015; Wals, Beringer, & Stapp 1990). 이러한 접근은 학생들로 하여금 실제적인 배경 안에서 구조적인 문제를 평가하고 비판적으로 정의하도록 요구한다(Savery 2006). 이러한 현장 연구를 통해, 학생들은 상인 조합, 사회 운동가들, 지역 거주민들, 그리고 정치인들 등 지역사회의 이익집단과 면밀히 소통하고 일할 수 있었다. 그들이 직접 지역의 문제에 대한 해결책을 제시함으로써, 학생들은 공적인 정책 결정 절차에 대한 이해나 지역 정치에 대해 비판적으로 생각하는 능력 등 다른 유형의 중요한 정치적 지식을 얻었다(Gorham 2005; Jakubowski & Burman 2004).

CBL 수업들은 지역 현안에 대한 학생들의 인식도를 증가시켰고, 지역 문제를 인지하고 잠재적인 해결책을 개발하는 등의 능력을 향상시키고 지식의 범위를 넓혀주었다. 이는 정치 체계와 지역사회에 대한 신뢰와 효과성을 증진시킬 뿐만 아니라 학생들의 시민 참여에 대한 긍정적인 태도를 구축시킴으로써 시민 참여를 수행하는 것을 가능하게 한다(Hunter & Brisbin 2000). 따라서, 이러한 수업은 문제를 인식하고, 구체적인 지역적 해결책을 제공하기 때문에 이러한 수업을 기획하는 것은 매우 중요하다.

5.4. 지역사회기반교육 사례: 마을학개론

마을학개론(VCP)은 CBL 수업으로 기획되었다.[1] 마을학개론이 수행되었던 연세 대학교인 신촌 근교에는 4개의 학교가 있고 10만 명의 학생이 밀집되어 있을 뿐만 아니라 매우 상업화된 지역이다. 심지어 도시 재개발 절차가 현재 노후된 캠퍼스 지역에서 이루어지고 있다.

CBL 수업은 직접적인 지역사회 현장 수업을 통해 마을, 공동체, 그리고 도시정치 와 관련된 주제와 이론을 소개한다. 수업에서 제기된 주요한 질문은 '마을, 지역사 회, 그리고 도시 지역의 정치학은 무엇인가?', '우리가 어떻게 정치적 절차를 통해서 신촌 지역 또는 우리의 지역사회를 더 나은 곳으로 만들 수 있는가?', '어떻게 지역 사회의 문제를 분석하고 해결책을 제안할 수 있는가?', 전체 수업 일정의 처음 반절 인 7주 동안, 학생들은 결사 민주주의(De Tocqueville 2003)와 사회적 자본 개념 (Putnam 1995), 그리고 공유 자원에 대한 관리 제도와 협력적인 정치 이론(Ostrom 2002) 등에 대해 습득하고 토론하였다. 다음으로, 수업은 도시 재개발, 에너지, 사회 적 경제, 공간, 그리고 지역 정치 이슈에 대해 집중했다. 또한, 수업에서는 서대문구 (실험 지역의 지방정부장) 구청장, 신촌 지역사회 지원 센터의 센터장, 그리고 다양한 도시 재개발 정책과 사회적 경제 전문가들을 초빙하여 수업을 진행하였다. 이러한 강의 방법은 마을 사회 정치의 구체적인 예시라고 할 수 있다.

수업의 첫 번째 반절 동안(1~7주차), 해당 연구를 통해 학생들은 이론적 학습을 받았으며, 대학 주변에서 일어나는 일에 대한 이해와 관심도를 향상시키는 지시 사 항을 만들었다. 학생들은 또한 지방 정부에 의해 추진되는 신촌 지역의 도시 재개 발 계획에 대해 실무자들과 정책결정권자들로부터 직접 설명을 듣고, 질문할 수 있 는 기회를 가졌다. 또한 현장 수업 전에는, 참여와 관찰, 인터뷰, 사례 비교 연구, 설문 등의 현장 연구 방법에 대하여 전반적인 정보를 습득하였다.

수업의 마지막 반절 동안(8~14주차), 학생들은 신촌에서 실제로 현장 연구를 진 행하며, 지역 문제에 관한 브레인스토밍을 통해 주제를 선정했다. 선정된 주제들은 학생들은 장애/비장애인들을 위한 배리어프리(Barrier-free) 공간, 신촌 지역의 학

---

1) VCP 강의 계획서는 요청 시 제공될 수 있다.

생 단체, 1인 가정을 위한 사회 경제, 캠퍼스-지역사회 파트너십, 신촌 지역의 정체성(신촌의 쇼핑몰, 도시 가맹점의 젠트리피케이션, 유휴 건물) 등 이다. 학생들은 각 주제를 담당하기 위해 4-5명씩 팀을 구성하였고, 팀의 주제에 따라 설문, 참여, 관찰, 2시간 이상의 인터뷰 등과 같은 방법론을 활용하여 현장 연구를 수행하였다.

현장 연구 전에, 각 팀은 관련된 선행연구, 기관 보고서 또는 문서, 그리고 지역의 정치기구나 지역 사회에 의한 관련 활동 등에서부터 얻은 기본 지식에 대해 토론하는 준비 회의를 진행하기도 하였다. 거주자, 사업자, 상인, 지역 사회 기관의 리더들, 지역 국가 기관, 그리고 마을학개론을 수강하지 않는 학생들과의 면담에 기반하여, 학생 팀들은 그들이 연구한 지역 문제를 해결할 수 있는 구체적인 해결책을 제안하는 기말 레포트를 썼다.[2] 예를 들어, 대학교 앞의 유휴 지하 보도를 재개발하는 것에 관하여 한 팀은 현재의 문제와 미래의 사용처를 제안하기 위한 목적으로 11명의 이해관계자와 250명의 학생들을 인터뷰했다. 결과 보고서에서 이 팀은 세미나, 밴드 연습, 그리고 전시회 등을 위한 문화적 공간으로 지하 보도 공간을 전환할 것을 제안했다. 지역 사무실, 도시 재생 프로젝트 팀, 그리고 대학교는 이 제안을 받아들였고, 벤처 기업 창업 카페와 창의적 놀이 센터로 공간을 바꾸는 것이 현재의 계획이다. 다른 팀은 시 공무원과 거주자들과 타운 홀 미팅을 진행함으로써 팀의 연구를 공유하였다. 학생들의 보고서와 담당교수의 이론적 그리고 경험적 도움을 바탕으로, "마을학개론: 2017년 대학과 지역을 잇는 시민정치교육"[3]이라는 제목의 책이 출판되기도 하였다.

---

2) 우리 연구팀은 수업의 시작과 끝에 학생들에게 "신촌, 나, 그리고 우리"에 대한 짧은 에세이를 쓰게 하기 위해 같은 질문을 했다. 이는 CBL 효과에 대한 질적 데이터를 얻음과 동시에 학생들에게 수업에서 무엇을 배웠는지 성찰할 수 있는 기회를 주었다. 한 학생 에세이는 "VCP 수업 15주 동안 왜 우리가 목소리를 높이고, 모으고, 목소리를 전달할 통로를 만들어야 하는지 알게 되었습니다. 처음에는 신촌 문제에 대한 우리의 무력함을 느꼈습니다. 하지만 이 수업을 들은 후, 우리는 더 나은 신촌을 위해 노력해서 유발한 작은 변화를 느낄 수 있었습니다."라고 했다. 많은 다른 학생들이 비슷한 반응을 보였다.

3) 『마을학개론』(2017)은 VCP 이론, 공간 및 VCP 이론, 정책 및 VCP 이론 세 부분으로 구성되어 있다. 이론 섹션에는 VCP, VCP의 정치이론, 하버마스, 토크빌, 오스트롬, 그리고 대학교-지역 사회 파트너십이 소개되어 있다. 공간 및 VCP 섹션에는 지속가능한 캠퍼스 타운을 위한 사회적 소셜, 지하보도를 위한 재개발의 정치, 공공의 장 개방성, 장벽 없는 공간과 건물, 젠트리피케이션, 미사용 건물의 재생 등에 대한 이야기가 포함된다. 정책과 VCP 섹션은 지속 가능한 지역사회 에너지 정책, 사회적 정책의 개발, 지역의 경제 모델, 사회적 경제 은행, 교육적 파트너십을 위한 열린 캠퍼스, 그리고 지역 학생 조직 등을 다룬다. 책 출판 과정은 강사, 학부생, 대학원생들과 함께 협력하면서, 현장 연구 결과를 구체적이고 공유가능한 형태로 남길 기회를 제공했다. 이 책은 다른 몇몇 대학의 지역사회 기반 학습 과정에서 교과서로 채택되었다.

5.5. 실험 디자인과 기술(descriptive) 데이터

실험적 연구는 연구자들로 하여금 관심 주제를 직접적으로 최소한의 편향, 상대적으로 적은 오류, 인과관계에 대한 강한 추론 등과 비교할 수 있도록 한다(Green & Gerber 2002). 이 연구에서, 필자는 임의로 단위를 배정하는 것이 아니라, 구조적이고 목적적인 특성을 가진 임의적 실험과 비슷한 유사 실험 디자인을 채택하였다(Shadish, Cook & Campbell 2002). 필자의 주된 관심사는 CBL의 교육적 효과였으므로, 필자는 대학생들 그룹을 본 실험의 기본 단위로 설정했다. 모든 학생들은 자발적으로 참가했으며, 실험 참여자로서의 권리를 받아들였고, 실험에서 얻은 데이터를 윤리적으로 사용하는 것에 동의했다. 기관감사위원회(IRB)의 추천에 따라, 40명 중 29명의 실험 집단이 설문을 완료하고 동의했으며, 99명 중 60명의 통제 집단이 설문을 완료하고 동의했다.

필자는 '비동등 집단 설계'(Nonequivalent Groups Design)라고 알려진(Trochim, Donnelly & Arora 2016) 실험 전후 통제 집단 유사 실험 디자인을 활용하였는데(Campbell & Stanley 1966; Shadish et al. 2002), 이는 특정한 실험 계획의 수단으로써 특정 수업에 임의로 학생을 배정하는 것은 침습적이며 불가능하기 때문이다. 비동등 집단 설계를 사용하여, 필자는 두 개의 주요한 정치학적 주제를 설정하였고 학기초와 학기말에 동일한 질문을 기반으로 사전-사후 설문을 수행하였다. CBL 수업의 영향을 측정하기 위해, 필자는 연세대학교 정치외교학과의 수업 두 개(VCP와 ILIO[4])를 선정하였다. VCP는 CBL 수업 형태인 데 반해, ILIO는 기존과 동일한 강의 기반의 수업이다. CBL 수업을 수강하는 것이 실험 참여자의 시민 참여에 대한 태도에 어떠한 변화를 끼치는지를 결정하기 위해, 필자는 VCP 수업을 실험 집단으로, ILIO 집단을 통제 집단으로 설정했다.

임의적 실험이 모든 연구에서 가장 이상적임에도 불구하고, 완전한 무작위 추출이 불가능한 경우에, 연구자들은 유사실험 디자인을 사용하고도 상대적으로 타당한 인과관계적 결과를 얻을 수 있다(Shadish, Clark & Steiner 2008). 유사실험은 임의적 배정에 의존하지 않기 때문에, 대신 유효한 인과적 추론을 형성하고 대안적 설명을

---

4) 연세대학교 정치외교학과의 마을학개론(VCP)와 국제법과 국제기구(ILIO) 학부 수업

배제하기 위해 다른 원칙에 의존한다.

| 표 5-1 | CBL과 비CBL 집단 간의 수업 수강 이전과 이후 변량 분석 비교

변수	실험 전		실험 후	
	제곱합/평균제곱	확률 > F	제곱합/평균제곱	확률 > F
지역 선거 투표	0.3739	.3465	0.0312	.7894
당국에 청원	0.1674	.5749	9.3142	.0000
지역 기구에서의 봉사활동	1.5464	.0763	9.0278	.0001
학생 단체 조직	1.1991	.0999	13.3354	.0000

이런 다른 원칙으로는 내적 타당도에 대한 잠재적 위협을 식별하는 것, 설계된 조작 변수를 사용하는 것, 그리고 비동등한 대조 집단을 채택하는 것 등이 있다 (Shadish et al. 2002). 필자는 아래 설명과 같이 이 세 가지 원칙을 사용하여 연구 설계를 검토했다.

먼저 모든 위협들을 명시적으로 파악하고 하나씩 제외했다. 선택 편향은 무작위 할당의 가장 큰 위협일 수 있다. 본 장에 참여하는 학생들은 학기가 시작되기 전부터 CBL 주제에 관심이 있었고, 이미 CBL의 긍정적 영향에 대해 확신하는 학생들일 수도 있었다. 그들의 CBL 수업 등록이 애초에 그 학생들이 CBL의 자극을 받아들이고 긍정적인 설문 결과를 산출할 경향이 강했음을 드러내는 것이라고 생각하면 더욱 그렇다. 선택 편향과 같은 외부 영향에서 기인하는 대안적 설명을 배제하기 위해 분산 분석(Analysis of Variance: ANOVA) 테스트를 실행한 결과, 수업 기간 이전의 실험 및 통제 집단 사이에 통계적으로 유의한 차이를 발견하지 못했다(표 5-1 참조). 하지만 필자는 수업 이후에 그들 사이의 차이점을 관찰했다. 이는 실험 집단에 대한 개입이 통계적으로 유의한 영향을 미쳤음을 나타낸다. 또한, 필자는 수업 기간 전에 각 그룹의 평균 차이를 확인하여 학생 성향에서 두드러진 차이가 발생하는지 여부를 확인한다(그림 5-1 참조). 이 두 테스트는 학생 특성에 큰 차이를 보이지 않아 선택 편향의 위협을 배제할 수 있었다.

둘째로, 시험 전 시점의 관찰이나 의 추가와 같은 설계 요소를 포함함으로써, 유사 실험은 실험의 효과의 유효성에 대한 위협을 방지할 수 있다(Shadish et al. 2002). 필자는 외부 제어 그룹이 아닌 내부 제어 그룹(ILIO 수강그룹)은 같은 학기, 같은 학과 학생들로 구성된 비CLB 수업으로, 이러한 내부 통제를 사용했으며 이는 더 정확한 결과를 산출하는 데 도움을 줄 수 있다(Aiken et al. 1998; Heinsman and Shadish 1996). 필자는 비동등 통제집단에 기초한 반사실적 추론을 위한 데이터를 제공할 수 있도록 가능한 많은 관측된 특성에서 실험 그룹과 최대한의 사전 테스트 유사성을 가지고 실질적으로 CBL 프로그램이 모든 다른 잠재적 원인들로부터 분리되도록 이 집단을 선택했다.

마지막으로, 필자는 위의 설계 요소에 대한 대안인 통계적 제어를 실행했다. 필자는 실험자들 간의 무작위 할당 없이 참여자들의 실험 전후를 관찰하는 (피험자 간 설계가 아닌) 피험자 내 설계를 사용했기 때문에, 결과를 도출하기 위한 추론 과정에서 의도하지 않고 통제되지 않은 요인의 영향에 취약했다(Druckman et al. 2011). 통계적 통제는 설계된 통제가 사용된 후 남아 있는 상대적으로 소규모의 에러들을 처리하는 것을 목표로 한다(Shadish et al. 2002). 그렇기에 인과 추론 타당성에 대해 발생가능한 다른 위협을 제어하기 위해, 실험 후 및 제어 후 집단을 결합한 데이터에 대해 서열 로짓 분석을 실행했다. 또한 시간이 지나서 생기는 성숙도의 영향을 배제하기 위해 실험 전 통제그룹과 실험 후 통제그룹 사이에 차이가 있는지 확인했으나 유의한 차이는 없었다(그림 5-1 참조).[5]

CBL 수업 후 지역 정치와 지역사회에 대한 학생들의 시민 참여도가 연구의 주요 조사 내용이었다. 설문 조사에서 정치 참여도를 측정하기 위해 두 가지 질문을 설정 하였다. "당신은 지방선거에서 투표할 가능성이 얼마나 됩니까?" 그리고 "당신은 지역 당국(정부, 시장, 공무원)에 청원할 가능성이 얼마나 됩니까?" 또한 지역사회의 참여를 측정하기 위해, 우리는 "당신은 지역 단체에서 자원봉사를 할 가능성이 얼

---

5) CBL반 학생들과 비 CBL반 학생들은 처음에는 속성에 큰 차이가 없었지만, CBL반에 등록한 학생들이 자기선택 효과로 인해 변화에 더 개방적이었고, 따라서 CBL반 학생들은 CBL과 관련된 어떤 실험도 받아들일 준비가 되어 있었고, 그랬기에 최종적 변화가 나타났을 가능성을 배제하기 어렵다는 것을 우리는 인식하고 있다. 필자는완벽하지는 않더라도 내부 유효성에 대한 위협에 대처하기 위한 최선의 방법에 대해 논의했다. 또한 우리는 학생들이 수업 전에 어떤 종류의 CBL 관련 활동에 참여했다면, 그들이 수업에 더 개방적일 수 있다는 가정하에, 학생들의 지역사회 관련 활동을 측정하는 대리 변수를 사용하여 CBL과 비 CBL 학생들 사이의 변화 개방성에 관한 차이를 조사했다. CBL과 비 CBL 학생들 사이에서 이 문제에 관한 통계적 유의성은 발견되지 않았다.

마나 됩니까?" 그리고 "당신은 지역 이슈를 해결하기 위해 학생 그룹을 조직할 가능성이 얼마나 됩니까?"[6]와 같은 질문을 더 하였다. 모든 설문 조사 질문의 응답은 "매우 그렇지 않다", "그렇지 않다", "그렇다", "매우 그렇다"와 같이 리커트 척도에 기반한 응답이 포함되었다.[7]

CBL 강의 중 하나인 VCP 수업에 등록하는 것이 주요 독립 변수였다. 본 장은 VCP 수업을 듣는 학생을 1로, 듣지 않는 학생을 0으로 코딩했다. 또한 논문에서 몇 가지 제어 변수를 채택했다. 성별(남성의 경우 1, 남성의 경우 0)과 대학교 학년(숫자) 같은 개인 변수는 비실험적인 효과를 통제하기 위해 포함되었다. 나아가 정치학 전공자들이 지역사회의 시민참여 아이디어를 받아들일 가능성이 높을 것으로 기대했다(정치학 전공자는 1로, 기타 전공자는 0으로 코딩했다). 지역 조직에 대한 학생 경험 정도는 또한 우리의 종속 변수에 대한 대응에 큰 영향을 미칠 수 있다.

5.6. 분석 및 결과

<그림 5-1>은 실험 집단과 통제 집단에서 관심 변수를 나타내는 평균 답변 간의 평균 차를 보여준다. 두 테스트 사이의 평균 차이(−0.08=0.04−0.12)는 다른 변수에 의해 표시된 것만큼 주목할 만한 것은 아니었지만 사전 테스트의 실험 집단

---

6) 이러한 질문과 함께, 우리는 또한 정치 참여에 대한 학생들의 태도를 알아보기 위해 다음과 같은 질문을 했다. 지방선거 전에 후보자에 대한 정보를 얻을 가능성은 얼마나 됩니까? 지역 당 회의에 참석할 가능성은 얼마나 됩니까? 지역 사회 및 정치 문제에 대해 언론에 기여할 가능성이 얼마나 됩니까? 당신은 지방 선거의 후보자들을 위해 자원봉사를 할 가능성이 얼마나 됩니까? 당신은 지방선거의 후보가 될 가능성이 얼마나 됩니까?
   지역 사회 참여에 대한 학생들의 태도를 조사하기 위해, 우리는 또한 다음과 같은 질문을 했다. 지역 단체에 자금을 지원할 가능성은 어느 정도입니까? 지역 문제 청원에 서명할 가능성이 얼마나 됩니까? 지역 시위나 집회에 참석할 확률이 얼마나 됩니까?
7) 교육·성과향상 분야의 지식·태도·행동을 평가하는 방법은 다양하며, 그 방법마다 장단점이 있다. 설문조사로 태도와 행동을 측정할 때, 일회성 설문조사에 기반한 연구는 학생들의 실제 미래 행동에 대한 관찰을 수반하지 않는다는 사실에 의해 당연히 제한적이다. 본 장에서도 미래 행동에 대한 학생들의 태도 변화를 조사했다. 그럼에도 불구하고 태도는 합리적인 행동을 결정하는 데 핵심적인 역할을 한다(Ajzen and Fishbein 2005; Schrader and Lawless 2004).
   설문조사의 잠재적 취약점을 고려해, 본 장은 인지적 또는 정서적 태도 외에 행동적 태도를 평가하기 위해 설문지를 설계했다. 예를 들어, "당신은 사람들이 청원서를 내는 것이 바람직하다고 생각하는가?"가 아니라 "지방 당국에 청원서를 제출할 가능성이 얼마나 됩니까?"라고 물었다. 시민 참여의 행동 측면에 대한 CBL 효과에 대한 나머지 질문은 종적 데이터 그리고/또는 기타 정성적 방법론을 사용하여 향후 연구를 통해 추가로 시험할 수 있다.

과 통제 집단 간의 '지방 선거 투표' 변수의 평균 차이(0.12)는 사후 테스트(0.04)보다 더 컸다. 실험 그룹과 통제 그룹 간의 '당국에 청원' 변수의 평균 차이는 사전 테스트 시 0.08, 사후 테스트 시 0.61로, 실험 후 실험 그룹의 참여 태도 변화(−0.53=0.61−0.08)가 상당한 것으로 나타났다. 마찬가지로, 사전 테스트에서 실험 그룹과 통제 그룹 간의 지역 조직에서의 자원 봉사 평균 차이는 사후 테스트(0.25<0.60)보다 작았다. 우리의 이론적 기대를 고려할 때 0.25와 0.60의 차이는 그리 놀랍지 않았다. 마지막으로 실험 그룹과 통제 그룹 간의 '학생 단체 조직'에 대한 평균차도, 사전 연구에서 0.22, 사후 연구에서 0.73으로 증가했다.

<표 5−2>는 평균 차이의 통계적 유의성에 관한 연구 결과를 제시한다.[8] 실험 집단과 통제집단 간의 변수의 평균 차이가 사전 테스트와 사후 테스트에서 통계적으로 유의한지 여부를 보여주고 있다. 사전 테스트의 네 가지 변수와 관련하여 실험집단과 통제집단 간의 차이는 통계적으로 유의하지는 않는다. 사전 테스트에서 두 집단 간의 차이가 없다는 것은 두 그룹 모두에서 학생들의 속성이 비슷하다는 점을 시사한다. 이러한 유사성은 이후의 실험 효과에 관하여 신뢰도를 제공한다고 할 수 있다.

사후 분산 분석 결과는 지방선거 투표를 제외한 모든 변수에 대해 실험집단과 통제집단 간의 통계적으로 유의한 평균 차이를 보여주었다. 즉, 모든 F 통계는 지방선거 투표를 제외하고 모두 유의수준인 0.05를 밑돌았다. 이러한 통계 결과는 CBL을 수강하는 것이 일부 학생들의 참여 태도에 영향을 미친다는 우리의 가설을 뒷받침한다.

<표 5−3>은 시민 참여와 관련된 학생들의 태도 변화를 고려하여 정렬된 로짓 모델의 분석 결과를 설명한다. 네 가지 모델 모두 사후 테스트의 실험 그룹과 통제 그룹의 표본을 모두 포함하고 있다. 이 모델들을 통해 '지방선거 투표' 변수를 제외하고 실험이 통계적으로 유의미한 영향을 미쳤다는 것을 보여준다. 다시 말해, '당국에 청원', '지역 단체에서의 자원봉사', '학생 단체 조직'을 회귀하는 모델들은 실험의 영향성을 통계적으로 검증하였다.

---

8) 사후 추정 분석은 서열 로짓 모델의 견고성을 보완한다. 첫째, 하우스만(Hausman) 검정의 통계적 유의성은 일반적인 최소 제곱과 서열 로짓 모델이 동일하다는 귀무 가설을 기각할 수 있게 한다(Hausman 1978). 유사도 검정에서도 동일한 결과가 나타난다.

표 5-2 CBL그룹(실험 집단)과 비 CBL 그룹(통제 집단)간의 평균 응답에 대한 평균 차 변화

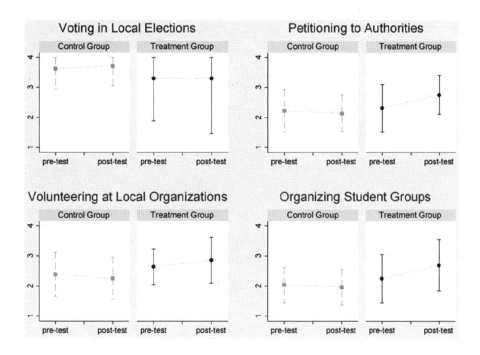

* 왼쪽 위부터 시계방향으로 '지방 선거 투표', '당국에 청원', '학생 단체 조직', '지역 단체에서의 봉사', 각각
　에 대해 왼쪽 표는 통제집단을, 오른 쪽 표는 실험집단을 나타내며 표 안의 왼쪽 그래프는 사전, 오른쪽은 사
　후 테스트를 나타냄

　실질적으로, 우리의 결과는 학생들이 CBL 강의를 들은 후 시민 참여 가능성이
증가했음을 통해 알 수 있다. 하지만 CBL 수업의 효과는 참여 유형에 따라 상이한
편이다. 특히 정치 참여 측면에서, 해당 실험에서 지방선거에 투표하려는 학생들의
의도를 바꾸지는 않았지만, 그들이 당국에 청원할 가능성이 높아졌다. 지역사회 참
여와 관련하여, CBL 수업은 지역 단체에서 자원봉사를 하는 것에 대한 학생들의 태
도 또한 개선되어 지역 문제를 해결하기 위해 학생들이 직접 학생 단체를 구성할
가능성이 높아졌다.
　다양한 시민 참여 유형에 걸쳐 학생들의 반응에서 이러한 차이를 발생시키는 원
인은 무엇인가? 첫째, 그 차이는 CBL 강의가 공식적인 정치 과정에 참여하기보다는
문제를 파악하고 구체적인 지역 해결책을 제공하는 데 중점을 둔 것과 관련이 있다.

표 5-3 CBL과 각 학생들의 참여 태도(서열 로짓 회귀분석)

변수	지방 선거 투표	당국에 청원	지역 단체에서의 봉사	학생 단체 조직
CBL	0.622(0.629)	2.461** (0.545)	2.588** (0.659)	2.853** (0.606)
성별	−0.293 (0.6620	0.397 (0.474)	0.533 (0.617)	1.002* (0.477)
학년	−0.554 (0.402)	0.055 (0.308)	0.244 (0.375)	0.810* (0.384)
사회과학 전공 여부	−0.482 (0.676)	−0.529 (0.495)	−0.334 (0.601)	0.842 (0.456)
지역단체 경험	6.576** (0.505)	0.172 (0.219)	0.000 (0.123)	−0.075 (0.195)
부분 1	−5.415 (1.754)	−1.895 (1.285)	−1.234 (1.425)	2.476 (1.322)
부분 2	−3.600 (1.680)	1.490 (1.276)	1.988 (1.427)	5.648** (1.515)
부분 3		4.860 (1.318)	4.829 (1.614)	8.942 (1.797)
N	80	83	83	83

괄호 안에는 표준 오차를 나타냄.
* $p < .05$;   ** $p < .01$ 양측 검정

　여기서 강조하는 포인트는 학생들이 지역 문제의 중요성을 직접 인식하도록 했으며, 지역 문제를 해결하고 지역 사회 참여를 통해 해결책을 찾는 것의 가치를 높이 평가하도록 했다. 둘째, 정치 참여의 직접적 방식과 간접적 방식이 다른 결과를 낳았다. 대표자를 선출하기 위한 수단인 투표는 정치적 참여의 간접적인 형태이며, 청원(상황이나 정책을 바꾸기 위해 목소리를 높이는 것)은 더 직접적인 형태이다. CBL 현장 연구를 수행한 학생들은 공식적인 정치 절차를 통해 청원에 대해 잘 알게 되었다. 이 실험은 학생들에게 사람들을 직접 관찰하고 인터뷰할 수 있는 기회를 제공

했을 뿐만 아니라 지역사회를 위한 실질적인 해결책을 제공하기에, CBL 수업을 듣는 것은 청원 활동에 참여할 가능성을 증가시키는 것을 포함하여 정치 참여에 대한 학생들의 경향을 바꿀 가능성이 높다. 더구나 <그림 5-1>에서 알 수 있듯이 이미 두 그룹의 학생들은 4명 중 3.7명 정도로 비교적 높은 '지방 선거 투표' 경향성을 보이고 있어 이 부분에서 개선의 여지가 거의 없었다.

전반적으로, 서열 로짓 결과의 예측 확률은 우리 연구가 주장하고자 하는 바를 더욱 뒷받침한다(그림 5-2 참조). 실험집단과 통제집단 모두 지방선거 투표에서 별다른 차이를 보이지 않았다. 이 서열 로짓 결과는 <표 5-1>에 표시된 결과와 일치한다. 두 그룹 모두 크게 다르지 않으며, 거의 동일한 패턴을 보였다. 그러나 다른 변수들에 대해서는 두 그룹이 극명한 차이를 보이고 있다. '당국에 청원'의 경우, 2~4학년 통제집단 학생들은 대부분 '매우 그렇지 않다'를 선택한 반면, 동일한 학년의 실험집단 학생들은 '그렇다'를 더 많이 선택했다. 이 결과는 CBL 실험이 '당국에 청원'에 대한 학생들의 태도에 영향을 미친다는 필자의 주장을 뒷받침한다.

'당국에 청원'에 대한 예측 확률과 유사하게, 지역 단체에서 자원봉사에 관한 실험집단과 대조집단 간의 차이 또한 본 연구진의 이론적 기대에 유리한 예측 확률을 제시하고 있다: 2~4학년의 학생 전반에 걸쳐, 실험 그룹 학생들은 주로 "그렇다"와 "매우 그렇다"를 선택했다. 대조적으로, 통제 집단에서는 "매우 그렇지 않다"와 "그렇지 않다"의 예측 확률은 높았지만, 실험 집단의 예측 확률은 상당히 낮았다.

마지막으로, '학생 단체 조직'에 대한 예측된 확률도 연구의 주요 주장을 뒷받침했다. '그렇다'와 '매우 그렇다'를 선택한 실험 집단 학생의 수가 통제 집단 학생보다 확실히 더 많았다. 이와는 대조적으로 실험 집단 학생보다 더 많은 통제 집단 학생들이 "매우 그렇지 않다"와 "그렇지 않다"를 선택했다. 4학년 학생들이 같은 실험 집단의 1, 2학년보다 "그렇다"에 더 치우친 반면, "그렇지 않다"와 "매우 그렇지 않다"는 학년이 높아질수록 감소하였다는 것은, 학년 요인이 이 추세에 영향을 미친다는 것을 나타낸다. 이는 학생들이 대학에서 더 많은 시간을 보낼수록 특히 조직화에 더 많은 자신감을 가지게 되고, 따라서 더 높은 학년의 학생들이 학년이 낮은 학생들보다 학생 단체를 조직할 가능성이 더 높았음으로 해석할 수 있다.

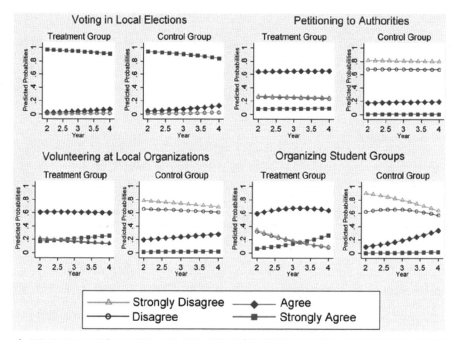

표 5-2　CBL그룹(실험 집단)과 비 CBL 그룹(통제 집단) 간의 관심 변수의 예측 확률 비교

* 왼쪽 위부터 시계방향으로 '지방 선거 투표', '당국에 청원','학생 단체 조직', '지역 단체에서의 봉사', 각
　각 왼쪽 표는 통제 집단을, 오른 쪽 표는 실험 집단을 나타내며, 각 표의 가로 축은 학년, 세로 축은 예측
　확률을 나타냄. 각 리커트 척도 그래프 색상은 왼쪽 위부터 '매우 그렇다', '그렇다', '매우 그렇지 않다',
　'그렇지 않다'.

5.7. 결론

　본 장은 CBL 강의가 시민 참여에 대한 학생들의 태도에 영향을 미치는지에 대한
의문점에서부터 시작되었다. CBL이 지역사회와 정치 참여에 대한 학생들의 태도에
영향을 미칠 수 있다는 이론에 기초하여(Galston 2001; Gorham 2005; Hunter & and
Brisbin 2000; Savery 2006), 본 장에서는 CBL 강의가 다양한 학생 참여 유형의 태도
에 긍정적인 영향을 미칠 것이라는 가설을 세웠다. 위 가설을 실험하기 위해, 우리
는 실험 전(사전) ─ 실험 후(사후) 대조군 실험 설계를 활용하여 엄밀성 높은 방법론

을 사용하였다.

우리는 실험을 통해 학생들의 지역사회 참여에서 유의미하지만 미묘한 태도 변화를 발견했다. 특히 CBL 강의를 이수한 학생들이 지방 당국에 청원하는 것에 상대적으로 망설임이 없었다. 그러나 지방선거 투표와 관련하여 CBL 강의는 학생들의 태도에 영향을 미치지 않은 것 같다. 우리는 이 두 가지 정치 참여 유형 내에서의 태도 변화 차이의 이유는 수업 디자인과 정치에 대한 간접적·직접적 참여의 특성에 있다고 본다. 학생들은 CBL 수업을 들은 후 학생들은 지역사회에 적극적으로 참여할 가능성이 더 높아졌으며, 또한 학생들은 지역 단체들에 자발적으로 참여하도록 장려되었다. 마찬가지로, 대부분의 학생들이 스스로 지역 문제를 해결하기 위해 학생 단체를 조직할 가능성이 더 커졌다고 조사되었다. 따라서 정치학 CBL 수업은 지역 사회 참여와 직접적인 정치 참여에 대한 학생들의 태도에 긍정적인 영향을 미쳤다고 결론지어도 무방하다.

이러한 결과를 통해 우리는 지역사회 기반 정치외교 교육에 몇 가지 시사점을 제시하고자 한다. 첫째, 구체적인 지역 문제와 실전 경험을 강조하는 CBL 수업을 설계하는 것은 학생들의 정치 참여 의지와 지역사회에 긍정적인 영향을 미칠 수 있다. CBL 수업에서 이론 강의와 현장 학습을 결합하면 학생들의 학습과 지역사회 참여를 촉진할 수 있다. 둘째, CBL 수업은 학생들에게 지역 정치와 적극적인 시민권 행사가 그들의 지역사회 그리고 사회 전반을 어떻게 향상시키는지 이해할 수 있는 기회를 주기 때문에, 우리의 연구는 CBL이 사회 교육의 주요 목표인 민주 시민권과 시민 참여를 향상시키는 데 효과적으로 사용될 수 있다는 것을 보여주고 있다.

끝으로 본 장에서는 향후 연구를 위한 다양한 방안을 제안하고자 한다. 여기서 우리는 특히 중요한 네 가지를 강조한다. 첫째, 후속 연구는 시간의 흐름에 따라 학생들이 얼마나 시민적으로 행동하는지를 고려한 CBL 수업 효과의 지속성을 연구해야 한다. CBL 수업은 학생들의 시민 참여와 능동적 시민권을 강화하는 것을 목표로 하기 때문에, 그 영향은 즉각적이지 않을 수 있다(Wickersham et al. 2016). 반대로, CBL 효과는 실험 참여자가 실험 이후 원래의 태도로 되돌아가는 등의 방식으로 소멸될 수도 있다. 따라서 종적 연구를 수행하는 것은 자연스러울 뿐만 아니라 매우 중요한 다음 연구 단계이다(Sax, Astin & Avalos 1999; Gass, Garvey & Sugerman 2003; Schnell & Doetkott 2003; Gaines, Kuklinski & Quirk 2006). 둘째, 이 경험적 분석은 유사한 수업을 가르치는 다른 지역사회에서 반복가능해야 한다. 또한 외부 타당성을 증가시키는 방법으로 다른 대학 강사들과의 협업이 바람직하다(Druckman & Kam 2011; McDermott 2011). 셋째, 방법론적으로 연구자들은 CBL이 학생 참여 태도를 바꾸는 과정을 추적하기 위해 그룹 집중 인터뷰와 같은 질적 연구를 활용해야 한다(Longo, Drury & Battistoni 2006; Forestiere 2015). 마지막으로, 어렵겠지만, 지역 사회에서 사회경제적, 정치적 변화에 대한 CBL의 영향을 탐구하는 것이 유익할 것이다.

참고
문헌

Aiken, Leona S., Stephen G. West, David E. Schwalm, James L. Carroll, Shenghwa Hsiung, 1998."Comparison of a randomized and two quasi—experimental designs in a single outcome evaluation:Efficacy of a university—level remedial writing program." Evaluation Review 22(2): 207-244. doi:10.1177/0193841X9802200203

Ajzen, Icek, and Martin Fishbein. 2005. "The Influence of Attitudes on Behavior." In The Handbook of Attitudes, eds. Dolores Albarracin, Blair T. Johnson, and Mark P. Zanna. East Sussex, UK: Psychology Press. Battistoni, Richard M. 2000. "Service Learning in Political Science: An Introduction." PS: Political Science & Politics 33 (3):615-616. doi:10.1017/S1049096500061643

Baybeck, Brady. 2014. "Local Political Participation." In The Oxford Handbook of State and Local Government, ed. Donald P. Haider—Markel. Oxford, UK: OUP Oxford.

Bennion, Elizabeth A, and Hannah M. Dill. 2013. "Civic Engagement Research in Political Science Journals: An Overview of Assessment Techniques." In Teaching Civic Engagement: From Student to Active Citizen, eds. Alison Rios Millett McCartney, Elizabeth A Bennion, and Dick W Simpson. Washington, DC: American Political Science Association.

Bennion, Elizabeth, Patrick McKinlay, and Holley Tankersley. 2006. "Community—Based Learningj Track Summary." PS: Political Science & Politics 39(3): 543.

Bennion, Elizabeth. 2015. "Experiential Education in Political Science and International Relations." In Handbook on Teaching and Learning in Political Science and International Relations, eds. John Ishiyama, William J. Miller and Eszter Simon. Cheltenham, UK: Edward Elgar Publishing.

Campbell, Donald T, and Julian C Stanley. 1966. Experimental and Quasi—Experimental Designs for Research. Chicago: Rand McNally.

Colby, Anne, Elizabeth Beaumont, Thomas Ehrlich, and Josh Corngold. 2010. Educating for Democracy: Preparing Undergraduates for Responsible Political Engagement. Vol.

19 San Francisco: John Wiley & Sons.

De Tocqueville, Alexis. 2003. Democracy in America. Vol. 10. Washington DC: Regnery Publishing.

Druckman, James N. and Cindy D. Kam. 2011. "Students as Experimental Participants: A Defense of the "Narros Data Base." In Cambridge Handbook of Experimental Political Science, eds. Druckman, James N., Donald P. Green, James H. Kulklinski, and Arthur Lupia. New York: Cambridge University Press. pp.41–57.

Druckman, James N., Donald P. Green, James H. Kulklinski, and Arthur Lupia. 2011. "Experiments: An Introduction to Core Concepts." In Cambridge Handbook of Experimental Political Science, eds. Druckman, James N., Donald P. Green, James H. Kulklinski, and Arthur Lupia. New York: Cambridge University Press. pp. 15–26.

Ehrlich, Thomas. 2000. Civic Responsibility and Higher Education. Santa Barbara: Greenwood Publishing Group.

Fisher, Ronald A. 1925. Statistical Methods for Research Workers. Edinburgh: Oliver & Boyd. Forestiere, Carolyn. 2015. "Promoting Civic Agency Through Civic–Engagement Activities: A Guide for Instructors New to Civic–Engagement Pedagogy." Journal of Political Science Education 11(4): 455–471. doi:10.1080/15512169.2015.1066684

Gaines, Brian J., James H. Kuklinski, and Paul J. Quirk. 2006. "The Logic of the Survey Experiment Reexamined." Political Analysis. 15 (1): 1–20.

Galston, William A. 2001. "Political Knowledge, Political Engagement, and Civic Education." Annual Review of Political Science 4(1): 217–34. doi:10.1146/annurev.polisci.4.1.217

Gass, Michael A., Daniel E. Garvey, and Deborah A. Sugerman. 2003. "The long–term effects of a first–year student wilderness orientation program." Journal of Experiential Education 26(1): 34–40. doi:10.1177/105382590302600106

Gorham, Eric. 2005. "Service–Learning and Political Knowledge." Goss, Kristin A., David A. Gastwirth, and Seema G. Parkash. 2010. "Research Service–Learning: Making the Academy Relevant Again." Journal of Political Science Education 6(2): 117–141. doi:10.1080/15512161003708210

Green, Donald P. and Alan, S. Gerber. 2002. "Reclaiming the Experimental Tradition in Political Science." In Political Science: State of the Discipline, eds. Katznelson, Ira and Helen, Milner. New York: W. W. Norton and Company. pp.805–832.

Hausman, J. A. 1978. "Specification Tests in Econometrics." Econometrica 46(6): 1251–1271. doi:10.2307/1913827

Heinsman, Donna T. and William R., Shadish. 1996. "Assignment Methods in Experimentation: When Do Nonrandomized Experiments Approximate the Answers from Randomized Experiments?" Psychological Methods. 1(2): 154–169. doi:10.1037/1082–989X.1.2.154

Hunter, Susan, and Richard A. Brisbin. 2000. "The Impact of Service Learning on Democratic and Civic Values." PS: Political Science & Politics 33(3): 623–626. doi:10.1017/S1049096500061667

Ibrahim, Mona M., Marnie R. Rosenheim, Mona M. Amer, and Haley A. Larson. 2016. "From Minnesota to Cairo: Student Perceptions of Community–Based Learning." Education, Citizenship and Social Justice 11(3): 258–273. doi:10.1177/1746197916653583

Ishiyama, John, William J. Miller, and Eszter Simon. 2015. Handbook on Teaching and Learning in Political Science and International Relations. Cheltenham, UK: Edward Elgar Publishing.

Jakubowski, Lisa Marie, and Patrick Burman. 2004. "Teaching Community Development: A Case Study in Community–Based Learning." Teaching Sociology 32(2): 160–176. doi:10.1177/0092055X0403200202

Jenkins, Shannon. 2008. "Sustainable Master Planning in Urban Politics and Policy: A Service–Learning Project." Journal of Political Science Education 4(3): 357–369. doi:10.1080/15512160802202946

Jenkins, Shannon. 2011. "The Impact of in–Class Service–Learning Projects." Journal of Political Science Education 7(2): 196–207. doi:10.1080/15512169.2011.564911

Longo, Nicholas V., Christopher Drury, and Richard M. Battistoni. 2006. "Catalyzing political engagement: Lessons for civic educators from the voices of students." Journal of Political Science Education 2(3): 313–329. doi:10.1080/15512160600840483

Maloyed, Christie L. 2016. "Actionable Data Projects: Social Science and Service–Learning in General Education Courses." Journal of Political Science Education 12(2): 115–127. doi:10.1080/15512169.2015.1060889

Mariani, Mack, and Philip Klinkner. 2009. "The Effect of a Campaign Internship on Political Efficacy and Trust." Journal of Political Science Education 5(4): 275–293. doi:10.1080/15512160903272160

Maurer, Heidi. 2015. "Best Practices in Problem–Based Learning." In Handbook on Teaching and Learning in Political Science and International Relations, eds. John Ishiyama, William J. Miller and Eszter Simon. Cheltenham, UK: Edward Elgar Publishing.

McDermott, Rose. 2011. "Internal and External Validity." In Cambridge Handbook of Experimental Political Science, eds. James N. Druckman, Donald P. Green, James H. Kuklinski and Arthur Lupia. New York: Cambridge University Press.

McHugh, Mary, and Russell Mayer. 2013. "The Different Types of Experiential Learning Offered in a Political Science Department: A Comparison of Four Courses." In Teaching Civic Engagement: From Student to Active Citizen, eds. Alison Rios Millett

McCartney, Elizabeth A. Bennion and Dick W. Simpson: Washington, DC: American Political Science Association.

Melaville, Atelia, Amy C. Berg, and Martin J. Blank. 2006. "Community—Based Learning: Engaging Students for Success and Citizenship." Partnerships/Community Paper 40.

Mooney, Linda A., and Bob Edwards. 2001. "Experiential Learning in Sociology: Service Learning and Other Community—Based Learning Initiatives." Teaching Sociology 29 (2): 181–194. doi:10.2307/1318716

Ostrander, Susan A. 2004. "Democracy, Civic Participation, and the University: A Comparative Study of Civic Engagement on Five Campuses."

Ostrom, Elinor. 2002. "Common—Pool Resources and Institutions: Toward a Revised Theory."Handbook of Agricultural Economics 2: 1315–1339. doi:10.1016/S1574—0072(02)10006—5

Putnam, Robert D. 1995. "Bowling alone: America's declining social capital." Journal of Democracy 6 (1): 65–78. doi:10.1353/jod.1995.0002

Rockquemore, Kerry Ann, and Regan Harwell Schaffer. 2000. "Toward a Theory of Engagement: A Cognitive Mapping of Service—Learning Experiences." Michigan Journal of Community Service Learning 7(1): 14–25.

Savery, John R. 2006. "Overview of Problem—Based Learning: Definitions and Distinctions." Interdisciplinary Journal of Problem—based Learning 1 (1): 9–22.

Sax, Linda J., Astin, Alexander. W. and Avalos, Juan. 1999. "Long—term effects of volunteerism during the undergraduate years." The Review of Higher Education, 22(2): 187–202.

Schnell, Carolyn A., and Curt D. Doetkott. 2003. "First Year Seminars Produce Long—Term Impact." Journal of College Student Retention: Research, Theory & Practice 4(4): 377–391. doi:10.2190/NKPN—8B33—V7CY—L7W1

Schrader, P. G., and Kimberly A. Lawless. 2004. "The Knowledge, Attitudes, & Behaviors Approach: How to Evaluate Performance and Learning in Complex Environments."Performance Improvement 43(9): 8–15. doi:10.1002/pfi.4140430905

Shadish, William R., M. H. Clark, and Peter M., Steiner. 2008. "Can Nonrandomized Experiments Yield Accurate Answers? A Randomized Experiment Comparing Random and Nonrandom Assignments." Journal of the American Statistical Association. 103(484): 1334–1356. doi:10.1198/016214508000000733

Shadish, William R., Thomas D. Cook, and Donald T. Campbell. 2002. Experimental and Quasi—Experimental Designs for Generalized Causal Inference. Boston, MA: Houghton Mifflin.

Smith, Elizabeth S. 2006. "Learning About Power through Service: Qualitative and Quantitative Assessments of a Service—Learning Approach to American Government."

Journal of Political Science Education 2(2): 147-70. doi:10.1080/15512160600668983

Strachan, J. Cherie. 2015. "Student and Civic Engagement: Cultivating the Skills, Efficacy and Identities That Increase Student Involvement in Learning and in Public Life." In Handbook on Teaching and Learning in Political Science and International Relations, eds. John Ishiyama, William J. Miller and Eszter Simon. Cheltenham, UK: Edward Elgar Publishing.

Trochim, William M., James P. Donnelly, and Kanica Arora. 2016. Research Methods: The Essential Knowledge Base. 2nd ed. Boston, MA: Cengage Learning.

Wals, Arjen E., Almut Beringer, and William B. Stapp. 1990. "Education in Action: A Community Problem—Solving Program for Schools." The Journal of Environmental Education 21(4): 13-19. doi:10.1080/00958964.1990.9941933

Wickersham, Carol, Charles Westerberg, Karen Jones, and Margaret Cress. 2016. "Pivot Points: Direct Measures of the Content and Process of Community—Based Learning." Teaching Sociology 44(1): 17-27. doi:10.1177/0092055X15613786

Zlotkowski, Edward, and Donna Duffy. 2010. "Two Decades of Community—Based Learning."New Directions for Teaching and Learning 2010: 33-43. doi:10.1002/tl.407

동아시아와 세계시민

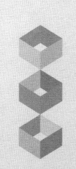

6 장

동아시아와 세계시민

6.1. 개요

세계시민(Global Citizen)이란 무엇인가? 도시(City)의 구성원 혹은 사적 개인으로서의 시민(市民)에 세계(Global)라는 도시, 국가를 초월한 수식어를 붙이는 것은 마치 형용모순처럼 보인다. 그러나 세계시민이라는 개념은 세계화라는 거대한 흐름 속에 개인과 사회를 이해하는 핵심어로 사용될 수 있다.

본 장은 동북아 근현대사에서 '세계시민'이라는 개념은 어떤 의미이며, 어떻게 형성되었고 변화하는가를 고찰하는 것을 목적으로 한다. 첫 번째 주제는 세계시민 개념이 어떻게 형성되었는가를 역사적 관점에서 살펴보는 것이다. 세계시민의 개념의 연원은 고대 그리스 견유파 철학자인 디오게네스(Diogenes)가 어느 나라 출신이라는 질문에 "나는 세계의 시민이다"라고 답한 것에서 찾을 수 있다. 출신 지역이나 나라가 아닌 세계 어느 곳에서나 인간으로서의 가치를 존중받아야 함을 역설한 것이다. 따라서 본 장에서는 동서양을 막론한 다양한 학자들과 실천가들이 세계시민이라는 개념을 어떻게 발전시켰으며, 교육해 왔는가를 고찰할 것이다.

두 번째 주제는 세계시민을 어떻게 정의하고 그 함의는 무엇인가를 탐구하는 것이다. 이를 위해 시민, 세계화, 그리고 세계시민의 개념을 살펴본다. 특히 시민의 권리와 의무, 민주적 권한 행사와 참여, 소속감과 지향하는 가치와 같은 특성들이 어뗗게 세계시민 개념으로 확장, 적용될 수 있는지에 초점을 맞추고 있다.

세 번째 주제는 세계시민의 국제정치적, 역사적, 교육적 함의를 찾는 것이다. 신민, 인민, 국민, 시민, 세계시민이라는 주제를 연구한다는 것은 개인이 사회와 어떻게 상호작용하며 권리, 의무, 가치를 찾아가는지를 이해하려는 시도이다. 세계시민의 이론과 분석도 궁극적으로는 세계, 지역(region), 국가의 역동적인 변화 속에서 개인, 공동체, 국가가 어떻게 자리매김할 것인지를 정치적, 역사적, 교육적 관점으로 살펴보는 것이다. 무엇보다 세계시민교육은 저발전, 빈곤, 환경, 다문화, 전쟁과 평화 등 지구촌 변화에 대한 이해, 공감, 행동을 촉발할 수 있는 중요한 기제이다.

네 번째 주제는 한중일 동아시아 삼국에서 세계시민을 어떻게 인식하고 교육하고 있는가에 대한 것이다. 세계시민의 개념과 그 적용은 국가마다 공통점과 차이점을 보이고 있다. 본 장에서는 각국에서 세계시민에 대한 논의가 어떻게 진행되고 있는지를 살펴봄으로써, 민의 형성이라는 큰 주제하에서 세계시민 개념의 비교 연구와 그 함의를 논하고자 한다.

6.2. 세계시민이란 무엇인가?

6.2.1 세계시민의 철학적 배경

세계시민주의의 역사적 전개는 앞서 밝힌 견유학파(The Cynics)에서부터 그 철학적 근원을 찾을 수 있다. 자연을 따라 사는 것을 현자와 덕에 대한 성취로 보았던 견유학파는 '어느 한 나라도 내 성탑, 내 지붕이 아닐세. 아니 온 천하의 도시며 집이 우리에게는 깃들여 살만한 곳이네'와 같은 주장을 통해, 기존의 인습과 사회적 통념을 거부하고 보편적인 인류의 관점에서 인간의 삶을 고민했음을 보여준다(이지훈 2014).

세계시민의 개념은 스토아학파에 의해 정교해졌다. 코스모폴리스(Cosmopolis)의 이념하에, 우주는 신의 법칙에 따라 완벽한 상태에 있기 때문에, 우주는 신과 인간의 공동체이다. 이성과 법에 따라 코스모폴리스를 구성하고, 이러한 합리성을 바탕으로 한 인간 존재는 세계시민이다. 개인은 지역적으로 구별된 공동체의 구성원이라기보다 범세계적인 관점에서 '세계의 일원'이고, 이러한 세계국가의 이상을 통해 인간이 공유하고 있는 이성의 가치를 강조한다(손경원 2013).

칸트는 개개인을 국가 전체 혹은 세계 사회 내의 한 시민으로 간주하여, 이성을 공적으로 사용(Public Use of Reason)할 때 인간의 계몽이 가능하다고 주장한다(장동진, 장휘 2003). 또한 도덕적 세계시민주의는 국제관계에 대한 정치이론으로 발전되었는데, 특히 칸트는 세계시민의 안전을 보장하는 세계국가 대안에 반대하며, 국가 간의 연합인 세계연맹을 주장하였다. 아마 세계연맹(Volkerbund)이 만들어질 때 비로소 각자의 권리는 보장될 수 있다. 그러나 이것은 세계국가(Volkerstaat)일 수는 없을 것이다. 이것을 세계국가라고 하면 모순에 빠진다. 왜냐하면 모든 국가는 상위자(입법자)의 하위자(복종자, 즉 국민)에 관한 관계를 포함하기 때문에, 한 국가 안의 많은 국민들은 단지 국민으로서의 지위만을 가질 수 있을 것이기 때문이다. 이것은 전제와 모순된다(Kant 1992, 354).

서구의 세계시민주의는 본질적으로 서구 중심적이기 때문에 동양사회에 접목하는 데에는 한계가 있다는 비판이 존재한다. 최연식·임유진(2016)은 서양의 세계 및 시민의 개념에 비견할 개념으로 대동(大同) 세계와 군자(君子) 시민의 개념을 제시한다. 대동 세계는 만인이 합의 할 수 있는 공적 질서의 건설을 지향한다. 공자(孔子)가 묘사한 대동 세계는 현실적으로 실현시키기 어려운 이상향이기 때문에, 현실에서는 군자가 예의로서 사적인 불평등과 혼란을 해결하기 위해 신뢰를 회복하고 사회적 안정을 구축하는 단계적 방법, 즉 소강을 대안으로서 제시한다. 여기서 군자의 개념은 계급적인 한계에도 불구하고, 세계시민으로 재정립될 수 있는 요소들이 내포되어 있다. 우선 군자는 교육을 통한 계급 간 이동 가능성과 공동체의 질서와 조화를 추구한다는 점(子曰 君子 和而不同 小人 同而不和)[1]을 주된 특징으로 들 수 있다. 또한 군자는 정치적 책임뿐만 아니라 인(仁)의 개념, 즉 사람을 사랑하는(愛人) 것을 포함한다. 인은 주관적인 감정에서 시작되지만, 궁극적으로는 공동체적 실천, 즉 "남이 자신에게 한 어떤 행동을 받아들일 수 없을 때, 나도 남에게 그러한 행동을 하지 말아야 한다.[2]"으로 구체화 된다. 유가 철학에서의 군자상은 정치적 책임, 공동체 이익에 대한 헌신과, 남의 아픔을 이해하고 측은해 하는 인정인 측은지심(惻隱之心)에 있다고 할 수 있다.

---

1) 論語 , 子路 : 子曰 君子 和而不同 小人. (최연식, 임유진 2016, 53 재인용)
2) 論語 , 顏淵 : 己所不欲 勿施於人. (최연식, 임유진 2016, 54 재인용)

아울러 묵가의 '서로 사랑하고 서로 이롭게 하는 방법'을 통해서 "남의 나라 보기를 제 나라 보듯이 하고, 남의 집 보기를 제 집 보듯이 한다"[3]는 겸애(兼愛) 사상은 전 지구의 보편적 이익을 추구한다는 측면에서 세계시민주의와 맥을 같이 한다고 볼 수 있다.

6.2.2 세계화, 시민권, 세계시민 개념의 전개

세계시민에 대한 언설은 서양의 헬레니즘과 동양의 춘추 시대부터 있었지만, 전 지구적 '세계' 시민에 대한 논의는 정보통신혁명과 교통의 발달로 인한 세계화(globalization) 이후에 더 활성화 되었다. 근대 이후, 사람(民)의 삶은 주로 국가를 기준으로 규정되어 왔다. 서구의 경우, 베스트팔렌 조약(1648년) 이후 근대 국민국가의 태동과 함께 근대 국민의 개념이 구체화되어 왔다. 국경을 중심으로 한 국가 기제의 형성과 세금과 병역 의무와 정치적 참여에 대한 사회적 계약을 통해 국민의 개념이 형성된 것이다.

근래 들어 세계화의 변화는 정보통신망의 확대를 더불어서 국가를 넘나드는 교통, 통신, 금융, 사람의 상호작용을 활성화 시켰고, 이는 근대 국가의 시공간을 압축시키고 지리적 경계를 허무는 방향으로 진행되었다. 이에 한 개인, 한 국가에서 일어난 일들이 전 세계적으로 영향을 끼치는 등 세계적인 연결망(Global Networks)들이 다양한 층위와 범주(Multi-level and Multi Scalar)에서 존재하며 확장되고 있다. 정치, 경제, 문화 등 사회의 여러 분야에서 국가 간 교류가 증대하고 있으며, 개인과 사회집단이 갈수록 하나의 세계 안에서 삶을 영위해 가는 세계화의 기조는 더욱 강화되고 있다. 이런 범세계적인(Cosmopolitan) 추세는 과거 국민국가(Nation-state) 중심의 국민과 시민권의 개념을 변화하게 만들고 있다(허영식 2012).

따라서 이런 추세는 국가를 중심으로 하는 국가와 시민권의 개념을 넘어서는 세계시민주의(Cosmopolitanism)와 세계시민(World/Global Citizen) 논의를 촉발하고 있다. 즉, 세계시민주의는 세계화와 관련한 현대사회 분석과 담론에서 시장 및 국민국가의 권력에 대항하는 긍정적인 개념으로 자리 잡고 있다.

민(民)의 형성이라는 측면에서 보자면, 국가 중심의 시민성과 시민의 개념을 뛰어

---

3) 墨子 , 兼愛 中: 子墨子言 視人之國 若視其國 視人之家 若視其家 視人之身若視其身. (최연식, 임유진 2016, 56 재인용)

넘어 세계적으로 보편적인 가치를 추구하는 세계시민에 대한 관심이 증대되고 있는
것이다(변종헌 2006, 1-23). 특히 한 개인 혹은 한 국가의 문제가 아닌 전 세계적인
문제들(기후변화, 자원, 이민)에 대한 공동의 대처가 요구되면서 세계화된 지구의 시
민의 역할에 대한 논의가 시작된 것이다.

세계시민 논의는 시민과 시민권(Citizenship)의 논의에서부터 가능하다. 시민권에
대한 논의는 그 쓰임의 공간적, 기능적(Spatial and Functional) 다양성으로 인해 그
범위도 다양하다. 시민권의 개념적 연원은 고대 그리스 도시국가 폴리스로 거슬러
올라간다. 당시에 폴리스를 민주주의 원칙 아래 통치하기 위해 자신의 권리를 행사
하기 위해서 비롯된 개념이 시민권이다. 이는 근대 국가를 건설하였던 자유주의자
들에 의해 근대 국가를 구성하는 성원들이 자신의 권리를 평등하게 실현하고 참여
하기 위한 보편적 권리로서 정의된다(장미경 2001, 61). 이런 시민권의 개념을 세계
라는 범위로 확장하여 적용하는 데에서 생겨난 개념이 세계시민이라고 할 수 있다.

세계시민주의의 출현 배경은 크게 1) 보편 이성에 근거한 선험적 요청, 2) 평화
적 공존을 위한 당위적 요청, 3) 지구적 차원의 문제 해결을 위한 현실적 요청으로
나뉠 수 있다(이지훈 2014, 26-31). 최근의 세계화 현상의 심화되고 있는 가운데, 특
히 개념으로서 세계시민이 주목 받는 이유는 3)과 관련하여 지구적 차원의 문제가
다층적, 다각도로 심화되고 있기 때문으로 생각된다. 즉, 세계가 무역, 기후 변화,
빈곤과 같은 전 지구적인 문제에 직면하고 있으며, 이에 세계화에 대한 윤리적 관
점이 필요하다고 보는 것이다(Singer 2004).

특히 현대 서구에서 세계시민(주의) 연구는 폭넓게 전개되었는데, 대표적인 저서
들은 다음과 같다. 마사 너스봄과 코헨이 엮은 책인『나라를 사랑한다는 것: 애국주
의와 세계시민주의의 한계 논쟁』은 애국주의와 세계시민주의를 둘러싼 논쟁을 보여
주고 있다(Nussbaum & Cohen 1996). 너스봄은 세계시민주의를 열정적으로 지지하
면서, 세계시민주의 교육의 필요성뿐만 아니라 국제적 협력의 중요성, 세계의 다른
지역에 대한 도덕적 의무를 강조하였다.

반면, 에피아(Appiah)는 세계시민주의적인 애국자를 강조한다. 그는 그의 책『세
계시민주의』에서 보편적 윤리가 존재할 수 있다고 하더라도 그 진리의 발견은 어렵
다고 밝힌다. 더욱이 개개인의 인간으로서의 가치만이 우리가 존중해야 하는 유일
한 가치이지, 세계시민주의라는 이념 아래 다른 진리를 강요하는 것은 안 된다고
주장하였다. 그는 너스봄과 마찬가지로 애국주의와 세계시민주의가 양립한다는 입

장이었지만, 그 기반으로 인류애를 강조한 너스봄과 달리 지역화된 세계시민주의를 강조한다. 인류애가 아닌 보편적인 이성의 지배를 우선으로 제시한 것이다(Appiah 2010; 손경원 2013).

6.2.3 세계시민의 개념

세계시민에 대한 다양한 의미가 있지만, 히터(D. Heater)는 다음과 같은 세 가지 범주의 세계시민 개념을 제시한다(김지현, 손철성 2009 재인용). 첫째, 추상적이고 막연한 수준에서 인류공동체 일원으로서의 세계시민이다. 둘째, 세계정부를 실현하기 위해 구체적으로 실천하는 세계시민이다. 셋째, 국가보다 높은 도덕 법칙, 지구적인 의식과 책임감을 지닌 존재로서의 세계시민이다.

그림 6-1 '민(民)'의 위계적 동심원

세계시민을 개인이 속한 단위를 중심으로 살펴본다면 다음과 같은 개념화도 가능하다. 한 자아는 가족 구성원과 지역(도시)에 속하는 시민임과 동시에 국가의 국민이다. 세계시민은 자아, 가족, 도시, 민족, 국가, 인류 전체의 동심원 중 가장 큰 동

심원인 인류 전체를 대상으로 하고, 인류가 가지는 보편적 도덕 가치를 추구한다. 즉 세계의 모든 인간은 소득, 지역, 국가 등의 기준에 의해 차별 받지 않고 동등한 개인으로 대우받아야 한다는 것이다(김지현, 손철성 2009). 동심원의 바깥으로 갈수록 개인으로부터 심리적이고 실질적 거리는 멀어지고, 추상적으로 되어 간다. 동시에 고려해야 할 주체의 수는 늘어나고 주제 또한 넓어진다.

물론 위에서 제시된 세 종류의 세계시민의 개념에 대한 비판도 존재한다. 우선 인류공동체의 일원으로서의 세계시민의 개념은 실질적이라기보다 추상적이다. 세계시민은 그 단어의 구성에서부터 모순점이 존재한다. 앞서 밝혔듯이 시민의 지위는 시민권에서 비롯되는데, 폴리스라는 도시이자 국가에 기본을 두고 있는 본래의 시민권의 개념이 지금의 '세계'라는 폴리스보다 더 넓은 차원과도 정합될 수 있는가라는 질문이 제기되는 것이다. 또한 올슨(M. Olson)의 집단행동의 논리(Logic of Collective Action)의 시각에서 봤을 때, 세계시민이라는 존재는 서로 간에 공유하고 있는 문제를 해결하고자 하는 이윤은 적지만 그 구성원은 많기 때문에 목표를 달성하기 위한 집단행동이 어렵다.

둘째, 세계정부를 실현하기 위해 실천하는 세계시민의 개념에 대해서는, 현재 세계정부가 존재하지 않고, 가까운 시일 내에도 존재할 거 같지 않은 것을 가정한다는 것이 현실적이지 않다는 비판이 있다. 즉, 개인이 충성해야 하는 의무가 없는 세계국가나 정부는 심지어 현실적으로 부재하며, 한 국가의 정부가 국제법을 따르지 않을 때 강제할 국제법도 거의 전무하다(Noddings 2005, 14). 그보다는 세계시민사회의 대두로 인한 초국가적 비정부기구(NGOs)의 역할이 증대됨과 동시에 '아래에서부터의 세계화'라는 맥락 속에서 세계시민성을 이해해야 한다는 점을 지적한다(설규주 2004). 이러한 맥락에서, 에피아는 하나의 지구공동체를 추구하는 급진적인 세계시민주의를 비판하고, '지역적 헌신을 요구하는 세계시민주의'를 주장한다(Appiah 2003). 모순적인 세계시민의 개념은 지역에 근거한 시민 개념인 시민(Polites)과 지구(Global)를 동시에 포괄하기 때문에 공동체에 대한 의무와 보편적인 인류에 대한 의무를 함께 갖는다는 것을 의미한다(허영식 2012).

셋째, 세계시민주의는 그 자체가 서구적인 개념이라는 비판이 존재한다. 세계시민의 범위에 대해 지금까지의 논의를 통해서 어느 정도 확장이 된 것처럼 보이지만, 실제로 그 대상은 서구적 상상에서 기인한다는 점이다. 지구시민사회와 세계시민권에 대해서 논한 암스트롱(Armstrong) 역시 지구시민사회가 무엇인가에 대해 논함에 있어 개념 자체가 서구적 편견이 지배적인 개념일 수 있다고 주장하였다(Armstrong 2006, 352).

넷째, 세계시민이 지녀야 하는 가치는 무엇인가에 대한 규범적 내용이 아직 정립되지 않았다는 점이다. 이는 세계시민과 관련한 정책과 교육의 진행(허영식 2012)뿐 아니라, 추후 논의에 있어 장애물이 될 수 있다. 내용이 정립되지 않은 문제는 궁극적으로 세계시민이 지니는 추상성에서 기인한다.

6.3. 세계시민과 지구적 문제들

세계시민의 개념이 가지는 현대적인 의미는 무엇일까? 그리고 세계시민이 추구하는 인류 '보편적 가치'는 무엇일까? 세계시민의 개념은 개인인 국가와 세계의 일원으로서 개별성을 갖는 동시에 보편성을 갖는다는 점에 주목한다. 그러나 보편성의 개념은 앞서 살펴본 바대로 추상적이다. 왜냐하면 세계는 이미 다양한 개인, 집단, 문화, 정서로 이루어져 발달해 왔기 때문이다. 따라서 세계시민이 지구적인 문제를 고려하기 위해서는 지구적 윤리, 즉 개인들의 개별성과 다양성은 인정하면서, 지구라는 최상위 공동체 속에서의 최소한의 공동성을 확보하는 노력이 필요하다. 한 예로, 큉(Hans Kung)은 세계시민사회 속에서 다양한 문화나 종교 간에도 받아들여 질 수 있는 지구적 대화와 평화의 원칙을 다음과 같이 제시한다. 첫째, 비폭력과 생명에 대한 존중의 문화(A Culture of Non–violence and Respect for Life), 둘째, 연대와 정의로운 사회질서와 문화(A Culture of Solidarity and a just Social Order), 셋째, 관용과 진리생활의 문화(A Culture of Tolerance and a Life of Truth), 넷째, 남녀 간의 동등한 권리와 동반 관계 문화(A Culture of Equal Rights and Partnership between Men and Women) 등이다(이동수, 손혁상 2008). 이러한 주장은 다른 이론이나 세계관에서도 보편적으로 받아들여질 수 있는 가치가 존재한다는 것을 전제로 한다. 보편적 윤리 속에 공통적으로 적용될 수 있는 세계시민으로서의 정체성과 가치로는 비폭력, 생명존중, 다양성, 관용, 평화, 정의, 평등, 참여, 연대, 타자존중, 공동체의식 등을 예로 들 수 있다(이동수, 손혁상 2008).

세계시민의 개념으로 다룰 수 있는 지구적 문제는 앞서 다룬 이론적이고 철학적인 주제에서부터, 전쟁과 평화, 환경ー에너지 문제, 인간안보, 식량안보, 난민과 젠더 불균형, 문화ー종교 다양성, 지역 통합, 국제법과 국제기구에 이르기까지 다양하다(문정인 외 2015). 예를 들어, 환경ー에너지 문제는 전 인류와 생태계가 직면한 지구적 문제이자 지역적인 문제이다. 즉 기후변화의 원인은 지구의 구성원들이 자신이 속한 공동체(가족, 도시, 국가)의 범위를 뛰어넘어 화석연료에 기반을 둔 생산과 소비 경제 체제에서 발생한다. 그 결과는 빙하의 감소, 해수면 상승, 극단적 자연재해, 생태계 변화, 농업과 식량 생산의 변화, 사막화 등에 영향을 끼친다. 이러한 변화에 개인, 가족, 국가 등 각 단위에 개별적으로 대응하기는 쉽지 않다. 이에 다양한 국제사회의 행위자들과 세계시민들은 기후변화의 영향을 절감(Mitigation)하고 적응(Adaptation)하기 위해 다층적인 노력을 경주한다. 1997년 교토 협약(The Kyoto Protocol)과 2015년 파리협약(Paris Agreement)의 채택이 그 예이다. 이러한 기후ー환경ー에너지 문제 해결을 위해 세계시민으로서의 가치, 즉, 생명존중, 평화, 공동체의식과 이를 실현하기 위한 지구적으로 구체적인 노력과 제도가 필요하다(이태동 2015).

6.4. 동아시아의 세계시민

동아시아(한국, 일본, 중국)와 같이 근대적 국가 중심의 질서가 주도하고 있는 지역에서 세계시민주의와 국민주의(Nationalism)는 상충할 가능성이 크다. 일본 아소다로 총무상이 2005년 국립규슈박물관 개관 연설에서 "하나의 민족국가, 하나의 문명, 하나의 언어, 하나의 문화, 그리고 하나의 인종을 갖고 있는 나라는 일본 외에는 없다"(김명섭 2008, 138 재인용). 이는 '단일민족'국가, 인종, 언어를 강조하는 한국의 경우와 크게 다르지 않아 보인다. 다민족국가와 다양한 문화, 다인종이 혼재된 중국의 경우, 한국과 일본과 그 정도가 다르지만, 중국(中國)의 중화주의(中華主義)는 여전히 세계의 중심은 중국임을 강조하고 있다.

이러한 국가 중심적 애국주의가 주된 흐름으로 자리잡아 온 동북아 삼국에서 세계시민의 개념은 어떻게 발전되었고, 이를 어떻게 받아들이고 있는가(강운선 2009; 김남국 2005; 김재관 2011; 최병두 2011; 최현 2008)를 살펴보고자 한다.

6.4.1 한국에서의 세계시민 논의

앞서 살펴본 것처럼, 세계시민주의와 세계시민에 대한 논의는 철학적, 역사적, 국제정치적으로 국가와 시민의 관계를 어떻게 규정할 것인가와 깊은 관련이 있었다. 그렇지만 세계시민을 비판하는 사람들이 주장하는 것처럼 그 기조와 연구는 서구 중심적이었다는 한계가 있다. 이에 한국을 비롯한 근현대의 동아시아에 직접적 적용에 있어서는 아직 많은 연구가 필요하다.

우선 '세계시민'과 '세계시민주의' 관련 연구는 기존의 (철학과 역사적 연원을 중심으로) 세계시민주의 기조를 설명하고 이를 개념적으로 발전한 논문들이 한 부분을 담당하였다(변종헌 2006; 김지현, 손철성 2009). 하지만, 기존 연구들의 한국/동아시아에 대한 지역적 특수의 고려는 부족하였다.

다음으로, 세계시민(주의) 교육은 상당히 많은 경험적 논의가 있어 왔다. 한국에서의 세계시민의 논의는 교육학 중심에서 진행되었다 해도 과언이 아니다(설규주 2004; 배영주 2013). 윤노아와 최윤정은 특히 사회과 교육에서 세계시민교육의 경험적 연구 분석을 위해 1993년부터 2015년까지 사회과교육 9개 등재지에 '세계시민교육' 관련 연구의 동향을 분석하였다(윤노아, 최윤정 2015). 이는 세계시민교육 연구는 국내에서 활발하게 연구되고 있다는 방증이 된다.

다만, 세계시민교육의 목표와 내용, 방법과 전략 등을 따져보면 그 정체성과 관련하여 적지 않은 혼란을 발견할 수 있다. 예를 들어 세계시민교육이 거론될 때 글로벌 이슈뿐 아니라, 다양한 윤리적 덕목(문화 다양성과 사회정의, 인권과 민주주의, 비판적 사고, 타인에 대한 존중, 배려, 관용)들이 교육내용으로 총망라되고 있어 핵심이 무엇인지, 어디서 어떤 것이 어떻게 나온 것인지, 전체적인 윤곽을 파악하기 어려운 문제가 있다(배영주 2013). 따라서 때때로 세계시민교육은 국제교육과 동치되어 사용된다.

강운선과 이명강(2009)은 한국과 중국 대학생의 세계시민성 비교 연구를 통해 동아시아의 배경에 맞추어 세계시민교육 연구를 진행하였지만, 전반적으로 그 수는 부족하였다. 특히 세계시민과 세계시민주의의 배경과 그 발전과정의 흐름과 달리 한국에서 '세계시민'에 대한 정치학적 연구는 부족하였다. 즉, 세계시민의 필요성과 배경은 그 개념의 형성과 사용에 있어 중요함에도 불구하고, 단순히 세계화에 기조에 따라 세계시민이 요구된다는 식의 접근 방식은 세계시민을 논의함에 있어 한계가 될 수 있다.

특히 한국을 비롯한 동아시아의 경우, 서구에서의 시민의 등장과는 차이가 존재한다. 한국에서는 특히 시민이라는 용어보다는 '국가를 구성하는 사람. 또는 그 나라의 국적을 가진 사람' 국민(國民)의 사용이 더욱 익숙하다. 다만 세계시민주의에서 논의되는 시민 또는 공민(公民)은 단순히 '공무(公務)에 참여할 권리와 의무를 가진 사람'라는 점에서 사람의 권리와 의무가 강조되는 측면이 있다.

예를 들어, 김명섭(2008)은 그의 논문에서 너스봄이 제시한 주제처럼, 세계시민주의 대 애국주의에 대해 논하였으며, 동아시아의 애국주의가 서구의 것과는 다르며, 세계시민주의를 위한 긍정적 기저가 될 수 있음을 지적하였다. 그렇지만 직접적으로 세계시민을 언급하지는 않았다 하더라도, 세계화의 기조 아래 변화한 개인의 권리와 의무를 다룬 논문은 다양하였다. 다문화와 세계화에서 시민에 대한 논의는 세계시민의 논의에서 일부 포함 가능하기 때문이다.

특히 다문화주의에서 시민권은 세계시민 담론을 위해 꼭 필요하면서도 현실적인 고민이다(Kymlicka 1995; Banks 1997). 예를 들어, 세계화로 인한 문제 해결을 위한 세계시민의 역할을 고찰하기 위해서 고지현은 국민/민족의 경계문제에 대해서 언급하였으며(고지현 2010), 김남국은 다문화주의에서 시민의 역할을 언급하였다(김남국 2005). 이런 일련의 고민들은 동아시아 또는 한국에 맞추어 더욱 발전된다면 동북아 근현대와 세계시민을 고민함에 있어 도움이 될 수 있을 것이다.

또한, 세계화로 인한 문제 해결과 기존에 세계시민교육에서 진행된 관련 다양한 연구는 시너지를 만들 수 있을 것이다(설규주 2004; 강순원 2010). 정치학에서 세계시민 연구에 관한 다른 방향으로서 지구시민사회(Global Civil Society)와 세계시민의 관계(Armstrong 2006)는 동아시아 지역주의와 세계시민주의와 함께 제시될 수 있다. 특히 암스트롱(Armstrong)은 지구시민사회의 논의야말로 정치학적인 주제가 될 수 있음을 강조하였다. 지구시민사회를 구성하는 요소로서 세계시민은 가능한 것인지, 그 범주는 어떤 것이며, 역할을 무엇인지는 앞으로의 논의에 있어 중요할 것이다.

6.4.2 중국에서의 세계시민 논의

중국에서 세계시민에 대한 논의 및 연구는 개혁개방 실시 이후인 80년대부터 시작되어 90년대 이후 구체적인 논의 및 연구가 진행되었다. 중국 최대의 학술저널 데이터 베이스인 CNKI(期刊网)에서 '세계시민(世界公民)'을 주제와 키워드로 검색한 결과, 중국의 세계시민 논의는 개혁개방 후인 1980년대부터 시작되었다. 더 나아가 세계시민의 연구는 1994년을 기준으로 점차 그 수가 늘어나면서, 본격적으로 시작된 것을 알 수 있다.

그림 6-2 중국의 세계시민 주제 연구 빈도 변화

중국에서 세계시민의 논의는 중국 공산당 내부 및 일부 학자들로 인해 '시민교육'(公民教育)과 함께 활발하게 진행되어 세계시민교육으로 발전되었다(Yu 2003, 28; Cao 2013, 8). 공산당 내부에서 세계시민과 세계시민교육에 대한 논의의 형성은 대체적으로 세 가지 이유에서 시작되었다. 첫째, 전통적 이데올로기의 변화이다. 80년대 초 개혁개방이 전격 실행되면서 시장경제의 개념이 중국사회에 영향을 미치므로, 전통적인 이데올로기가 흔들리게 되었고, 그러므로 중국지도부는 새로운 대안책의 필요성을 깨닫게 되었다(Yu 2003, 28). 둘째, 새로운 사회문제의 형성. 개혁개방의 전면적 실행으로 중국사회 내부는 새로운 문제에 직면하게 되었다. 안정적인 사

회의 유지와 발전을 위해 국민들의 법의식의 시민의식의 강화가 필요하게 되었다. 그리하여 당시 중국 지도부와 학계에서는 안정적인 사회발전을 위한 여러 대안 중 하나로 세계시민의 논의와 세계시민교육이 제시되었고 그 필요성은 점차 높아지게 되었다(Yu 2003, 30; Cao 2013, 9). 마지막으로, 민족주의의 급속성장. 개혁개방은 중국 경제의 급속성장을 이룩하였지만, 이러한 경제적 성장과 풍요의 부작용으로 중국 민족주의의 급속성장을 초래하였다. 중국의 민족주의의 급속성장은 서방에서의 중국 굴기를 부정적이며 적대적인 시각으로 보며, 중국위협론을 부추기는 결과를 초래하였다. 이러한 문제는 중국의 종합적인 국력과 소프트 파워(Soft Power)에 심각한 타격을 주며, 궁극적으로는 중국의 향후 발전과 지속적인 성장을 방해하는 요소로 작동되므로, 당시 중국 지도부는 서방과 주변 국가들의 우려를 해소를 위해 세계시민교육의 필요성을 깨닫게 되었다(Yu 2003, 28; Cao 2013, 9).

세계시민에 대해서 당시 중국공산당 내부는 세계시민주의(Cosmopolitanism)를 1) 자유, 평등, 공정(공평)의 가치관. 2) 시스템적인 제도-민주적 헌법의 정치제도로 정의하고 있다(Yu 2003, 30). 중국 공산당 내부에서는 이러한 세계시민적 가치관 및 교육을 통해 중국은 법치적인 통치 및 관리를 실행할 수 있다고 생각하게 되었다. 또한, 세계시민교육을 통해 중국에 대한 세계 각국의 적대적 시각을 해소할 수 있다고 생각했다. 즉 교육을 통해 중국 국민들은 모범적인 중국 시민으로, 동시에 모범적인 세계시민으로 성장할 수 있다고 생각한 것이다(Yu 2003, 31). 일부 학자는 중국의 부상에 따라 중국은 더욱 개방적으로 변화할 것이며, 이로 인해 중국은 반드시 세계시민적 가치관을 존중하는 교육을 통해 중국국민들은 세계시민으로 거듭나야한다고 생각한다(Wen 2008, 74). 그러므로 세계시민에 대한 교육은 장기적으로 개혁개방을 맞이하여 중국 국민들로 하여금 사회내부의 새로운 문제를 해소하고 변화에 적응 할 수 있게 하며, 동시에 세계화 시대에 걸맞은 인재로써의 역량을 배양하게 할 수 있다는 주장이다(Wen 2008, 74).

이처럼 중국 내 세계시민의 논의는 세계시민교육과 동시에 진행되고 있다. 중국 학계에서의 일부 연구는 교육을 통해 '중국 특색'의 세계시민을 양성하는 것이 필요하다고 주장한다(Wen 2008, 75; Peng 2009, 6; Zhao, Chen 2013). 그 중 중국의 학자 펑징(彭静)은 자신의 논문에서 현재 중국 세계시민교육의 함의에 대해 기술하며, 중국의 세계시민교육에는 세 가지 요소가 있다고 주장한다. '중국', '세계', '시민'요소를 결합하여 '중국 특색'의 세계시민교육을 실행해야 한다고 주장한다(Peng 2009,

6). 중국의 학자 원리핑(文丽萍) 또한 자신의 논문에서 '중국 특색'의 세계시민교육을 강조하고 있다. 그는 자신의 논문에서 '중국 특색'의 세계시민을 두 가지로 나누어 정의하며 설명하고 있다. 즉, 시민이란 국적을 소유하지만, 세계시민은 국적이 없다고 기술한다(Wen, 2008, 74). 그러므로 중국 교육제도에 세계시민을 적용하기 위해 중국의 국적을 소유하는 동시에 세계적인 가치관과 국제적 인재를 양성하기 위한 '중국 특색'의 세계시민교육이 필요하다고 강조한다(Wen 2008). 중국의 학자 펑징(彭静)은 '중국 특색'의 세계시민교육의 전제로 중국의 민족의식과 세계시민의식 교육의 필요성을 강조하며 두 가지 의식에 대한 교육이 같이 진행되어야 한다고 한다(Peng 2009, 7). 이러한 주장을 펑징(彭静)은 중국전통문화에서의 시민사상과 서방사회에서의 시민이념에 대한 비교를 통해서 주장하고 있다. 즉, 중국 전통적 유교사상의 '민'(民)과 서방의 시민 개념을 비교하며, 개인과 국가 간의 관계 또한 비교한다(Peng 2009, 6–8). 중국 전통 유교사상은 개인의 의무를 강조하며, 개인과 국가 간의 관계 또한 국가에 대한 개인의 의무와 책임을 강조한다. 하지만 서방에서의 시민은 이성적인 시민을 중시하며, 개인의 자유와 권리는 국가로부터 합법성을 보장받으며, 이러한 권리는 박탈당할 수 없는 점을 강조한다(Peng 2009, 8). 비록 중국과 서방의 시민에 대한 이념과 개념은 차이가 존재하지만, 이러한 차이점은 상호 대립적이며, 공존 불가능하지 않다고 주장한다. 그는 중·서문화(中西文化)사상과 이념의 차이는 상호 보완적이며, 중·서 양측의 시민에 대한 이념을 융합하여, 중국 세계시민교육에 적용해야 한다고 주장한다. 그러므로 이러한 개념을 현대 중국 세계시민교육에 적용하여, 궁극적으로 '중국 특색'을 갖춘 세계시민교육 제도를 실행해야 한다고 주장한다(Peng 2009, 8). 이와 같이, 중국에서의 세계시민교육은 중·서 문화의 융합을 통해 '중국 특색'의 세계시민을 양성하여, 궁극적으로는 중국의 지속적 성장과 향후 국가의 발전을 위한 교육제도로서 부각되는 점을 볼 수 있다.

6.4.3 일본에서의 세계시민 논의

일본은 지속적으로 세계시민(世界市民)교육에 대한 지극한 관심을 보여 왔다. 일본 내에서는 GCED(지구시민교육; Global Citizenship Education)라는 약어로 더욱 잘 알려져 있으며, 일본에서는 세계시민으로서의 국민 육성을 위하여 일본 유네스코 국내 위원회 자연과학 및 인문사회과학 분위를 중심으로 세계시민에 관한 활발한 논의가 이루어져 왔다. 일본 문부과학성은 "교육이 어떻게 세계를 더욱 평화적·포괄적이고 안전하며 지속 가능한 것으로 만들어나갈 수 있을지, 그리고 그를 위해 필요한 지식, 기술, 가치, 태도를 어떻게 육성할지를 포괄하는 이론적 틀"로서 GCED의 의미를 규정하고 있다.4) Global Citizenship은 2012년 9월 유엔총회에서 반기문 유엔사무총장의 주도로 출범한 범세계적 운동인 Global Education First Initiative(글로벌교육협력구상)에서 우선시된 세 가지 분야들5) 중 하나로 꼽혔으며, 유네스코 사무국에서도 주요 의제로 다루어지기 시작했다. 이에 대하여 일본은 주체적인 역할을 담당해 왔다.

특히 유네스코의 기본 방침에 따라서 아태 지역 국가들의 문화의 진흥 및 상호 이해에 기여하는 것을 목적으로 유네스코 아시아 문화 센터(Asia-Pacific Cultural Centre for UNESCO: ACCU)가 일본 정부와 민간의 협력으로 설립되었다. 이 센터는 1971년(쇼와 46년) 4월 발족했으며, 동년 7월에는 1969년 3월 이후 아시아 도서 개발 활동에 적극적인 역할을 한 재단법인 유네스코 도쿄 출판 센터(TBDC)를 합병하고 그 목적에 맞게 사업을 추진해 왔다. ACCU는 유네스코와 긴밀한 연계를 도모하는 한편 아태 지역 유네스코 회원국과 협력하여 교육협력, 인사교류, 문화협력 분야에서 현지의 수요를 반영한 구체적인 지역 협력 사업을 다양하게 추진하고 있다. 일본에서 이러한 세계시민교육의 일환으로서 특히 강조되고 있는 것이 바로 'Education for Sustainable Development(ESD)'로서, ACCU의 홈페이지 첫 화면에도 "ACCU는 ESD를 응원하고 있습니다"라는 문구를 삽입했을 정도로 지속 가능성을 세계시민의 연장선상에 두고 있다.6) 미키 츠카모토(2014)는 '세계화(Globalization)'와 '지속가능성(Sustainability)'이 강조되는 현대 사회에서 세계시민의식을 함양하기 위한 하나의 방안으로 일본 내 영어 교육의 중요성을 강조한다. 즉, 일본의 학교 커리큘럼에 ESD가 포함되기 시작한 만큼, 일본은 이러한 세계화 흐름에 발맞추어 다양한 문화를 이해하고 다양한 사람들과 소통하기 위한 글로벌 언어의 습득을 필요로 한다는 것이다.

4) Ministry of Education, Culture, Sports, Science and Technology-Japan, 2015, "参考5 GCED : Global Citizenship Education (地球市民教育) について." http://www.mext.go.jp/unesco/002/006/002/003/shiryo/attach/1356893.htm.
5) GEFI의 세 가지 우선순위들은 다음과 같다. 첫째, 모든 아이들을 학교에(Putting every child in school); 둘째, 교육의 질적 향상(Improving the quality of learning); 셋째, 글로벌 시민의식의 함양(Fostering global citizenship).
6) Asia-Pacific Cultural Centre for UNESCO(ACCU), http://accu.or.jp/jp/index.html

일본국제이해교육학회(日本国際理解教育学会)에서 진행된 연구 프로젝트 <글로벌 시대의 시티즌십과 국제이해교육(グローバル時代のシティズン シップと国際理解教育)>은 "'전환기'의 국제이해교육"이라는 인식을 바탕으로 국제이해교육을 "글로벌화하는 사회에서의 시티즌십" 차원에서 이론적으로 재정의하기 위하여 계획 및 실시되었다. 위 연구의 일환으로서 오카자키 유타카(2012)의 논문 "글로벌 시티즌십에서 로컬 시티즌십으로—국제이해, 마을건설, 특별지원교육"은 국제이해의 학습에 앞서 제기되는 지역사회에 대한 이해가 시대의 흐름 속에서 어떻게 변화하고 있으며 흐름 속에서 국제는 어떻게 이해되고 있는지에 관하여 학교 교육의 장에서의 세계시민교육의 실천, 마을 건설, 장애인에 대한 특별 지원 교육 등의 사례에 주목한다. 그는 일본인 개개인이 지역 사회의 일원으로서 살아가는 동시에 글로벌화의 흐름 속에 맞추어 바뀌어 갈 수밖에 없음을 강조한다. 나아가 일본 내 지역 사회가 본래 가지고 있던 특질을 존중하되 제2차 세계대전 이전에는 상상도 할 수 없었던 사람, 재화, 자본, 정보의 유통량이 폭발적으로 증대하는 세계화 시대에 발맞추어 지역 사회 역시 "Passive(수동적이고 소극적)"인 스타일에서 "Active(능동적이고 적극적)"으로 전환해야 한다는 "능동적인 시민성(Active Citizenship)"의 필요성을 제기한다. 결론적으로 저자는 빠르게 세계화하고 있는 사회에서 국적이나 민족, 성별, 문벌, 기타 속성에 있어 장벽을 쌓거나 카테고리화하는 것은 이제 현실적으로 불가능하다는 점을 역설하며, 인위적으로 설정된 국경 또는 국민성(Nationhood)에 대한 지구 사회 전체의 공생(Coexistence)과 동시성(Simultaneity) 및 거기서 파생되는 지구 시민성(Global Citizenship)의 함양을 촉구한다.

히로시마 대학의 이케노 노리오(2014)는 근대 교육의 문제점을 제기하는 한편 현대의 세계시민교육을 구성원 교육의 한 형태로서 유형화하고 현대의 시민 교육의 위치를 3가지 타입으로 분류한 후 각각을 검토한다. 그는 현대 사회에서 요구되고 있는 시티즌십 교육은 그 동안 강조되어 왔던 '시민이 되기 위한' 혹은 '시민으로서 키우기 위한' 목표에 있는 것이 아니라 '공공(公共) 공간을 형성하는 사람을 만들어내는 것'을 목표로 하고 있음을 주장한다. 근대 국가의 교육은 '구성원 교육'으로서 그 국가와 사회를 위해 필요한 인재를 육성하는 한편 그 나라에 국한되는 하나의 언어, 문화, 역사를 가르치고 구성원으로서의 자각과 정체성 혹은 내셔널리즘을 형성하는 데 힘썼다. 저자는 이를 '광의의 사회화'라고 표현한다. 대부분의 근대 국가의 공교육은 언어, 인문학, 역사 등을 학교 교과목으로 다루는 한편 교과로서의 '시민성(Citizenship)' 교육은 포함하지 않았다. 제2차 세계대전 이후 일본, 한국, 필리 핀과 같은 아시아 국가들은 민주시민의 양성을 위한 시민성 교육의 역할을 강화했 다. 또한 자국 국민문화의 이해에 바탕을 둔 글로벌 아이덴티티를 형성하기 위한 공간을 창출하기 위해 노력했다. 그러나 저자는 이제껏 일본의 학생들은 사적 공간 이나 지역 사회 공간에 국한되어 공공(公共) 공간을 공유하려 하지 않았음을 지적한 다. 이 때문에 국가나 사회는 새로운 구성원 교육의 활로를 모색해야 하며, 세계시 민교육을 특히 강조해야 한다는 것이다.

저자는 크게 네 가지를 강조한다. 첫째, 시티즌십 교육이란 현대의 교육이 당면한 과제이자 목표를 실현하기 위한 하나의 방법이다. 둘째, 시티즌십 교육의 목표는 민 주주의 사회의 형성을 목표로 하는 것이지만, 그것뿐만이 아니라 다양성 및 포괄성 을 강조하는 복합적 사회형성교육론으로의 발전이다. 셋째, 시티즌십 교육은 사회의 형성과 개개인의 형성이라는 두 개의 목표를 동시에 추구해야 한다. 넷째, 시티즌십 교육의 실현 및 달성 가능성은 그 구체화 정도에 달려있다.

6.5. 세계시민 개념의 적용

세계시민 개념 자체가 시민권법으로 규정되거나 쉽게 측정될 수 있는 것은 아니 다. 그렇기 때문에, 한국과 동아시아 맥락에서 세계시민의 존재 여부를 명확히 규명 하는 데에는 무리가 따른다. 그러나 우리는 국가와 국가, 사람과 사람 사이의 연결 이 국경을 초월하여 확장되고 있는 세계화 시대에 살고 있다. 이에 인류의 보편적 인 가치를 추구하는 세계시민의 개념은 국가 중심의 시민 개념을 초월하며 확장될 가능성을 가진다. 물론 무엇이 세계시민이 추구하는 보편적인 가치인가? 그 가치 간 의 경쟁과 상충은 없는가? 특히 세계적이고 보편적인 가치와 개인, 지역, 국가의 가 치와 이익과 충돌하는 부분은 없는지에 대한 질문들이 가능하다. 이러한 질문에 대 답하는 과정은 개인과 개인이 가지는 가치와 이익의 위계가 한국과 동아시아의 정 치 사회적 맥락에서 어떻게 나타날 수 있는지 이해하는 단초를 제공할 것이다.

정리하자면, 세계시민교육 연구자들이 강조하는 글로벌 교육이 함양해야 할 세계시민 의식이란 다음의 두 단계를 거쳐 확장되는 개념이다. 첫째, 행복과 비인간적인 삶, 삶의 안식처로서 지구의 보존, 다양성과 일치 사이에서 오는 갈등의 증대, 그리고 화합에 대한 열망에 관심을 갖는 인간의 육성이다. 둘째, 그러한 인간이 갖는 충성심이나 보호에 대한 기대가 국가를 넘어 세계에까지 확장되고, 이를 통해 세계에 대한 소속감으로부터 충성심, 보호, 의무, 권리, 책임, 그리고 특권의 개념을 형성하도록 하는 것이다(Noddings 2005, 52).

본 장에서 한·중·일 동아시아 삼국의 세계시민 개념과 세계시민교육을 비교 분석할 결과, 다음과 같은 점이 공통점으로 지적될 수 있다. 우선, 세계시민의 개념을 통해 인류 공통의 보편적 윤리를 바탕으로 전 지구적 문제를 해결하기 위한 가치관을 제시한다는 점이다. 자국의 이익과 정체성만을 주장하는 것으로 인류가 직면한 문제를 인식하고 해결할 수 없다는 현실에 기반한 주장으로 보인다. 둘째, 세계화가 진행됨에 따라 세계시민 연구와 세계시민교육에 대한 관심이 증가하고 있다는 점이다. 유엔 교육 기관뿐만 아니라 공교육 기관(시도교육청), 중국 공산당, 학계에서 세계시민의 개념을 다양한 주제(환경, 지속가능성, 다문화, 평화) 등과 연계시키고 있다. 셋째, 법학, 경제학, 정치학 등의 사회과학적인 논의보다 윤리적, 교육적 논의가 주를 이룬다. 세계시민주의에 대한 규범적 논의와 이에 기반한 교육의 중요성을 강조하고 있다. 이는 앞으로 사회과학 분야에서 세계시민의 개념과 실제를 심도 있게 연구할 필요가 있음을 나타낸다.

6.6. 결론

동아시아에서 민은 서구와는 달리 매우 짧은 기간에 다양한 민이 등장하였다. 전체 흐름에서는 위로부터의 형성된 민에서 아래로부터의 민의 등장으로 전개되었다고 볼 수 있다. 이는 '민의 성숙과 발전'으로 간주할 수 있는 부분이다.

민의 개념과 의미는 앞으로도 지속적 논의의 대상이 될 것이다. 신민의 경우 기억의 형태로서, 민의 전개에 있어서 매우 중요한 경종이 되고 있다. '인민'이라는 단어는 21세기에 그 위력을 감소하거나 대체되고 있다. 그러나 이 시점에서 '인민'이

동아시아 각국에서 어떠한 방식으로 수용, 정착, 변용되었는지 고찰하는 것은 20세기 동아시아의 정치적 변화를 총체적으로 조망한다는 점에서 의의가 있다. 그리고 역사적, 사회적 상황에 의해 규정되고 동아시아의 경험과 결합된 '인민' 개념을 정리하는 것은 현재도 끊임없이 재구성되는 집단으로 존재하는 각국의 '인민'을 정확하게 이해하는 데 유용한 시각을 제공할 것이다. 더 나아가 향후 동아시아 민주주의의 능동적 주체로서 등장할 새로운 '인민'을 상상할 수 있는 기초 작업으로서 기능할 수 있을 것이다.

시민의 등장으로 국민의 개념이 쇠퇴일로에 있는 것만은 아니다. 일본의 경우 '국가 중심주의'가 새롭게 부상하고 있다. 특수국가 시기에 발전하였던 민족주의는 보통국가 시기에 들어와서도 활발하게 논의되었지만, 그 논의의 방향은 매우 다르게 나타나고 있다. 과거에는 민족주의를 논의하면서도 국민에 대한 인식을 제한적이라고 한다면, 최근에는 국가에 대한 긍정과 역사에 대한 긍정을 바탕으로 하는 국민에 대한 의식이 강조되고 있다.

한국의 시민은 1987년 민주화를 계기로 시민의 적극적 정치사회참여 그리고 공적 이익에 대한 고려가 증가하는 양상이 나타났다. 특히 국민의 참여를 적극 지원한 김대중 그리고 노무현 정부하에서 이러한 양상이 두드러지게 나타났다. 그러나 보수적 성격의 이명박 그리고 박근혜 정부하에서 시민의 참여가 다시 제어되는 모습이 나타난 점은 매우 아쉽다. 다만 박근혜 정부 말기에 정부의 실정을 비판하는 시민의 목소리가 다시 커지는 현상은 대한민국의 시민이 자유주의적이고 공화주의적인 가치 그리고 나아가 민주적 가치를 수호하려는 의지의 표현이라고 할 수 있을 것이다. 비록 한국의 시민의 전개에는 여러 부침이 존하였지만, 큰 방향에서는 시민사회는 확장된다고 볼 수 있다.

세계시민의 경우 그 개념과 세계시민교육에 있어서 한국, 중국, 일본의 동아시아 삼국은 차이점을 보이고 있다. 한국은 세계시민(世界市民), 일본은 지구시민(地球市民), 중국은 세계공민(世界公民)이란 용어를 주로 사용한다. 지칭하는 것은 비슷해 보여도, 세계(世界)와 지구(地球)는 그 범주에 있어서 세계는 좀 더 인간 중심적이고 구체적인 곳이라는 인식이, 지구는 인간과 자연을 포괄하며 추상적인 인식이 반영되어 있다. 또한 시민(市民)과 공민(公民)은 공동체에 속한 자유로운 개인(市民)과 공적인 인간(公民)으로서의 개인이라는 것도 차이를 보인다. 그 내용에 있어서, 중국의 세계시민의 개념을 현 국가 체제를 유지하고 확장하는 연속선상에서 인식하는 접근이 다른 두 국가에 비해 강하다고 생각된다. 이러한 차이점에도 불구하고 전체적으로 삼국에서 세계시민에 대한 담론, 그리고 세계시민의 의식은 확산될 것으로 보인다.

서론에서 살펴봤듯이, 동아시아에서 나타난 민의 개념과 전개는 국가의 성격과 함께 변화하고 진화해 왔다. 동시에 국가 성격의 변화와 관계없이, 사회경제적, 정치적 변화를 통해 새로운 형태의 민이 나타나기도 한다.

동아시아 민은 집단중심 또는 개인중심이라는 서로 다른 속성을 축으로 이해할 수 있다. 이 경우 신민, 인민, 국민, 시민, 그리고 세계시민은 집단중심에서 발전된 국가주의 요소와 개인중심에서 발전된 자유주의 요소라는 두 변수가 조합된 상태로 파악할 수 있다. 신민, 인민, 국민이 국가주의적 속성이 강한 데 비해서 국가시민과 세계시민은 자유주의적 속성이 강한 것으로 구분이 가능하다.

국가주의와 자유주의는 서로 무관한 것은 아니다. 국가가 개인의 자유를 통제하는 경우 국가와 자유주의는 서로 상쇄의 관계에 있다. 그럼에도 불구하고 두 변수는 서로 독립된 영역을 가진다. 가장 중요한 이유는 국가의 등장과 발전, 그리고 자유의 등장과 발전은 역사적으로 서로 다른 경로를 통해서 전개되었기 때문이다. 서양에서 국가의 등장의 동인, 주요 행위자들과 자유주의의 등장, 그리고 행위자들은 일치하지 않는다.

근대국가의 형성은 봉건의 종식으로부터 가능하였지만, 왕과 귀족으로부터 권리의 이양이라는 측면이 존재하였다. 다른 한편으로 자유 역시 근대국가의 형성과 유사하게 봉건체제를 타파하면서 가능하였으며, 여기에는 개인의 내면의 권리를 확보하는 측면이 존재한다. 국가주의라는 측면에서 민의 전개를 살펴보면, '신민'의 경우 국가주의 요소가 매우 강하다고 할 수 있으며, 확장된 지배 범위를 가지고 있다. 예를 들어, 신도(神道)의 경우 국가는 종교를 지배하고 있으며, 일반적으로 종교가 가지는 보편성과 무관하게 신도의 지배 범위는 국가의 지배 범위와 일치한다. 다양한 국가기관은 종교뿐만 아니라 교육, 건강 등에 걸쳐 신민을 통제하는 기제로서 작용했다.

신민은 국민과 유사하게 '국가를 구성하는 민(Constituent People)'의 성격을 가진다. 다시 말해 국가에 의해서 규정되는 측면이 존재하는 것이다. 식민지 시기 신민의 전개는 일본인과 한국인 모두에게 적용되었다. 일본과 한국의 신민은 그 내용면에서 매우 유사하다. 제국주의 수행과정에서 국가에 의한 민의 '강한 근대화(High

Modernization)'가 작용하였을 뿐만 아니라 한국에서의 신민의 등장은 일본의 국가 경계의 확장을 의미하는 또 다른 측면을 가졌다. 신민교육은 결국 국가영토 확장에 의해 물리적으로 팽창된 공간을 메우는 구성체로서의 민을 길러낸 것이다. 이러한 맥락에서 신민은 민족적 성격이 제한되어 있었으며, 신민의 구성논리는 민족에서 기인하는 것이라기보다는 천황에서 기인한다. 만일 신민의 요소에서 민족개념이 중요해지면, 한국의 신민과 일본의 신민은 당연히 충돌할 수밖에 없었다. 오히려 신민은 '민족의 균열(National Cleavage)'을 회피하였다는 점에서 천황에 대한 복종, 제국주의 전쟁의 수행 등을 위한 장치라고 간주할 수 있다.

국가가 전제되어 있던 신민의 시기에 국가는 천황이라는 '인물화(Personified)' 또는 인격화된 국가의 특성을 보였다는 점에서 신민은 매우 전근대적 측면을 가지고 있다. 전근대 시대의 사농공상의 신분제가 철폐되고 근대적 측면에서의 신민은 사민평등의 보편적 가치에 기초하였다. 하지만 천황과 백성으로서 민의 개념을 설정하는 것은 이전의 전통적 지배와 유사하다.

국가주의 측면에서 국민은 신민과 몇 가지 점에서 공통점과 차이점을 보인다. 첫째, 국민의 범위가 국가에 의해서 결정된다는 점에서 신민과 매우 유사하다. 또한 국민은 신민과 유사하게 '국가를 구성하는 민'의 성격을 가진다. 하지만 국민은 신민에 비해 매우 추상적이고 법적인 개념을 바탕으로 형성된다. 특히 헌법 자체가 국민을 형성하는 중요한 기제가 된다. 전후 한국과 일본의 경우 서구 헌법을 도입하였거나 미국에 의해서 헌법이 제정되었지만, 두 헌법 모두 누가 국민이 되는가에 직접적으로 관여하고 있다. 식민시기 일본인과 한국인 모두에게 적용되었던 신민과는 달리, 전후의 한국 국민과 일본 국민은 각기 자신들의 헌법을 바탕으로 국민을 형성하였다. 또한 신민이 민족주의적 요소를 철저히 배격하였던 것과는 달리, 국민에는 민족주의적 요소가 강하게 내포되어 있다. 특히 한국과 일본의 갈등은 결국 이들 국민의 성격에 민족주의적 요소가 강하게 자리 잡고 있기 때문이라고 분석할 수 있다. 이는 한국의 국민이 신민에 대한 반작용으로 등장하였던 측면이 있음에서도 기인한다.

신민이나 국민에서 국가요소가 강하게 나타난 것과는 달리, 시민과 세계시민에서는 상대적으로 자유주의적 요소가 강하게 드러난다. 시민은 재산을 소유하고 권리를 구사하며 정치에 참여하는 자율적 개인이다. 재산은 물질적 풍요가 개인의 자유를 보장하고, 합리적인 사고를 위한 조건을 제공한다는 점에서 시민을 위한 핵심적 요소이다. 시민은 자유를 바탕으로 공공선을 위해 노력한다. 서구에서 시민의 등장은 계몽사상의 확산과 밀접한 관련이 있으며, 계몽사상은 봉건시대의 약탈적 국가를 자유주의적 속성을 가지고 있는 근대국가로 전환시키는 계기가 되었다. 국가에서 자유주의적 속성이 강조되었다는 점에서 시민은 바로 국민과 커다란 차이를 보인다.

마지막으로 세계시민은 시민의 경우보다 국가적 요소가 더욱 희박하고 대신 자유주의적 속성은 더욱 강화된 경우이다. 시민의 경우, 국민과 시민은 하나의 영토적 정치적 체제 내 국민 또는 시민이라는 점에서 일정부분 국가주의적 요소를 가지고 있다. 하지만 세계시민은 특정한 국가의 범위를 넘어서는 인류보편의 가치를 추구한다는 점에서 자유주의적 속성이 가장 강하게 드러난다. 때문에 세계시민과 국민의 개념은 상충적이다. 국민주의는 자국민과 타국민의 구분이 중시되는데 세계시민 혹은 세계시민주의가 우선시하는 것은 자유주의적 인류 보편의 가치이다.

참고
문헌

Appiah. K. A. 2003. 『세계시민주의적인 애국자. 나라를 사랑한다는 것』. 오인영 역. 삼인.

Appiah, Kwame Anthony. 2010. Cosmopolitanism: Ethics in a World of Strangers (Issues of Our Time): WW Norton & Company.

Armstrong, Chris. 2006. "Global Civil Society and the Question of Global Citizenship." Voluntas: International Journal of Voluntary and Nonprofit Organizations 17: 348 – 56.

Banks, James A. 1997. Educating Citizens in a Multicultural Society. Multicultural Education Series: ERIC.

Kant, Immanuel. 1992. "To Perpetual Peace: A Philosophical Sketch". Perpetual Peace and Other Essays. Ted Humphrey trans. Indianapolis: Hackett Publishing Company.

Kymlicka, Will. 1995. Multicultural Citizenship: A Liberal Theory of Minority Rights. Clarendon Press.

Noddings, Nel. 2005. Educating Citizens for Global Awareness: Teachers College Press.

Nussbaum, Martha Craven, and Joshua Cohen. 1996. For Love of Country?: Beacon Press.

Singer, Peter. 2004. One orld: The Ethics of Globalization: Yale University Press.

Cao(曹妍). 2013. Developing the Theory of Contemporary Chinese Civil Society(当代中国公民社会理论的构建). Journal of Guangxi Youth Leaders College(广西青年干部学院学报) 1: 8 – 10.

Gao(高振宇). 2010. Global Citizenship education and Enlightenment to China in the Global perspective(全球视野下的世界公民教育及对中国的启示). Global Education(全球教育展望) 8: 1 – 5.

Peng(彭静). 2009. Discussion on the Connotation of the Cultivation of the World Citizen in Chinese Universities(刍议中国大学培养世界公民之内涵). Journal of Sichuan Normal University. Social Sciences Edition(四川师范大学学报.社会科学版) 3: 4 – 9.

Yu(喻希来). 2003. Humanism based Cosmopolitanism(中国人本位的世界公民主义). Strategy and Management(战略与管理) 2: 28 – 34.

Wen(文丽萍). 2008. "World Citizen": the New Target of Chinese Education Training Aim("世界公民": 中国教育培养目标的新取向). The Border Economy and Culture(边疆经济与文化) 5: 74-75.

塚本美紀. 2014. "English Language Education for Sustainable Development: Fostering Global Citizenship," 西南女学院大学紀要 18: 153-160.

岡崎裕. 2012. "グローバルシティズンシップからローカルシティズンシップへ ~国際理解'まちづくり'特別支援の教育~," プール学院大学研究紀要 53: 29-43.

池野範男. 2014. "グローバル時代のシティズンシップ教育一問題点と可能性民主主義と公共の論理一," 教育学研究 81, 138-148.

강순원. 2010. "다문화사회 세계시민교육의 평생교육적 전망." 평생교육학연구, 16: 69-91.

강운선, 이명강. 2009. "한국과 중국 대학생의 세계시민성 비교연구." 사회과교육, 48: 175-185.

고지현. 2010. "지구화와 국민 (민족) 국가-경계의 문제." 사회와 철학, 1-34.

김남국. 2005. "다문화 시대의 시민: 한국사회에 대한 시론." 국제정치논총, 45: 4, 97-121.

김명섭. 2008. "세계시민주의 대 애국주의: 동북아시아에서의 정치적 함의를 중심으로." 21세기 정치학회보, 18: 3, 129-148.

김재관. 2011. "21세기 중국 특색의 시민사회의 변화와 발전에 관한 탐구: 국가-사회 관계의 변화를 중심으로." 민주주의와 인권, 11: 1, 115-162.

김지현, 손철성. 2009. "세계시민주의, 공동체주의, 자유주의." 시대와 철학, 20: 2, 94-126.

문정인 외. 2015. "글로벌시대와 함께하는 세계시민: 교과 내용 연구개발보고서." 경기도교육청.

배영주. 2013. "세계시민의 역할 과제를 중심으로 한 세계시민교육의 재구상." 교육과학연구, 44: 145-167.

변종헌. 2006. "세계시민성 관념과 지구적 시민성의 가능성." 윤리교육연구, 10: 1-23.

설규주. 2004. "세계시민사회의 대두와 다문화주의적 시민교육의 방향." 사회과교육, 43: 4, 31-54.

손경원. 2013. "세계화의 양면성과 세계시민주의의 전망." 윤리교육연구, 30: 273-298.

윤노아, 최윤정. 2015. "한국 사회과교육에서의 세계시민교육 관련 경험적 연구 분석: 1993-2015." 사회과교육, 54: 35-48.

이동수, 손혁상. 2008. "세계시민사회와 지구적 윤리." 한국정치연구, 17: 1, 271-287.

이지훈. 2014. "세계시민주의에 대한 비판적 고찰 및 도덕 교육의 방향 연구." 서울대학교 석사 학위 논문.

이태동. 2015. "환경과 에너지" 문정인 외. 글로벌시대와 함께하는 세계시민: 교과 내용 연구개발보고서, 경기도교육청.

장동진, 장휘. 2003. "칸트와 롤즈의 세계시민주의." 정치사상연구, 8: 195-222.

장미경. 2001. "시민권(Citizenship)개념의 의미 확장과 변화: 자유주의적 시민권 개념을 넘어서." 한국사회학, 35: 6, 59-77.

최병두. 2011. "다문화사회와 지구 지방적 시민성: 일본의 다문화공생 개념과 관련하여." 한국 지역지리학회지, 17: 2, 181-203.

최연식, 임유진. 2016. "정치세계, 세계시민, 그리고 군자시민." 사회사상과 문화, 19: 2, 33-65.

최현. 2008. "탈근대적 시민권 제도와 초국민적 정치공동체 모색." 경제와 사회, 79: 38-61.

허영식. 2012. "다문화, 세계화시대를 위한 세계시민주의의 담론과 함의." 한독사회과학논총, 22: 3, 57-86.

NGO 정치란 무엇이고,
왜 필요한가?

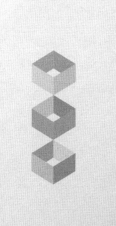

NGO 정치란 무엇이고, 왜 필요한가?

초 록

NGO란 무엇인가? 왜 등장했고, 왜 필요한가? 시민들의 자발적인 조직인 NGO는 국가, 경제주체와 때로는 경쟁하고, 때로는 협력하며 회원들의 가치를 추구한다. 본 장에서는 NGO의 개념, 이론적 논의, 역할, 조직, 국가-국제 기구-NGO-시민 간의 학술적 논의를 검토해보고자 한다.

7.1. NGO란 무엇인가?

NGO는 시민사회의 조직이다. 시민이 모여 만든 시민사회가 조직의 형태를 띠고, 조직의 구성원들은 추구하는 목적을 달성하고자 조직을 운영한다. NGO라는 용어 자체는 널리 사용되고 있으며 "비영리", "자발적", "시민사회"와 함께 중복적으로 빈번하게 사용되나 엄밀하게 따지자면 다른 개념이라 할 수 있다. NGO는 비정부 조직(Non-Governmental Organization)의 약자이며 개발, 인권, 환경 등 공공 영역을 다루는 제3부문(The Third Sector)의 조직이다. NGO는 국제, 국가, 지역 등 다양한 지역적 단계에 따라 존재하며, 비영리조직, 시민사회조직, 비정부조직 등 다양한 개념을 포함하고 있다. 비영리라 함은 NGO가 기업과는 달리 영리 추구를 목적으로 하지 않음을 의미한다. 시민사회조직은 자발적으로 참여한 시민들이 NGO의 주된 구성원임을 말하고, 비정부조직은 NGO가 국가를 구성하는 정부 조직이 아님을 나타낸다. NGO는 소규모 비공식 단체에서 대규모 기관까지 그 크기가 다양할 뿐만 아니라, 다양한 목적성을 가지며 사회 내에서 각기 다양한 형태를 취하고 있다. 이러한 다양성으로 인해 일반화하기 어려운 부분이 존재하지만, 광범위하고 정의하기 힘들다는 부분은 오히려 NGO의 특징을 잘 보여준다고 할 수 있다.

1980년대 후반 신자유주의가 확산되는 상황에서 NGO가 부상할 수 있었던 이유는 제도적 형태로서 NGO의 높은 유연성과 NGO가 포용할 수 있는 다양한 가치관의 스펙트럼으로 인한 것이라 할 수 있다. 따라서 NGO는 사회적 변화에 대한 다양한 현재의 아이디어, 기대 및 불안이 투영되는 시민사회 조직으로 볼 수 있다(Lewis 2010).

NGO는 구조, 규모, 목적에 따라 각기 다른 다양성을 나타낸다. 바킬(Vakil 1997)은 NGO를 "사람들의 삶의 질을 향상시키기 위해 만들어진 자치, 민간, 비영리 단체"로 정의한다. 이는 시민사회와 정부 사이의 중간 조직으로서 도움이 필요한 집단의 목소리를 대변하는 등 정치적 과정에서 배제된 사회적 그룹에 힘을 실어주는 역할을 강조하는 것이다. 이러한 NGO의 활동은 시민사회 활성화와 참여 민주주의를 강화하는 데 도움이 된다(Lage & Brant 2008). 또한, 지역, 국가, 국제 차원에서 NGO는 정책 결정과 발전에 있어서 새롭거나 간과되어 왔던 아젠다를 제시하거나 실행하고, 감시자의 역할을 수행하여 공익을 추구한다(Lewis 2007).

7.2. NGO의 등장과 역할에 대한 논의

최초의 NGO는 1839년에 설립된 반노예사회(Anti-Slavery Society)로 알려져 있다. 국제 NGO는 제1차 세계대전에 국제적인 조직 형태로부터 시작하였으며, NGO라는 용어는 세계 2차 대전 이후에 UN이 정부와 정부 간 그룹(Intergovernmental Specialized Agencies)에서 사용되기 시작했다(Hall-Jones 2006). 1945년 유엔 헌장 제10장 제71조에 정부나 회원국이 아닌 단체를 위한 협의 역할에 대한 조항이 만들어지면서 NGO란 용어가 널리 사용되었다. 이후 아젠다 21(Agenda 21)에서도 지속

가능한 개발을 위한 NGO와 다른 사회 그룹들의 역할을 강조하였다.

NGO는 복지국가의 발전, 세계화의 가속화, 정부－기업－시민사회의 조화 필요성을 통해 발전하게 되었다. 우선, 복지국가의 발전 과정을 거치면서, 모든 복지 서비스를 제공할 수 없었던 국가들에서 비정부적 부분이 급속하게 발전하게 되었다. 국가가 모든 복지서비스의 수요를 찾고 이에 따른 서비스를 제공할 수 없게 되자, 시민사회 영역의 NGO가 복지서비스 수요를 제공하는 주체로 활동하게 되었다. NGO는 비단 한 국가의 국내적 복지수요 문제만을 해결하는 것으로 국한되지 않는다. 특히 국가의 재정적 문제로 복지정책 실행이 어려운 국가의 경우 타국의 직접적 개입이 어렵기에 NGO가 복지 서비스를 대리하여 제공하기도 한다.

급속한 세계화는 정부 간 상호작용뿐만 아니라 비정부조직 간의 상호작용도 가속화 하였다. 특히 세계 무역 기구(World Trade Organization: WTO)와 같은 국제기구는 자본의 이익에 너무 집중하고 있다고 인식되고 있으며, 일부는 이러한 추세를 상쇄하기 위한 시도로 비정부기구가 인도적 문제, 개발 원조, 지속 가능한 개발을 강조하기 위해 발전했다고 주장하기도 한다. 이는 급속한 세계화로 인해 NGO의 중요성이 강조되었다고 보는 시각이다. 반면에 정부와 시장이라는 이분법적인 한계에서 중간적 조직으로서의 NGO의 역할이 더욱 강조된다고 말하는 시각도 있다. 전통적으로 의사결정의 가장 중추적인 주체인 정부의 역할과 기업의 행태를 NGO가 견제하기도 한다(어기구 2011).

NGO가 하는 역할은 광범위하지만 NGO의 역할을 실행자(Implementer), 촉매자(Catalyst) 및 파트너(Partner)라는 세 가지 주요 역할로 구분할 수 있다(Lewis 2007). 실행자(Implementer) 역할은 재화(Products)와 서비스(Service)를 필요로 하는 사람들에게 제공하기 위한 자원분배과 관련이 있다. 서비스 제공은 의료, 소액 금융, 농업 확장, 긴급 구호, 인권과 같은 광범위한 분야에 걸쳐서 수행된다. 이는 NGO가 인도주의적 지원을 통해 긴급 상황이나 자연재해에 대응하는 사례들이 증가함에 따라 더욱 두드러지고 있다. 촉매자(Catalyst) 역할은 사회적 변화를 촉진하기 위해 행동을 촉진시키고, 기여하는 행위로 정의될 수 있다. 이는 지역 사회의 개인이나 집단, 또는 정부, 기업과 같은 다른 이해당사자를 통해 수행될 수 있기 때문이다. 덧붙여 풀뿌리 조직과 그룹 형성, 로비 및 옹호 작업, 혁신과 정책 기업가 정신을 통해 더 광범위한 정책 과정을 수반하기도 한다. 파트너(Partner)의 역할은 NGO가 정부 및 민간 부문과 함께 다양한 이해당사자의 협력을 이끌어내거나 프로젝트 내에서 특정 이니셔티브를 수행하는 등 공동 활동을 하기도 한다. 이러한 활동에는 지역 사회를 발전시키는 활동 또한 포함하고 있는데, 이런 활동들을 통해서 다른 부문과 상호 긍정적인 관계를 유지할 수 있다(Lewis 2010).

NGO의 역할에 있어 5가지 공통적 특성이 나타난다. 이는 (1) 인권과 같은 국제 사회에서 보편화된 규범, (2) 기금, (3) 기술 및 전문성, (4) 정책 결정에 있어서 행동 범위, (5) 평판(Lage & Brant 2008)의 중요성이다. NGO는 보편화된 규범을 기준으로 행동하며 정부, 기업, 민간 부문 등 다양한 곳에서 기금을 확보하고 있으며, 이런 기금을 기반으로 NGO는 활동을 위한 기술 개발 및 전문성을 확보할 수 있다. NGO가 추구하는 가치에 따라 활동하고자 하는 영역이 달라질 수 있으며, 자발적으로 자금을 운영하며 영리를 추구하지 않는 비영리 단체이다. 또한, 비정부 조직이라는 특성으로 인해 평판이 활동에 매우 중요한 요소라고 볼 수 있다.

하지만, NGO에 대한 회의적인 시각 또한 존재한다. NGO는 주로 정부의 한계점을 상쇄시켜줄 수 있는 역할을 한다. 이러한 점에서 그들의 정책 관련 활동 범위 관련한 문제가 야기될 수 있다. 대표성의 문제는 특정 사회 계층의 이익이 특정 NGO에 의해 고려되는 반면, 다른 계층이나 집단이 무시되는 사례가 나타날 수 있다. 뿐만 아니라, 국가 또는 다양한 시민들 사이에서 이해 충돌이 생길 수도 있다. 이 외에도 조정 메커니즘과 책임(Accountability)의 결여, 시민사회에 대한 개방성 또한 NGO에 대한 주요 비판 요소로 지적될 수 있다(Lage & Brant 2008).

7.3. NGO-국가-국제기구-기업 간의 관계

비정부적이고 비영리적으로 정의될 수 있는 NGO는 다양한 주체들과 상호작용한다. 목적 및 전략, 가치에 따라 기업 및 정부와 협업을 할 수도 있고, 대치할 수도 있다. 단일한 역학으로 NGO와 다른 행위자의 관계를 뚜렷하게 규정짓기는 어렵다.

7.3.1 NGO와 국가 관계

사이벨(Seibel 1992)은 국가-NGO 관계 중 3가지 부분(① 자원의 흐름 ② 조직 간 관계, ③ 독립적인 혹은 상호의존적인 행정)에 관하여 설명하고 있다. 우선 사회서비스나 공중보건 분야에서 정부 혹은 NGO 단독으로 자금을 조달하여 해결하기는 불가능하다. 그렇기에 이러한 분야에서는 국가와 NGO 간의 협력이 요구되며, 상호협력에 기반하여 NGO는 공공 서비스 부문에서 전문성을 제공한다. 이때 정부의 자금 지원을 통해 NGO는 지역에 적합한 서비스를 효율적으로 제공할 수 있다. 또한 정책 형성 측면에서는 NGO가 제공한 정보를 활용해 정책적인 기반을 마련할 수 있다. 덧붙여 행정 부문에서는 NGO와 정부 간의 상호작용을 통해 정책 이행의 효율성을 강화할 수도 있다(Kazanoglu 2022).

코스탄(Coston 1998)은 정부-NGO 관계를 8가지 모델로 나눠서 설명하였으며, 이는 7가지 변수에 영향을 받는다고 주장한다. 7개의 변수는 다음과 같다. 제도적 다원주의에 대한 정부의 저항 및 수용 정도, 정부-NGO 연결 정도, 상대적인 권력관계, 관계의 형식 정도(형식적, 비형식적), 정부 정책의 선호도, 그리고 여타 다른 문맥적 특징들이다. 각 변수는 정부-NGO 관계에 영향을 미친다. NGO는 정부와의 관계에서 독립성, 자치권, 협력을 주장하는 경향이 있는 데 반해, 정부는 NGO와 정당성을 놓고 경쟁하는 경향이 있다. 이러한 관계성을 기반으로 코스탄은 일차원적 스펙트럼 속에서 8가지 관계 모델을 제시하고 있다. 8가지 관계 형태는 정부-NGO 관계가 억압(Repression), 라이벌(Rivalry), 경쟁(Competition), 계약(Contracting), 제3정부(Third-party Government), 협조(Cooperation), 상호보완(Complementarity), 협동(Collaboration)이다. 이 NGO-정부 관계 스펙트럼에서 억압 및 라이벌로 갈수록 정부의 힘이 강력해지며, 정부가 권위주의적 성격이 강하다고 보았고, 협력적인 방향으로 갈수록 정부가 민주주의적 성향을 가질 가능성이 높다고 보고 있다.

클라크(Clark 1995)는 제3부문이 강할수록 시민사회의 동력이 커진다고 주장하였다. 즉, 제3부문은 시민들을 단순히 정부에게 세금을 내며 그에 대한 서비스를 받는 수동적인 위치를 탈피하여, 정책 및 발전 과정에 직접적으로 참여하는 창구 및 기회를 제공받음으로써 시민들이 "요구하는 위치(Demand Side)"하는 것을 의미한다. 또한, 기부자(Donors)들은 NGO의 역할을 유용하게 이용함으로써 정책 발전을 도모하는 창구로써 이용·활용할 수 있다고 볼 수도 있다. 따라서, 정책 형성 배경, 정부, NGO, 기부자의 이해관계, 거버넌스에 따라서 관계성이 달라지며, 목적 및 이해관계에 따라 협력할 수도 있고 대치될 수도 있다고 보았다.

7.3.2 NGO와 국제기구 관계

2차 세계 대전 이후 국제기구(International Organizations: IOs)가 국제무대에서 권위를 가지고 영향력을 행사하기 시작하였다. 국제 무대에서의 정치적 권력 변화는 IO의 관심 증가 및 NGO의 정책 형성 영향력 강화를 가져왔다. NGO의 급증으로 인해 IO – 국가 간의 관계가 양자적인 형태에서 벗어나서, NGO를 포함한 다자적인 형태로 발전하게 되었다. 그리하여 국제관계에서 국가만이 유일한 주요 행위자라고는 보기 힘들어졌다. NGO나 INGO(International NGO)를 통해서 개인과 단체들이 국가의 범위범주를 벗넘어서 직접적으로 국제무대에서 활동하게 된 것이다.

INGO는 단일한 목적을 가질 수도 있고, 다양한 목적을 가질 수도 있다. 또한, 지역적(Regional)일 수 있으며, 국제적일 수도 있다. 이런 특성을 활용하여 NGO는 국경을 넘어서 다른 행위자들, 특히 정부와 국제기구 사이의 정치적, 경제적, 사회적 변화를 위해 협력을 도모하기도 하고, 견제하기도 한다. NGO가 국가나 국제기구를 대체하지는 않지만, NGO의 영역이 기존의 주권 및 국경이라는 경계를 넘어 확장되었다(Berg 2009).

NGO는 국제기구를 통한 정책 형성에 많은 에너지와 자원을 할애하고 있다. NGO는 국제기구와 함께 인권, 환경 보호, 갈등 해소, 국제 무역 관련하여 많은 국제 규범을 형성하였다. 국제기구에 있는 정책 결정권자들은 정보 수집에 있어서 충분한 자원이 있지 않은 반면에, NGO들은 이런 정보 수집에 특화되어 있다. 동시에 국제기구는 NGO가 가지기 어려운 정책 형성 능력을 보유하고 있다. 코렐과 벳실(Corell & Betsill 2001)의 연구는 교토의정서(The Kyoto Protocol)와 사막화방지협약(The Desertification Convention) 형성 과정에서 NGO가 영향력을 미쳤다고 주장하고 있다. 해당 연구에서는 정보 정치의 영향력을 "한 행위자가 다른 행위자에게 의도적으로 정보를 전달하고, 그 정보 없이는 일어날 수 없었을 행동이 야기됐을 때"로 정의하고 있다. 교토의정서와 사막화방지협약의 형성 과정에서 NGO가 정보를 제공함으로써 국제기구에 실질적인 영향력을 미칠 수 있다는 것을 밝힘으로써 NGO의 정보 제공의 영향력을 보여주었다.

국제기구와 NGO의 관계는 단방향이 아니라 오히려 상호보완적인 관계로 보인다. 정책 형성자들은 NGO에게 정책 형성 과정에 접근성을 제공하며, NGO는 정책 결정에 있어서 중요한 정보를 제공하기도 하고, 로비를 통해 정책 형성에 압박을 가하기도 한다. NGO가 국제기구를 통해서 규범 및 정책을 형성하고, 이를 바탕으로 국제 정치 무대에서 국제기구가 경제적 제재, 평판 활용, 정보 제공 등을 통해 각 국가에게 영향력을 행사하기도 한다(Tallberg 2015). NGO의 영향력은 정책 형성에만 국한되어 있지 않으며 다양한 면모가 존재한다. 또한 정책 형성을 넘어서 정책이 잘 이행되고 있는지를 모니터링 하는 "감시자(Watchdog)" 역할을 수행하기도 하며, 상황에 따라 국제기구에게 투명성 및 책임을 물을 수도 있다(Ahmend 2009).

아흐메드(Ahmed 2011)의 연구는 NGO가 영향력을 행사할 수 있다고 해서 항상 영향력을 미치는 것은 아니라고 주장한다. NGO들이 한 목소리로 의견을 대변할 수 있다 해도, 정책 형성 혹은 의사 결정 과정에 그들이 참여할 수 있는 범위가 상이하기 때문에 영향력의 범위 또한 한계가 있다고 설명한다. 또한, 기후 변화 같은 전문적인 기술이 요구되는 경우에 그러한 전문적인 기술 또는 전문성을 보유하고 있는 NGO가 많지 않기 때문에 영향력에서 차이가 날 수도 있다. 따라서, NGO가 UN과 세계은행(World Bank: WB), 세계 무역 기구(World Trade Organization: WTO)에게 미치는 영향력을 비교했을 때 정치적 기회 구조에 따라서 미치는 영향력의 정도가 다르다고 본다. NGO－UN 관계가 NGO－WB 관계보다 더 제도화되어 있기 때문에 정책 형성 과정에 더욱 긴밀하게 관여할 수 있다. 반면 WTO와 WB에서는 주로 모니터링을 하는 다소 소극적인 역할을 수행한다. 또한, WTO와 WB에서는 주로 기술적인 문제를 다루고 있기에 NGO의 전문성에 따른 참여와 영향력의 정도가 달라질 수 있다. 즉, 간단하게 말하면 NGO가 IO의 정책 결정 및 영향력 정도는 IO의 성격에 따라 달라질 수 있으며, 기존 NGO와 IO의 관계 및 NGO가 가진 전문성에 따라서도 달라질 수 있다.

7.3.3 NGO와 기업의 관계

NGO와 기업은 국가와 대비되는 사적인 조직이라는 공통점이 있으나, NGO는 주로 공익을 추구하며, 기업은 사익(이윤의 극대화)을 추구한다는 점에서 차별점을 지닌다(Dana 2010). 물론 두 조직 간에 목적은 상이한 편이지만, 기업의 사회적 책임(Corporate Social Responsibilites: CSR) 측면에서 보면 NGO와 기업이 협업할 여지도 존재한다. 기업들은 최근 ESG(Environment, Society, Governance)의 활성화 측면에서 NGO들과 협업하여 공익에 기여할 수 있는 자발적인 활동(Corporate Volunteering: CV)을 활발히 전개하고 있는 추세이다. NGO는 이러한 기업의 변화에 맞춰 기업 거버넌스와 활동에 대한 모니터링을 제공하는 데 중요한 역할을 한다. NGO는 지속가능하지 않은 기업에 대한 보이콧(Boycott) 및 정보 정치 전략을 통해서 소비자의 행동을 전달 및 항의할 수 있으며, 의사 결정을 민주적으로 만드는 등 기업 거버넌스를 변화시킬 수 있다(Vogel 2002). 많은 회사들이 지속가능한 목표를 달성하기 위해 조직을 만들고 투자를 하고 추세이기에, 경제적 이윤추구와 지속가능한 목표를 구별지어 생각하기는 어려운 형국이다. 기업은 NGO 혹은 제3부문의 NPO들과 함께 지속가능한 시장과 수익 창출을 위한 자발적 이니셔티브를 구축하기도 한다(Lyon & Maxwell 2004). 대표적인 예로 지속가능한 목재 생산 및 판매를 위한 지속가능 산림/목재 인증제도이다. 불법적인 산림 벌채와 밀수 등을 막기 위한 지속가능한 목재 인증은 목재 산지에 대한 엄격한 모니터링을 통해 관련 산업이 소비자의 불매 운동 등의 리스크에 대응할 수 있는 인증된 목재를 유통할 수 있도록 돕는다. 이는 산림의 지속가능성을 확보함과 동시에 기업 이윤의 지속가능성도 보장할 수 있는 방안이다. 레비와 뉴웰(Levy & Newell 2005)은 기업이 NGO와 협력하여 지속가능성을 강화하기 위해 환경 인증 또는 표준화 체제를 시작했다는 것을 밝혔다.

NGO는 또한 국제적인 수준에서 기업에 영향력을 행사할 수 있는데, 그 예시로 온실가스 프로토콜(Greenhouse Gas Protocol)이 있다. 온실가스 프로토콜은 세계자원연구소(World Resources Institute: WRI)와 지속가능한 발전을 위한 세계 비즈니스 위원회(World Business Council for Sustainable Development: WBCSD)가 조직한 이니셔티브이다. 국제적 회계 및 보고 기준을 개발하였으며, 기준을 통해 국제적으로 통용될 수 있는 기준을 제시함으로써 기업의 온실가스 배출과 관리에 일관성 및 효율성을 가져올 수 있었다. 그린(Green 2017)의 연구는 이 이니셔티브에 참여한 두 NGO가 기업들의 거래 비용 절감, 이슈 선점, 환경에서 리더라는 이미지를 줄 수 있는 기회를 제공함을 밝혔다. NGO는 다양한 전략을 통해 기업과 같은 민간 행위자들에게 영향력을 행사할 수 있다.

7.4. NGO의 정치 활동

NGO는 어떻게 다른 행위자들에게 영향력을 행사하는가? 켁과 식킨(Keck & Sikkink 1999)은 물질적 이익 혹은 전문가적 지식이 아닌 규범과 가치를 중심으로 활동하는 초국가옹호네트워크(Transnational Advocacy Networks: TAN)의 활동에 주목하였다. TAN은 국내·국제적 경계를 넘나들며(Transnational), 단체 자신의 이익으로 환원되지 않는 어떠한 사상, 가치 등을 추구하며 활동하는 옹호 그룹(Advocacy Groups)들로 이루어져있다. 이들은 국제적 네트워크상에서 특정한 규범을 전파하거나 실제로 문제 해결을 추구하는 국제적인 운동을 촉발하기도 한다.

TAN은 국내 문제를 "부메랑 패턴(Boomerang Effect)"의 경로를 거쳐 해결한다. 국가 내에 제한된 시민사회는 종종 국가와의 문제 해결의 연결 고리가 부재하여, 국가에게 '권리'를 확보하는 것조차 이루어지지 않는 경우가 많다. 그러나 네트워크 상에 분포해있는 각국의 시민사회들은 정보 교류를 통해 문제가 발생하는 국가의 상황을 인지하고, (주로 발전된 국가에 위치한) 시민사회들은 청원을 요청하는 시민사회에게 유용한 정보를 제공하여 이러한 상황을 변화시킨다. (주로 제3세계에 위치한) 국내 시민사회가 국내 문제를 해결하기 위해 국제적 네트워크 내의 행위자와 연합하여 문제를 해결한다. 네트워크가 확장될수록 점차 많은 정보를 보유하며, 행위자들 간 국제적 접촉 역시 점차 용이해진다. 따라서 문제해결을 위해 초국가 시민사회 네트워크에 참여하는 것은 일반적으로 많은 비용을 요구하지 않는 효율적인 대안이기도 하다.

TAN이 활용하는 전략은 정보정치(Information Politics), 상징정치(Symbolic Politics), 지렛대정치(Leverage Politics), 책임 정치(Accountability)로 구성된다. 정보정치는 정치적으로 중요한 정보를 확산시키는 전술이다. 예를 들어, 다양한 종류의 정보들을 가공하여 문제의 원인과 책임 소재를 특정 국가 정책으로 지목한다. 상징정치는 문제가 있는 상황을 이해할 상징, 행동 등을 불러일으켜 청중들에게 전파하기는 것이며, 지렛대 정치는 더 힘이 강한 행위자(예: 미국이나 UN 등)에게 호소하여 원하는 결과와 전략(예: 경제 제재)을 이끌어낸다. 책임성 정치는 지속적인 모니터링 등을 통해서 힘 있는 행위자들에게 의무를 부과하고 실제 약속한 바를 이행하는지를 확인하는 전략이다.

1970년 남미의 우파 독재 정권은 자국에 비판적인 시민(특히 청장년)들을 고문하거나 실종(Disappering)시키는 전략을 활용했다. 아르헨티나의 군부정권(Junta)은 비밀스럽게 인권 유린을 자행했다. 젊은 청년들이 사라지자 가장 가슴 아파하며 애타게 이들을 찾는 이들은 그들의 가족들이었다. 국가에 대항할 힘이 없는 엄마들은 실종된 아들, 딸 사진을 들고 광장에 모여서 작은 정보라도 찾기를 희망하며 자녀들을 찾았다. 하지만 실종의 주체인 경찰과 군, 정부가 시민사회에 무응답하는 것은 자명했다. 이에 1960년 최초의 인권 NGO로 창립된 엠네스티 인터네셔널과 인권감시(Human Rights Watch) 기구는 TAN을 형성하여, 실종 사례에 대한 정보를 수집(정보 정치)하였다. 실종 사례에 대한 공개된 정보를 가진 것은 인권 TAN이 유일하였으며, 이를 상징정치에 활용하였다. 자식을 잃고 오열하는 엄마들과 가족들의 모습, 실종 당시 사진과 인적 사항을 적은 피켓을 들고 서로에게 묻는 모습은 자식을 가진 사람들에게 큰 반향을 일으키는 상징이 되었다. 이를 인권 유린과 연계(Framing)하여 UN이나 미국 등 민주주의와 인권을 강조하는 국가들을 설득한 것이다. 즉 해당 단계가 지렛대 정치이다. 결국 미국 정부와 프랑스, 이탈리아는 아르헨티나의 인권 유린을 규탄하고, 실질적으로 군사 원조를 감소시키다 중단하게 된다. 아르헨티나 정부가 주권 침해 및 내정 불간섭 원칙에 위배된다고 주장하였으나, 정권의 정당성을 인정받지 못하게 되자 결국 인권조사위원회를 초청하게 된다. 미국과 서방 국가로부터의 군사·경제 원조를 회복시키기 위해 인권 유린 사실을 인정하고 개선 조치를 수용하겠다고 밝혔다. 이러한 조치가 실질적으로 이루어지는가를 감시하고 책임을 지우는 것이 바로 책임정치이다.

TAN이 항상 효과적으로 작용하는 것은 아니지만, 1) 정보 수집 및 공개, 2) 국내에 조응하는 단체의 존재, 3) 외교적 압박 수단의 존재가 네트워크의 효과성을 담보하는 요소이다. 국가가 NGO가 추구하는 가치를 내재화하려고 노력할 때 효과는 더 커질 수 있다.

참고
문헌

Ahmed, S. 2011. The impact of ngos on international organizations: complexities and considerations. Brooklyn Journal of International Law, 36(3): 817－840.

Anna C. Vakil, Confronting the classification problem: Toward a taxonomy of NGOs, World Development, Volume 25, Issue 12, 1997 https://doi.org/10.1016/S0305－750X(97)00098－3.

Brzustewicz, Paweł & Escher, Iwona & Hatami, Akram & Hermes, Jan & Keränen, Anne & Ulkuniemi, Pauliina, 2022. "Emergence of social impact in company-NGO relationships in corporate volunteering,"Journal of Business Research, Elsevier, 140(C): 62－75.

Clark, John, 1995. "The state, popular participation, and the voluntary sector," World Development, Elsevier, 23(4): 593－601

Dahan, N. M., Doh, J., & Teegen, H. 2010. Role of Nongovernmental Organizations in the Business—Government— Society Interface: Special Issue Overview and Introductory Essay. Business & Society, 49(1): 20-34. https://doi－org－ssl.access.yonsei.ac.kr:8443/10.1177/0007650309350141

Eilstrup－Sangiovanni, M., & Sharman, J. 2021. Enforcers beyond Borders: Transnational NGOs and the Enforcement of International Law. Perspectives on Politics, 19(1): 131－147. doi:10.1017/S153759271900344X

Elbers, Willem. 2016. David Lewis: Non－Governmental Organizations, Management and Development, 3rd edn. VOLUNTAS: International Journal of Voluntary and Nonprofit Organizations. 28. 10.1007/s11266－015－9672－1.

Elisabeth Corell, Michele M. Betsill. 2001. A Comparative Look at NGO Influence in International Environmental Negotiations: Desertification and Climate Change. Global Environmental Politics, 1(4): 86-107.

Green, J. 2010. Private Standards in the Climate Regime: The Greenhouse Gas Protocol. Business and Politics, 12(3): 1－37. doi:10.2202/1469－3569.1318

Lewis, David. 2003. Theorizing the organization and management of non－governmental development organizations. Public Management Review － PUBLIC MANAG REV. 5: 325－344. 10.1080/1471903032000146937.

Lewis, David. 2010. Nongovernmental Organizations, Definition and History. 10.1007/978－0－387－93996－4_3.

Marcussen, H. S. 1996. NGOs, the State and Civil Society. Review of African Political Economy, 23(69): 405-423. http://www.jstor.org/stable/4006380

Martens, K. 2002. Mission Impossible? Defining Nongovernmental Organizations. Voluntas: International Journal of Voluntary and Nonprofit Organizations, 13(3): 271- 285. http://www.jstor.org/stable/27927790

Nazlı Kazanoğlu & Markus Ketola. 2022 Understanding the moral economy of state－civil society relationships: Islam, women's NGOs and rights－based advocacy in Turkey, Turkish Studies, 23: 4, 600－622, DOI: 10.1080/14683849.2022.2033118

Saidel, J. R. 1989. Dimensions of interdependence: the state and voluntary－sector relationships. Nonprofit and Voluntary Sector Quarterly, 18(4): 335－348.

Tallberg, J., Dellmuth, L., Agné, H., & Duit, A. 2018. NGO Influence in International Organizations: Information, Access and Exchange. British Journal of Political Science, 48(1): 213－238. doi:10.1017/S000712341500037X

어기구. 2011. 시"장과 정부실패사이에서 비영리단체(NPO)의 탄생배경과 역할." 노동저널, 113－129.

국제 NGO의 성장

: 하향식(Top-down)과 상향식(Bottom-up) 요인

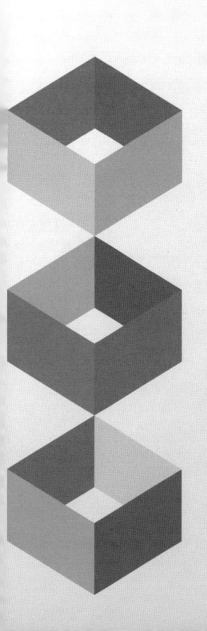

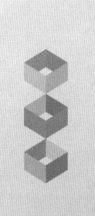

국제 NGO의 성장

: 하향식(Top-down)과 상향식(Bottom-up) 요인

초 록

　본 장은 1982년부터 2000년까지, 126개 국가에서 국제 비정부 기구(INGOs)의 성장을 가능하게 했던 조건들을 분석하고자 한다. 전 세계 INGO의 불균등한 성장을 설명하기 위해, 먼저 대립적인 두 개의 이론적 접근을 시험하였다. 성장에 대한 하향식(Top-down) 관점은 한 국가의 세계 정치와 경제 체제의 통합성 정도에 초점을 맞추고 있다. 반면, 상향식(Bottom-up) 관점은 한 국가 내의 민주주의의 발전과 내부 경제의 번영을 INGO 성장의 주요한 요인으로 강조하고 있다. 최소자승법(OLS)을 통한 패널데이터의 계량경제학적 분석에 따르면, 세계적 · 내적 수준에서의 경제적 · 정치적 요인 모두 INGO의 성장을 설명하고 있다.

8.1. 서론

　국제 비정부기구(International Non Governmental Organization: INGO)의 수가 대폭 증가함에 따라 ─1909년 176개에서 2000년 26,000개 이상으로 조사(UIA 2002) ─ INGO는 국제적 그리고 국내적 정치의 장에서 영향력 있는 행위자로 인식되었다. 선행된 연구에서는 INGO 확산의 증거를 산업화가 완료된 선진국뿐만 아니라, 라틴 아메리카, 동부 유럽, 그리고 아시아권의 개발 도상국에서도 발견되고 있다(Rohrschneider & Dalton 2002).

이러한 INGO의 양적 성장에도 불구하고, INGO의 확산을 가능케 한 조건에 대해 체계적인 방식으로 규명한 사회과학 연구는 드문 편이다. 왜 특정 국가는 다른 나라와는 다르게 더 많은 INGO를 보유하고 있는가? 어떤 조건들이 특정 국가 내에서의 INGO 성장에 긍정적인 영향을 미치고 있는가?

INGO의 학자들은 INGO의 성장을 설명하는 하향식(Top-down)과 상향식(Bottom-up)이라는 두 개의 대립적인 이론을 제시하고 있다. 여기서 하향식 관점 이론은 한 국가의 세계 정치와 경제 체제에 대한 통합성 정도에 초점을 두고 있다. 다양한 수준의 경제적 세계화(무역과 외국인 직접 투자), 국제기구에 대한 정치적 통합성(속해 있는 국제기구의 개수), 그리고 인터넷 연결은 하향식 요인과 INGO의 확산의 관련성을 연구하는 데에 사용되는 변수이다. 상향식 관점은 한 국가 내의 민주주의의 발전과 국내 경제의 번영을 INGO 성장을 가능케 하는 주요한 변수로 강조하고 있다.

본 장은 "INGO의 성장은 세계화 때문인가, 또는 국내 사회경제적 구조 때문인가"에 대한 질문에서 시작한다. 그렇기에 하향식 그리고 상향식 요인과 INGO의 확산 간의 가설을 검증하기 위해, 해당 연구에서는 OLS회귀 분석에 기반한 패널 데이터의 계량 경제학적 분석과 1982년부터 2000년까지 126개국의 패널 데이터의 음의 이항 분포 분석을 진행하고자 한다.

선행 연구는 어떻게 INGO가 기능하는지, 그리고 어떻게 그들이 인권, 환경 그리고 젠더 관련 이슈와 같은 다양한 분야에 영향을 끼치는지에 주로 초점을 두고 있다(Bandy & Smith 2005; Clark 2003a; 2003b; Edwards & Gaventa 2001; Florini 2000; Tusalem 2007). 기존 연구와 비교하여, 본 장에서는 1982년부터 2000년까지 126개국의 불균등한 INGO 성장을 가능케 한 요인을 분석하고자 한다. 본 장은 어떤 하나의 독립 변수 때문이기보다는, 정치적, 경제적 요인이 세계적, 국내적 수준에 포괄적으로 영향을 미쳐 INGO의 수가 증가했다고 설명하고자 한다.

본 장은 총 5가지 부분으로 구분된다. 첫 번째 부분은 INGO의 세계적인 불균등 성장을 다루고 있으며, 두 번째 부분은 하향식과 상향식 설명의 이론적 관점에 근거한 INGO 성장 요인에 대한 대립적인 가설을 다룬다. 세 번째 부분은 변수의 조

작화에 대해 논할 예정이며, 그 다음으로 패널 데이터 분석의 결과를 설명하고자
한다. 마지막인 다섯 번째 부분에서 본 장의 의의와 결론을 논의하고자 한다.

8.2. 국제 비정부 기구의 출현

INGO는 1980년대 이후 그 수와 영향력 모두에 있어 폭발적인 성장을 경험하였
으며, 최근 세계 정치의 주요한 행위자가 되었다. 사실 INGO의 명확한 정의는 부
재하나, 학자들과 관련 전문가들은 INGO의 기본적인 특성, 활동, 그리고 어떻게 사
회에 영향을 미치는지를 분석해왔다. 대부분의 연구자는 INGO를 세 가지 차원으로
분류하고 있다: ① INGO의 조직적 특성, ② 목표와 전략, 그리고 ③ 다른 사회적
단체와의 관계이다. 첫째로, INGO는 국경을 넘어 많은 관계를 형성하는 자발적 조
직체 형태이다(Florini 2000). 둘째로, INGO는 위 세 개의 조직적 목표 중 한 개 또
는 그 이상의 목표를 가진다: 초국적인 사회운동, 초국적 원조, 그리고/또는 국제 정
보의 공유가 그것이다. 평화, 인권, 국제 안보 또는 환경 등 국제적 이슈에 대해 활동
하는 경향이 있는 INGO는 "초국적 사회운동(조직)"(Bandy & Smith 2005; Khagram et
al. 2002) 또는 "초국적 변호 네트워크"(Keck & Sikkink 1998)라고 명명되기도 한다.
다른 INGO는 인류애적 원조, 개발 지원, 교육 그리고 재난 구호에 대한 도움을 제
공하는데 기관의 목표를 두고 있다(Ottaway & Cartothers 2001). 국경 없는 의사회,
옥스팜(Oxfam), 국제원조구호기구(CARE)가 INGO의 인류애적 원조의 좋은 예시이
다. 마지막으로, 국제 아동 교육 위원회와 같이, 특정 INGO는 아이디어나 전문적
분야 내의 정보를 나누는 교류의 장의 역할을 수행할 수도 있다. 셋째로, "비정부"
라는 단어가 암시하듯이, INGO는 정부와 이윤 추구의 사적 단체와 구분된 독립적
형태의 단체와 조직을 포함하고 있다. 이윤추구 사업과 INGO 간의 경계가 종종 모
호함에도 불구하고(Dichter 1999), INGO는 이윤의 극대화를 주요한 조직적 목표로
추구하지 않고 있다.

요약하자면, INGO는 정부로부터 독립적으로 활동함으로써, 국가(정부), 사적 행위
자, 국제적인 기관과의 규칙적 교류를 통해 구성원의 국제적 목표를 성취하고자 하

는 자발적이고 초국적인 조직이다(Tarrow 2001, 12). 또한, 제도적 압력으로, INGO 는 국가 정부, 기업, 국제적 조직과 같은 전통적인 행위자를 넘어, 시민들 간의 활발 한 교류를 반영함으로써 세계적 시민사회를 강화시킨다. Wapner(1995)가 강조하듯 이, INGO는 정부와 단체의 관습을 변화시키고 지역 공동체에 권한을 부여함으로써 "세계시민 정치"의 영역에서 글로벌 시민사회를 정치적으로 쟁점화했다.

INGO의 개수와 활동의 증가는 아젠다 형성과 정책 시행 모두에 있어 국제적 행 위자의 행동에 영향을 미치는 현상으로 보인다. 그러므로, 한 국가의 INGO의 개수 는 그 국가가 글로벌 거버넌스(Coleman & Sarah 2006), 세계 문화와 정치체제(Boli & Thomas 1999; Boli et al. 1999), 그리고 글로벌 시민사회(Wiest & Smith 2007)에 얼마나 통합되고 참여적인 정도를 나타내는 하나의 지표이기도 하다.

많은 국가들에서 증가하고 있는 INGO의 개수, 개별적인 INGO의 규모와 영향력 성장은 의심할 여지가 없다. 특히 INGO는 변호 역할을 확장하여, 이제는 개발 도 상국과 선진국 모두에서 의사 결정 절차에 더 큰 접근성을 가지게 되었다(Edwards & Hulme 1996). Sikkink와 Smith(2002)는 INGO의 성장이 모든 이슈와 모든 지역 을 통틀어 발생하고 있다고 설명하고 있다. INGO의 수와 규모가 증가했음을 나타 내는 것에 더하여, 그들은 사회적으로 일어나는 변화가 사회적 연결고리와 네트워 크를 더 촘촘하고 강하게 만든다고 주장하고 있다. 또한, INGO는 관습적으로 제한 적인 영향력을 가지거나 국가 정부 그리고 국제적 정부 기구에 의해 무시되었던 새 로운 이슈의 장(지뢰 금지, 늪 보전 등)에서 주도권을 쥠으로써 질적으로 성장했다 (DeMars 2005).

INGO의 전체 숫자가 전 세계적으로 증가하고 있음에도 불구하고, 각 국가들의 국내 INGO의 개수와 증가율은 매우 다르다. 예를 들어, 1990년 미국 INGO의 개 수는 1,505개로 조사되었고 2000년에 그 수는 6,134개로 증가했으며, 해당 증가율 은 407%이다. 반면에, 1990년 라이베리아의 INGO 수는 277개였지만 2000년에는 233개로 감소하였고, 그 감소율은 15.8%이다. 구소련 국가들은 INGO의 극적인 증 가를 경험하였지만, 구체적인 수와 성장율은 지역에 따라 매우 다르다. 슬로바키아 에는 1993년 462개, 2000년 1,432개의 INGO가 있었다(209% 증가). 하지만, 타지키 스탄에는 1993년 23개, 2000년 176개로 매우 적은 수의 INGO가 존재하였다(UIA 1993 & 2000). 이것은 INGO의 수가 세계적으로 증가했음에도 불구하고, 국가마다 의 INGO 성장에 매우 주요한 수준의 차이가 있음을 보여주고 있다. <표 8-1>

에서는 INGO가 가장 많은 10개국과 INGO가 가장 적은 10개국을 보여주고 있다. 이것은 유럽과 자본주의적 민주주의 국가들이 INGO의 수에 있어서 상위에 있음을 시사하고 있다.

표 8-1 상위 10개국의 INGO 수

INGO를 가장 많이 보유한 상위 10개 국가	INGO를 가장 적게 보유한 하위 10개 국가
• 스웨덴 • 스위스 • 스페인 • 벨기에 • 이탈리아 • 미국 • 독일 • 네덜란드 • 프랑스 • 영국	• 부탄 • 몰디브 • 타지키스탄 • 키르키즈스탄 • 캄보디아 • 수리남 • 차드 • 벨리즈 • 중앙 아프리카 공화국 • 모리타니

*주석: 2000년 INGO의 개수
출처: UIA 2000

8.3. INGO의 성장에 대한 하향식 대 상향식 설명

무엇이 각 국가의 INGO 개수의 차이를 설명하는가? 이에 대한 설명은 INGO 성장 원인을 서로 다르게 보는 하향식 접근과 상향식 접근으로 분류된다. 하향식 설명은 한 국가의 세계화(국경을 넘나드는 정치적, 경제적 상호작용)가 INGO의 수를 증가시켰다고 주장하고 있다. 정부와 비정부적 행위자 간의 정치적·경제적·사회적 상호작용이 증가하면서 INGO의 형성 또한 증가했다. 특히 경제적 세계화와 기술의 혁신은 INGO의 형성과 확산에 큰 영향을 미쳤다고 본다. 글로벌 경제에 대한 빠른 통합과 커뮤니케이션 기술의 발전은 국경을 초월하여 다양한 단체와 사람들 간의 교류를 활성화시켰고, 이에 기반하여 다양한 국제적 비정부 조직 단체의 형성을 초래하였다.

하향식 설명의 정치적 측면을 강조하며, Reimann(2006)은 INGO의 글로벌한 확산에 기여한 세계 정치적 기회의 두 가지 요소를 제시하고 있다. 자금 조달의 기회 상승과 의사결정 기구와 의제 형성의 장에 대한 정치적 접근성이 그것이다. Reimann은 UN−NGO 네트워크와 사적, 정치적 재단을 통한 물질적 원천 덕분에 INGO가 기하급수적으로 증가했다고 주장한다. 덧붙여, UN과 다른 국제 기구의 의사 결정 과정에 참여할 수 있는 기회 또한 INGO의 형성을 촉진했다고 보고 있다.

세계 정치 이론가들은 INGO를 세계 정치적 문화의 운반자이자 수행자로 보고있다(Boli & Thomas 1997; Meyer et al. 1997). Boli와 Thomas는 1875년부터 1973년까지, 세계적 발전의 변수들과 INGO의 성장 간의 상관관계를 분석함으로써, INGO의 수적 성장과 국가적 측정 수치(수출, 초등 교육 입학, 도시 인구 등과 같은 것) 등의 상관관계가 중요하다는 것을 발견했다. 이 상관관계는 "주(State) 간 체계와 세계 경제로 지역이 통합되며 INGO가 함께 성장했음"을 나타낸다. 세계 정치 이론가들은 INGO와의 연관성을 한 주의 세계 정치에 대한 통합의 지표로 간주하여, INGO를 보편주의, 개인주의, 자율적 주권, 합리적 진보, 그리고 세계시민성 등 세계 정치 이상향의 중요한 전달자라고 여기고 있다.

세계 정치 이론(World−polity Theory)에서 보편적이고 비위계적인 INGO의 성장과 비교했을 때, 세계체제론(World−system Theory)은 INGO 참여에 있어서 중심부와 주변부 국가들 간의 주권과 불평등을 강조하고 있다(Beckfield 2003; Smith 2004). 세계체제론에 따르면, Beckfield(2003)는 국제 시스템과 국제적 체제와 국가의 INGO 구조 간의 관계를 분석하여 세계 정치 참여에 드러나는 불평등을 강조하였다. 그는 세계 체제에서 주변부와 고소득 국가가 INGO와 더욱더 밀접하게 연결되어 있음을 발견하였다. 하지만, 해당 근거는 뒤섞여 있는 상태이다. Smith와 Wiest(2005)는, 국제 사회 운동 기구(Transnational Social Movement Organizations: TSMO)의 불균등한 지리적 분배를 강조하고 있지만, 그들은 TSMO의 규모는 무역의 정도, 한 국가의 외국인 직접 투자, 그리고 공적 개발 원조 등 세계 경제 통합도에 대한 변수보다는, 정부 간의 조직과 국제 조약에 대한 참여도에 의해 결정되는 세계 정치 통합도와 양적 관계에 있음을 발견하였다.

INGO의 성장에 대한 하향식 접근과 비교하여, 상향식 접근은 INGO의 성장에 영향을 미칠 수 있는 국내 정치와 사회경제적 조건을 강조하고 있다. 예를 들어 민주주의의 확산과 국가의 부는 비정부 행위자 성장의 촉진을 설명한다(Karns & Mingst 2004). 국내 정치와 사회경제적 구조의 구체적인 특징은 일반적으로 INGO가 발전에 긍정적 영향을 미친다는 점이다. Skjelsbaek(1971)은 고도의 경제적 발전과 다원주의적 이데올로기는 INGO의 증가를 유도한다고 주장하고 있다. 경제적으로 발전된 다원주의 사회는 그렇지 않은 사회에 비해 더욱 전문적인 사회적 집단을 가질 가능성이 크다. Paxton(2002) 또한 민주적 정부는 단체의 형상과 INGO와의 관계를 허용할 가능성이 더 높기 때문에, 민주주의는 사회적 자본의 수준에 긍정적인 영향을 미친다고 말하고 있다. 그렇기에 특정 국가가 INGO와 국제적인 연결을 구축하기 위해서는, INGO의 성장을 위한 정치적·경제적 토양이 뒷받침되어야 한다.

본 장은 어떻게 서로 다른 수준의 세계화와 국내 정치−경제적 구조가 한 국가 내 INGO의 개수 차이에 영향을 미치는지를 분석하고자 한다. 먼저 본 연구의 서두에서는 어떻게 세계화와 국내 사회−경제가 INGO의 개수에 영향을 미치는지를 설명하는 주요한 이론적 접근의 개요를 서술하였다. 하향적 접근의 지표로서, 우리는 세계 경제로의 경제적 통합 정도(GDP 퍼센트로 나타나는 무역의 비중, 외국인 직접 투자), 커뮤니케이션 기술의 발전(인터넷과 전화기 사용), 정부간 조직에 대한 참여로 대표되는 경제적, 정치적 세계화에 대해 조사하였다. 또한 민주주의와 경제의 발전 또한 국내 정치−경제적 구조의 주요한 요인으로 조사되었다. <표 8−2>는 하향식 그리고 상향식 관점을 고려한 INGO 성장의 경제적, 정치적 바탕을 나타내고 있다.

표 8-2 하향식 그리고 상향식 관점을 통한 INGO 성장의 경제적, 정치적 요인

	하향식(Top-down): 세계화	상향식(Bottom-up): 국내 정치경제적 상황
정치	국제 정치적 기회 (IO 회원 자격)	정치 체제 유형 (민주주의 여부)
경제	경제적 통합성 (무역, 외국인 직접투자, 인터넷)	경제적 번영 (1인당 GNI)

* 괄호 안에는 측정 지표

8.4.1. 세계 경제에 대한 경제적 통합도

세계 경제 통합성과 무역은 INGO 간의 교류를 촉진함으로써 INGO의 수를 증가시킬 가능성이 크다고 본다. 국제 무역이 증가하는 흐름은 세계화의 기본적인 요소이다(Milner & Kubota 2005). 특히 국제 정치 경제학자들은 무역을 세계화의 지표로 간주하는 경향이 있다(Garret 2000; de Soysa & Neumayer 2005; Prakash & Potoski 2006). 국가 경제의 통합성 증가는 경제적 효율성의 개선과 같은 이익을 제공하지만, 삶의 질을 위협하는 문제를 야기할 수 있기도 하다. 한 국가와 세계 경제의 연결고리는 승자와 패자(Kapstein 2000) 또는 당파성의 분열(Milner 2004)을 낳을 수도 있다. 무역은 상품과 서비스의 이동을 증가시킬 뿐만 아니라, 자유 무역 정책을 지지 또는 반대하는 집단 간의 교류도 증가시켰다. 국제 관계와 국내 정치 경제에 무역이 미치는 영향을 고려했을 때, 무역의 증가 또는 감소는 한 국가 내의 INGO의 확산에 영향을 미쳤다. 또한, 상호의존이론(Nye & Keohane 1971; Keohane & Nye 2001)은 "상호의존주의"와 초국적 행위자의 증가를 통한 경제적 통합성을 관련 짓는 주장이다. 결국 경제적 통합의 본질은 국가와 정부를 넘나드는 복잡한 협동과 조화, 경제적 통합 과정에서 정부는 대체로 정보를 통제하지 못하였을 뿐만 아니라, 분배적 불평등에 관하여 적합한 해결책을 제시하는 데에도 실패하였다.

세계적으로 정보를 수집하고 전파할 수 있으며, 지지층을 동원할 수 있고, 정책을 변화시킬 수 있는 INGO는 정부의 특정한 역할을 대체할 수 있다. 또한, 세계화된 경제에서 승자와 패자 모두의 이익을 고려하여 협상해야 하는 정부와는 대조적으로, INGO는 경제적으로 소외된 집단을 지원하는 선택할 수도 있다. 그렇기에, 빠르게 증가하는 경제적 세계화와 잇따른 문제들은 지역의 NGO들이 초국가적 네트워크와 연합할 수 있는 기회로 작용하기도 한다. 이 연합은 세계무역기구(World Trade Organization)나 세계은행(World Bank)과 같은 초국적 기업이나 국제 기구에 대항할 수 있다. 초국가 운동, 초국가 소비자 집단, 노동 연합을 포함하는 INGO는 소외된 시민의 이익과 권리를 보호하기 위한 반헤게모니적 네트워크를 형성하는 것이다 (Evans 2000).

시애틀에서 WTO와 자유무역에 대한 거대한 대중적 저항이 발생한 이후로, 노동 연합, 인권 운동, 환경 단체, 그리고 다른 다양한 INGO는 초국적 사회 운동과 자유 무역에 대한 대안적인 네트워크를 형성하였다. 무역과 관련된 정책이 전통적으로

정부, 기업, 특정한 이익집단의 영역으로 간주되어왔지만, INGO와 시민사회 집단
은 자유무역과 외국인 직접 투자가 환경, 인권, 그리고 성적 불평등에 미치는 부정
적 영향에 대립되는 네트워크와 연합체를 형성하였다(Bandy & Smith 2005;
Deslauriers & Kotschwar 2003).

　자유무역에 대항하는 INGO 시위의 증가와 INGO의 국제 경제 기관 참여도 증가
는, INGO로 하여금 무역 이슈에 대해 그들의 영향을 강화시키는 연합을 구축하도
록 하였다. 개발도상국에 있어서 다국적 기업(이하, MNC)과 그들의 활동의 확장은
INGO가 외국인 직접투자(이하, FDI)가 야기하는 부정적인 영향에 대항하는 연합을
형성하도록 했다. 최근 개발도상국의 착취적인 노동 환경이 추정되는 곳에서 생산
되고 구입된 나이키와 월마트의 물건에 대한 INGO의 보이콧은 외국인 직접 투자
와 다국적기업이 INGO의 반응을 어떻게 촉발시키는지 잘 보여준다(Doh 2003). 전
통적인 무역조합과 INGO들은 다국적 기업이 개발도상국 내에서의 노동 인권을 보
호하도록 힘을 가하기 위해서 협력적인 네트워크와 동맹을 발전시켜왔다(Connor
2004; Eade 2004). FDI와 MNC활동의 증가는 기업의 사회적 책임에 대한 압력을 가
하고 노동 환경(Wood 2005), 환경(Newell 2001), 그리고 기업의 행동강령(Waterman
2005)에 대한 FDI의 영향과 MNC의 활동에 대응하기 위한 네트워크를 형성하는 데
있어서 INGO의 역할을 촉진했다. 경제적 세계화의 시기에, Florini(2000)이 주장했
듯이 세계는 누군가가 개별적인 영토국가가 완전히 통제하기 힘든 광범위한 공익을
보호하는 "세계적 양심(Global Conscience)"으로서 누군가가 행동하길 바라고 있을
지 모른다. 이는 경제적인 세계화와 INGO의 확산에 대한 다음과 같은 가설로 이어
진다.

가설 1
세계 경제에 더 통합되어왔던 국가는 더 많은 INGO들을 가질 확률이 높다.

8.4.2. 정치적 세계화와 정부간 조직
　경제적 통합, 그리고 무역 흐름과 FDI의 증가와 함께, 국가들의 정부간 조직들
(IGO)를 통한 국제적 정치적 반응 증가는 INGO의 성장과 확산에 호의적인 국제

정치적 기회로 작동하였다. Tarrow(2005)는 국제주의, 또는 정치적 세계화와 관련된 두 개의 흐름을 설명한다. (1) 국가, 정부간 조직 그리고 비정부 행위자의 수직적인 관계와 네트워크 형성, (2) 초국가적, 국가적, 그리고 국제적 수준의 수직적 연결의 증가가 있다. 정치적 세계화, 특히 IGO들과 NGO들의 협력적 파트너십의 증가는 INGO 확산의 두 가지 측면을 초래했다고 할 수 있다.

첫 번째 측면으로, IGO가 후원하는 프로그램들은 INGO에 재정적 원천, 능력치를 구축하는 기회들 그리고 정당성을 제공하고 있다. 국제기구들은 INGO의 목표와 상응하는 특정한 가치와 규범에 정당성과 원천을 제공한다(Smith 2000). UN과 세계은행과 같은 다른 IGO들은 인도주의적 구호, 난민 구제, 젠더와 환경 이슈 분야 프로그램에 투자하거나 INGO와 함께 실행하는 주요한 행위자이다. Reimann(2006)에 따르면, UN의 NGO에 대한 재정적 지원은 1980년대 이후로 빠르게 증가하였고, 1900년대부터 UN 산하의 기관들은 NGO 프로그램에 매년 20억 달러 이상의 재원을 제공해왔다.

둘째로, IGO회의에 대한 INGO의 참여는 네트워크를 발전시킬 수 있는 기회와, 국제적 안건 설정 절차에 영향을 끼칠 수 있는 기회를 제공할 수 있다. 예를 들어서, 1992년 리우에서 열린 환경 및 개발에 관한 UN회의는 1,400개 이상의 등록된 NGO들의 네트워크 형성을 가능하게 하였고, 그들이 지속가능한 개발 이슈와 관련된 안건 설정에 기여하도록 하였다(Weiss & Gordenker 1996). Sikkink와 Smith(2002)는 INGO와 세 개 또는 그 이상의 IGO들의 공식적인 관계의 확장이 1953년 17퍼센트에서 1993년 37퍼센트로 두 배 증가되었다고 발표하였다. 그렇기에 수백 개의 UN과 다른 IGO 회담은 INGO의 성장을 촉진해왔다고 볼 수 있다. IGO와의 공식/비공식적인 접촉 및 관계 형성은 INGO로 하여금 자금을 구하고, 그들의 위상을 일으키고, 그리고 특정한 분야에서 전문화되도록 함으로써 INGO의 확산으로 이어졌다고 본다.

가설 2
더 많은 정부간 조직(IGO)에 가입한 국가일수록, 그 국가가 더 많은 INGO가 있다.

8.4.3. 커뮤니케이션 기술의 발전: 인터넷

커뮤니케이션 기술의 발전은 한 국가 내의 정치적, 경제적 통합을 촉진시킨다. 빠르게 성장하는 정보 기술이 INGO의 발전 또한 촉진시켰다. 정보를 확산시키는 전통적이며 고가의 기존 방법과 비교하여, 새로운 커뮤니케이션의 방식은 INGO가 정보를 빠르게 확산시키고, 국제 네트워크를 쉽게 조직하여, 그들의 전략을 효율적으로 수행하는 것을 가능하게 했다.

새로운 커뮤니케이션 기술이 INGO의 성장을 초래한 것에는 두 가지 이유가 있다. 첫 번째로, 커뮤니케이션의 새로운 형태는 정보를 확산하여 새로운 구성원을 선발하고, 자금을 조달을 지원함으로써 조직 내 효율적인 내부적 수행을 가능케 했다. INGO는 또한 의사 결정 절차에 영향을 미치기 위해, 그리고 대중의 의견을 종합하기 위한 도구로서 전통적인 방법을 통해 정보를 획득 및 활용해왔다. 하지만 인터넷을 통해, INGO는 구성원과 스태프가 직접 소통함으로써 연대성을 증진할 수 있을 뿐만 아니라, 대중의 인지도와 참여도를 높이는 데 도움이 되는 새로운 정보를 제공함으로써 더 광범위한 지지층에 영향을 미칠 수 있었다. 예를 들어, Salm(1999)는 국경없는 의사회에서 코소보 위기의 두 번째 달까지 그들의 웹사이트를 통해 209,000달러를, 가입비를 통해 393,000달러를 모금한 것을 제시하였다.

두 번째로, 커뮤니케이션 기술의 발전은 INGO가 초국가적인 네트워크를 형성하는 데 도움을 준다. 관심 있는 개인들에게 많은 양의 메세지를 확산하는 웹사이트를 만드는 것은 비용적 측면에서 이익이 될 수 있다. 인터넷 활용은 마음 맞는 활동가들과 대중을 모으고 조직하는 비용을 절감시켰다. 게다가, 인터넷과 새로운 기술의 활용으로 많은 소규모 조직들과 개인들의 연합이 느슨하게 연결되어 있는 것을 의미하는 "우산 연합"과 "거미줄 조직"(Rooy 2004)을 포함한 새로운 형태의 시위 형태와 네트워크 구축의 중요한 도구가 될 수 있었다. 지역적 그리고 국제적 NGO는 다른 국제적 연합체, 특히 영향력 있는 INGO와 국제 조직과의 네트워크 해결책을 도출하고, 그들의 정부에 영향을 끼치는 레버리지로 이용하려고 시도해 왔다 (Keck & Sikkink 1998). 해당 절차에서, 인터넷과 커뮤니케이션 기술은 더욱 일반적으로, 정치적 행동주의가 전통적인 국경 너머에 자리잡는 것을 가능하게 하였다. 비록 대부분의 관심이 인터넷에 집중되어 있지만, 전화와 같은 전통적인 통신기술의 발전은 개발 도상국에서 INGO의 수와 활동을 증가시키는 데에 영향을 줄 수 있다.

사람들과 조직들 사이의 소통 증가는 대중들의 인식과 참여를 향상시킬 뿐만 아니라 시민사회를 개선하기도 한다.

가설 3

특히 인터넷과 같은 새로운 형태의 통신 기술을 사용하는 사람들이 많아질수록,
한 국가의 INGO의 수가 더 많을 것이다.

8.4.4. 민주주의

INGO는 국내 정치 현실과 연결되어 있기 때문에, INGO의 확산은 정권 유형과 같은 국내 정치 상황에 따라 달라질 수 있다. 세계의 대부분의 지역에서, 민주적인 정치적 맥락은 "초국가 네트워크의 노드"(Florini 2000, 217)를 제공할 수 있다. 아프리카, 라틴 아메리카, 아시아, 그리고 동유럽을 통한 민주화는 아마도 초국가적 네트워크에 대한 참여를 촉진하는 국내 시민사회를 강화시켰다. 민주주의와 강력한 시민사회의 발전은 서로 맞물려 있다. 민주적인 정치적 맥락은 민주주의 문화(결사의 자유 등)와 제도 덕분에 INGO가 번영할 수 있도록 도와준다. 그렇기에 결사의 자유는 국제 및 국내 NGO가 형성되기 쉽게 만들었고, 이는 그들의 활동에 대한 시민들의 참여를 용이하게 하였다.

결사의 자유는 INGO가 특정 국가에서 자원을 모으고 구성원을 모을 수 있도록 하기에, 해당 요소는 INGO의 구축 작업에 매우 중요하다. Mosse(1997)는 미국 헌법의 결사의 자유가 국내외의 인권 NGO에 미치는 영향을 분석함으로써, 다른 사람들의 인권을 보장하는 것은 인권 NGO가 가진 결사의 자유에 의존하기 때문에 이는 민주주의 원칙이 NGO 존재의 핵심이라고 결론지었다. 또한 표현과 언론의 자유는 NGO가 정책 수립 및 사회적 담론 과정에서 그들의 의견을 표현할 기회를 제공한다(Fisher 1998). 이러한 자유는 민주주의 국가 내의 세계시민들이 국경을 넘어, 공식적인 정치의 장 밖에서 교류하게 함으로써 긍정적인 결과를 가져올 수 있다(Friedman et al. 2005).

민주주의 제도들, 특히 선거 민주주의는 INGO 또는 사회 운동을 위한 정치적 기회를 제공하는 경향이 있다(Burstein 1999). 민주주의에서 선출직 공무원들이 재선하기를 원한다면, 그들은 대중들의 니즈에 대한 정보가 필요할 수밖에 없다. 특정 시

민 기반 이익과 목표를 위한 로비 활동을 통해 공무원에게 전달될 수 있다. 강력한 엘리트들이 선거 결과를 고려하지 않고 행동하는 경향이 있는 독재정권과는 다르게, 민주주의 국가의 관료들은 국민에 대한 책임감이 있으므로, NGO의 영향력에 더 수용적인 편이다(Potter 1996). 민주주의 국가를 운영하는 이들은 선거구 사람들을 포함하는 INGO와 같은 단체의 목소리를 듣는 것에 의무와 이익이 동시에 존재한다.

민주주의가 동유럽 또는 라틴 아메리카의 일부 지역의 민주화 초기에는 시민사회를 강화하지 못할 수도 있지만(Kumar 1993; Bebbington 1997; Kopecky & Mudde 2003), 경험적 연구들을 통해 개발 도상국의 민주화는 시민사회 형성을 촉진하고 INGO를 확산시킴을 알 수 있다(Fox 1996; Petrova 2007). 다만 권위주의적 정부는 단체의 형성 자체에 반대함으로써 INGO의 발전을 허용하지 않는 경향이 있다. 그러나, 민주화는 단체의 형성에 대한 저항을 줄여준다. Petrova(2007)는 포스트 공산주의 국가 25개국, 국내 자원, 그리고 사회적 자본은 NGO의 지속 가능성과 양의 관계를 띄고 있음을 보여준다. 그렇기에 민주주의의 발전은 INGO 형성에 도움이 될 것으로 예상된다.

가설 4
민주주의 국가들은 더 많은 INGO를 가질 가능성이 있다.

8.4.5. 경제적 번영

다양한 소득 수준 또는 경제 성장률을 포함한 국내 경제 조건은 한 국가 내 INGO의 수에 영향을 미칠 수 있다. 경제의 번영은 나중에 INGO에 대한 재정적, 정치적 지원으로 전환되는 가치인 중산층의 부상과 후기 물질주의와 밀접하게 연관되어 있다. 잉여 수입을 더 많이 보유하고 있는 시민들은 잠재적인 자원을 제공할 수 있다. 즉 잉여 수입을 보유한 다수의 시민들이 INGO에 자선사업과 금전적 지원을 제공함으로써 INGO의 수를 증가시켰다고 본다. 정치 참여의 자원 모델은 더 높은 수입을 보유한 시민들 또는 빠른 경제 성장에 직면한 시민들이 공공 정책 프로세스에 대한 투명성 및 시민 참여를 요구할 수 있다고 설명한다(Frey 1971; Brady et al. 1995). 고소득 시민들이 공적인 차원에 더 많이 참여하기 때문에, 이러한 시민들의 집단적 활동을 지원하는 INGO와 다른 단체들은 상대적으로 고소득 국가에서 쉽게 형성될 수 있다. 게다가, 기부금, 재단 보조금, 기업 및 해외 원조로부터 얻은 재정적 원천은 INGO 성장에 중요한 요소이다. 조직을 운영하기 위해 다양한 분야에서 세금을 수금하는 정부와 비교했을 때, INGO는 그들의 구성원으로부터 세금을 강제적으로 징수할 수는 없다. 대신에, INGO들은 조직을 운영하고 프로젝트를 수행하기 위해 그들의 구성원들이 자발적으로 기부한 재정 자원에 의존하고 있다. 아시아 태평양 지역에서 등장하는 시민사회 사례 연구들에서, Yamamoto(1996)는 경제 성장이 비정부 단체, 자선 단체, 그리고 독립적인 정책 연구 기관과 같은 시민사회 단체 수의 증가를 이끌었다는 것을 발견했다. 비록 개별 국가 내에서의 속도는 상이한 편이지만, 특히 아시아-태평양 지역의 시민사회 조직의 성장은 주로 이 지역의 경이적인 경제적 성공에 기인해왔다. 빠른 경제 성장과 중산층의 출현은 아마도 물질적 자원을 제공하고 다원적 사회에 대응하여 시민사회를 강화할 것으로 보이며, 필자는 빠르게 성장하는 경제와 더 높은 소득의 시민들이 INGO를 발전시킬 수 있는 더 많은 재정적 자원을 제공할 수 있다고 예측한다.

가설 5
1인당 소득이 높은 국가는 더 많은 INGO를 가질 것이다.

8.5. 데이터

개별 국가 내에서 INGO 수의 증가를 촉진하는 요인을 조사하기 위해, 본 장은 1982년부터 2000년까지 126개국의 패널을 분석했다. 2000년을 기준으로 국가 간 평균 INGO 수는 1,824개이며, 131개(부탄)에서부터 7,555명(영국)에 이른다. INGO의 수 데이터의 출처는 국제 연합(UIA)이다. 1950년부터 UIA는 연례 국제기구 연감의 한 부분으로써 INGO에 대한 데이터셋을 생산해왔다(UIA 2005, 392)[1] 연감이 본 보고서에 대한 체계적인 연간 데이터의 유일한 출처이기 때문에, INGO의 수, 국제 조직, 그리고 NGO 학자들이 시민사회 및 INGO와 관련된 현상을 설명하기 위해 이 데이터를 사용하였다(Skjelsbaek 1971; Boli & Thomas 1997; Paxton 2002; Beckfield 2003; Smith & Wiest 2005).

한 국가 내에서 INGO의 성장을 촉진하는 조건을 설명하기 위해, 본 장은 이전의 이론을 바탕으로 세계화와 국내 구조 변수에 초점을 맞추고 있다. 하향식 설명은 INGO의 성장과 경제(무역과 외국인 직접 투자), 정치(IGO) 그리고 기술(인터넷 및 통신)의 세계화 간의 관계를 가정한다. 가설 1을 시험하기 위해, 총 무역 대 GDP의 비율(수출과 수입의 합계)을 한 나라의 세계 경제로의 통합의 척도로서 활용하였고 FDI 변수를 GDP 대비 FDI 주식의 비율로 측정하였다. FDI의 주식은 시간 경과에 따른 누적 투자액을 측정하기 때문에 FDI의 흐름 그 자체보다 대상 국가의 경제에 대한 MNC의 구조적 힘을 포착하는 데 더 나은 측정 도구이다. 무역 및 외국인 직접투지 변수는 불균형을 줄이기 위해 기록되었나. 모든 재무 데이터는 별도의 언급이 없는 한 세계은행의 세계개발지수(WDI 2002)에서 가져온 것이다. 독립 변수는 동시성 편향을 줄이기 위해 1년 지연하였다. 정치적인 세계화는 한 국가의 IGO 회원 수로 측정하였으며, IGO회원 자격에 관한 데이터는 국제 연합 연감(UIA)을 참고하였다. 통신기술의 역할을 이해하기 위해, 인터넷과 전화 데이터를 사용한다. 이 데이터들은 인터넷 사용자들과 유선전화 그리고 휴대전화 가입자 1,000명을 각각 측정하였다.

한 국가의 INGO와의 관계에 영향을 미치는 상향식 요인을 파악하기 위해, 필자는 민주주의, 시민의 자유, 1인당 GNI 변수의 척도를 포함하였다. 민주주의를 측정하기 위해, 필자는 Polity IV (버전 2) 데이터를 사용하였다. 구체적으로 정치적 통치의 어떤 측면이 INGO를 번영으로 이끄는지 분석하기 위해, 필자는 시민 자유의 정도를 측정하는 척도를 추가했다. 프리덤하우스(Freedom House)는 (a) 표현과 신념의 자유, (b) 단체 및 조직의 권리 (c) 법치주의, (d) 개인적 자율성과 개인의 권

---

1) UIA 연감(Yearbook)의 INGO 데이터는 몇 가지 장점을 가지고 있다. 첫째로, INGO의 수는 그린피스와 같은 옹호적인 INGO뿐만 아니라, 국제화학무역협회 평의회처럼 기술 전문성이 있거나 규모가 작은 INGO도 포함한다. 이 데이터는 옹호적인 INGO뿐만 아니라 기술적 전문성을 지닌 INGO가 국제 시민사회와 어떻게 연결되어 있는지 보여준다. 둘째로, 이 연감은 INGO의 수에 대해 신뢰할 수 있는 시계열과 단면도 패널 데이터를 제공하는 유일한 자료이다.

리를 계산함으로써 특정 국가의 시민적 자유도를 측정한다. 각 국가의 등급은 1에서 7까지이며, 1은 가장 높은 수준의 시민적 자유를 나타내며 7은 가장 낮은 수준의 시민적 자유를 나타낸다(Freedom House 2006).

Polity IV는 민주주의 정치의 특성에 대한 좋은 척도이지만, 시민 자유 측정 변수는 INGO이 성장에 중요한 조건인 표현과 결사의 자유와 같은 민주적인 문화를 포착할 뿐만 아니라, 국내 시민사회의 힘을 측정하는 데 유용하다. 각 국가의 경제 자원을 측정하기 위해, 1인당 국민총소득(GNI) 및 구매력 평가 지수(PPP)를 측정 도구로 사용한다. 소득에 더하여, 더 높은 경제성장률이 INGO의 확산에 영향을 미칠 수 있기 때문에 경제 성장률 변수는 통제한다.

마지막으로, 냉전 종식, (개발도상국에 대한) 대외 원조, 관련 맥락(공간 지연 종속변수), 모집단 등을 포함한 몇 가지 제어 변수를 입력했다. 냉전의 종식은 INGO 수의 증가에 긍정적인 영향을 미쳤다. 첫 번째로, 소련과 공산주의의 붕괴는 비정부 행위자들의 역할을 강화시키고, 결과적으로 INGO가 더 많은 공간에서의 발언권을 가짐으로써 국제 시스템을 변화시켰다(Florini 2000). 또한, 냉전이 끝난 후에 형성된 INGO는 인권, 투명성, 민주주의, 그리고 환경과 같은 새로운 이슈 분야에서 그들의 전문성을 발전시켰다(Karns & Mingst 2004). 소련의 붕괴 이후, 여성의 권리, 경제적 자유, 기후 변화와 같은 문제들이 더 큰 관심을 받았고, 이는 이러한 이슈 분야에서 활동하는 INGO의 성장과 동시에 일어났다. 냉전 종식이 INGO의 성장에 미친 영향을 조사하기 위해, 냉전 이후 기간을 측정하기 위한 변수를 구성했다. 이는 1982－1989년에 대해 0으로 설정하고, 1990년부터 2000년까지 매년 1년을 추가하는 누적 변수이다.

본 장은 냉전이 끝난 후의 매년이 INGO의 확산에 점점 더 큰 영향을 미쳤다고 예상하고 있기 때문에, 해당 변수는 냉전이 끝난 후 누적된 연수를 포함하고 있다. 해외 원조는 경제 및 정치적으로 발전해야 할 저소득 국가들을 장려하는 데 매우 중요한 요소로 간주된다(Goldsmith 2001). 미국과 유럽 연합을 포함한 민주주의 국가들의 원조는 시민사회와 시민 단체의 발전을 촉진하려는 목표를 가지고 있다.

기부국과 민간 재단으로부터의 자금 조달은 개발도상국 내의 수천 개의 INGO들을 만들고 유지해왔다(Ottaway & Cartothers 2001). 그러므로 본 장은 해외 원조의 증가가 개발도상국 중 INGO 회원인 국가의 수를 증가시킬 것이라고 예상한다. 개발도상국 해외 원조가 INGO에 어떤 영향을 미치는지 평가하기 위해, WDI(World

Development Index)로부터의 GNI당 대외 원조 지표를 사용했다. 인근 지역과 언어의 파급 효과를 제어하기 위해, 필자는 공간적으로 지연된 종속 변수 두 개: (1) O'Loughlin 외(1998)에 의해 만들어진 국경을 맞댄 국가들의 연결성 매트릭스를 통해 얻은 인근 지역에 존재하는 평균 INGO 회원 수, 그리고 (2) 공유되는 언어–영어, 스페인어, 아랍어, 프랑스어, 러시아어, 중국어 및 포르투갈어(CIA Factbook 2007)를 생성했다. 사회적 확산과 이웃 효과를 통해 특정 국가에서 INGO의 성장을 설명할 수 있다. 만약 한 나라가 상당한 수의 INGO를 가진 나라들에 의해 둘러싸여 있다면, 그 국가 또한 많은 수의 INGO를 가질 가능성이 있다. 게다가, INGO들이 언어를 공유할 때 소통이 쉬워지기 때문에 유대관계를 맺기 쉽다. 그러므로, 공유 언어는 INGO 사이에서 아이디어의 공유와 네트워킹을 전달하는 역할을 한다. 이 모델은 더 많은 인구를 가진 나라가 더 많은 INGO를 가질 것으로 가정되기 때문에 인구통계학적 요인과 모집단도 통제한다.

8.6. 분석과 결과

종속 변수는 가산 자료(즉, 각 국가 내의 NGO의 수)이기 때문에, 패널 표시 표준 오차(PCSE)추정을 사용하여 기록된 종속 변수 회귀 분석의 정규방정식(OLS)과, 음의 이항 회귀 분석 모형의 두 가지 모델을 활용하였다. Beck와 Katz(1995)에 의해 연구된 바와 같이, PCSE를 사용한 회귀 분석은 시계열 횡단면 데이터의 오류에 대한 동시 상관 관계를 처리하기에 효율적인 방법이다. 음의 이항 회귀 분석은 현재의 경우와 같이 INGO의 수와 같은 종속 변수에 대한 측정을 할 경우에 활용할 수 있는 적합한 사건 변수 모형이다(King 1989).

<표 8-3>은 패널 데이터의 계량경제학적 분석 결과를 제시하고 있다. 종속 변수는 1982년부터 2000년까지 특정 지역의 INGO 회원 수이며, 독립 변수는 무역(GDP 대비 총 무역), FDI(가설 1) 및 IGO 회원 여부(가설 2), 커뮤니케이션 기술의 개발(1,000명당 인터넷 및 전화 사용자 수, 가설 3) 정치적 정권 유형(민주주의, 가설 4) 및 소득(일인당 GNI, 가설 5)을 포함한 세계화와 국내 사회 경제적 요인이다. 냉전의

종식, 경제적 성장, 이웃효과, 그리고 (개발도상국에 대한) 대외원조와 같은 위에서 논의된 통제 변수를 추가하였다.

모델 1과 2는 분석된 국가에 대한 경험적 모델의 두 가지 다른 요건을 제시하고 있다. (1) 열의 모델 1은 INGO 성장을 위해 제안된 상향식 변수(정치 체제) 가설을 테스트하기 위한 국내 요인 및 통제 변수를 포함한다. (2) 열의 모형 2는 정치, 경제적 세계화 변수를 사용하여 하향식 가설을 검정한다. (3) 열의 모형 3에는 가설 3을 테스트할 인터넷 사용자 변수가 포함되어 있다. 인터넷은 1990년대 초반부터 중반까지 광범위하게 사용되었기 때문에, 이 분석에서 관측치의 수는 737이다. 모형 4에서는 국가 고정 효과를 사용한 분석 결과를 포함하고 있다. 모델 5는 고소득 국가나 OECD국가를 제외한 오로지 개발도상국에서의 INGO 회원 자격의 결정 요인을 분석하였다. 이 모델들은 AR1에 대한 자동 회귀 오류 프로세스를 가정한 패널 수정 표준 오류(PCSE)를 통해 추정된다.

(1)열, (3)열 및 (5)열의 결과는 민주주의 변수가 예상된 방향으로 통계적으로 유의한 계수가 있음을 보여준다. 가설 4를 고려해 볼 때, 민주주의는 특정 국가의 INGO 수에 긍정적으로 영향을 미친다. 이는 민주적 제도의 존재와 함께(Polity IV), 표현의 자유와 결사의 자유와 같은 시민의 자유는 INGO의 확산과 긍정적으로 연관되어 있음을 보여준다. 각 국가가 1은 최고, 7은 최저 수준의 시민 자유 수준을 나타내는 척도에서 1에서 7까지 점수 매겨져 있기 때문에, 계수의 부호는 음수이며, 이는 시민의 자유와 INGO회원 간의 양의 관계를 나타낸다.

표 8-3 INGO수의 결정 요인(로그화된 종속변수, OLS)

변수	모형1 (국내)	모형 2 (세계)	모형 3 (인터넷)	모형 4 (교정효과)	모형5 개발도상국
국내적 변수					
민주주의 (정치형태4)	.005 (.001)**		.013 (.003)**	.0005 (.002)	.013 (.002)**
시민 자유	−0.15 (.005)**		−0.55 (.020)**	−0.19 (.007)*	−0.54 (.021)**
GNI P.C(ln)	.231 (.009)**		.330 (.030)**	.312 (.0563)**	.275 (.031)**

세계화 변수					
무역/GDP(ln)	−0.006 (.029)	0.46 (.043)	.016 (.013)	.056 (.036)
FDI/GDP(ln)	.029 (.009)**	.057 (.014)**	.030 (.007)**	.041 (.014)**
IGO 회원 수	.010 (.001)**	.011 (.002)**	.013 (.002)**	.021 (.002)**
인터넷 사용자		0.24 (.007)**		0.31 (.009)**
전화 사용자	.137 (.009)**		.001 (.021)	
통제 변수					
경제 성장	−.0003 (.0009)	−.0007 (.0009)	−.0003 (.002)	−.001 (.001)	−.001 (.002)
이웃	.126** (.063)	.169 (.063)**	.156 (.105)	.147 (.063)*	.190 (.108)
언어	.045** (.013)	.045 (.013)**	.036 (.012)**	.015 (.025)	.020 (.015)
인구(ln)	.126** (.011)	.147 (.011)**	.248 (.017)**	.268 (.108)**	.240 (.014)**
냉전	0.74 (.029)**	0.43 (.007)	−.020 (.006)**	.014 (.006)**	−.033 (.010)**
GNI당 원조					−.001 (.002)
N	1,754	2,132	735	1,586	524
R^2	.94	.95	.97	.97	.96
AR (1) RHO	.79	.84	.78	.36	.73

괄호 안의 패널 수정 표준 오류.
* P<.05, ** P<.01

　1이 가장 높고 7이 가장 낮은 시민의 자유 수준임을 고려할 때, 음의 계수는 시민의 자유와 INGO 번호 사이의 긍정적인 연관성을 나타낸다. 모든 모형은 소득이 INGO 확산에 미치는 영향에 대한 가설을 지지한다. 가설 5에서 고소득 국가는 INGO를 지원할 수 있는 재정적 원천을 더 많이 가지고 있기 때문에 많은 수의 INGO 회원수를 갖고 있음을 나타낸다. 각 모형의 결과는 INGO회원 자격은 높은 수준의 1인당 GNI와 긍정적으로 연관되어 있음을 나타낸다. 따라서, INGO회원 자격의 확산에 있어서 국내의 정치적, 경제적 요인들은 중요하게 작용한다.

반면에 경제 세계화 변수 중 하나인 무역은, INGO 회원 여부에 영향이 거의 없는 것으로 보인다. 무역변수와 비교했을 때, FDI 변수는 각 모형에서 긍정적이고 통계적으로 유의하다. 무역과 FDI는 모두 세계화의 지표로 사용되어 왔으나, INGO 회원 여부에 있어 각각 다른 영향을 미치는 것으로 보인다. 즉, 순수한 교역량은 INGO가 특별히 무역의 양에 반응한 것이 아니라 무역의 부정적인 효과에 반응했을 수 있기 때문에, 특정 국가에서의 INGO의 성장을 설명할 수는 없다. 자유무역의 부정적인 효과는 임금 불평등과 비숙련 노동력의 취약성을 가리키고 있다. 이러한 결과는 주로 국내 제도와 경제 구조, 특히 그중에서도 정부 보상 계획(Kapstein 2000)과 생산 요소의 분배(Rogowski 1987)의 기능이라 할 수 있다. 그러기에 GDP에 대한 무역의 비율로 측정된 세계 경제에 대한 국가의 경제 통합 수준은 자유무역의 사회적, 경제적 결과를 포착하지 못할 수 있다. 게다가, 다양한 INGO에 의한 반세계화와 반자유무역 운동은 무역량이 아니라 WTO, IMF, 세계은행을 포함한 국제기구의 역할에 초점을 맞추고 있다.

반면에 FDI는 INGO 회원 여부에 긍정적인 영향을 미친다. 왜냐하면 해당 트렌드는 보다 구체적인 사회 경제적 실체, 즉 다국적 기업을 기반으로 하기 때문이다. FDI 흐름의 증가는 다국적 기업들이 활발하게 활동하고 있다는 것을 의미한다. 어떤 국가에서는 이러한 투자가 특히 INGO 같은 시민사회 내의 단체와 회사 간의 협동하거나 대립하는 등의 상호 작용 증가로 이어진다. 1%의 FDI 차이는 모형 2의 INGO 회원 여부(P<.01)에서 2.9%의 양의 차이 예상치에 해당한다.

통신기술은 INGO의 성장과 긍정적으로 연관되어 있다. 전화 사용자의 1% 증가는 랜덤 효과 모형의 INGO 회원 여부(P<.01)의 13.7% 증가와 관련이 있다. 인터넷 또한 모형 2에서 통계적으로 유의하다. 개발도상국만 분석한 모형에서 PCSE 추정치(열 4)는 인터넷의 개발이 INGO의 확산을 촉진했음을 설명한다. 인터넷 사용자의 1% 증가는 개발 도상국에서의 INGO 회원 여부에서 3.1%의 양의 차이 예상치(Expected Positive Difference)에 해당한다(P<.01).

정치적 세계화를 나타내는 IGO 회원 자격은 모든 모형을 통틀어 INGO 회원 여부와 긍정적으로 연관되어 있으며, 이는 IGO 회원 여부가 INGO 회원 여부에 긍정적인 영향을 미친다는 가설을 지지한다. 추정 계수 0.010은, IGO 멤버십의 한 단위

의 차이가 로그(INGO)에서 양의 차이 예상치 0.010으로, 약 1.0%(P<.01)에 해당함
을 나타낸다.

이웃국들 사이에서 사회적 확산이 일어나기 때문에, 더 많은 INGO를 가진 이웃
나라로 둘러싸인 국가는 더 많은 수의 INGO를 가질 확률이 크다. 이웃 국가들이
더 많은 수의 INGO를 가지고 있는 경우, 이러한 조직들은 더 많은 네트워크와 분
산을 형성하고 이웃 국가들의 INGO로부터 배울 기회가 더 많다. 인구는 INGO 회
원 여부와 긍정적으로 연관되어 있다. 이 결과는 통계적으로 유의하며 비교적 인구
가 많은 국가가 더 많은 INGO 회원 수를 가지고 있음을 보여준다.

고소득 국가를 제외하고 오로지 개발도상국만 분석한 모형(5열)은 다른 모형과
비슷한 유형을 보인다. 민주적 정치 제도, 시민 자유, 그리고 1인당 GNI를 포함한
국내적 요소들은 INGO 회원 여부와 긍정적으로 연관되어 있다. 세계화 요인들 중
에서는, FDI, IGO 회원 및 인터넷 변수는 INGO와 긍정적으로 연관되어 있다. 본
장은 또한 개발도상국 INGO에 대한 원조의 영향을 통제하기 위해 모형(5)에서 원
조 변수를 통제했으나, 이 변수는 통계적으로 유의하지 않다. 해외 원조와 INGO간
의 관계에 대한 분석은 개발도상국에서 INGO의 폭발적인 성장이 상당한 정도로
공급 중심적이었다는 주장을 지지하지 않는다(Ottaway & Cartothers 2001).
Jalali(2008)가 인도 내 비정부기구의 국가 활동과 국제 기금 사이의 관계를 연구한
바와 같이, 정부는 해외에 대한 영향력을 줄이려는 국내 입법 관행을 수행함으로써
NGO에 대한 해외 원조를 규제할 수 있다. 그러므로, 해외 원조의 총량은 개발도상
국의 INGO를 위한 원조의 정확한 양을 반영하지 않을 수 있다.

다음 분석에서 필자는 종속 변수가 원래 가산 데이터(INGO의 수)이기 때문에, 다
음과 같이 최대한의 가능성으로 추정된 음이항 회귀 분석을 사용한다. 음의 이항은
사건이 일어날 확률을 나타내는 별개의 확률 분포인 포아송 분포의 불확실성과 과
대산포를 반영한다(King 1989). 본 장은 자기 상관을 처리하기 위한 수단으로 지연
된 종속 변수를 사용한다(표 8-4). 모형 6은 세계화, 국내 정치경제 구조, 그리고
통제 변수의 모든 측정을 통합한다. 세 가지 국내 경제 구조(정치적 제도, 시민 자유
그리고 1인당 GNI)들은 INGO의 수와 긍정적이고 통계적으로 중요한 관계를 갖는다.
세계화의 요인 중에서, 정치적 통합(IGO 회원 자격), 무역, FDI, 그리고 전화 사용자
들은 모두 INGO 회원 수와 긍정적으로 연관되어 있다. 다른 공변량과 함께 인터넷
의 영향의 차이를 테스트한 모형 7은, 커뮤니케이션 기술의 발전이 INGO 회원 수

의 성장에 긍정적이고 주요한 요인으로 작용했음을 설명한다. 국가 고정 모형(모형 8)은 다른 랜덤 효과와 공변량과 INGO 구성원 간의 유사한 패턴을 보여준다. 이러한 결과는 이전의 일반 선형 회귀 분석 모델에 적용할 수도 있다. 아래 그림은 특정 설명 변수가 어떻게 INGO의 수와 연관되는지 이해하기 위한 음이항식의 추정치의 시뮬레이션 결과를 나타낸다. 본 장은 관련 변수를 제외한 다른 모든 변수의 값을 평균으로 유지한다.

두 그래프 모두 더 강한 민주주의 체제가 더 많은 수의 INGO의 수를 가지고 있음을 보여준다. <표 8-2>의 1인당 GNI 그림(왼쪽)에서 알 수 있듯이, 체제 유형과 상관없이, 다른 모든 변수를 평균값으로 고정했을 때, 1인당 소득이 높은 국가(GNI 1인당 GNI $8100, 상위 3분위)는 저소득 국가보다 더 많은 INGO 회원 수를 가질 가능성이 있다(1인당 GNI $1340, 하위 1사분위). 예를 들어, Polity IV 민주주의 지수 5에 해당하는 한 고소득 국가 내에는650개의 INGO가 있는 반면, 저소득 국가에 해당하는 한 나라는 575개의 INGO를 가질 것으로 대략적으로 예측된다.

표 8-4 INGO 수의 결정 요소(음의 이항)

변수	모형6	모형 7 (인터넷)	모형 8 (고정효과)	모형9 개발도상국	모형10 개발도상국 (고정효과)
국내적 변수					
민주주의 (정치형태4)	.010 (.002)**	.021 (.002)**	.002 (.0012)	.003 (.001)**	.001 (.001)
시민 자유	−0.52 (.008)**	−.001 (.012)	−.014 (.005)**	−.057 (.008)*	−.011 (.005)**
GNI P.C(ln)	.006 (.019)**	.105 (.020)**	.228 (.030)**	.004 (.020)**	.260** (.031)
세계화 변수					
무역/GDP(ln)	.102 (.017)**	.115 (.021)**	−.012 (.017)	.083 (.017)	−.017 (.019)
FDI/GDP(ln)	.021 (.006)**	.010 (.009)	.026 (.005)**	.041 (.006)**	.023 (.006)**
IGO 회원 수	.008	.005	.010	.011	.012

	(.001)**	(.001)**	(.001)**	(.001)**	(.001)**
인터넷 사용자		.047 (.008)**			
전화 사용자	.095 (.011)**		.014 (.013)	.071 (.010)**	.009 (.016)
통제 변수					
경제 성장	−.0003 (.001)	.005 (.002)**	.000 (.001)	.000 (.001)	−.000 (.001)
이웃	−.017 (.030)	−.081 (.039)**	.213 (.037)**	.101 (.033)**	.282 (.046)**
언어	.027 (.006)**	.031 (.007)**	.082 (.013)**	.147 (.008)**	.081 (.016)**
인구(ln)	.208 (.007)**	.157 (.009)**	.413 (.060)**	.147 (.008)**	.301 (.076)**
냉전	−.004 (.002)**	−.037 (.006)	−.000 (.002)	−.007 (.002)**	.004 (.003)
GNI 당 원조				−.004 (.0021)**	.002 (.0007)**
(통계적으로 지연된) INGO	.001 (.000)**	.001 (.000)**	.0001 (.000)**	.001 (.000)**	.000 (.000)
N	1,584	735	1,584	1,243	1,243
과대산포 지표(a)	.063	.043	.010	.055	.012
AR (1) RHO	−10,398	−3,358	−9,097	−7,685	−6,844

괄호 안의 패널 수정 표준 오류.

* $P<.05$, ** $P<.01$

예를 들어, 고소득 국가 (1인당 GNI의 8,100달러)와 매우 민주적인 정부(민주주의 지수 20)는 거의 750개의 INGO를 가질 것으로 예측된다. IGO 그림 (그림 8−1의 오른쪽)은 38개의 IGO회원을 가진 국가가(하위 1사분위)은 민주주의 지수 5에 해당하며 550개의 INGO 회원을 가질 것으로 예측한다. 57개의 IGO 회원국이 있는 국가(상위3사분위)의 경우 약 650개의 INGO가 있을 것이다. 체제 유형에 따라, 1인당 소득과 유사하게 민주주의 수준의 증가는 더 많은 IGO와 INGO수로 이어진다. 57개의 IGO를 가진 (민주주의 지수 20에 해당하는) 민주적인 체제는730개의 INGO 멤버십을 가질 것으로 예측된다(95% 신뢰 구간에서 ±30개의 오차가 있을 수 있다).

그림 8-1 INGO 회원 수에 대한 소득, IGO, 민주주의의 영향

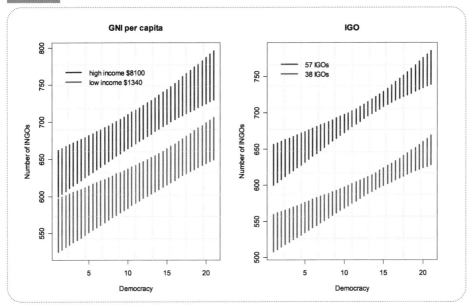

출처: Lee 2010, figure 1

8.7. 결론

국제 관계에 있어서 많은 수의 INGO가 존재하는 것은 이제 부정할 수 없는 사실이 되었다. 수만 개의 INGO가 UN 회의와 정부 회의에 참여할 수 있다. INGO는 공동 목표를 같이 달성하고, 공유되는 정책을 실행하고, 우려되는 이슈에 관해 대응하기 위해서 네트워크를 형성한다. 국제 및 국내 문제에 대한 INGO의 영향을 조사하기 위해, 본 장은 다음 질문들을 제기하였다. 어떤 요인들이 특정 나라의 INGO 수의 증가를 초래하는가? 어떻게 전 세계의 INGO 성장의 불균등함을 설명할 것인가? 그렇기에 본 장의 주요한 기여 부분은 어떻게 상향식과 하향식 접근 방식에서 경제적·정치적 요인이 불균등한 INGO의 분산도와 연관되어 있는지를 경험적으로 연구한 것이다.

INGO의 성장은 그냥 발생하지 않는다. 특정 국가에서 활동하는 INGO의 개수가 그 국가의 세계시민사회로의 통합을 나타내는 지표가 될 수 있다는 점을 고려할 때, 하나의 독립 변수보다는 다양한 요인이 INGO의 성장과 관련되어 있다고 본다. 본 연구를 통해 INGO의 확산이 세계화(하향식 요인)의 결과물일 뿐만 아니라, 국내 정치 경제(상향식 요인)가 기능한 결과임을 보여주었다. 설명 가능한 변수들과 INGO가 성장 간의 관계를 예측하는 이론적 가설들을 다양한 통계적 모델에 의해 분석되었다. 통계적 분석을 통해, INGO의 수는 IGO 참여나 외국인 직접투자와 같은 세계화의 요소, 민주적 제도와 시민사회의 영향력, 그리고 1인당 소득 등을 포함하는 국내적 요소에 의해 INGO의 성장률이 결정된다는 것을 알 수 있었다. 그러나, 경제적 세계화의 특징인 무역 요소가 특정 국가의 INGO 수의 변화(가설 1)와 상관이 없다는 것으로 밝혀졌기에, INGO 성장에 세계화가 미친 영향에 있어서 조심스럽게 해석할 필요가 있다. 무역의 순수한 양보다는, 자유무역의 부정적인 영향의 정도, 그리고 세계무역기구와 IMF와 같은 국제 기구의 황동이 특정국가의 INGO의 참여와 개발을 촉진한다. 국내적 요인 또는 국제적 요인이 INGO 성장의 단적인 요인이라고 주장하던 이들에게는 실망스러울 수 있지만, INGO의 성장은 세계화와 국내적 요인의 혼합된 결과로부터 비롯되며, 하나의 변수로는 전 세계를 걸친 INGO의 확산을 설명할 수 없다.

본 장에서는 주요한 종속변수로서 INGO에 대한 포괄적 측정을 사용하였다. INGO는 (1) 정부 또는 국제기구의 공공 정책을 변화시키기 위한 국제적 사회 운동을 촉진시키는 초국가적 옹호 네트워크일 수 있으며, (2) 정치적 그리고 경제적 발전을 돕기 위한 초국가적 원조 기관일 수 있고, (3) 시민사회를 위한 국제적 정보의 공유를 위한 전문화된 토론의 장일 수 있다. 특정 국가 내의 INGO의 기본적인 토대에 집중한 이전의 연구(Boli & Thomas 1997) 또는 초국가적 사회 운동 조직의 발전에 집중한 연구(Smith 2004; Smith & Wiest 2005)와는 달리, 본 연구 프로젝트에 사용된 포괄적인 INGO의 개념은 세계시민사회의 발전을 더욱 잘 반영할 수 있다. 세계시민사회는 인권, 환경, 개발 그리고 원조에 대해 활동하는 초국가적인 사회 운동 조직뿐만 아니라, 세계적인 아동의 교육 또는 화학 무역에 대해 우려하는 일반적인 INGO에 의해서 형성되고 영향력을 키울 수 있다.

본 장은 하향식, 그리고 상향식 접근의 경제적, 정치적 요소 모두가 중요하다는 점을 보여준다. 민주주의 정권, 시민의 자유, 그리고 1인당 소득은 INGO의 개수에 긍정적인 영향을 준다. 결사와 표현의 자유가 INGO로 하여금 단체를 형성하고 시민의 참여를 촉진할 수 있기 때문에, 민주주의는 INGO의 성장을 촉진한다(가설 4). 고소득 국가는 INGO의 발전을 촉진할 수 있는 재정적, 물질적 원천을 더 많이 보유한다. 또한, 고소득 국가의 시민들이 국내와 국제 NGO의 활동에 더 많이 참여하는 경향이 있다(가설 5). 세계화의 경제적 요인과 비교했을 때, IGO에 대한 참여는 INGO의 성장과 긍정적으로 연관되어 있다. 이러한 통계적 결과는 IGO에 대한 정치적 접근과 자금 조달이 INGO 성장에 우호적인 환경을 제공한다는 국제 정치적인 기회에 대한 주장(Reimann 2006)을 확인할 수 있다. NGO라는 용어가 유엔헌장에 뿌리를 두고 있다는 점을 감안할 때, 각 국가의 IGO 참여는 INGO의 성장에 긍정적인 영향을 미칠 수 있다(가설 2).

해당 연구의 또 다른 기여는 경험적으로 INGO의 성장에 커뮤니케이션 기술이 미친 영향을 검증한 것이다(가설 3). INGO를 연구하는 학자들이 INGO의 성장에 대한 새로운 커뮤니케이션 기술의 역할을 언급했으나, 이 요인은 체계적으로 검증된 적이 없다. 커뮤니케이션 기술의 발전은 다양한 이슈에 대한 초국경적인 상호작용을 장려한다. 웹 사이트와 이메일을 포함한 인터넷은 INGO가 정보를 전파하고 마음 맞는 사람들 또는 집단과 네트워크를 형성할 기회를 제공한다. 인터넷과 같은 새로운 기술에 더하여, 전화는 사람과 집단 간의 소통을 강화한다. 연결과 상호작용이 발생함에 따라, 더 많은 네트워크와 집단이 형성된다.

물론, 이러한 결과는 민주주의 수준, 1인당 소득, IGO 회원권과 같은 거시 정치적, 거시 경제적 요인의 분석을 통해 얻어진다. INGO의 성장의 결정요인에 대한 더 많은 연구가 이루어져야 한다. 특히, 국내적 그리고 국제적 정치적 기회 구조를 포함한 미시적, 구체적인 정치적 요인뿐만 아니라 INGO와 각국 정부 간의 관계에 대한 연구가 이루어져야 한다(McAdam et al. 1996). 게다가, INGO 및 국내 NGO에 대한 법적 제약 또는 정치적 및 재정적 인센티브를 포함한 국가 정책 또한 INGO의 확산을 설명할 수 있다. 국가 정책과 INGO의 사이에 대한 보다 이론적이고 경험적인 분석이 이루어져야 한다(Jalali 2008). 국내 시민사회의 영향력은 INGO의 성장과 세계시민사회에 영향을 미치는 주요한 요인이다[2]. 더 많은 미시적 변수와 정제된

---

2) 국내 시민사회의 영향력은 INGO와 국가의 관계를 설명하는 중요한 요소이다. 그러나 불행히도 20년간 126개국을 나타내는 현재의 표본 사례에서 국내 시민사회의 영향력을 나타낼 포괄적 수단은 없다. CIVICUS 프로젝트(2007)는 국내 시민사회의 다양한 지표를 다루고 있으나, 이는 단지 44개의 나라들을 조사하며, 장기적 기간 동안 수집된 데이터가 아니다. 따라서 필자는 프리덤 하우스 시민 자유 지수를 국내 시민사회의 영향력을 나타내는 지표로 대체한다. (자세한 내용은 데이터 섹션을 참조)

계량경제학적 모델이 통합되면 INGO 성장에 영향을 미치는 요인을 더욱 풍부하게 다룰 수 있다. 게다가, 후속 연구는 어떻게 사회 경제적인 요인이 특정한 유형의 INGO(환경 INGO 또는 개발 INGO)와 연관되어 있는지에 초점을 두어야 한다.

참고
문헌

Bandy, J., & Smith, J. 2005. Coalitions across borders: Transnational protest and the neoliberal order. Lanham: Rowman & Littlefield Publishers, Inc.

Bebbington, A. 1997. New states, new NGOs? Crises and transitions among rural development NGOs in the Andean region. World Development, 25(11): 1755-1765.

Beck, N., & Katz, J. N. 1995. What to do (and not to do) with time−series cross−section data. American Political Science Review, 89(3): 634-647.

Beckfield, J. 2003. Inequality in the world polity: The structure of international organization. American Sociological Review, 68: 401-424.

Boli, J., & Thomas, G. 1997. World culture in the world polity: A century of international nongovernmental organization. American Sociological Review, 62: 171-190.

Boli, J., & Thomas, G. 1999. INGOs and the organization of world culture. In J. Boli & G. Thomas (Eds.), Constructing world culture. Stanford: Stanford University Press.

Boli, J., et al. 1999. National participation in World−Polity Organization. In J. Boli, G. Thomas, et al. (Eds.), Constructing world culture. Stanford: Stanford University Press.

Brady, H. E., et al. 1995. Beyond SES: A resource model of political participation. American Political Science Review, 89(2): 271-294.

Burstein, P. 1999. Social movement and public policy. In M. Giugni, D. McAdam, & C. Tilly (Eds.), How social movements matter. Minneapolis: University of Minnesota Press.

Clark, J. D. 2003a. World apart: Civil society and the battle for ethical globalization. Bloomfield: Kumarian Press, Inc.

Clark, J. D. 2003b. Globalizing civic engagement: Civil society and transnational action. London: Earthscan.

Coleman, W. D., & Sarah, W. 2006. The origins of global civil society and nonterritorial governance: Some empirical reflections. Global Governance, 12: 241-261.

Connor, T. 2004. Time to scale up cooperation? Trade unions, NGOs, and the international antisweatshop movement. Development in Practice, 14(1): 61-70.

de Soysa, I., & Neumayer, E. (2005). False prophet or genuine savior? Assessing the effect of economic openness on sustainable development. International Organization, 59: 731-772.

DeMars, W. E. 2005. NGOs and transnational networks: Wild cards in world politics. London: Pluto Press.

Deslauriers, J., & Kotschwar, B. 2003. After seattle: How NGOs are transforming the global trade and finance agenda. In J. Doh & H. Teegen (Eds.), Globalization and NGOs. Westport: Praeger.

Dichter, T. W. 1999. Globalization and its effects on NGOs: Efflorescence or a blurring of roles and relevance? Nonprofit and Voluntary Sector Quarterly, 28(4): 38-58.

Doh, J. 2003. Nongovernmental organizations, corporate strategy, and public policy: NGOs as agent of change. In J. Doh & H. Teegen (Eds.), Globalization and NGOs. Praeger: Westport.

Eade, D. 2004. International NGOs and unions in the south: Worlds apart or allies in the struggle. Development in Practice, 14(1): 71-84.

Edwards, M., & Gaventa, J. 2001. Global citizen action. Boulder: Lynne Rienner publishers.

Edwards, M., & Hulme, D. 1996. Beyond the magic bullet: NGO performance and accountability in the post—cold war world. West Hartford: Kumarian Press.

Evans, P. 2000. Fighting marginalization with transnational networks: Counter—hegemonic globalization. Contemporary Sociology, 29(January): 230-241.

Fisher, J. 1998. Nongovernments: NGOs and the political development of the third world. West Hartford: Kumarian Press.

Florini, A. M. 2000. The third force: The rise of transnational civil society. Tokyo: JCIE. Fox, J. 1996. How does civil society thicken? The political construction of social capital in rural Mexico. World Development, 24(6): 1089-1104.

Freedom House. 2006. Methodology/freedom in the world. http://www.Freedom House. org/template.cfm? page=35&year=2006.

Frey, B. S. 1971. Why do high income people participate more in politics? Public Choice, 11(1): 101-105.

Friedman, E. J., et al. 2005. Sovereignty, democracy, and global civil society. New York: State University of New York Press.

Garret, G. 2000. Global markets and national politics: Collision course or virtuous circle? International Organization, 54(4): 787-824.

Goldsmith, A. 2001. Foreign aid and statehood in Africa. International Organization, 55(1): 123-148.

Heinrich, V. 2007. CIVICUS global survey of the state of civil society. Bloomfield: Kumarian Press.

Jalali, R. 2008. International funding of NGOs in India: Bringing the state back in. Voluntas, 19: 161–188.

Kapstein, E. B. 2000. Karns, M. P., & Mingst, K. A. (2004). International organizations: The politics and process of global governance. Boulder: Lynne Rienner Publishers, Inc.

Keck, M. E., & Sikkink, K. 1998. Activists beyond borders. Ithaca: Cornell University Press.

Keohane, R. O., & Nye, J. S. 2001. Power and interdependence. New York: Longman.

Khagram, S., et al. 2002. Restructuring world politics: Transnational social movements, networks, and orms. Minneapolis: University of Minnesota Press.

King, G. 1989. Unifying political methodology: The likelihood theory of statistical inference. Ann Arbor: University of Michigan Press.

Kopecky, P., & Mudde, C. 2003. Rethinking civil society. Democratization, 10(3): 1–14.

Kumar, K. 1993. Civil society: An inquiry into the usefulness of an historical term. The British Journal of Sociology, 44(3): 375–395.

McAdam, D., et al. 1996. Comparative perspectives on social movements. Cambridge: Cambridge University Press.

Meyer, J., et al. 1997. World society and the nation−state. American Journal of Sociology, 103: 144–181.

Milner, H. 2004. Partisanship, trade policy, and globalization: Is there a left–right divide on trade policy? International Studies Quarterly, 48, 95–119.

Milner, H., & Kubota, K. 2005. Why the move to free trade? Democracy and trade policy in the developing countries. International Organization, 59, 584–607.

Mosse, G. M. 1997. US constitutional freedom of association: Its potential for human rights NGOs at home and abroad. Human Rights Quarterly, 19(4), 738–812.

Newell, P. 2001. Campaigning for corporate change: Global citizen action on the environment. In M.

Edwards & J. Gaventa (Eds.), Global citizen action. Boulder: Lynne Rienner publishers.

Nye, J. S., & Keohane, R. O. 1971. Transnational relations and world politics. Boston: World Peace Foundation.

O'loughlin, J., et al. 1998. The diffusion of democracy, 1946–1994. Annals of the Association of American Geographers, 88(4): 545–574.

Ottaway, M., & Cartothers, T. 2001. Funding virtue: Civil society aid and democracy promotion. Washington, DC: Carnegie Endowment for International Peace.

Paxton, P. 2002. Social capital and democracy: An interdependent relationship. American Sociological Review, 67: 254-277.

Petrova, V. P. 2007. Civil society in post—communist eastern Europe and Eurasia: A cross national analysis of micro and macro factors. World Development, 35(7): 1277-1305.

Potter, D. 1996. NGOs and environmental policies: Asia and Africa. London: Frank Cass Publisher.

Prakash, A., & Potoski, M. 2006. Racing to the bottom? Trade, environmental governance, and ISO 14001. American Journal of Political Science, 50(2): 350-364.

Reimann, K. 2006. A view from the top: International politics, norms and the worldwide growth of NGOs. International Studies Quarterly, 50: 45-67.

Rogowki, R. 1987. Political cleavages and changing exposure to trade. The American Political Science Review, 81(4): 1121-1137.

Rohrschneider, R., & Dalton, R. J. 2002. A global network? Transnational cooperation among environmental groups. The Journal of Politics, 64(2): 510-533.

Rooy, A. V. 2004. The global legitimacy game: Civil society, globalization, and protest. New York: Palgrave.

Salm, J. 1999. Coping with globalization: A profile of the northern NGO sector. Nonprofit and Voluntary Sector Quarterly, 28(4): 87-103.

Scott, M. 2001. Danger—landmines! NGO—government collaboration in the Ottawa process. In M.

Edwards & J. Gaventa (Eds.), Global citizen action. Boulder: Lynne Rienner Publishers.

Sikkink, K., & Smith, J. 2002. Infrastructures for changes: Transnational organizations, 1953—93. In S.

Khagram, J. V. Riker, & K. Sikkink (Eds.), Restructuring world politics: Transnational social movements, networks, and norms. Minneapolis: University of Minnesota Press.

Skjelsbaek, K. 1971. The growth of international nongovernmental organization in the twentieth century. International Organization, 25(3): 420-442.

Smith, J. 2000. Social movements, international institutions and local empowerment. In P. Unvin (Ed.), Global institutions and local empowerment. London: MacMillan and St. Martin's Press.

Smith, J. 2004. Exploring connections between global integration and political mobilization. Journal of World—Systems Research, 10(1): 255-285.

Smith, J., & Wiest, D. 2005. The uneven geography of global civil society: National and global influences on transnational association. Social Forces, 84(2): 621-652.

Tarrow, S. 2001. Transnational politics: Contention and international politics. Annual

Review of Political Science, 4: 1-20.

Tarrow, S. 2005. The new transnational activism. Cambridge: Cambridge University Press.

Tusalem, R. F. 2007. A boon or a bane? The role of civil society in third and fourth wave democracies. International Political Science Review, 28(3): 361-386.

Wapner, P. 1995. Politics beyond the state: Environmental activism and world civic politics. World Politics, 47(3): 311-340.

Waterman, P. 2005. Monitoring multinationals: Corporate codes of conduct. In J. Bandy & J. Smith (Eds.), Coalitions across borders: Transnational protest and the neoliberal order. Lanham: Rowman & Littlefield Publishers, Inc.

Weiss, T. G., & Gordenker, L. 1996. NGOs, the UN, & global governance. Boulder: Lynne Rienner Publishers.

Wiest, D., & Smith, J. 2007. Explaining participation in regional transnational social movement organizations. International Journal of Comparative Sociology, 48(2): 137-166.

Wood, L. J. 2005. Transnational campaign against child labor: The garment industry in Bangladesh. In J. Bandy & J. Smith (Eds.), Coalitions across borders: Transnational protest and the neoliberal order. Lanham: Rowman & Littlefield Publishers, Inc.

UIA. (various years). Yearbook of international organizations, Brussels: Union of International Associations.

Yamamoto, T. 1996. Emerging civil society in the Asia Pacific community. Singapore: Institute of Southeast Asian Studies.

미디어 독립성과
비정부기구에 대한 신뢰

: 탈공산주의 국가들에 대한 사례 연구

미디어 독립성과 비정부기구에 대한 신뢰

: 탈공산주의 국가들에 대한 사례 연구

초 록

  왜 탈공산주의 국가들 간에 비정부기구(Non-Governmental Organization 이후, NGO)에 대한 공적신뢰도가 다르게 나타나는가? 미디어 독립성이 이러한 신뢰도에 어떻게 영향을 주는가? 본 장에서는 NGO가 시민들의 규범적 기대에 맞게 기능을 할 때와, 시민들이 NGO의 활동에 대한 정보를 정기적으로 얻게 될 때 시민들이 NGO에 대한 신뢰를 갖게 된다는 전제로부터 논의를 진행한다. 따라서 미디어는 필수적인 역할을 갖게 되는데, 특히 NGO 부문이 아직 덜 발달된 단계에 있고, 활동주의적인 기관이자 공공재와 서비스의 제공자로서의 NGO에 대한 시민들의 경험이 없는 동부유럽·前소련권 국가들에서 더욱 그러하다. 첫째, 미디어는 시민들이 개별 NGO나 NGO라는 하나의 사회적 행위자 집단에 대한 의견을 형성할 수 있도록 NGO의 활동에 대한 정보를 제공해 줄 수 있다. 둘째, 미디어는 NGO의 활동을 감시하고 NGO에 책임을 물을 수 있게 해 주는 수단이 될 수 있다. 그러나 미디어는 자체적 편향을 가질 수 있고 NGO에 대한 왜곡된 정보를 제공할 수 있다. 그러므로 본 장에서는 미디어의 독립성이 NGO에 대한 신뢰와 연관된다고 예측한다. NGO에 대한 신뢰와 미디어의 독립성을 분석함에 있어 28개의 탈공산주의 국가들의 1997년부터 2006년까지에 대한 시계열(Time Series), 횡단면 패널(Cross-section Panel) 데이터 분석을 진행하여, NGO 부문에 대한 신뢰에 영향을 미치는 국내·국제적 요인을 찾기 위해 연구를 설계했다. 이러한 분석은 독립적 미디어가 NGO에 대한 신뢰와 정비례적 관계로 연결되어 있다고 제시한다.

• 키워드: 신뢰, 비정부기구 (NGO), 미디어 독립성, 탈공산주의 유라시아

9.1. 서론

많은 학자들, 정책결정자들, 일반 시민들은 NGO의 높은 신뢰도에 대하여 암묵적인 기대 심리를 가지고 있는데, 이에는 두 가지 이유가 존재한다. 첫째, 그들은 NGO가 공공이익을 헌신적으로 대변하는 가치중심적이며 규범적인 행위자들일 것이라고 추정한다(Keck & Sikkinik, 1988). 둘째, 제도적 디자인 상 비분배 제약을 적용받는 NGO들은 신뢰할 수 있는 행위자들로 여겨진다(Hansmann 1980; 비평은 Ortmann & Schlesinger, 2003; Prakash & Gugerty, 2010a). 즉, NGO들은 이익을 창출할 수 있지만, 기업들과는 달리 그 이익을 지분 소유자에게 분배할 수 없다는 것이다. 이익 창출의 기회는 기관과 그 조직의 지도자를 부패 시킬 가능성이 존재하며, NGO들은 그런 유혹에 흔들리지 않을 것이라는 인식이 있으며, 따라서 결국 '신뢰가능하다'는 평가를 받게 되는 것이다. 하지만 NGO에 대한 공적 신뢰의 정도가 동부, 중부 유럽, 그리고 前소련권 (즉, 탈공산주의 유라시아 전반) 등의 28개국 모두에서 다르게 나타나고 있으며, 이러한 차이를 어떻게 설명할 수 있는가?

일단 소련권의 유산인 제도에 대한 불신과(Jowitt 1992) 비교적으로 최근에 등장한 NGO라는 조건들을 고려하여, NGO에 대한 불신의 정도는 탈공산주의의 전역에서 균일하게 나타날 것으로 예상된다. 활동주의적인 기구와 공공재·공공서비스 제공자로서의 NGO에 대한 경험의 부재로 인하여 탈공산주의 유라시아의 많은 시민들은 NGO가 그들의 사회적·경제적·정치적 삶에 기여한다는 역사적 증거를 알 수 없다. 또한, NGO들이 상향식(Top–down) 방식으로 형성되었고 국내 후원자에게 의존하는 대부분의 서구권 민주주의 국가들의 NGO와는 달리, 탈공산주의 유라시아에 있는 NGO들은 대체로 국제적인 후원금에 의존하고 있다. 이러한 자금조달

구조에 의해서 해외 후원자들의 목적과 역내 클라이언트(Client)의 기대가 합치하지 않을 가능성이 발생하는 것이다. 이로 인해 시민들은 역내 NGO가 어떠한 주인 (Principal)을 섬기는지 혼란을 느끼고, 해당 지역의 지도자들은 도리어 이러한 혼란을 악용해서 국내 정치를 지배하고자 하는 외부세력의 도구라는 프레임을 NGO에 씌우고 있다(Jones Luong & Weinthal, 1999; Pannier, 2004). 더 나아가, 자금의 불규칙성과 관련하여 논란이 발생하면서 NGO의 신뢰성에 대한 의문이 제기되고 있는 상황이다.[1]

하지만 이 탈공산주의 지역 안에서도 NGO에 대한 신뢰도의 차이가 보인다. 조지아를 예로 들자면, 시민들이 NGO를 지역적 이익의 대변자가 아닌 외부세력과 후원자들의 도구로 본다(United States AGency for International Development : USAID, 2001). 1부터 7까지의 숫자로(1은 높은 신뢰를, 7은 낮은 정도의 신뢰를 나타낸다) NGO에 대한 공적 신뢰를 보고하는 USAID NGO의 지속가능성 지수(USAID Sustainability Index)에서 보고된 조지아의 NGO 신뢰도는 4.0이었다(USAID 2006). 반면, 슬로바키아의 시민들의 NGO 신뢰도 평가는 2.4이며, 해당 신뢰도는 NGO들을 지원과 금전적 기증을 받아도 마땅한 신뢰가능한 행위자로 볼 수 있는 정도이다 (USAID 2007). 해당 통계는 탈공산주의 지역 안에서 국가 간에 존재하는 차이를 보여주는 단 하나의 예시일 뿐이다. 왜 탈공산주의 유라시아에 있는 시민들은 NGO에 대해 다른 입장을 보일까? 그런 입장을 어떻게 형성하게 되는 것일까? 그리고 시민들이 소수의 개별 NGO들과 교류를 하더라도 NGO라는 사회적 행위자의 부류의 신뢰성에 대한 판단은 어떻게 하게 되는 걸까? 시간이 지나면서 생기는 NGO에 대한 신뢰도의 변화는 어떻게 설명해야 할까?

우리는 독립 미디어가 NGO에 대한 신뢰도의 변화와 차이를 설명한다고 주장한다. 본 장의 전제는 시민들이 NGO가 그들의 규범적 기대에 부합하게 기능한다고 믿고 NGO에 대한 (긍정적이든 부정적이든) 정보를 꾸준히 제공 받을 때 시민들이 NGO를 신뢰하게 된다는 것이다. 미디어는 이 두 가지 측면에서 핵심적인 역할을 수행한다. 첫째, 미디어는 NGO의 활동에 대해서 정보를 제공함으로써 시민들이 개별 NGO와 사회적 행위자의 한 부류로서의 NGO에 대한 의견을 형성할 수 있게

---

1) 네덜란드, 영국, 그리고 미국 같은 서양 국가들도 비슷한 문제를 가지게 됐다(Bekkers 2003). 이로 인해 어떤 이들은 NGO에 대한 "신뢰의 위기"가 등장하고 있음을 제시한다(예를 들어, Light 2003; 2004; 2008). 오닐(O'Neill, 2009)은 미국의 경우에 시민의 평가와 기부·자원 활동 행태는 시간이 흘러도 안정적으로 유지됐음을 보이면서 위의 주장을 비판하기도 했다.

해 준다. 국내적으로 자금 조달을 받는 서구 민주주의 국가들의 NGO는 그들의 활동과 성취를 홍보할 유인이 이미 존재한다. 반면, 탈공산주의 국가에 있는 NGO들은 해외 기부자나 외국으로부터 상당한 자금을 제공 받는다. 그 결과로, NGO들은 그들의 활동에 대한 정보를 잠재적 후원자에게 조달할 유인책을 갖고 있지만, 후원자가 아닌 수혜자로서만 취급하는 시민들에게 같은 정보를 공유할 유인책이 없다. 둘째, 미디어는 NGO들의 활동을 감시할 수 있는 수단이 되며, NGO가 책임을 지도록 '네이밍 앤 셰이밍'(Naming and Shaming)을 할 수 있다. 이 경우에는 시민들이 믿음직스럽지 못한 개별 NGO에 대해 알게 되기도 하고, 긍정적으로 미디어의 관심을 받는 NGO들에 대해서는 확신할 수 있게 된다. 그러므로 정보의 부족을 메워줄뿐만 아니라 감독관 역할까지 수행하는 독립 미디어는 시민들이 NGO의 역할과 기여를 이해하는 데에 중요한 역할을 하고, 탈공산주의 유라시아에서 NGO의 신뢰도를 높여준다.

하지만 미디어가 독립적 행위자가 아니라면 어떻게 되는가? 서구권 국가들도 보여 주듯이, 민주주의가 중립적인 미디어를 보장하는 것은 아니다. 국가가 미디어를 소유하면 미디어의 보도가 편향될 수 있듯이, 미디어 독점 기업들이 NGO나 다른 행위자에 관하여 각색되지 않은 균형 잡힌 보도를 전달할 유인 요소가 없다. 예를 들어, 미디어 거물이었던 실비오 베를루스코니(Silvio Berlusconi) 총리가 이탈리아의 언론에 대해 갖고 있는 통제권과, 유럽·미국에서 점점 확장해 가는 루퍼트 머독(Rupert Murdoch)의 미디어 제국은 언론의 자유와 다양한 사회적 행위자에 대한 공정한 보도를 막고 있다는 비판을 받고 있다(Reuters 2007; United Press International 2009; EUXTV 2009). 그러므로 다른 조건이 동일할 때, (긍정적이든 부정적이든) 다원적인 정보를 충실하게 제공하는 독립성과 감시의 역할을 수행할 수 있는 미디어는 NGO에 대한 신뢰를 제고할 가능성이 높다.

우리는 NGO 신뢰성과 미디어 독립성의 관계를 분석함에 있어, 1997년부터 2006년까지의 28개의 탈공산주의 국가들에 대한 시계열, 횡단면 패널 데이터인 'USAID NGO 지속가능성 지수'를 사용할 것이다. USAID 지수는 '공공 이미지' 점수를 통해서 '점차 높아지는 NGO에 대한 공공인지도와 신뢰도'를 측정해 왔다(USAID 2004, 25).[2] 본 장에서는 NGO 부문에 대한 신뢰도에 영향을 끼칠 수 있는

---

2) USAID NGO 지속가능성 지수의 방법론과 공공신뢰의 지표로서의 타당성에 대한 추가적 내용은 아래의 방법론 부분에서 더 구체적으로 다뤄진다.

국내외적 요인들을 찾기 위해 실험을 설계했으며, 결과적으로 NGO에 대한 신뢰가 독립적 미디어와 정비례적으로 연관됨을 분석하였다. 이어질 내용은 본 장의 이론적 배경을 제시하고자 한다. 그 다음으로는 통계적 분석 방법, 데이터, 그리고 결과를 다룰 것이다. 마지막으로 중립적 정보와 신뢰도에 어떤 상관성이 있는지, 시민들이 어떻게 NGO나 다른 행위자들에 대한 양질의 정보를 얻을 수 있는지에 대해 논하면서 결론을 맺고자 한다.

9.2. 신뢰, NGO, 그리고 미디어

우리는 '신뢰'를 이해함에 있어서 '신뢰'하기 위해서는 개인들이 다른 개인들이나 기관들의 행동에 대한 정보를 가지고 있어야 한다고 가정한다(Levi 1998; Ortmann & Schlesinger 2003). 예를 들어, 행위자 A는 행위자 B가 A의 이익과 부합하는 방식으로 행동할 유인을 가지고 있다고 믿으면 행위자 B를 믿는다(Levi 1998). 이 관계에서 행위자 B가 행위자 A의 이익이나 선호가 어떤지 알 것을 필요로 하지 않는다. 행위자 B의 선호도는 매우 구조화 되어 있고, 행위자 A가 원하는 것과 일치하는 방식으로 행동하는 경향이 있다.3) 더 나아가, A의 신뢰는 B의 활동에 대해 정보를 가지고 있는지의 여부에 달려있다. 만약 이러한 정보가 행위자 B에 대한 기존의 믿음을 반증한다면 A는 그 신뢰를 거둘 수 있는 것이다. 이러한 '신뢰'의 이해는 개인 간의 신뢰에 적용 가능하면서 제도에 대한 신뢰에도 적용 가능하지만, 우리는 NGO라는 특정한 사회적 제도에 초점을 맞추는 것이다.

NGO들은 시민들을 섬길 것을 요구 받는다. 시민들은 NGO가 사심 없이 공공의 이익을 위해 일하는 원칙적인 행위자이며(대부분의 NGO 관련 연구에서 볼 수 있는 가정이다) NGO가 공익을 위해 봉사적 활동을 추구하는 행태와 비 이윤 추구적인 특성으로 인하여, 비정부기구가 부패를 덜 겪을 뿐만 아니라 그들의 의무를 다할 것이라고 신뢰하게 된다(Hansmann 1980). 이러한 이해에 기반하여, 개인들은 금전적,

---

3) 그렇다고 행위자B의 선호가 외인적이라는 것은 아니다. 당연히 선호는 변할 수 있는 것이고, 결과적으로 행위자A가 가지고 있는 B에 대한 신뢰는 시간이나 심지어 맥락에 따라 바뀔 수 있다. 이러한 토론은 피할 것이다. 이에 대한 더 유용한 자료로는 Braithewaite & Levi(1998)의 글을 추천한다.

시간적 기부, 또는 해당 NGO의 불확실한 질의 제품이나 서비스를 소비함으로써 NGO 신뢰도에 기반한 직접적 투자가 발생할 수도 있다. 이처럼 NGO를 '신뢰'하고 자 하는 의지는 조직의 장기적 생존에 필수적이며, 그렇기에 시민들에게 잠재적 불확실성과 취약성을 줄여줄 정보 제공을 필요로 한다.

'신뢰'는 특정 사회적, 정치적 의무를 이행하는 조직으로서의 NGO에 대한 개인의 신뢰 또는 국가 수준에 따라 집계된 대중의 신뢰를 의미한다. NGO에 대한 신뢰를 가진다는 건, 시민들이 반드시 이들 조직에 대해 스스로 취약해지는 것은 아니며, 더 많은 정보, 감시, 기타 메커니즘 등을 통해 평가를 내리게 된다는 것이다 (Levi 1998, 79). 다시 강조하자면, 왜 신뢰할 수 있는지에 대해 설명할 수 있지만, 왜 실질적으로 신뢰하는지에 대해서 설명하지 못한다. 그렇기에 NGO에 대한 정보를 제공하고 감시하는 독립적 미디어는 이와 관련하여 매우 중요하다고 생각한다.

선행연구에 따르면 개인 간의 신뢰와 사회적 제도에 대한 신뢰를 모두 생성하는 세 가지 광범위한 요인을 제시하고 있다. 첫째, 사람들은 시민 단체 내에서의 자발적인 회원 자격을 통해 신뢰를 배운다(Granovetter 1985; Knotch & Keeper 1997; Putnam 1993) 이 "사회적 자본(Social Capital)" 접근 방식에서는 자발적 단체에 대한 대면 참여는 좋은 경제적·민주적 결과물에 필수적인 협력의 기술, 호혜의 규범, 신뢰 등을 확립해 준다. 하지만 어떻게 자발적 단체가 집단 내에 형성된 개인 간 관계 외의 추가적 신뢰와 협력을 만들어 주는지에 대한 증명은 불충분한 상태이고, 이는 상당히 주요한 비판 지점이라 할 수 있다(Stolle 2001). 본 장은 NGO에 대한 신뢰를 탐구하고자 하나, 우리는 NGO 회원권이 어떻게 전반적인 신뢰를 양성하는 부분에 대해서는 분석하지 않는다. 대신에, 우리는 사회들마다 자발적 단체에 대한 다양한 신뢰 수준을 가지고, NGO에 대한 신뢰를 형성할 때 미디어가 어떻게 NGO의 신뢰도 형성에 기여하는지를 탐구하고자 한다. 하지만 우리는 사회에 대한 일반화된 신뢰가 NGO에 대한 신뢰에 영향을 미칠 수 있는 가능성을 고려하여, 일반화된 신뢰를 나타내는 대리 변수를 실험 통제 조건으로 두고자 한다.

두 번째 접근은, 종교적 신념이나 가치(Uslaner 2000; 2002), 또는 민족적·언어적 동질성이(Bahry, Kosolapov, Koysreva, & Wilson 2005; Delhey & Newton 2005; Nannestad, Svendsen & Svendsen 2008) 신뢰로 이어진다는 점이다. 선행된 연구들에 의하면 사회적 다양성은 집단이익의 충돌, 공공이익에 대한 다른 구상, 그리고 다른 사회적 기대와 신념으로 이어지기 때문에, 다문화주의는 일반화된 신뢰와 국가적 신뢰에 대한 위협의 하나로 보여진다(더 깊은 논의는 Knight(2001)에서 찾을 수 있다).[4] 신뢰는 사회화 과정을 통해 집단 안에서 전달되며, 신뢰 또는 불신을 불평등에 대한 인식으로 주요하게 설명한다(Knight 2001, 367). 연구자들은 종교적 전통을 신뢰의 태도를 전달하는 가장 중요한 방식 중 하나로 이해하고 있다. 세계 가치관 조사(World Value Survey, http://www.worldvaluessurvey.org/)에서는 종종 국가 및 국가 간 수준에서 일반화된 신뢰, 협력 및 사회 자본에 대한 태도를 분류하려고 시도하지만, 비평가들은 이러한 조사가 문화적으로 적절한 질문을 하지 않거나 소득 불평등과 같은 사회적 거리감과 같은 더 중요한 원인을 간과하면서 문화적 인과 변수를 식별하는 것은 아닌지 우려한다(Nannestad 2008). 물론 문화적 차이는 유형의 신뢰를 이해하는 데 있어서 고려해야 하는 중요한 요소이며, 우리의 회귀 분석은 탈공산주의 유라시아 지역의 국가 내의 문화적, 종교적 차이를 반영하기 위해 실험 조건을 통제하고 있다. 하지만 본 장은 시민과 NGO 사이의 구체적 신뢰 관계, 즉 언론이 NGO에 대한 사회적 신뢰에 어떻게 영향을 미치는지에 집중하기 때문에, 우리는 이러한 문화 결정론적 논쟁 외의 신뢰의 문제를 탐구하고자 한다.

또 다른 세 번째 관점은 "높은 품질" 또는 "좋은" 정치, 사회, 경제 기관을 신뢰의 필수 조건으로 파악한다(Knight 2001; Levi 1998; Rothstein 2000; Rothstein & Stolle 2002). Levi가 설명하듯이, 사회의 기관들은 누가 신뢰를 망가뜨리는지 감시하고 제재하며, 따라서 신뢰에 대한 합리적인 기반을 만든다(Levi 1996). 그러므로 좋은 제도는 신뢰의 위험을 줄여준다. 반대로, 관료적 뇌물 수수와 부패를 허용하거나 조장하는 기관들은 사회에 부정의함에 대한 광범위한 인식과 일반화된 불신을 초래한다(Rothstein 2000; Rothstein & Stolle 2002). 유라시아의 공산주의적 과거와 관련된 부패는 기관에 대한 신뢰에 지속적인 영향을 미친다고 가정할 수 있지만(예: 조위트, 1992년 및 아래 논의 참조), 우리가 28개의 탈공산주의 국가에서 관찰한 NGO에 대한 신뢰 수준의 차이는 "나쁜" 기관에만 적용되는 것은 아니라는 것을 보여준다. 실제로, 우리가 나중에 설명하듯이, 부패 수준은 NGO에 대한 신뢰에 대한 통계적으로 유의미한 예측 변수는 아니다.

우리의 연구는 중요한 사회적 행위자(미디어)가 시민들에게 NGO를 신뢰할 수 있는 확신을 줄 수 있는 방법에 초점을 맞춤으로써 신뢰에 대한 경험적 연구를 개선

---

4) 또 다른 연구들은 이 접근법을 비판하고 오히려 문화적 이질성이 더 높은 정도의 일반화된 신뢰로 이어진다는 결과를 제시한다 (Bahry et al. 2005; Nannestad 2008).

하는 데 기여하고자 한다. 독립적 미디어는 대중의 신뢰를 저버리는 조직들을 '네이밍 앤 셰이밍'(Naming and Shaming) 함으로써 NGO들을 제재한다. 따라서 미디어는 '큰 막대기'를 휘두르며 신뢰를 강요하는 처벌기관이 아니라 정보 제공과 감시자 역할을 수행함으로써 신뢰가 생긴다. 그리고 일반화된 신뢰를 검토하기보다는 특정 사회적 행위자, NGO에 대한 신뢰의 결정 요인을 탐구하고자 한다. 우리의 전제는 주어진 행위자 집합에 대한 신뢰가 이러한 행위자에 대한 고품질 정보의 부재로 인해 방해된다는 것이다. 우리는 시민들이 누가 신뢰를 깨트리는지에 대한 정보를 제공하고 감지하고 제재하는 사회기관이 있으며, 그러한 기관을 믿을 수 있다면 신뢰가 강화된다는 Levi(1996; 1998)의 의견에 동의한다.

탈공산주의 유라시아 지역의 NGO들이 비교적 최근에 설립된 것을 고려했을 때, 시민들은 이러한 행위자들에 대한 의견을 형성할 만한 역사적 지식이나 축적된 경험이 많지 않다. 이러한 정보의 부재 현상은 단순히 많은 정보 제공만을 통해 해결할 수 있는 것은 아니며, 편향되지 않은 정보를 통해 해결할 수 있을 것이다. 앞서 언급한 편향되지 않은 정보는 NGO의 긍정적인 면과 부정적인 면을 모두 포함해야 한다. 그렇기에 NGO에 대한 정보가 주로 긍정적이거나 부정적인지의 문제보다는 NGO에 대한 편견 없는 설명을 제공하고 감시 기능을 수행할 수 있는 독립적인 미디어 여부가 핵심 요소라 할 수 있다. 장기적 시각에서 NGO의 긍정적인 언론 보도를 얻으려는 욕구는 NGO가 신뢰할 수 있는 조직으로 활동할 유인을 창출할 가능성이 높다.

9.3. 탈공산주의 NGO의 출현과 운영

NGO의 설립은 탈공산주의 유라시아 지역의 새로운 현상이다. 1980년대 후반 최초의 비(非)국가조직들이 등장했고, 특히 환경 악화 문제를 중심으로 형성되었다. 공산주의가 종식된 이후, 지역 전체에 걸쳐 수십만 개의 NGO가 출현했다(Zinnes & Bell 2003; Ekiert & Kubik 1999). NGO는 현재 탈공산주의 유라시아의 거의 모든 사회, 종교, 정치 생활에서 활동하고 있다. 이러한 NGO들은 정치적 개방의 시기와 비정상적인 경제적, 정치적 상황에서 생겨났다. 1980년대 후반에는 비국가적 사회 조직을 금지하는 소련의 정책이 해제되었다. 1989년 베를린 장벽이 무너지고 1991년 소련이 붕괴된 뒤 국제개발기구와 서구권 국가들은 시민사회를 통한 민주화를 촉진하기 위해 수백만 달러를 투자하기 시작했다. 당시 지방 경제는 붕괴되었고 국내 일자리의 급여는 조금이나마 지급되긴 했지만 미미한 편이었다. 반면 NGO는 급여를 제때 지급할 뿐만 아니라, 국가적으로 지정된 공식 월급보다 상당히 높은 경우가 많았기 때문에 공공부문에서 일하는 것은 매력적인 대안이었다. 뿐만 아니라, NGO에서는 훈련 연수와 국제 여행의 기회를 풍부하게 제공했다. 따라서 NGO는 중요하며 때로는 부러움을 사는 사회적 행위자로 부상하였다.

탈공산주의 지역의 NGO에 대한 대부분의 학문적 연구는 탈공산주의 시민사회의 취약점(Grzymala-Busse & Jones Luong 2002; Howard 2003; Jowitt 1992)이나 지역 NGO와 외국인 기부자 사이의 관계에 초점을 맞추고 있다(Adamson 2002, Cooly & Ron 2000, Henderson 2002; Mendelson, Glenns & Glen 2002). 흥미로운 점은, 이러한 학자들과 전문가들 중 많은 이들은 탈공산주의 국가에서 신뢰, 시민사회, 연합생활이 형성될 가능성에 대해 비관적인 편이다. 그들은 소련 시대의 "민간" 조직에 대한 강제된 참여와 레닌주의의 불신의 제도적, 문화적 유산들이 탈공산주의 세계 전반에 걸친 집단행동을 방해한다고 믿고 있다(Howard 2003; Jowitt 1992; Kornai & Rose-Ackerman 2004; 이 입장에 대한 도전은 Letki 2004 참조). 이 학자들은 레닌주의 정당 국가가 상호주의와 자발적인 집단행동을 통해 이뤄졌던 지역 활동을 배제하고, 시민 옹호를 억압하며, 만연한 부패를 허용하고, 서비스와 공공재 제공이 국가의 책임이라는 태도를 주입함으로써 공동체를 훼손했다고 주장한다(Kamp 2004; McMann 2004). 일부 연구는 탈공산주의 제도에 대한 신뢰를 창출하는 방법을 이해하려고 노력하지만(Kornai & Rose-Ackerman 2004; Rose-Ackerman & Rothstein 2004), 자발적인 연합행동과 신뢰에 대한 장애물은 수 세대에 걸쳐 지속될 것으로 예상되었다.

그럼에도 불구하고 1989년 이후 수천 개의 NGO와 기타 지역사회 기반 협회가 탈공산주의 유라시아 전역에서 나타났다(Adamson 2004; Ekiert & Kubik 1999; Henderson 2002; International Crisis Group 2004; USAID 2008; Zinnes & Bell 2003). 이러한 조직들은 지역사회에 기반을 둔 장례, 소액 금융, 업무 등 지원 협회부터 시작해서 서비스 제공, 자선 재단, 환경 의식 증진, 정치적 옹호까지 다양한 형태와 지향성을 취하였다.[5] NGO들은 이러한 사회에서 새로웠기 때문에 중요한 행위자가 될 수 있었다. 그들은 전통적인 네트워크에 비교적으로 느슨하게 연결되어 있으며, 노조나 정당과 같은 더 전통적인 사회 행위자들이 졌던 국가 포획이라는 짐을 지고 있지 않다. 게다가 많은 탈공산주의 국가들에서 노동 조직은 약하고 비효율적이거나 애초에 존재하지 않으며(Crowley 2002; Crowley & Ost 2001; Kubicek 1999), 또한 권위주의적인 탈공산주의 정권에서는 집권한 대통령 행정부들이 충성심에 기반하여 기능할 수 있는 "독립적인" 정당을 만들었다. 이와 대조적으로, NGO는 새로운 사회 및 정치적 참여자이며, 그들에게 국가 포획 기능이 없음이 그들을 다른 사회단체보다 더 신뢰할 수 있는 행위자로 만들 것으로 예상된다(Johnson 2009). 그럼에도 불구하고 시민 반응의 다양성은 NGO들이 탈공산주의 유라시아에서 획일적으로 신뢰 가능한 것으로 인식되지 않음을 보여주고 있다.

반대로, 이러한 행위자들에 대한 역사적 참여의 부족과 신뢰할 수 있는 정보의 상대적 결핍은 NGO에 대한 시민의 신뢰 발전을 방해할 수 있다고 주장할 수 있다. 이러한 상황은 특히 NGO와 시민사회 발전의 주요 원동력이 외국인 기부자들이었던 탈공산주의 국가들의 입장에서 사실로 받아들일 수 있다. 그렇기에, 일부 학자들은 기부자와의 계약이 지역 NGO를 "게토화된"(Mendelson & Glenn 2002) 혹은 "왜곡된"(Cooly & Ron 2000) 행위로 몰아넣는다고 주장한다. 마찬가지로, 지역 시민과 정부는 NGO 부문에 대한 외국인 기부자 지원을 서구로부터 오는 제국주의적 진보로 인식해서 불신할 수 있다(Latimore 1950).[6] 이러한 환경에서, 원칙적인 신념이나 가치의 중심성을 형성 동기로 가지고 있다고 인식되는 이상적인 조직의 모습과는 달리(Keck & Sikkink 1998, 1), NGO는 때때로 서로 경쟁하고 더 넓은 사회적 목적보다 자원 획득을 우선시하게 된다(Prakash & Gugerty 2010b). 결론적으로, 탈공산주의 유라시아 지역의 NGO들은 규범적이며 도구적인 동기를 둘 다 가진 집단 행위자로 행동한다고 말하는 것이 타당하다고 본다(Sell & Prakash 2004; Johnson & Prakash 2007).

탈공산주의 NGO에 대한 해외 포획(Foreign Capture)에 초점을 맞춘 문헌들 역시 외국인 기부자들이 지역 단체의 의제를 주도하고 있으며 NGO에 대한 지원이 지역

---

5) O'Neill(2009)는 NGO 부문에 대한 공적 신뢰는 다양한 NGO 하위 부문 각각에 대한 신뢰도를 연구함으로써 더 효과적으로 포착할 수 있다는 의견을 제시했다.
6) 우리는 이 관찰을 제시하고 인용 자료도 추천해 준 익명의 논평가에게 감사를 전한다.

단체들과 그들의 지역사회를 멀어지게 했다고 주장한다. 학자와 실무자들은 해외 원조가 지역 NGO들로 하여금 국제 기금 후원자들의 의제, 목표, 전략을 채택하게 하고 국내 유권자들과의 연결을 약화시키며 책임과 주인－대리인 문제(Clientalism)를 심화한다고 주장한다(Adamson 2002; Henderson 2002; Howard 2003; Jones Luong 2004; Jones Luong & Weinthal 1999; Mendelson & Glenn 2002; Sundstrom 2005; Weinthal 2004). 또한, 외국인 기부자로부터 상당한 자금을 받는 지역 NGO는 지역 시민들 사이에 그들의 활동에 대한 정보를 퍼뜨릴 동기를 갖지 못할 수 있으며, 이는 NGO가 누구의 이익을 위해 봉사하는지에 대한 지역 시민들의 의심을 불러일으킬 수 있다.[7] 그러나 동시에, 국제 기부자들의 지원은 국내 회원이 적고, 재정적 기여가 적거나 부재한 국가에서 지역 NGO의 능력과 효율성을 증가시킬 수 있다.

실제로, 국제 기부 기구들은 탈공산주의 유라시아 지역의 NGO를 규제하는 적절한 프레임워크를 개발할 수 있도록 지원하고 있다.[8] 이에 탈공산주의 중앙아시아의 독재 정부들은 NGO와의 정치적 경쟁을 우려하여 독립적인 NGO들이 활동할 수 있도록 하는 규제 틀을 만드는 것을 거부하고, 대신 NGO 등록, 자금 조달 및 기능을 방해하는 요소들을 만들었다(Johnson 2009; Adams 2005; Erlich 2006; Evans, Henry & Sundstrom 2005; Human Rights Watch 2008; Jones Luong & Weinthal 1999). 그러나 체코, 폴란드 및 헝가리와 같은 다른 탈공산주의 유라시아 국가에서는 규제 환경이 NGO가 정치적 장벽 없이 기능할 수 있도록 허용하고 있으며(Gregoire 2000), 빈곤 완화, 마이크로파이낸스, 민주화, 소수인권 등을 포함한 사회 내에서 광범위한 인기－비인기 문제를 해결하는 데 정치적, 사회적 성공을 누리고 있다 (O'Dwyer & Schwartz 2010; Partners for Democratic Change 2009) 장기적인 지속 가능성을 보장해 줄 수 있는 규제 환경은 여전히 구성 중이지만, 많은 동유럽 및 중앙 유럽 국가의 NGO들은 (구소련 국가들의 NGO들과는 달리) 정부 개입으로부터 독립적으로 운영할 수 있는 기능을 오랫동안 누려왔고, 향후 운영 계획을 자유롭게 짤 수 있다(Popson 2009). 규제 환경의 차이가 NGO에 대한 대중의 신뢰에 영향을 미칠 것으로 예상할 수 있지만, 지역 전체에서 NGO의 법적, 윤리적 행동을 강제하고 (따라서 공공의 신뢰와 가장 밀접하게 관련되는) 규제는 아직 개발 중일 뿐이다.

---

7) 한 연구는 동유럽에 있는 NGO들이 자신들을 인터넷 상에 어떤 모습으로 제시하는지 연구하기를 시작했지만(Vedres, Bruszt & Stark 2005), 해당 논문의 저자들은 다른 형태의 정보 분배를 살펴보지는 않는다.

8) 세상 속 여러 지역에서 실제로 발생하는 상황이다.

2000년대 초까지 일부 탈공산주의 정부는 NGO와 그들이 가진 정치적 선동가로 서의 역할, 그리고 NGO와 해외 기부자들 사이의 관계를 경계하게 되었다. 그루지야, 우크라이나, 키르기스스탄에서 각각 발생한 장미, 오렌지, 튤립 혁명이 각국의 권위주의적 정부들을 제거했을 때 이는 해외로부터 재정 지원을 받는 NGO 캠페인에 의해 발생됨에 따라 다른 정부들의 두려움을 강화시켰다(Kimmage 2005). 그 결과 탈공산주의 유라시아 지역의 권위주의 정부들은 비정부기구에 대한 탄압을 시작했고, 조직의 등록과 재정 투명성에 대한 새로운 절차를 시행했으며, 해외 기부자들의 국경 내 출입을 심각하게 제한하거나 활동 자체를 중단시켰다. 덜 노골적이기는 하지만 비슷한 시민사회를 "관리"하는 과정이 러시아에서도 진행 중이며, 탈공산주의 유라시아의 다른 준권위주의 정권들의 모방을 유발하고 있다(Robertson 2009).

해당 논의는 지난 20년 동안 탈공산주의 국가에서 NGO들이 새로운 사회적 행위자로 편입할 때 직면했던 유사한 조건들(지식 부족, 지역 문제와의 단절, 외국인 기부자에 대한 의심, 불확실한 규제 환경)을 설명해주고 있다. 또한, 우리는 NGO가 이용할 수 있는 정치적 공간이 국가 간에 다양할 뿐만 아니라 국가 내에서도 역사 속 시점에 따라 다양해졌다는 것을 보여주기 위해 노력했다. 실제로 <그림 9-1>에서 알 수 있듯이, 선정된 16개의 탈공산주의 국가 내의 신뢰 패턴이 1997년에서 2006년까지의 기간 동안 다양했다는 것을 알 수 있었다. 우리는 탈공산주의 초기 28개국 모두에서 NGO의 신뢰 수준이 동일했다고 가정하고 있지 않으며, 독립 당시의 신뢰 수준이 정적으로 유지되었다고 가정하지도 않는다. 대신, 연구의 나머지 부분이 보여주듯, 독립적 매체는 NGO에 대한 대중의 신뢰를 형성하는 데 강한 영향력을 가지고 있다.

그림 9-1 선별된 국가들의 NGO에 대한 신뢰 1997-2006

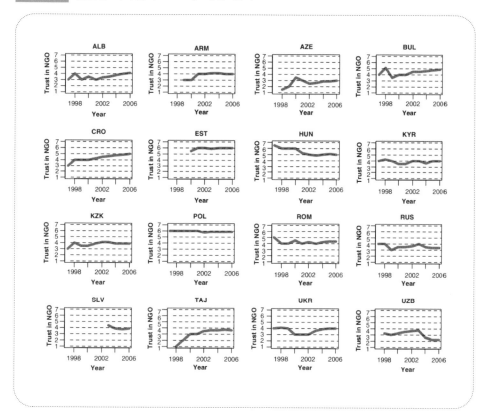

*축은 전부 'NGO에 대한 신뢰' 동일 (1-7). x축은 연도. 각 그래프는 한 국가를 나타낸다. 우에서 좌로, 위에서 아래 순서로: 알바니아, 아르메니아, 아제르바이잔, 불가리아, 크로아티아, 에스토니아, 헝가리, 키르기스스탄, 카자흐스탄, 폴란드, 루마니아, 러시아, 슬로베니아, 타지키스탄, 우크라이나, 우즈베키스탄

9.4. 미디어와 정보제공

Becker는 NGO에 대한 평가와 더불어, "시민들에게 거버넌스 과정에 참여할 수 있는 정보를 제공하는 것은 대중 정치 미디어 시스템의 책임"이라고 언급했다 (Becker 2004, 145). 미디어가 이러한 바람직한 효과를 가지려면, 시민들은 미디어에 접근할 수 있어야 한다. 모든 미디어에는 내부적이든 외부적이든 상당한 수준의 다

원주의가 존재해야 한다. 그렇기에 언론은 다른 견해와 이념을 반영해야 하며, 또한 다원주의가 제한될 정도의 국가 통제 아래에 있거나 혹은 소수의 개인에게 소유되어 통제되어서는 안 된다(Becker 2004, 146)

이러한 요소들은 시민들이 그들이 받는 정보의 질과 유효성을 평가하고, 따라서 미디어가 다루는 주제의 신뢰도를 판단할 수 있게 한다. 이러한 조건의 뚜렷한 변화는 탈공산주의 유라시아 전역에 존재하며, 비정부기구의 신뢰성에 대한 시민들의 평가에 영향을 미치고 있다.

일부 사람들은 국가의 지속적인 영향력이 탈공산주의 유라시아에서 독특하며 "토속적인" 대중 매체 모델을 만든다고 주장한다. 탈공산주의 지역 전체에 걸쳐 대중 매체 시스템의 구조, 특히 미디어에 대한 국가의 통제 방법과 범위에 중요한 차이가 존재한다. 동유럽의 민주적인 국가들에서 국가 포획이 만연한 문제는 아니었지만, 탈공산주의 유라시아 지역의 비민주적인 국가들에서는 정보와 언론의 자유에 대한 정부의 통제로 억압적인 효과를 보여준다. 2008년 프리덤 하우스의 탈공산주의 유라시아 지역에 대한 평가에 따르면, 8개국이 "자유", 10개국이 "부분적 자유", 그리고 나머지 10개국이 "자유롭지 않다"로 분류되었다(Freedom House 2009). 이러한 분류에서 탈공산주의 지역 인구의 56%는 자유로운 미디어 환경이 아닌 환경에서 거주하고 있으며, 단 18% 정도만 자유로운 미디어에 접근할 수 있었다(Freedom House 2008). 게다가, 국경 없는 기자회는 탈공산주의 지역의 독재 정부들을 일관되게 "인터넷의 적"으로 분류하였다(국경 없는 기자회 2003–2010). 서구 공영 방송 시스템을 통해 미디어의 국영화가 미디어의 자율성과 그 미디어가 다루는 여러 관점, 이념 및 주제(Becker 2004)에 부정적인 영향을 미치지 않는다는 것을 입증하고 있다.

다른 이들은 탈공산주의 유라시아 안에서는 상업적 또는 사적 소유도 국가의 소유와 마찬가지로 미디어에 부정적인 영향을 미치고 있으며(Downing 1996; Nordenstrong 2001; Sparks 1998; 2000), 미디어가 점점 기업의 손아귀에 들어감에 따라 시민 참여에 부정적인 영향을 끼치고 있다고 본다. 하지만 서방 국가 역시 이러한 문제로부터 자유롭지 않다고 주장한다(Bagdikian 1997; Bennett 2002; Capella & Jamieson 1997). Splichal(1994)은 언론의 정치화와 언론과 정치 엘리트의 통합을 언급하며 동유럽과 중앙유럽에서 발생하는 언론의 "이탈리아화"를 한탄하였다. 이렇게 집중된 소유권 구조는 언론이 한 사람 또는 한 정치적 연합에 의해 지배되고 국가의 권위에 도전하는 관점이 금지된 탈공산주의 지역의 권위주의 국가에서 발견되는 형태와는 다르다고 보여진다(Becker 2004, 140).

소유 구조의 차이는 미디어의 편향을 고려할 때 반영되어야 한다(Gunther & Mughan 2000, 422). 실제로 일부에서는 소유권의 집중이 오히려 공식 국가 뉴스와 경쟁하고 그에 도전하며, 정치적 간섭으로부터 독립할 수 있는 상업적 미디어의 능력을 강화한다고 주장해왔다(Mickiewicz 2000; Sukosd 2000). 이러한 미디어 소유자들은 비정부기구, 그들이 일하는 지역 및/또는 지역사회와의 관계에 대해 편향된 견해를 가질 수 있다. 따라서 미디어 소유권은 NGO를 포함한 다수의 사회적 행위자의 묘사에 매우 다양한 영향을 미칠 수 있다.는 것이다.

우리는 독립적인 미디어가 NGO에 대한 대중의 신뢰 수준에 기여하는 데 두 가지 중요한 역할을 한다고 주장한다. 첫째, 미디어는 NGO의 활동에 대한 정기적인 정보(긍정적인 정보와 부정적인 정보 모두)를 제공한다. 이러한 측면에서 독립적 미디어는 개별 NGO와 NGO 부문 전반에 대한 의견들을 다원화하게 된다. 이러한 광범위한 정보전달을 통해 시민들은 NGO의 신뢰성에 대한 의견을 형성할 수 있다. 또한, 우리는 독립적 미디어를 NGO의 감시자로 보고 있다. 이 역할에서, 긍정적인 언론 보도는 NGO "베스트 프랙티스"(Best Practices)의 확산을 유도할 것으로 예상된다. 반대로 부정적인 언론 보도는 개별 NGO를 "네이밍 앤드 셰이밍"(Naming and Shaming) 하여 NGO들이 그들의 행동을 바로잡거나 대중의 신뢰를 잃도록 유도할 것이다. 또, 가끔씩 발생하는 NGO 스캔들에 대한 독립적인 미디어의 보도는 NGO가 시간이 지남에 따라 행동을 수정하지 않을 경우 NGO 부문에 대한 대중의 신뢰를 단기적으로 떨어뜨리거나 더 지속적인 영향을 미칠 가능성이 있다. 우리는 1997년과 2006년 사이에 국가 차원에서 NGO에 대한 대중의 신뢰를 탐구하기 때문에, 개별적인 긍정적이거나 부정적인 사건을 둘러싼 단기적인 고저 현상에 대한 분석을 피함으로써 NGO에 대한 장기적인 신뢰 추세를 포착할 수 있었다.

우리는 독점적으로 부정적인 보도가 시간이 지남에 따라 대중의 신뢰를 다시 회복시킬 것이라는 것을 암시하는 것은 결코 아니다. 사실, 우리는 미디어 소유권 또는 독립성과 관계없이 그 반대일 것으로 예상한다. 마찬가지로, 의도적으로 NGO 위반을 간과하면서 NGO의 긍정적인 측면만 다루는 언론 편향이 반드시 NGO에 대한 대중의 신뢰를 더 높이는 결과를 초래하지도 않을 것으로 본다. 대신, 우리는 NGO에 관하여 부정적이고 긍정적인 정보 모두를 방송하는 독립적 미디어의 지속적이고 균형 잡힌 보도가 개별 NGO, 그리고 사회적 행위자의 범주로서 NGO가 신뢰를 받을 가치가 있는지에 대하여 시민들의 의견 형성 능력을 강화한다고 생각한다.

독립적인 미디어가 정치적·사회적 결과에 긍정적인 영향을 미친다는 사실은 우리가 처음으로 제안한 것이 아니다. 실제로 유럽안보협력기구(Organization for Security and Cooperation in Europe), 유엔(United Nations), 세계은행(World Bank)과 같은 국제기구들은 미디어 독립성이 민주화와 개혁, 일반화된 신뢰와 공공기관에 대한 신뢰의 개선에 긍정적인 영향을 미치기 때문에 미디어 독립성을 향상시키기 위한 프로그램을 전 세계에서 운영하고 있다. 게다가, 대부분의 국제 NGO들은 공공기관에 대한 시민의 신뢰도 향상과 세계 민주주의 국가들과 과도기 국가들이 정치 시스템의 책임성을 향상시키기 위한 메커니즘으로서 독립 미디어의 개발을 장려한다. 예를 들어, Pew Research Center on the People and Press (http://people-press.org), International Research and Exchange Board(www.irex.org), Internews(www.internews.org), Center for International Media Assistance(www.cima.ned.org), Strengthening Independent Media Initiative (http://sim.salzburgglobal.org), Open Society Insitute(www.osi.org), 그리고 Transparency International 등이 있다.

이러한 프로그램들은 독립적 미디어가 공공기관 신뢰에 미치는 이론적 영향에 대한 지속적인 믿음을 보여줄 뿐만 아니라, 이러한 주장을 뒷받침하는 경험적 증거도 존재한다. 예를 들어, 선행연구에서는 언론 보도와 정치인 그리고 정치 기관에 대한 시민의 지식(Snyder & Stromberg 2010), 그리고 정부에 대한 시민의 신뢰(Gross, Aday, & Brewer 2004) 사이의 관계를 강조하기도 하였다. Snyder와 Stromberg(2010)는 정치인에 대한 낮은 정도의 언론 보도가 선출된 관료들의 지역구에 대한 책임을 실제로 낮춘다는 것을 발견했는데, 이는 시민들의 대표자와 정부 기관에 대한 시민들의 신뢰에 명백한 영향을 미칠 것으로 본다. 실제로 학술적 연구에서는 독립적 언론 보도가 시민들의 정치적 지식과 투표율을 증가시키고(Leeson 2008), 분쟁 이후 사회속의 신뢰를 구축하며 인종적 긴장감을 극복하는 데 도움을 줄 뿐만 아니라(Botan & Taylor 2005; Pardew 2000), 공공기관 부패를 억제하는 등 많은 중요한 결과로 이어짐을 보여주고(Chandler 2006; Eigen 2002), 전환 중인 국가에서 성공적인 경제 개혁의 가능성을 증가시키고 있다(Leeson & Coyne 2007). 이러한 연구는 독립적 미디어와 공공기관 및 행위자에 대한 시민들의 신뢰 사이의 중요한 연관성을 입증하고 있다.

<그림 9-2>는 2006년 현재 28개의 탈공산주의 국가에서의 미디어 독립성과

NGO에 대한 신뢰 사이의 관계를 보여주는 산점도이다. 폴란드, 리투아니아 등 USAID의 '통합 단계' 국가들은 미디어 독립성과 NGO에 대한 신뢰가 높은 반면, 투르크메니스탄, 우즈베키스탄 등 '초기 전환' 국가들은 미디어 독립성과 NGO에 대한 신뢰가 모두 낮은 것으로 나타났다.[9] 회귀선 주변의 음영 지역은 95%의 기밀 구간을 그린다. 다음으로 미디어 독립성과 NGO에 대한 대중 신뢰와의 관계에 대해 논의하고자 한다.

그림 9-2 미디어 독립성과 NGO에 대한 신뢰

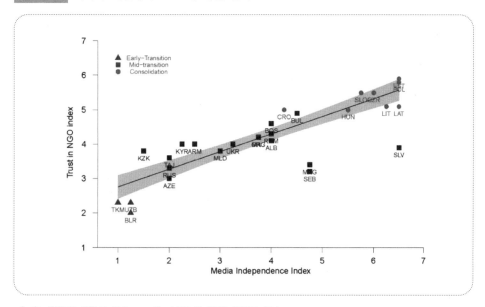

*x축: 미디어 독립성 지수,   y축: NGO에 대한 신뢰도 지수

*세모: 전환 초기, 네모: 전환 중기 동그라미: 통합 단계

*좌-우: 투르크메니스탄(TKM), 우즈베키스탄(UZB), 벨라루스(BLR), 카자흐스탄(KZK), 타지키스탄(TAJ), 러시아(RUS), 아제르바이잔(AZE), 키르기스스탄(KYR), 아르메니아(ARM), 몰도바(MLD), 우크라이나(UKR), (식별 불가능) 보스니아(BOS), 루마니아(ROM), 알바니아(ALB), 크로아티아(CRO), 불가리아(BUL), 몽골리아(MNG), 세르비아(SEB), 헝가리(HUN), 슬로베니아(SLO), 체코공화국(CZR), 리투아니아(LIT), 에스토니아(EST), 폴란드(POL), 라트비아(LAT), 슬로바키아(SLV)

---

9) USAID의 평가 시스템에 대한 더 많은 정보는 아래 내용, 또는 USAID의 비정부기구 지속가능성 지수 참고.

9.5. 데이터와 모델

우리는 횡단면으로 1997년부터 2006년까지 28개 탈공산주의 국가의 NGO에 대한 신뢰와 미디어 독립성 사이의 관계를 분석하였다. NGO 신뢰도에 관한 데이터는 중앙 및 동유럽과 유라시아에 대한 NGO 지속가능성 지수(NGO Sustainability Index for Central and Eastern Europe and Eurasia)에서 나온 것이다. USAID가 개발한 해당 지수는 NGO의 7가지 부문을 평가하고 있다. 법적 환경, NGO 인프라, 재정적 실행 가능성, 이익 옹호, 서비스 제공, 조직 역량, 그리고 공공 이미지가 그 7가지 부문이다. 본 장에서는 공공 신뢰의 척도로서 "공공 이미지"를 사용한다. 이는 USAID가 말했듯이, 공공 이미지 지수가 "비정부기구에 대한 증가하는 대중 지식과 신뢰"를 포착하기 위해 설계된 지수이기 때문으로(USAID 2007, 25), 해당 지수는 지역 및 국가 차원에서 NGO 부문에 대한 언론 보도, NGO에 대한 정부 및 기업 부문의 참여, 그리고 이 부문 전체에 대한 대중의 지식을 평가하여 대중 이미지를 측정해 왔다(USAID 2007, 15). 또한 이 지수는 개별 NGO가 활동을 홍보하거나 공공 이미지를 홍보하고, 윤리 강령을 채택하거나 운영의 투명성을 입증하기 위해 노력하며, 연간 보고서를 발행하는 등에 대해 노력을 기울인 정도를 평가하고 있다(이 모든 요소 역시 NGO 분야에 대한 대중의 신뢰에 영향을 미칠 것으로 예상된다). 따라서, 이 지수는 NGO에 대한 언론 보도만을 평가하거나 NGO 부문이 비판과 눈에 띄는 스캔들로부터 얼마나 자유로운지를 평가하지 않는다. 전반적으로, 우리는 NGO 지수의 "공공 이미지" 요소가 NGO 분야에 대한 대중(미디어, 엘리트, 일반 대중)의 신뢰의 포괄적이고 유효한 척도라고 가정하였다.

개별 국가 등급은 USAID 직원, 구현 파트너 및 지역 전문가에 의한 NGO 부문 개발에 대한 경험적 관찰에서 도출된 것이다. 전문가 관찰은 NGO 관찰자와 활동가의 평가로 강화되며 엘리트 계층의 신뢰보다는 시민의 신뢰를 반영하는 것으로 가정할 수 있다. 국가 등급은 세 단계로 나누고 있다. '통합 단계'(1~3점 사이의 점수), '전환 중기'(3~5점 사이의 점수), '전환초기'(5~7점 사이의 점수)입니다. 해당 데이터의 주요 강점은 전체 기간(1997-2006년)에 걸쳐 28개 탈공산주의 국가 전부를 포착했다는 점이다. 이러한 측면에서, 이 데이터는 특히 긍정적이거나 부정적인 사건으로 인한 일시적인 최고점 또는 하락점보다는 대중의 신뢰도에 대한 추세를 포착하고 있다. 그래프를 표현함에 있어서 우리는 7은 최고 수준을, 1은 최저 신뢰 수준을 나타내는 것으로 변수의 크기를 조정한다. 우리의 종속 변수는 1과 7 사이의 어떤 값이든 가질 수 있다는 점에서 연속적이다.

우리의 핵심 독립 변수인 "독립 미디어"에 대한 데이터는 두 가지 출처에서 나온 것이다. 첫째, 우리는 프리덤 하우스(Freedom House)의 "전환 중인 국가"에 대한 연례 보고서를 활용하였다. 프리덤 하우스 보고서는 유라시아 탈공산주의 국가 29개국에 대해서 미디어의 자유를 포함한 정치 발전 현황을 측정하고 있다. 그들은 언론의 자유를 위한 법적 보호, 언론인의 보호, 언론의 편집 독립성, 미디어의 소유권, 그리고 인터넷 접근성에 대한 질문들에 대해 보고서 작성자들과 학술 자문 위원들에게 질문했다.[10] 이 데이터는 미디어 독립성을 평가할 때 1이 가장 높은 수준의 미디어 독립성을, 7이 가장 낮은 수준을 나타내는 1에서 7까지의 척도로 점수를 제공한다(Goehring 2007). 위에서 설명한 동일한 방법에 따라, 높은 값(7)이 미디어에서 더 많은 자유를 나타내도록 값의 크기를 조정했다.

둘째, 특정 국가에서 언론과 언론인이 누리는 자유도를 측정하는 국경 없는 기자회(Reporters Sans Frontieres) 언론자유지수(Press Freedom Index)를 활용하였다. 언론자유지수는 국내 언론인, 외신기자, 학자, 법률전문가 등을 대상으로 여론조사를 진행해 언론과 외신에 대한 법적 환경과 정부의 행태를 측정해 왔다. 설문조사의 질문들은 언론인에 대한 직접적인 공격, 언론에 대한 검열과 몰수, 그리고 인터넷에서의 정보의 자유로운 흐름에 관하여 세부사항을 질문하고 있다. 해당 지수는 0.5에서 100 사이로, 수치가 낮을수록 더 높은 미디어 자유도를 나타내고 있다(국경 없는 기자회, 2002). 해당 연구에서는 100에서 언론자유지수 값을 빼서 수치가 높을수록 언론자유도가 높다는 것을 나타내도록 지수의 크기를 조정하였다.

우리의 모델은 NGO에 대한 신뢰의 대안적 동인 변수들을 통제하였다. 첫째, 우리는 민주주의의 수준을 통제한다. NGO는 기능하고 가시화되기 위해 정치적 공간이 필요하며 민주주의는 그러한 정치적 기회를 제공한다(Bernhard & Karakoc 2007). 게다가, 시민들은 민주주의에서 비정부기구에 대한 정보를 수집하는 방법을 갖고 있을 수도 있다. 마지막으로, 민주주의가 책임과 검증을 위한 메커니즘을 제공하기

---

10) 이 척도는 미디어 독립성의 객관적인 측정을 포착하도록 설계되었다. 미디어 독립성에 대한 시민들의 인식이나 미디어에 대한 신뢰를 측정하는 것이 아니다.

때문에 일반화된 신뢰를 낳는다면, 이것은 NGO에 대한 시민들의 신뢰에 반영될 수 있다. 우리는 Polity IV 프로젝트에 의해 개발된 민주주의 지수를 사용한다. 이 지수는 민주주의 기관, 선거 절차, 행정력에 대한 제도적 제약, 정치 참여의 개방성을 조사함으로써 체제 유형의 제도적 특성을 평가한다(Marshall & Jaggers 2008). 정치 점수는 +10(강한 민주주의)에서 -10(강한 독재 정치)까지 다양하지만, 우리는 단순히 11을 더해서 모든 값이 양수이고 0에서 21까지의 값을 가지며, 더 큰 숫자는 더 강한 민주주의 체제를 나타내게끔 했다.

미디어 외에도, 시민들은 다양한 출처로부터 NGO에 대한 정보에 접근할 수 있으며, 인터넷은 특히 정치, 사회, 경제적 정보의 중요한 원천이다. 또한 인터넷을 통해 NGO는 자신의 활동에 대한 정보를 전파하고 새로운 회원을 모집하여 자신의 활동을 위한 기금을 마련할 수 있다(Rooy 2004; Warkentin 2001). 시민들이 비전통적인 미디어로부터 NGO에 대한 정보를 얻을 수 있는지 여부를 시험하기 위해, 우리는 세계은행의 세계 개발 지표에 의해 보고된 인구 1,000명당 인터넷 사용자 수를 하나의 실험 조건으로 통제하였다.

다양한 경제적 요인도 NGO에 대한 시민들의 태도에 영향을 미칠 수 있다. 우리는 주어진 국가의 부를 나타내는 1인당 국민총소득(로그지수 형태로)을 하나의 조건으로 통제하였다. 전반적인 부는 더 큰 자선 기부로 이어지고, 이로 인해 NGO에 대한 신뢰도 커지기에 NGO 부문의 발전에 중요하다. 또한, 더 부유한 계층의 시민들은 NGO에 대한 정보를 수집하기 위한 더 많은 시간과 자원을 가질 수 있다. 마찬가지로, NGO에 대한 신뢰는 경제 성장 수준에 따라 달라질 수 있다. 정부가 공공재 및 서비스의 공급을 줄이고 NGO가 시민을 위한 주요 지원의 제공자로 남아 있는 경제적 위기에 신뢰가 더 높을 수 있다. 반면 경제난은 NGO를 비롯한 사회기관에 대한 분노와 불신을 확산시킬 수 있다. 만약 NGO가 해외로부터 자금을 받고 NGO 관계자들이 현지인들에게 부러움을 자아내며 더 부유한 생활방식을 즐긴다면, 경제 위기 시의 분노와 불신은 더욱 확산될 수 있을 것이다. 그러므로 우리는 우리 모델에서 경제 성장을 통제하였다.

탈공산주의 유라시아 국가들의 NGO 부문은 외국인 기부자에 크게 의존하고 있다. 원조는 NGO가 활동을 수행하는 데 필요한 자원을 제공할 수 있지만, NGO가 누구의 이익을 위해 봉사하는지에 대한 의문을 제기하게 만들 수도 있다. 직접 자금을 받는 것 외에도, 정부에 제공되는 많은 지원금은 지역 NGO를 통해 지출되는 경향이 있다. 따라서 우리의 모델은 지역 경제에서의 해외 원조의 편중성을 통제한다. 비슷하게, 비정부기구에 대한 태도는 한 나라의 대외와의 개방성과 교류 의지를 비춰줄 수 있다. 따라서 우리는 무역 현저성(무역/GDP)과 해외 직접투자 현저성(내부 FDI 유입/GDP)을 통제한다.

NGO에 대한 신뢰와 더 넓게는 국내 NGO의 발전도 한 국가가 지역·국제기구와의 교류에 의해 영향을 받을 수 있다. 역내 정부간 조직(IGO)의 영향을 설명하기 위해, 우리는 한 국가의 유럽연합(EU)[11] 및 독립국가연합(CIS)에 대한 가입 여부를 실험 요소로 통제하였다.[12] EU 공동체는 거버넌스 과정에서의 NGO의 중요한 역할을 강조한다. 따라서 EU와의 협력은 NGO에 대한 신뢰를 강조하는 규범에 대해 잠재적 예비국 또는 새로운 회원국들을 사회화할 것으로 예상된다. 반대로, 우리는 CIS의 회원 자격이 NGO 부문에 대한 대중의 신뢰에 부정적인 영향을 미칠 수 있다고 예상하였다. CIS는 회원국들의 무역, 입법, 안보에 초점을 맞춘 상징적인 조직이지만, 제도적 중심주의로 소련의 정치·사회적 유산을 지속하는 대리인 역할을 계승한다(Hoffmann 1998). 따라서 CIS의 회원 자격은 NGO 부문의 긍정적인 이미지 개발을 방해하는 소련 스타일의 문화·정치적 유산적 면모를 강화할 여지가 있다.

NGO 신뢰도는 또한 한 국가가 국제 비정부기구(INGO)의 글로벌 네트워크에 들어가 있는 정도를 비춰주는 것일 수 있다(Lee 2010). INGO는 국내 NGO 분야에 대한 이념적, 재정적 지원을 강화하고 지역 문제에 대한 국제적인 관심을 이끌어냄으로써 국내 NGO의 활동과 이미지에 영향을 미친다(Keck & Sikkink 1998). 우리는 INGO 변수를 국제기구 연감(Union of International Associations: UIA, 여러 연도)에서 보고된 각 국가의 시민이 가입한 INGO의 총 개수로 설정하였다.

NGO는 사회적 행위자이며 NGO에 대한 신뢰는 사회적 신뢰의 일반적인 수준을 반영하는 것일 수 있다. 실제로 베커(2003)는 네덜란드에 대한 연구에서 NGO에 대한 신뢰가 일반화된 사회적 신뢰를 반영하고 있음을 시사한다. 무엇이 이러한 일반화된 신뢰를 이끌어낼 수 있을까? 우리가 이미 모델에서 통제 변수로 둔 민주주의와 더불어 문화적 다양성은 일반화된 신뢰 수준에 영향을 미치는 중요한 역할을 할

---

11) 2004년에 체코 공화국, 에스토니아, 헝가리, 라트비아, 리투아니아, 폴란드, 슬로바키아, 그리고 슬로베니아는 EU에 가입했다. 루마니아와 불가리아는 2007년 1월에 EU 회원국이 되었지만, 이 변화는 본 연구에서 다뤄지는 1997-2006의 기간에 포함되지 않는다.

12) 현재 CIS 9개의 공식 회원국을 갖고 있으며(아르메니아, 아제르바이잔, 벨라루스, 카자흐스탄, 키르기즈스탄, 몰도바, 러시아, 타지키스탄, 그리고 우즈베키스탄) 비공식 회원국 2개국을 갖고 있다(투르크메니스탄, 우크라이나).

수 있다. 일부 학자들은 더 큰 다양성이 더 높은 수준의 불신으로 이어진다고 주장하는 반면, 다른 학자들은 다문화 사회 내에서의 일반화된 신뢰도가 더 높다고 주장한다(Bahry et al. 2005; Nannestad 2008). 문화적 이질성이 NGO에 대한 신뢰에 미치는 영향을 고려하기 위해, 우리는 Fearon과 Laitin의 데이터 집합(2003)의 '민족-언어 분화 측정'을 사용하였다. 해당 지수는 한 국가에서 무작위로 그려진 두 명의 개인이 다른 민족 언어 그룹에 속할 확률을 측정하고 있다. 또한 본 장은 1946년부터 2005년까지 전 세계 모든 정치적으로 유의미한 민족 집단의 수를 코드로 정리한 Wimmer, Cederman 및 Min(2009)의 '민족 권력 관계'(Ethnic Power Relation) 데이터 집합을 사용하여 문화적 다양성의 척도로서 정치적으로 관련된 민족 집단의 수를 통제 변수로 설정하였다.13) 그러나 해당 변수를 반영한 결과값은 유사하여, 해당 변수는 통계적으로 유의미하지 않았다. 따라서 본 장에서 설정한 모델에서 해당 변수를 포함하지 않았으며, 문화적 다양성이 일반화된 신뢰에 긍정적인 영향을 미칠지 부정적인 영향을 미칠지에 대한 논쟁을 다루지 않았다.

민주주의와 민족 언어 분화 외에도, 우리는 일반화된 신뢰 수준에 영향을 높은 가능성으로 미칠 수 있는 부패와 불평등의 변수에 대한 통제를 시도하였다(O'Connell 2003; Putnam 1993; Rosenfeld et al. 2001). 이들 변수 중 어느 것도 유의미하지 않았으며 모델에서 제외한다고 해서 실질적인 결과가 달라지지는 않았다. 그리고 개인 수준의 신뢰는 NGO 부문의 전반적인 신뢰에도 영향을 미칠 수 있지만(Petrova 2007), 세계 가치관 조사(World Value Survey), 유로바로미터 조사(Eurobarometer Survey), 유럽 사회 조사(European Social Survey) 등과 같은 신뢰에 대한 마이크로 수준 조사 데이터 자료는 우리의 연구 대상 기간 동안은 28개 포스트 공산주의 국가 대부분을 제외했다.14) 따라서 우리는 아래에 제시된 모델에 대한 개인 수준의 신뢰에 대해 통제 변수를 두지 않았다. 이 결정은 결국 개인 수준의 신뢰가 일반화된 신뢰에 반영되고 모델에는 일반화된 신뢰를 대신하는 여러 프록시가 포함되기 때문에 문제가 되지 않는다.

---

13) 정치적으로 유의미한 민족 집단은 특정 민족 집단의 이익을 대변한다고 주장하는 정치적 행위자나, 한 국가·정치적 지역 속에서 체계적이고 의도적으로 차별 받는 민족 집단을 일컫는다.

14) 세계가치관조사는 우리가 선정한 탈공산주의 국가 28개 중 8개국에 대해서만 개인 간 신뢰 변수 데이터를 보고하고, 그것도 1999년과 2000년에 대해서만 한다. 유로바로미터 조사는 EU에 가입한 10개의 탈공산주의 국가에 대해서만 국가의 정부와 정치적 기관들에 대한 신뢰를 묻는다. 유럽 사회 조사도 신뢰에 대해서는 우리의 샘플에 포함된 28개국 중 10개국만 다루고, 그것도 1년의 기간만 다룬다(2006).

9.6. 연구 방법과 결과

우리는 다음과 같은 형태의 경험적 모델을 구상했다.

$$Y_{it} = \Sigma \beta \, kX_{kit-1} + \varepsilon \, it$$

Y_{it}는 t 시점의 i 번째 나라의 NGO들에 대한 신뢰 점수인 반면, X_{kit-1}는 t−1 시점의 i 번째 국가의 미디어 독립성의 수준을 포함한 정치·경제적 맥락과 특성들과 관련된 설명 변수들의 벡터이다. 이와 같이 우리는 혹시 모를 역 인과관계의 문제를 방지하기 위해 우리는 모든 설명 변수의 시점을 1년 더 느리게 설정한 것이다. β k는 한도의 벡터를 나타내고, ε it는 임의적인 오류값이다.

우리는 최소자승제곱법(OLS)을 주요 모델로 사용하였다. 본 장에서 종속변수로 설정한 NGO에 대한 신뢰 수준은 사실 불완전한 편이다. 즉, 1과 7 사이에 연속적이지만, 이 양극단을 넘어서는 값들은 생략되어 있다고 할 수 있다. 따라서 규격 검사로서, 우리는 관측 생략 종속 변수에 대한 Tobit 모델을 활용하였다(Long 1997). 직렬 오류 상관관계를 설명하기 위해서는 자기 회귀 1(Autoregressive 1: AR1) 보정을 모델에 적용하였다. Beck과 Katz(1995)의 연구를 참고하여, 우리는 패널종속적인 오류 탄력성 문제(Panel−dependent Error Heteroskedacity)를 해결하기 위해 "패널수정 표준 오류"(Panel−Corrected Standard Errors)들을 분석하였다. 마지막으로, 이웃 효과(Neighborhood Effect)의 효과의 문제를 해결하기 위해서 우리는 이웃 국가들의 NGO에 대한 공공 이미지의 평균 점수를 반영하는 공간 변수를 포함하였다.

<표 9−1>은 패널 데이터 분석 결과를 보여주고 있다. 모델1은 우리의 핵심 설명 변수인 미디어 독립성이 NGO에 대한 신뢰의 예측 변수로서 통계적으로 유의미함을 보여준다($p < 0.01$). 해당 계수는 미디어 독립성 지수가 1에서 7까지의 스케일에서 1단위 이동하면 NGO에 대한 신뢰가 같은 방향으로 0.34씩 이동하는 경향이 있음을 시사하고 있다. 예를 들어 키르기스스탄에서는 2002년 3이었던 독립적미디어의 값이 2004년 2로 떨어졌고, NGO에 대한 신뢰도는 3.9에서 3.6으로 떨어졌다. 키르기스스탄의 국영 언론들은 인권과 민주화를 위한 NGO 활동들을 비판했다. NGO에 대한 이러한 부정적인 언론 캠페인은 NGO 부문에 대한 대중의 이미지를 손상시켰고 대부분의 NGO는 그러한 공격에 대응하고 긍정적인 언론 보도를 유

치할 수 있는 발달 수준을 갖추지 못했다(USAID, 2004). 우리는 또한 INGO 네트워크에 내재된 수준이 NGO에 대한 신뢰에 상당히 긍정적인 영향을 미친다는 것을 발견했다. 계수는 INGO(ln)가 1% 이동하면 NGO에 대한 신뢰도가 1에서 7까지의 척도를 따라 같은 방향으로 0.0043 단위 이동하는 경향이 있음을 시사하고 있다.

모델 2에서 우리는 인터넷 변수 없이 인구 1,000명당 인터넷 사용자 수를 세는 회귀 분석을 실행하였다. 프리덤하우스의 독립 언론 지표는 "사회가 인터넷에 대한 자유로운 접근과 사용을 즐기는가?", "인터넷에서 의견 다양성이 보장되는가?", "정부가 인터넷을 통제하려고 하는가?"의 질문을 함으로써 인터넷을 독립 언론의 일부로 평가하였다. 이러한 질문들은 인터넷과 미디어 독립성의 중요한 질적 측면을 포착하고 있다. 그러나, 모델 2에서 인터넷 변수의 정량적 측정을 중단한다고 해서 기본 결과가 바뀌지는 않았다.

모델 3에서, 우리는 국경 없는 기자들에 의해 개발된 언론 자유 지수라는 또 다른 언론 독립성의 척도를 사용하였다. 언론 자유 지수의 긍정적이고 통계적으로 중요한 계수는 언론 자유의 수준이 높아짐에 따라 NGO 부문에 대한 신뢰가 향상되었음을 나타내고 있다. 모델 3의 계수의 크기는 모델 1의 NGO 독립 지수(.337)보다 훨씬 작다(.026). 왜냐하면 언론 자유 지수의 규모는 1에서 100의 범위를 가지기 때문이다. NGO의 국제 네트워크(INGO)에서의 국가의 착근성은 두 모델 모두에서 유의하지만, 이웃 효과는 모델 3에서만 통계적으로 유의하였다.

경제 세계화, 무역 및 외국인 직접투자 현저성의 척도는 본 연구의 모델에서 중요하지 않았다. 이는 글로벌 시민사회의 참여적 측면에서 사회학적 세계화가 모델 1, 2, 3에서 지역 NGO에 대한 신뢰를 높이는 반면, 경제적 세계화는 비교될 만한 효과가 없음을 시사하고 있다. 또한, 다소 놀랍게도, 해외 원조 수준(원조/GDP)은 NGO에 대한 신뢰에 영향을 미치지 않았다는 점이다. 우리는 1인당 대외원조라는, 원조 현저성에 대한 대안적 척도를 채택할 때 비슷한 결과를 얻었다. 그 결과는 우리가 해외 자금에 대한 NGO의 의존 수준에 대한 프록시만을 사용한다는 사실을 반영해 보여주고 있다. 우리의 측정은 (비록 NGO가 이러한 정부의 하청업체 역할을 하고 있을 수도 있지만) 지역 내 NGO에 직접 제공되는 외국 자금과 정부가 외국인 기부자로부터 받는 원조를 구분하지 않고 있다.

| 표 9-1 | 미디어 독립성과 NGO에 대한 신뢰 |

	모델 1 (OLS)	모델 2 (OLS)	모델 3 (OLS)	모델 4 (Tobit)
미디어 독립성	.337(.076)**	.328(.073)**		.413(.116)**
언론 자유 지수			.026(.006)**	
국내적 통제 변수				
민주주의	0.13(.018)	.019(.017)	.023(.017)	.087(.027)**
인당 GNI(log값)	−.181(.132)	−.067(.134)	−.069(.155)	1.045(.281)**
GDP 성장률	.002(.008)	.006(.008)	.012(.009)	−.005(.017)
민족적 분화	.473(.416)	.673(.393)	.973(.148)	−1.190(.709)
국제적 통제 변수				
원조(GNI 중 %)	−.0001(.004)	.0003(.004)	−.0006(.004)	−.024(.0147)
FDI 유입	.0002(.009)	.004(.009)	.007(.006)	−.028(.015)
무역	.002(.002)	.0001(.001)	−.0001(.001)	.004(.003)
인터넷	−.0005(.006)		.0004(..007)	.014(.010)
EU 회원자격	−.078(.200)	−.072(.181)	.132(.299)	−.981(.334)**
CIS 회원자격	−.123(.181)	−.107(.176)	−.012(.180)	.403(.356)**
이웃 효과	.092(.100)	.060(.093)	.192(.057)**	.324(.170)
INGO	.432(.130)**	.390(.137)**	.416(.162)**	−1.299(.202)
R^2	.674	.652	.86	
N	199	203	90	223

괄호 속 숫자들은 표준 오류다.

* P<.05, ** P<.01, two-tailed

우리가 사용하는 OLS 모델은 무한 종속 변수를 가정한다. 그러나 우리의 종속 변수는 관측이 불완전하다. 이론적으로는 NGO에 대한 신뢰가 측정된 변수의 하한 (1) 또는 상한(7)을 초과할 잠재적 문제가 있다. NGO에 대한 잠재적 신뢰 측정에서의 관측 불완전에 대응하기 위해 모델 4에서 이중 관측 중단이 있는 Tobit 모델 (또는 관측 중단 회귀 분석)을 사용한다. 모델 4에서 알 수 있듯이, 이 모델에서도 우리의 핵심 변수인 독립 미디어는 NGO에 대한 신뢰에 대해 정비례적으로 연관되며, 통계적으로 유의미한 예측 변수다. 또한 모델 4에서 민주주의 수준, 1인당 GNI(로그 형태로 표현된), EU 및 CIS 회원국 및 INGO 회원국은 통계적으로 유의미하다. 그러나 경제적 세계화나 해외 원조의 변수 모두 통계적 중요하다고 취급될 전통적인 수준에 도달하지 못한다.

9.7. 미래 연구에 대한 의의

NGO들은 공공의 이익을 위해 일하는 원칙 중심의 행위자로 자주 인식되고 있다. NGO의 수익이 소유주들에게 분배 되는 것을 NGO의 제도적 설계가 방지한다는 사실이 공적인 신뢰성을 향상할 것으로 예측하였다(Hansmann 1980). 특히 NGO들이 풀뿌리 기구로 인식되기 때문에 해당 기구는 시민들과 연결되어 그들의 활동을 관찰할 기회를 다양하게 제공하기를 요구받게 된다. 따라서 그들의 규범적 기반, 제도적 설계, 그리고 그들의 활동의 본질은 종종 학자들과 실무자들 모두 시민들이 NGO를 신뢰한다고 믿게 만든다. 그러나 NGO에 대한 신뢰는 탈공산주의 유라시아 전역에 걸쳐 다르게 나타난다. 우리는 독립적인 미디어가 NGO에 대한 시민들의 신뢰를 형성하는 데 중요하다는 것을 시사하는 몇 가지 증거를 제공하였다. 이와 관련하여 독립적이고 공정한 매체는 두 가지 보완적 역할을 수행할 수 있다. 비정부기구(NGO) 분야의 성공과 실패에 대한 정보를 제공하고, 국민의 신뢰를 깨트린 것에 대해 '네이밍 앤 셰이밍'하는 감시 기관 역할을 하고 있다. 언론이 신뢰에 대한 배반을 제재하는 기관으로 작용할 때, 시민들은 좋은 NGO와 나쁜 NGO를 구별할 수 있다.[15] 개인이 NGO에 대해 좀 더 심도 있는 관점을 취할 수 있게 되기 때문에, NGO의 신뢰성에 대한 전반적인 태도가 개선될 수 있다.

　탈공산주의 유라시아 지역의 NGO들에게 대중의 신뢰를 얻는다는 것은 생존에 있어 필수적 요소이다. 20년 동안, 해외 후원자들의 후원은 NGO들의 주요 지원 형태였다. 그러나 NGO들은 이미 국제 기금이 무한한 자원이 아니라는 것을 인지하고 있으며, 실제로 많은 기부자들이 지역 전체에서 NGO 기금을 줄이거나 중단하기 시작하였다. 안정적인 장기 재원을 확보하고 조직의 지속 가능성을 보장하기 위해, NGO들은 그들의 활동과 임무에 대한 국내 후원자들을 찾아야 했다. 그렇기에 시민들이 NGO를 신뢰할 만한 행위자로 인식한다면, 그들은 그들의 대의에 돈과 시간을 기부할 가능성이 더 높다고 본다. 이런 점에서 독립적 미디어는 NGO와 시민 후원자 사이의 정보 격차를 해소하는 데 도움이 되며, 따라서 NGO에 대한 시민의 신뢰를 강화할 수 있다.

　본 장은 시민들이 사회적 행위자에 대한 신뢰를 더 일반적으로 갖게 되는 조건, 시민들이 정보 부족을 해소하기 위해 추구할 수 있는 방법, 그리고 정보 공급자의 공정성이 시민의 신뢰에 영향을 미치는 방식에 관한 더 광범위한 질문으로 이어진다. 긍정적이든 부정적이든 간에 오염된 정보는 그 자체로 신뢰를 강화하지 못한다. 독립적 미디어가 균형 있고 공정한 정보를 제공할 때, 심지어 그들이 받는 정보가 때때로 NGO에 비판적일 때도 신뢰는 강화된다.

　우리는 NGO 부문에 대한 사전 경험 부족, 공공기관에 대한 높은 수준의 불신, 사회에 대한 낮은 수준의 일반화된 신뢰를 감안할 때 탈공산주의 유라시아에서 NGO에 대한 정보 부족을 메우는 미디어의 역할이 특히 중요할 수 있다고 강조했다. Beckers(2003)는 네덜란드에서 NGO에 대한 신뢰가 더 높은 수준의 '일반화된 신뢰'와 관련이 있음을 보여준다. 우리 모델에서 민주주의, 민족 언어 분화, 부패 수준 및 소득 불평등과 같은 일반화된 신뢰에 대한 광범위한 프록시 변수들은 NGO에 대한 신뢰에 통계적으로 유의미한 예측 변수가 아니었다. 그러나 향후 연구는 NGO 부문, 그리고 일반화된 신뢰의 여러 수준을 과거에 다양하게 경험해 본 다른 사회들의 경우들을 체계적으로 비교할 수 있을 것이다.

　또 다른 향후 연구 방향은 태도와 행동 모두를 기반으로 NGO에 대한 대중의 신뢰의 변화를 탐구하는 것일 수 있다. 예를 들어, 여론 조사나, 자원 봉사 및 기부 행

---

15) 이는 NGO부문에서 레몬 문제를 예방할 수 있는 방법으로 볼 수 있다(Akelrof, 1970).

동에 대한 시민들의 자체 보고 등의 자료를 조사하면서, O'Neill(2009)은 미국 자선
단체에 대한 대중의 신뢰가 하락하고 있다는 가정에 도전한다.[16] 이 연구를 본받아,
향후 작업은 다른 NGO 하위 부문에 대한 신뢰도의 수준을 탐구하기 위해 탈공산
주의 NGO의 범위를 유용하게 세분화할 수도 있다.

　향후 연구는 규제 프레임워크가 NGO에 대한 신뢰에 어떻게 영향을 미치는지 조
사할 수도 있다. 예를 들어, 일부 국가는 비정부기구의 법적 및/또는 윤리적 행동을
강제하는 규정을 가질 수 있다. 마찬가지로, 정부는 비정부기구가 시민이 접근할 수
있도록 정보를 공개하도록 강제할 수 있다. 하지만 과연 할 수 있다고 해도 정부들
이 그렇게 하는가? 그렇게 할 때 발생하는 거래 비용은 얼마인가? Charity
Navigator, Charity Register, Wise Giving Alliance, Ministry Watch, American
Institute of Philanthropy와 같은 자선단체 감시기구들의 출현은 비영리 단체가 정
부에 의무적으로 제공하는 정보에 대해 시민들이 접근하는 것에만 의존하는 한계를
보여주고 그러한 정보에 접근하고 해석하는 데에 필요로 하는 비용을 줄이기 위해
중개기관이 어떻게 필요할 수 있는지를 제시한다(Szper & Prakash 2010). 예를 들어,
연방정부가 비영리 단체에게 매년 '양식 990'에 금융 정보를 보고하도록 강요하는
미국에서 시민들은 그러한 정보에 거의 접근하지 않는다(Keating & Frumkin 2003).
다양한 행위자들이 어떻게, 그리고 얼마나 효과적으로 정보 부족을 메우기 위해 노
력하는지에 대한 체계적 연구가 미래 연구 방향으로서 생산적일 것이다. 이러한 접
근 방식은 시민들이 NGO를 왜, 언제 신뢰하는지, 그리고 자선단체 감시기구나 언
론과 같은 독립적인 정보 출처의 존재가 NGO에 대한 신뢰를 향상시키는지에 대한
학자들과 실무자들의 보다 면밀한 이해를 발달시키는 데에 도움이 될 것이다.

　마지막으로, NGO는 신문이나 자선단체 감시기구를 통해 시민들이 정보에 접근
하는 것을 수동적으로 기다리지 않을 수도 있다. 일부 NGO는 능동적으로 다른
NGO와 차별화를 꾀하고 신뢰가 가능함을 증명하려고 할 수 있다. 그들은 자발적
프로그램(Guerty & Prakash 2010)이나 인가 시스템(Bekers 2003)에 가입함으로써 그
렇게 할 수 있는데, 이는 NGO의 내부 활동을 관찰할 수 없는 외부 이해관계자에게
NGO의 신뢰성을 알리는 수단이다. 따라서 향후 연구는 NGO들이 어떻게 정부 규

---

16) 비영리기구를 위해 봉사활동을 하는 맥락에서의 "신뢰의 위기" 가설에 대한 더 세밀한 조사는
　　Bekkers & Bowman(2009) 참고.

제, 미디어 모니터링, 자선단체 감시기구, 그리고 자발적 프로그램의 조합을 통해 그들 분야의 공공 이미지와 신뢰도를 높이고 동시에 기부자원을 얻기 위해 경쟁하는 다른 NGO들과 어떻게 차별화를 꾀하는지를 조사할 수 있다.

국제규범의 국내입법
과정에서 NGO의 영향력

: 한국의 단일 난민법 제정사례를 중심으로

국제규범의 국내입법 과정에서 NGO의 영향력

: 한국의 단일 난민법 제정사례를 중심으로

초 록

국제규범을 국내법으로 이행 입법 한다는 것은 국제규범을 국내법 체계 안에서 규정하고 동시에 다른 국내법과 동일하게 법적 구속을 받겠다는 것을 의미한다. 국가가 이렇게 '이중구속'구조를 선택하는 이유는 무엇인가? 특히, 국제 규범의 국내 입법 과정에서 NGO의 역할은 무엇인가? 본 장은 이 질문에 대한 답으로 NGO의 역할과 그 영향력에 주목하였으며, '난민보호'라는 국제규범을 국내법으로 이행 입법한 한국의 단일 난민법 제정사례를 살펴보았다. NGO의 영향력이 발휘되는 요인들을 크게 정치적 기회와 NGO 운동 역량으로 나누어 각각의 작용들을 확인하였다. 특히 표면화하기 어려운 NGO의 영향력을 분석하기 위해 인터뷰와 함께 반대상황을 가정하는 사후가정사고(Counterfactual Thinking)를 진행하였다. 그 결과 난민 NGO들이 단일 난민법 제정의 필요성에 대한 아이디어와 법안 초안을 최초로 제안하였고 국회 내 영향력 있는 지지자를 확보하여 로비활동을 한 것이 결정적인 요인으로 작용했다. 이를 통해 본 장은 국가가 자기 구속적 선택을 하도록 만드는 NGO의 영향력을 경험적으로 확인하였다.

10.1. 서론

오늘날 국제사회는 심각한 난민문제에 직면하고 있다. 난민을 보호하는 것은 국제규범으로서 이미 대다수의 국가들이 난민협약(Convention Relating to the Status of Refugees 1951)의 채택을 통해 난민보호에 대한 의무를 준수할 것을 약속하고 있다. 그러나 최근 난민들의 절대적인 숫자가 급증하고 이로 인해 다양한 사회문제가 발생하면서 난민문제에 전통적으로 우호적인 입장을 고수했던 국가들조차도 소극적 입장으로 돌아서는 경향을 보인다.

국가들이 난민문제에 대해 점점 더 배타적인 정책을 추진하는 가운데 대한민국은 2012년 2월 10일 동아시아에서 최초로 단일 「난민의 지위와 처우 등에 관한 법」(이하, '난민법')을 제정하였다. 전 세계적으로 난민에 대해 비우호적인 기류가 강해지고 있었고, 한국이 전통적으로 난민이라는 이슈에 대해 지리적·심리적으로 먼 거리에 위치해 있다는 사실을 고려하면 한국의 단일 난민법 제정은 다른 국가들에게 많은 관심을 불러 일으킬만한 사건이었다.

그동안의 난민에 대한 적은 관심과 낮은 난민 인정비율에도 불구하고 한국이 독립 법제로 단일 난민법을 제정하게 된 이유는 무엇인가? 국제규범은 구체적으로 국제조약의 형태로 국가들 사이에서 인정되고 구체적 규범 이행이 명문화되기도 하는데 이러한 국제조약은 국제법이 된다. 국제법은 법적 구속력을 갖지만 각국의 주권이 인정되는 무정부 상태의 국제사회 특성상 국가들은 조약 내용의 이행을 기피할 유인이 상존(常存)하며, 이행을 강제하는 데 한계가 존재한다. 개별국가는 항상 국제규범이 국가이익 혹은 국가안보에 배치되거나 그러할 가능성이 있을 것을 감안하며, 일반적으로 단순히 국제조약에 가입하는 것 이상의 적극적인 행동을 취하는 것을 꺼린다. 국제규범을 적극 이행함으로써 비싼 정치적·경제적 대가를 치러야 하는 결과가 발생하는 것을 원하지 않기 때문에 타국(강대국)의 압력이나 국익의 변화 같은 유인이 없다면 국가는 자신의 행위에 제한을 가할 수 있는 행동규범에 깊게 관여되지 않으려는 속성을 갖는다. 그러나 때때로 국제규범을 국내법의 형태로 입법하여 적극적으로 준수하는 모습을 보이는 국가가 있다. 국제규범을 국내법으로 이행입법 한다는 것은 국제규범을 국내법 체계 안에서 규정하고 동시에 법적 구속을 받겠다는 것을 의미한다.

한국의 난민법 제정사례는 국제규범을 국내법으로 이행 입법한 대표적 사례에 해당한다.[1] 본 장은 이러한 이행입법을 가능하게 한 주체로서 난민 NGO들과 그들의 영향력을 살펴본다. 정부의 반대에도 불구하고 난민 NGO들은 전문성과 네트워크 구성능력이라는 역량을 확보하고 정치적 기회의 확대를 발판으로 난민보호라는 국제규범을 국내법으로 제정하는 운동을 성공적으로 이끌었다. 특히 NGO들이 '단일' 난민법 제정 과정에 영향력을 행사한 것에 주목하고자 하는데 그 이유는 일반적인 법 제정과의 차이점 때문이다. '단일'이라는 의미는 기존의 특정법률에의 하부규정으로 속했던 내용이 따로 분리되어 그 자체로 하나의 온전한 법률형태를 구성하는 것을 말한다. 국내법에서 난민규정은 원래 출입국 관리법에 하부 규정으로 포함되어 있다가 그 중요성을 인정받고 독립하여 하나의 법제로 제정되었다. 난민 NGO들은 난민보호를 위해서 난민규정이 구체적으로 정립되어 있어야 한다고 생각했지만 그러기 위해서는 근본적으로 출입국 관리법 안에 포함된 난민규정을 하나의 법제로 독립시키는 것이 선행되어야 한다고 주장하였다. 한국의 단일 난민법 제정운동은 기존 NGO들의 법률청원운동이 단순히 법률의 내용이나 개선책을 제안하던 수준을 넘어 법률의 형식까지 제시했다는 점에서 차이점을 발견할 수 있다.

본 장은 난민법률의 국회 발의부터 심의, 통과까지 전 과정을 정치적 기회와 NGO의 운동역량이라는 두 가지 분석 수준에서 살펴보고 각 과정에서 NGO의 영향력이 어떻게 행사되며 반영되고 있는지 조감(鳥瞰)해보고자 한다.

10.2. 선행연구 및 이론적 논의

10.2.1. 선행연구

사회운동에서 NGO에 대한 연구는 NGO의 역할과 NGO가 영향력을 갖게 하는

---

[1] 국제규범의 이행입법인지 여부는 법률의 목적부분을 보면 알 수 있다. 예를 들어 난민법 제 1조 1항에서는 난민법의 제정 목적에 대해 다음과 같이 밝히고 있다. "이 법은 「난민의 지위에 관한 1951년 협약」 및 「난민의 지위에 관한 1967년 의정서」 등에 따라 난민의 지위와 처우 등에 관한 사항을 정함을 목적으로 한다."

요인, 궁극적으로 NGO가 유의미한 영향력을 발휘하는가에 대해 초점이 맞추어져 있다. NGO의 영향력을 분석하는 연구들은 크게 3가지 경향으로 분류할 수 있다. 첫째, NGO 사회운동의 성패에 영향을 미치는 요인을 정치적 기회구조와 NGO의 운동역량 2가지 범주로 나누고 세부 변수들을 설정하고 비교를 통하여 우열을 가리고자 하는 연구가 있다(김영호 2002; Kitschelt 1986; 이민창, 김상률 2013; 김태룡 2002; 안병철 2001; 김선미 2003; 김창오, 이영환 2011). 사회운동에서 NGO의 영향력에 더 많은 영향을 미치는 요인이 무엇인지 측정하기 위해 제시되는 변수들, 예를 들어 정치체제의 개방성, 정책주도권, 동원능력 등은 여전히 추상성이 강하고 학자마다 조작적 정의가 달라 명확한 개념화가 어렵다는 문제가 있다. 둘째, NGO의 영향력 요인으로 기존에 주로 언급되는 요인들이 아닌 새로운 요인(담론적 기회구조, 통로요인, 시민운동의 정치세력화 등)을 제시하는 연구가 있다(Koopmans 1999; 오현철 2004; 김영대 2012; 박재묵 2000; 황세정, 이태동 2018). 그러나 대부분 특정사례를 설명하기 위해 제시된 요인으로 정치적 기회구조와 NGO의 운동역량이라는 기존의 견고한 요인들과 동등한 수준으로 받아들여지기 위해서는 향후 더 많은 사례에 적용하여 검증하는 과정이 필요하다. 마지막으로 기존의 정치적 기회구조와 NGO 운동역량이라는 대 범위 요인을 구체적으로 설명하는 설명변수를 새롭게 설정하는 연구들이 있다. 이병하(2013)는 한국과 일본의 외국인 노동자 정책형성 비교연구에서 시민운동의 힘에 영향을 미칠 수 있는 정치적 환경을 구체적으로 '중앙정부 수준의 부처간 경쟁(Intra-governmental Competition)'으로 설정하였고 장우영(2006)은 NGO의 운동역량을 설명하는 하위변수로 '사이버 액티비즘' 운동방식을 제시하였다.

본 장은 기존의 정치적 기회구조와 NGO 운동역량이라는 대 범위 요인을 구체적으로 설명하는 설명변수를 새롭게 설정하는 세 번째 연구경향에 해당된다. 기본적으로 한국의 난민법 제정운동을 정치적 기회구조와 NGO의 운동역량이라는 두 가지 큰 기준에서 분석한다. 다만 정치적 기회구조를 설명하는 변수로 대외정책변화, 입법환경, 정책유형을 제시하고 NGO 운동역량을 설명하는 변수로 전문성과 네트워크 구성능력을 제시하였다. 특히 NGO가 입법청원운동을 할 때 해당 정책의 유형에 따라 정치적 기회구조가 달라질 수 있다고 보고 정책유형을 설명변수로 새롭게 추가하였다. 윌슨(Wilson 2006)은 정책의 비용과 이익이 소수 집단에 집중되는지 아니면 다수의 일반국민에게 분산되는지에 따라 정치적 상호작용의 형태가 어떻게 달라지는지 분석하였다. 이 장에서는 각 분류에서 NGO가 처할 수 있는 문제점들을 제시하여 NGO가 추진하는 정책의 성격에 따라서 정치적 기회가 변화할 수 있음을 증명하고자 한다.

10.2.2. 이론적 배경

본 장에서는 사회운동이론 중 하나인 정치과정론을 기반으로 난민법 사례를 종합적으로 분석한다. 정치과정론(Political Process Theory)은 사회운동의 영향력을 설명하기 위해서는 운동주체가 동원해야 할 자원과 동원방법이라는 미시적 조건들과 정치적 기회구조라는 거시적 조건들을 동시에 분석해야 한다는 이론이다. NGO의 입법청원운동에서 정치적 기회구조는 NGO가 속해있는 정치적, 사회적, 문화적 환경을 의미하며, NGO의 자원동원은 NGO가 가진 내부적인 역량을 의미한다.

여기에서 제시하는 정치적 기회구조의 세부변수는 ① 대외 정책의 변화 ② 입법환경 ③ 정책의 유형이다. 대외정책 변화는 국가가 국제사회와 국제규범을 어느 정도 수용할 것인지(적극/소극)와 같은 대외정책기조의 변화를 말한다. 입법 환경은 법률을 제정하는 입법부의 모든 활동뿐 아니라 입법에 참여하는 정부·정당·이익단체·시민단체 등의 기관이나 기타 세력이 입법을 둘러싸고 전개하는 모든 운동이나 작용을 포함하는 일련의 과정에 영향을 미치는 구조나 환경 의미한다. 정책 비용과 이익의 집중과 분산에 따라 분류되는 정책유형은 입법과정에서 정책의제 설정과 정책대안의 채택과정에 영향을 미치는 다양한 정치행위자들(국회의원, 정부관계자, 시민단체, 이익단체 등)이 상대적 영향력의 차이를 가져온다. 정책유형별로 입법과정 상 특징을 비교해본 결과 NGO의 입법청원운동에 가장 유리한 정치기회를 제공하는 유형은 고객정치 유형이다. 고객정치 정책유형에서 마찬가지로 국민들의 무관심이라는 문제가 존재하지만 정책결정으로 이익을 얻게 되는 수혜집단과의 협력이 가능하며, 정책을 지지하고 후원해주는 역할을 하는 국회의원이 존재하는 경우 정책화 가능성이 가장 높아진다.

NGO 운동역량의 세부변수는 ① 전문성 ② 네트워크 구성능력이다. NGO들의 전문성은 단순히 옳은 일을 해야 한다는 당위적 주장의 한계를 보완하고 정책의 필요성과 시행했을 때의 이익에 대한 논리적이고도 합리적인 설명을 뒷받침 할 수 있다. 의원을 중심으로 하는 의원입법을 추진할 경우에 NGO들의 전문성은 의원들의 전문성 부족이라는 단점을 보완하면서 상호협력을 가능하게 한다. 입법운동을 전개

표 10-1 정책유형별 분류

		정 책 비 용	
		분산	집중
		다수주의 정치	기업가 정치
분산	특징	초당적 협력	비용부담 이익집단의 적극적인 반대활동
	주요 행위자	대통령 – 정부	비용이 부과되는 이익집단
	NGO의 직면문제	NGO 영향력의 가시성이 낮음, 대중의 무관심	반대활동을 하는 이익집단과의 경쟁, 대중의 무관심
	정책예시	의료보험법	공기오염방지법
집중		고객 정치	이익집단 정치
	특징	조직적 반대가 없으며 정책실행 가능성 높음	이익수혜집단과 비용이 부과된 집단의 첨예한 갈등
	주요 행위자	정책이익 수혜집단. 후원자 역할의 국회의원	경쟁하는 양측 이익집단
	NGO의 직면문제	대중의 무관심	상대 이익집단과 경쟁, 대중의 무관심
	정책예시	농촌보조금 정책	노사관계법

(왼쪽 세로축: 정책이익 — 분산 / 집중)

하면서 뜻을 같이 하는 NGO들을 연합하여 하나의 네트워크를 구축하는 것은 NGO의 필수적인 운동역량이다. 동일한 목표를 가진 NGO들 간의 네트워크를 형성하면 NGO들 간 불필요한 경쟁이 줄어들고 각 개별 NGO들의 능력들을 정부 혹은 의회를 향해 집중 투입할 수 있게 된다. 또한 네트워크를 형성하면 각 개별 NGO들이 결여한 자원들을 상호 보완할 수 있다.

그렇다면 NGO의 영향력이란 무엇인가? 국회에서의 입법 혹은 정부 정책의 변화는 NGO의 영향력 이외에도 국익의 변화, 국가정체성의 변화 등 다양한 설명이 가능하다. 따라서 NGO가 해당 정책과정에 참여하거나 압력을 가했다는 사실 자체가 NGO의 영향력을 나타내는 것은 아니며 과정에서의 상호작용을 확인하는 것이 중요하다.

본 장은 NGO의 활동 및 전략으로 인해 국제규범이 국내법으로 입법되는 적극적 행동의 결과를 가져왔음을 증명하고자 하므로 "자신의 의사를 타인에게 전달하고 만약 그러지 않았으면 하지 않았을 행동을 유발시키는 것"이라는 김선미(2003)의 영향력 정의를 차용하여 사례를 분석하고자 한다. 구체적으로 벳실과 코렐(Betsill & Corell 2001)은 국제기구나 국제회의에서 발휘되는 NGO의 영향력을 분석하기 위해 보다 정교한 이론적 분석틀을 제시한 적이 있다. 이들은 영향력의 차원(Dimension) 을 두 가지로 설정하였는데 의도적인 정보의 전달과 타 행위자의 행동 변화다. 의도적인 정보전달과 타 행위자의 행동변화라는 2가지 큰 축에서 각각 영향력의 있었는가를 알아보기 위해서는 증거가 필요하다. 첫 번째 의도적인 정보전달이라는 축에서는 의도적으로 정보를 전달하기 위한 NGO의 참여가 영향력의 증거가 된다. 두 번째 타 행위자의 행동변화는 축에서는 NGO의 목표가 달성되었는지가 영향력의 증거가 된다. 이러한 영향력의 증거들은 각각 다시 세부적인 영향력 지표들에 의해서 뒷받침된다. 본 장은 이들이 제시한 NGO 영향력 분석 틀을 기반으로 입법 과정에서 발휘되는 NGO의 영향력을 측정하고자 한다. 여기서는 영향력의 차원(Dimension)을 의도적인 요구사항의 전달과 타 행위자의 행동 유도 두 가지 차원으로 나눈다. 의도적인 요구사항 전달 차원에서 영향력 증거는 참여이고, 타 행위자의 행동 유도에서 영향력의 증거는 목표달성이다. 요구사항을 전달하는 차원에서 참여 증거의 지표는 요구사항을 전달하기 위한 NGO의 구체적 활동, 요구사항을 전달할 수 있는 환경/기회, 요구사항을 전달하기 위한 수단/능력인 자원으로 구성된다. 타 행위자의 행동유도 차원에서 목표달성 증거 지표는 법안발의에 성공했는지는 알 수 있는 과정지표와 결과적으로 법안통과에 성공했는지를 알 수 있는 결과 지표로 구성된다.

영향력 분석은 과정추적(Process Tracing)과 사후가정(Counterfactual)방법을 사용한다. 과정추적법은 역사적 배경과 사례 관련 기록에 대한 풍부한 조사 그리고 관계자 인터뷰 등의 방법을 통해 선택된 사례가 가지는 이론적 가정과 함의 및 연계 메커니즘을 이해하는 데 초점을 둔다. 사후가정은 만약 특정요인이 과정에서 없었거나, 없는 요인이 있었다면 가능했을 결과를 가상적으로 생각해보는 것이다.[2] 최

---

2) 예를 들어 다음과 같은 가정: 2차 세계대전에서 독일이 승리했다면? 이 연구에서는 NGO가 없었다면 단일 난민법은 제정되었을까?

종적으로 난민 NGO가 입법청원운동 당시 했던 요구와 실제 결과를 대입하여 영향력의 정도(Level)를 가늠할 수 있다.

표 10-2 난민 NGO의 단일난민법 제정과정에서의 영향력 분석 틀3)

영향력의 차원 (dimension)	의도적인 요구사항 전달		타 행위자의 행동유도
영향력의 증거 (evidence)	참여		목표달성
영향력의 지표 (indication)	▶ 활동 ▶ 접근기회 ▶ 자원동원		▶ 과정(법안 발의) ▶ 결과(법안 통과)
방법론 (methodology)	1. 과정추적(process tracing)방법 2. 사후가정(counterfactual)분석		
영향력 정도 (level)	NGO의 요구	결과	영향력의 정도
	단일 난민법 제정	① 단일법 제정 ② 전부 개정 ③ 일부 개정 ④ 제·개정 실패	강화 ↕ 약화

10.3. 사례분석

한국의 난민관련 NGO들은 출입국 관리법 안에 난민에 대한 내용을 규정하고는 있지만 내용이 지극히 제한적이며 형식적인 수준에 머물러 있기 때문에 난민들을 위한 법률로서 기능하지 못하고 있다고 주장해왔다. 2006년부터는 난민 활동가들과 공익변호사들이 월 1회 난민법 제정안을 연구하는 모임을 갖게 되었으며 이 모임이 점차 확대되어 난민지원네트워크4)로 발전하였다. 난민법 제정운동은 단일한 난민법 제정을 촉구하기 위한 난민 NGO들의 입법청원 운동이었으며 난민지원네트워크는

---

3) Elisabeth Corell & Michele M. Betsill(2001), p.89 바탕으로 재구성
4) 난민법 제정운동에 참여한 NGO단체는 피난처, 난민지원인권센터, 엠네스티 한국지부, 공익법센터 공감, 공익법센터 어필, 사단법인 휴먼아시아 외 20개의 단체이다.

정책제안(단일 난민법 제정)부터 법률안 초안 작성과 입법청원을 위한 로비활동까지 종합적인 역할을 수행하였다.

10.3.1. 난민법 제정운동 당시 정치적 기회

난민법 제정운동 당시의 정치적 기회는 대외정책의 변화, 입법환경, 정책유형으로 나눠서 살펴본다. 먼저 난민법 제정운동이 본격적으로 시작되고 최종 제정된 2008 – 2012년은 이명박 정부 시기였다. 이명박 정부의 국정운영백서와 5년 동안의 외교백서를 살펴보면 국제사회에서의 책임(규범준수)과 역할(규범형성)에 대한 강조가 두드러진다. 특히 '중견국가'라는 단어가 국정운영백서에 25번 등장하며 중견국으로서의 역할을 강조하는데 이는 이명박 정부가 '중견국가 한국'이라는 국가정체성을 가졌다고 볼 수 있다. 이명박 정부의 국정운영백서 대외정책 부분을 보면 국제사회의 주요 현안에 대해 타 국가들과 호흡하면서 보다 적극적·능동적으로 기여하는 외교를 의미하는 성숙한 세계국가(Global Korea)비전을 제시한다. 글로벌화가 가속화되면서 국익창출을 위해 우리 스스로가 국제무대의 주체로서 능동적으로 행동해나가는 것을 목표로 삼은 이명박 정부의 대외정책은 구체적으로 국제사회에서의 리더십 발휘와 국제이슈에 대한 책임을 부담하는 방향으로 진행되었다. 이명박 정부의 인권 대외정책의 가장 큰 특징이자 변화는 북한인권문제 해결을 위한 노력과 이와 연결선 상에 있는 난민문제에 대한 새로운 관심이다. 한국은 2008년 북한인권결의안을 만드는 과정에 공동 제안국으로 활동했으며, 결의안 채택과정에서 찬성표를 던지기 시작했다. 게다가 난민협약 당사국인 중국의 탈북자 강제 북송 행위를 비판하기 위해서는 우리나라의 난민정책도 난민협약에서 요구하는 수준으로 정비할 필요가 있었다. 2010년 외교백서에는 그동안 자세히 언급된 적 없던 난민문제 해결에 대한 한국정부의 의지와 노력이 소개되었고 이후로 발행된 외교백서에는 매년 난민문제에 관한 우리정부의 활동내용이 포함되었다.[5]

난민규범에 대한 정부의 관심이 증가하면서 난민 NGO들이 본격적으로 정치권에 다가갈 수 있는 기회가 확대되었다. 난민 NGO들은 난민정책 개선을 위해 그들끼리 월례 연구모임을 갖는 정도였으나, 2008년에는 국회인권포럼이 주최하는 법제정

---

5) 외교부. 「외교백서 – 제 5장 국제사회 내 역할과 위상 제고를 위한 외교」. 2008년 – 2013년 자료 참고

을 위한 공청회에 참석하여 난민법 제정의 필요성과 난민법 초안내용을 국회에 소개할 수 있는 기회를 가졌다. 당시 국회인권포럼의 대표였던 황우여 의원과 만남을 계기로 난민 NGO들은 다음해 2009년 황의원을 국회 내 난민법 제정 지지자로 포섭할 수 있었고 그를 대표발의자로 하여 난민법을 국회에 발의하는 데 성공하였다.

국회 입법환경은 여야 관계, 국회 – 행정부관계, 개별 국회의원의 국회 내 위치 등에 따라 달라질 수 있다. 대선과 근접한 시점에 실시된 총선 즉 밀월선거[6]에 의하여 구성된 제18대 국회는 대통령 소속정당이 국회 내 제1당 지위를 차지하는 전형적인 여대야소의 정치적 환경을 가지고 있었다. 18대 국회는 개원 초기부터 정권교체에 따른 작용과 반작용의 충돌, 쇠고기 파동으로 인해 원만하게 운영되지 못했다.[7] 특히 18대 국회는 4년 동안 쟁점법안을 놓고 여야 간 극한대립으로 치달아 국회에 대한 신뢰도가 땅에 떨어지게 되었다. 여야 간 끝없는 대치 → 야당의 회의장점거 → 국회의장 직권상정 → 여야의 물리력 충돌 후 표결처리 강행 → 정국 냉각기의 악순환이 끊임없이 반복되었다. 여야 대치가 일상이 되면서 필요한 법안들을 심의하고 처리하는 국회 본연의 기능이 마비되었으며 짧은 기간 동안 법안들이 무더기 통과되는 벼락치기 현상이 발생했다. 이러한 입법 환경 가운데서도 난민법안은 여당과 야당을 막론하는 초당적 성격의 법안이었으므로 여야 갈등으로 인한 파행은 없었다. 벼락치기로 통과되는 법안들은 대부분 여야 간 이견이 없는 무쟁점(無爭點) 법안들인데 난민법도 그중에 하나였으며 2012년을 단 이틀 앞두고 통과되었다. 난민법안과 관련한 국회 회의록 자료를 보면 무엇보다도 한국이 중견국으로서 국제사회에 모범을 보이기 위해 노력해야 한다는 점에서 여야가 가장 큰 합의점을 가지고 있었다.[8] 그러나 처리를 기다리는 법안이 몇천 건씩 넘쳐나는 상황에서 아무리 무쟁점 법안이라고 하더라도 선택을 받기란 쉽지 않은 일이다. 당시 난민법을 대표발의 하였던 황우여 의원이 마침 한나라당 원내대표로 선출되었고 18대 국회의 마지막 회기에서 꼭 다루어야 할 우선처리법안으로 난민법을 선택하였다.

---

6) 밀월선거(honeymoon election)는 통상 대통령 임기 개시 후 1년 이내에 실시되는 의원선거를 가리킨다. 반면 이와 반대시점인 대통령선거 1년 이전에 실시되는 의원선거를 종반선거(Counter – honeymoon Election)이라 한다.

7) 음선필. 2012. 국회 입법과정의 분석과 개선방안 – 제 18 대 국회를 중심으로. <홍익법학>, 13(2): 131 – 175, 137

8) 국회의안정보시스템, 제289회 국회(임시회) 제1차 법안심사제1소위 회의록, 제289회 국회(임시회) 제2차 법안심사제1소위, 제301회 국회(임시회) 제1차 법안심사제1소위

"황우여 의원이 2011년에 한나라당 원내대표가 되고 2012년에 당대표가 되면서 본인이 힘이 있어졌어요. 그래서 뭐라도 하나 오랫동안 마음에 있었던 거 하나라도 통과시킬 마음을 가지고 있었는데 그때 이제 우선순위 법안으로 본인이 난민법을 선택한 거죠. 왜냐하면 저희들이 법안을 작성해서 제출했고, 다른 것들은 이해관계가 있고 해서 자기 마음대로 처리할 수 없는데 난민법은 뭐 그렇지 않으니까." (난민NGO 피난처 이호택 대표와의 인터뷰, 2018년 11월 2일)

황우여 의원이 기회가 왔을 때 난민법을 우선처리 법안으로 추진할 수 있었던 것은 본인의 의지와 국회 내 영향력의 증가 때문이다. 그러나 난민지원NGO단체(이하, 난민지원네트워크)가 사전에 법안에 대해서 철저히 준비하지 않았다면 이러한 입법 환경의 이점을 활용할 수 없었다. 여야의 극렬한 대치와 회기 말 벼락치기가 진행되는 상황에서 준비되어 있지 않은 법안은 우선처리 법안으로 선택될 수 없다. 게다가 난민법안은 단순히 조문 몇 개를 고치는 개정안이 아니라 제정 법률안이기 때문에 그 내용 자체가 방대하고 협의되어야 할 사안이 많다. 이러한 이유 때문에 철저한 준비가 필수적이었다. 난민 NGO들은 2년이라는 짧지 않은 시간동안 이 작업을 완성해 나갔으며 법사위원회 의원실 방문, 전문위원과 발의의원 비서관 면담, 변호사협회를 통한 의견개진 등 난민법안에 대한 관심을 고취시키고 공감을 얻고자 다방면으로 노력하였다.

입법과정에서는 정책유형에 따라 의제를 설정하고 대안을 제시하는 주도적 역할을 하는 정치행위자가 변하며 또한 입법갈등의 양태도 달라질 수 있다. 정책이익과 비용의 분산 혹은 집중에 따라 정책유형을 분류한 제임스 윌슨(James Q. Wilson)의 정책유형별 분류에 따르면 난민법은 고객정치유형에 속한다고 할 수 있다. 난민법이 제정되고 시행됨으로써 이익을 얻는 대상은 난민신청자와 난민인정자이다. 한편이 법안으로 인해서 비용을 지불해야 하는 대상은 국민 전체로 분산된다. 난민법안의 통과와 시행으로 인해 이익을 보게 되는 집단(난민, 난민지원NGO 등)은 강력한 옹호활동을 할 유인을 가지게 되는데 그 비용을 부담하는 전체국민은 이 비용에 대해 체감하지 못하기 때문에 무관심하다. 따라서 이 유형에서는 조직화된 반대가 발생할 가능성이 낮고 수혜를 얻게 되는 집단의 옹호활동이 활발하게 일어나기 때문에 정책 혹은 법안이 통과될 확률이 매우 높다. 단일 난민법도 난민지원네트워크라는 NGO들의 입법청원운동으로부터 시작되었고 이들이 난민의 권리보호를 위해 적극적으로 옹호활동을 펼쳤지만 대다수의 국민들은 여전히 난민과 난민법에 대해 관심이 없었다. 또한 난민법 제정에 대해 특별한 반대활동을 벌이는 조직화된 단체도 존재하지 않았다.

> "반대하는 사람이 뭐 국민들 중 없는 것은 아니었겠지만 그들이 적극적으로 규합이 안 되었어요. 그리고 난민법에 대해서도 잘 몰랐어요." (난민NGO 피난처 이호택 대표와의 인터뷰, 2018년 11월 2일)

고객정치유형의 법안은 이를 지지하고 후원해주는 국회의원의 후원자 역할이 절대적으로 중요하다. 정부의 입법안은 주로 국민 전체의 이익을 고려하는 반면 국회의원의 입법안은 상대적으로 특수한 이익을 옹호하는 경향이 있다. 그런 점에서 난민이라는 특수한 집단의 이익을 지지해 줄 수 있는 국회의원의 존재는 난민법 제정 과정에서 강력한 이점으로 작용하였다. 난민 NGO들과 함께 난민법안을 대표 발의했던 황우여 의원은 15대 국회 때 설립되어 국내외 인권문제를 다루는 국회의원 연구단체인 국회인권포럼의 대표를 맡고 있었다. 그는 한나라당 납북자 및 탈북자 인권특별위원회 위원장을 맡았으며 북한 이탈자의 이익 및 보호를 위한 활동을 했다. 황우여 의원은 2009년 난민법안이 발의되었는데도 불구하고 여야 모두 이 법안에 대해 관심을 보이지 않자 2010년 9월 29일 한나라당 최고중진연석회의에서 중진의원들과 당 차원의 관심을 촉구하였다.

> "무국적 탈북자 자녀들 문제가 심각하다. … 당에서 이 부분에 대해서도 중점 법안으로 해서, 어떻게 보면 보다 더 시급한 법안으로 처리해 주셨으면 한다. 또한 난민 지위에 관한 법률안도 우리 당이 제출했다. 2009년 5월에 제출된 이 법안도 지금 지지부진하고 있다. 유엔난민기구(UNHCR)는 최근에 아시아에서는 획기적인 사건이라고 우리나라를 칭송하면서 에티오피아 난민 한 분에게 국적을 부여한 것에 대해서 크게 반응을 보이고 있다. 아울러 우리의 새로운 난민법에 대한 관심이 대단히 높다. 당에서는 다시 한 번 이 법에 대한 관심을 표시하고, 지금 아시아에서는 가장 최선진 인권국으로서 부상하는 대한민국이 바로 이 난민법에 의해서 명성을 얻고 있다는 점을 우리가 주시하고, 인권존중 국가로서의 국격을 높이는데 중요한 법안이라는 것을 강조하고 싶다." [9](한나라당 최고중진연석회의

황우여 의원 발언 중, 2010년 9월 29일)

18대 국회가 정쟁만 일삼는 최악의 국회로 마무리 될 위기에 처해있을 당시 황우여 의원은 한나라당 당대표 직을 맡게 되었고 더불어 국회 내 영향력도 증가했다. 영향력의 증가로 그는 상대적으로 국회 내 갈등이 적었던 난민법을 우선처리 법안으로 선정하여 적극 추진할 수 있었다. 정책유형에서 제시한 것처럼 고객정치유형에 속하는 난민법의 제정과정에서도 수혜집단과 후원 국회의원이 역할이 결정적으로 중요하게 작용하였다는 것이 확인되었다.

10.3.2. 난민법 제정운동 당시 NGO의 운동역량

NGO의 입법청원운동 과정에서 호의적인 정치적 환경이 형성되어도 NGO의 역량이 뒷받침되지 않는다면 그 기회를 잡기란 쉽지 않다. 당위적인 주장과 시위만으로는 시민사회의 영향력을 효과적으로 발휘할 수 없다. 특히 현대사회에서 높은 전문성을 갖춘 국가를 상대로 설득을 하고 대안을 제시해야 하기 때문에 NGO의 전문성이 점점 더 중요해지고 있다. 난민법 입법청원운동에서는 특히 NGO들의 법률전문성이 두드러졌다. 2006년 결성된 난민지원네트워크는 국내 난민실태, 해외 난민정책 등 난민에 대해 연구 모임을 진행하면서 난민에 대한 전문적 지식을 쌓아나가기 시작했다. 난민지원네트워크에서 난민법 제정운동을 주도했던 사람은 난민 NGO인 피난처의 이호택 대표, 공익법센터 공감의 황필규 변호사, 공익법센터 어필의 김종철 변호사였다. 이들 중 2명은 공익변호사이며 피난처의 이호택 대표도 법과대학 및 대학원을 졸업하여 법률적인 전문성을 가지고 있었다. 난민지원네트워크는 2006년 결성하여 2009년 정식으로 난민법을 입법청원할 때까지 매월 월례모임을 가지면서 난민법안의 초안을 작성해 나갔다. 난민지원네트워크의 구성원들은 오랜 시간 난민을 위해 일해 온 활동가이거나 혹은 법률전문가였다. 활동가들은 난민의 실태에 대해서 전문적인 현장지식을 가지고 있었으며, 법률가들은 난민을 위한 소송을 진행하면서 법률적인 문제에 대해 전문적인 지식을 가지고 있었다. 난민법

---

9) 한나라당 대변인실, "최고중진연석회의 주요내용[보도자료]", 황우여 의원 발언 중
https://news.naver.com/main/read.nhn?mode=LSD&mid=sec&sid1=123&oid=156&aid=0000008886 (검색일: 2018.11.5)

안은 이들의 지식과 경험의 총체였다. 난민 NGO들의 난민법 초안을 가지고 입법청원을 했던 서울지방변호사협회는 난민법 초안에 대해 검토한 후 "국제 기준에 맞춘 인도적 법률로서 규정 내용 또한 전반적으로 타당해 보이므로, 동 법안에 찬성합니다."라고 의견서를 제출했다.[10]

난민법은 국제적 난민협약의 국내이행 과정에서의 그 효과성을 높이고자 하는 목적을 가지고 있으므로 국제 난민협약에 대한 철저한 이해가 필요했다. 난민지원네트워크에서 법률전문가들은 난민협약이 해외에서는 나라마다 어떻게 해석되고 적용되고 있는지 사례분석을 한 후 우리나라의 사정에 맞는 법률적 대안을 제시했다. 특히 황필규 변호사는 공청회에 참석하여 2010년 당시 출입국 관리법에 규정되어 있는 난민 규정의 문제점에 대해 지적하고 향후 제정될 난민법안에 포함되어야 할 사항과 법률적 논점에 대해 (난민협약 상 'well-founded fear'의 해석문제, 난민 신청 절차적 권리문제 등) 소개하였다. 또한 공청회에서 난민문제가 혹 난민발생 국가와의 외교관계에 문제가 될 수 있지 않느냐, 특정집단을 인정하면 그 집단이 몰려오는 것은 아니냐는 의원 질문에 대해 "대법원 판결에 의해 난민인정 받은 중국인 5명이 있지만 그렇다고 해서 중국이 이에 대해 항의하거나 반발한 적이 없고 난민문제는 외교적인 고려를 하지 않는 식의 접근이 맞는 것이며, 특정집단을 인정했다고 해서 그 집단이 대거 몰려온다든지 하는 사례는 없다"고 답변하며 난민법의 필요성을 역설하였다. 이러한 설명과 답변은 그가 그동안의 난민소송을 담당하고 해외 입법례, 국내외 판례들을 연구하는 과정에서 축적된 전문지식이 있었기에 가능했다.

국제규범을 국내법으로 입법청원운동 하는 데 있어 NGO들이 네트워크를 형성하는 것은 필수적이다. 네트워크 형성은 단순히 집단을 결성했다는 차원을 넘어서 국제기구나 다른 기관들과 협력할 수 있는 능력을 의미한다. 네트워크를 통한 협력과정에서 NGO들은 국가에게 국내외적 압박을 동시에 가할 수 있으며 같은 목표를 공유하는 NGO들이 각자의 부족한 점을 상호 보완할 수 있다. 만약 여러 난민 NGO들이 제각각 입법청원운동을 벌였다면 불필요한 경쟁이 발생하고 입법로비가 집중되지 못하는데 난민 NGO는 네트워크를 형성하여 이러한 문제를 해결했다. 비록 난민법 초안 성안 과정에서 각 단체 간 의견대립이 발생하기도 했지만 공동의 입장을 내는 것이 중요하다는 판단아래 논의와 협의의 과정을 거쳐서 '생존 가능한'

---

10) 대한변호사협회, 난민 등의 지위와 처우에 관한 법률안(황우여 의원 대표발의, 의안번호 4927호)에 대한 의견, (2009. 12. 14.)

법안을 도출 할 수 있었다. 이러한 과정을 거친 법안은 국회에 발의되어 공청회와 법사위원회의 심사 과정에서도 법안 내용에 대해 여야의원 모두에게 특별한 지적을 받지 않았다. 난민지원네트워크는 또한 그 구성원만을 협력의 대상으로 삼지 않았다. 영향력의 확대를 위하여 비록 네트워크 참여구성원은 아니었지만 국가인권위원회, 유엔난민기구와도 활발하게 협력하였다. 이들은 난민법 제정운동을 지지하고 보조하는 역할을 했다. 난민지원네트워크는 이들을 협업하여 정부에 국내외적 압박을 가하고자 했으며 한편으로는 난민법안에 대한 조언을 얻는 등 정책 대안을 구상하는 과정에서 지원을 받을 수 있었다. 2006년 난민지원네트워크가 결성되고 나서 이들은 그동안의 실태조사 자료를 국가인권위원회에 제출하며 난민정책에 대해 정부에 권고안을 내 줄 것을 요청하였다. 국가인권위원회는 이들의 요청을 받아들여 2006년 '난민인권보호를 위한 정책개선에 대한 권고'라는 권고안을 발행하였다. 유엔난민기구는 난민지원네트워크가 난민법 초안 작성을 완료했을 때 이에 대한 검토와 조언을 제공하여 난민법안이 국제 인권협약을 충실히 따르고 협약과 배치되는 내용이 없도록 돕기도 했다. 국내에서뿐만 아니라 국제적으로도 한국정부를 압박하기 위해 난민지원네트워크는 유엔 인권이사회가 실시하는 보편적 정례인권 검토제도(이하 'UPR')[11]를 이용하였다. UPR제도를 통해 국가는 국제사회에서 공개적으로 국내 인권상황의 전반을 평가받게 되므로 위신을 중시하는 국가는 이에 민감할 수밖에 없다. 2008년 제1차 UPR심사를 앞두고 한국의 시민단체 연합은 한국의 이주민, 난민 등 소수자의 인권이 최소화되고 왜곡되고 있다고 평가하는 시민사회 보고서를 유엔인권최고대표사무소(OHCHR)에 제출하였다. 한국의 난민정책 문제를 국제사회에 알리고자 한 난민지원네트워크의 노력으로 2008년 UPR에서는 "난민지위에 관한 협약 및 선택의정서 이행 및 난민인정절차를 국제 난민법에 맞게 개선"하라는 권고가 있었고 2012년에는 난민, 이주노동자 및 그 가족 구성원의 사회적 보호를 목표로 한 조치를 강화하라는 권고가 내려졌다. 이러한 권고의견에 대해 정부는 2008년과 2012년 모두 수용하겠다는 입장을 밝혔다.[12] 권고를 받으면 후속조치를 어떻게 실행하고 있는지 추후에 다시 보고를 해야 하기 때문에 정부로서는 권고 내용 이행에 대한 압박을 받을 수밖에 없다.

---

11) 유엔인권이사회(UN Human Rights Council)가 4년 6개월에 한 번씩 유엔 회원국 전체를 대상으로 인권상황을 상호 점검하고 개선책을 권고하는 제도이다.

12) 법무부 인권국, "UPR 권고사항에 대한 우리 입장 요지(2008)"; "제2차 국가별 정례인권검토(UPR)권고 수용 여부에 관한 정부 의견" 참고

10.4. 분석결과에 대한 논의

10.4.1. 정치적 기회, NGO 운동 역량과 난민법 제정운동의 관계

난민법 제정운동은 정치적 환경의 이점과 추진 NGO들의 역량으로 인해 성공할수 있었다. 이명박 정부의 성숙한 세계국가(Global Korea)비전은 중견국가로서 한국이 국제사회의 규범을 따르고 책임 있는 국가로 거듭나고자 하는 의지를 보여주었다. 북한인권에 대한 관심과 강조는 자연스럽게 탈북자 문제로 이어졌고 탈북자들이 북한으로 강제송환 되는 상황의 문제점을 지적하면서 한국도 자국의 난민정책을다시 돌아보는 계기가 되었다. 2008년 국가인권위원회의 요청을 받아 난민 NGO는'국내난민 등 인권실태조사'를 진행했는데 이는 이전과 비교했을 때 가장 포괄적이고 전반적인 내용을 담고 있었다. 조사를 하면서 난민 NGO들은 한국이 출입국 관리법에 난민의 처우나 신청절차 등에 대해 제대로 규정하지 않고 있고 난민이라는존재의 전반적인 사항들을 모두 다루기 위해서는 독립된 법제로 제정할 필요가 있다고 판단하게 된다. 공익변호사들이 법률지식을 바탕으로 직접 난민법안을 작성하였고 이 과정에서 오랜 시간 난민지원 사업을 하고 있던 난민활동가의 경험적 지식도 법률로 녹여내었다. 북한인권 문제가 계속해서 정부의 주요 대외정책으로 대두되자 법무부에서도 2010년에 '한국체류 난민 등의 실태조사'를 실시하며 한국의 난민정책에 대해 관심을 기울이는 듯 했으나 실질적으로 정책을 적극적으로 변화시키려는 의지는 보이지 않았다.

난민법이 국회에 발의되었어도 국회의원들의 무관심과 여야의 극렬한 대치상황때문에 법안 통과를 위한 특별한 모멘텀을 바로 만들 수는 없었다. 그러나 NGO들은 공청회 참가, 법사위 의원실 방문, 국회 난민워크샵 참여 등의 방법을 통해서 난민법안이 논의가 될 수 있게 꾸준히 노출시키는 작업을 진행하면서 적절한 때가 오기를 기다리고 있었다. 그러던 중 법안들을 일시에 다량 처리하게 되는 '벼락치기'환경이 조성되고, 난민법을 지지하는 황우여 의원이 당 대표가 되면서 난민 NGO는 결정적 기회를 잡을 수 있게 되었다. 난민 NGO들은 국회에서 난민법 통과를 위해 법사위원회 의원실 혹은 난민법 발의 의원실을 방문하여 법안에 대해 설명하는자리에 황우여 의원을 동반하여 그의 영향력을 적극 활용하고자 하였다. 2011년 11

월 법제사법위원회에서 난민법에 대한 공청회가 개최되었고 이 자리에서 여야 의원들이 난민법에 대한 긍정적인 시각을 가지고 있다는 것을 난민 NGO는 물론 법무부도 확인하게 되었다. 법무부는 이 과정에서 난민법에 대한 부정적인 시각의 소유자는 여당이나 야당의 의원이 아니라 자기 자신뿐이라는 것을 확인하게 되었고 공청회 자리에서는 오히려 의원들에게 그동안의 난민정책을 제대로 시행하지 못한 것에 대한 질책을 받았다. 여당 대표인 황우여 의원이 적극적으로 법안을 지지하고 있고 야당의원들도 독립 난민법이 필요하다는 쪽으로 의견이 모아지면서 NGO의 난민법 제정운동이 탄력을 받자 다급해진 법무부는 한 발 물러서고 법안의 내용에 대해 난민 NGO들과 협상을 하려고 시도했다. 국제사회에서 한국의 난민정책이 지극히 소극적이라며 계속 비판을 하며 한국정부에 압박을 가했다. 이러한 압박은 난민 NGO들이 국제기구에 한국의 난민정책에 대한 보고서를 제출하고 국제회의에서 논의할 수 있도록 국제기구 인사들에게 적극적인 로비를 진행하였던 덕분이었다. 한편 유엔인권이사회의 UPR심사에서 난민정책 개선을 권고 받고 이를 수용하고 개선하겠다고 의지를 밝힌 법무부는 나름의 합리적인 대안을 찾게 된다. 난민법안이 시민사회가 제출한 그대로 통과될 상황에 처했으니, 독립된 난민법은 불필요 하다는 기존의 입장을 버리고 독립된 난민법의 필요성에는 공감한다는 쪽으로 입장을 선회했다. 이렇게 독립 난민법을 인정하는 대신 법무부는 그 내용을 소극적으로 가져가겠다는 전략을 펼치게 된다. 이 과정에서 원래 난민 NGO들이 제출했던 법안 내용 중 일부분에 수정이 가해지게 되었다.

10.4.2. 난민법 제정과정에서 난민NGO의 영향력

본 장에서는 "자신의 의사를 타인에게 전달하고 만약 그러지 않았으면 하지 않았을 행동을 유발시키는 것"을 영향력의 정의로 보고 난민 NGO의 영향력을 분석하고자 했다. 그러나 정치제도 내에서 실제로 결정을 내리고 집행하는 결정권자는 NGO가 아니므로 정치 결정권자와 NGO 사이에서 그 영향력을 분명하게 구별해내는 작업은 간단하지 않다. 여기서는 난민법 제정과정에서의 NGO의 영향력을 조금 더 선명하게 보기 위해서 사후가정사고(Counterfactual Thinking) 분석을 시도한다. "만일 난민 NGO들이 없었더라도 단일 난민법 제정이 가능했을까?"하는 내용을 분석하는 과정을 통해 난민법 제정과정에서 NGO의 영향력 부분을 표면화 시킬 수 있다.

난민 NGO들이 없었더라도 독립 난민법이 의원 혹은 정부 입법을 통해 제정될 수 있었을까? 그 가능성은 매우 낮다. 여기서 가장 중요한 점은 난민에 대한 사항을 기존의 출입국 관리법에 포함하여 규정할 것이 아니라 독립된 법으로 제정해야 할 필요성을 난민 NGO들이 최초로 주장했다는 것이다. 이들이 난민법 초안을 작성해서 입법청원운동을 시작했을 당시까지 독립 난민법에 대한 아이디어와 의지는 정부(법무부)한테도, 국회의원한테도 없었다. 출입국 관리법에 규정된 난민조항을 개정하려는 그 동안의 시도를 보면 이를 잘 알 수 있다. 1993.12.10.자 출입국 관리법에 난민 관련 장이 추가된 이후로 난민과 관련된 개정은 총 3번(2001년, 2008년, 2010년) 있었다. 그중 2001, 2010년 개정은 각각 난민신청기간과 난민심사 중 강제퇴거금지 한 가지 사항만을 바꾼 개정이었으며 정부발의 개정안이었다. 2008년 출입국 관리법 개정안은 조윤선 의원이 대표발의 하였는데 난민신청자와 인도적 체류자에 대한 취업허가와 난민지원시설 설치를 골자로 했다. 법무부 출입국·외국인정책본부 국적난민과 차규근 과장은 당시 법무부에서도 출입국 관리법의 난민규정을 개정안을 준비하여 국회에 제출하려고 했으나 조윤선 의원이 발의한 개정내용이 법무부 입장과 크게 다르지 않아 조의원의 개정안이 통과될 수 있도록 적극 협력했다고 언급했다.13) 법무부의 기존입장과 난민법 국회 발의 이후의 입장변화는 법무부 관계자가 출석한 국회 회의록을 통해 파악할 수 있다.

> [이은재 위원] "그 다음에 또 그것과 아울러서 법무부가 맨 처음에는 난민법 제정을 반대한 것으로 알고 있습니다. 그런데 최근에 태도를 전향했고 그 다음에 난민위원회를 설치해야 된다 이런 말씀을 하셨단 말이에요. 그 이유가 뭡니까? 별안간에?"
> [법무부 난민과장 차규근] "처음에는 저희가 독립된 법안을 제정하지 않더라도 종전의 출입국관리법의 난민조항을 정비를 해도 충분하지 않겠는가라는 판단에서 그랬던 것입니다." (난민법률안에 관한 공청회 국회 회의록 중, 2010년 11월 24일)

---

13) 정인섭, 황필규 편. 2011. 「난민의 개념과 인정절차」 - 제 1부:한국의 난민정책·차규근, 경인문화사, p.7

당시 난민지원네트워크를 대표하여 국회 공청회에 참석하였던 황필규 변호사도 법무부의 단일 난민법 제정에 대한 의지와 태도에 대해서 다음과 같이 언급했다.

> "당시 법무부가 난민정책의 개선을 위해 준비했던 내용은 조윤선 의원 개정안에 포함되어 통과되었기 때문에 이제 막 소기의 목적을 달성한 상태였고 법무부가 그 이상을 추진하려는 의지는 없었다." (공익법센터 공감 황필규 변호사와 인터뷰, 2018년 11월 25일)

결국 국회의원과 법무부는 출입국 관리법에 포함된 난민규정은 개정하려 시도한 적이 있지만 독립 법안으로서 난민법을 제정하는 것에 대해서는 전혀 고려한 적이 없었던 것이다. 반면 난민 NGO들은 출입국 관리법에 규정된 난민규정이 턱없이 한정적인 사항만을 다루고 있고 난민과 관련된 모든 사항(신청절차, 처우, 권리규정 등)을 충실하게 다루기 위해서는 독립된 법제로 만드는 것이 필요하다고 최초로 주장했다. 결론적으로 단일 난민법이라는 아이디어와 이를 실현하기 위한 전반의 내용을 다룬 법률초안이 모두 난민 NGO들로부터 비롯하였으며 만일 난민 NGO들이 없었다면 독립 난민법안이 국회의원 혹은 정부를 통해 국회에 발의될 수 없었다. 국회 통과과정에서는 난민 NGO들과 같이 단일 난민법 제정을 지지했던 황우여 의원이 국회에서의 영향력의 확대를 경험하였고 난민법안 통과를 위한 중요한 전기(轉機)를 만들었다. 이에 난민 NGO는 전략적으로 황우여 의원을 통과과정의 촉매제로서 이용하기 시작했고 국회 내 난민법안에 대한 주의가 환기된 이후 이들은 난민법 제정운동의 화력을 높이기 시작했다. 국회 내에서 독립 난민법 제정운동이 탄력을 받자 법무부는 위기감 느끼게 된다. 법무부는 당시 국회 내 기류가 독립난민법 제정에 상당히 긍정적이라는 위기를 느끼고 '단일 난민법 반대'라는 기존의 입장에서 한 발 물러나 새로운 전략을 채택한다. 법무부는 단일 난민법 제정 필요성에 공감하지만 몇 가지 규정들은 수정되어야 한다고 주장하였다. 즉, 단일 난민법 제정에는 동의하고 그 대신 내용은 소극적으로 가져가고자 한 것이다.[14] 난민 NGO들

---

14) 국회회의록, 「제 301회 법제사법소위 제 1차(2011년 6월 23일)」에서 황희철 법무부 차관 언급 내용: "저희가 현재도 국제적 수준에 부합하는 난민인정 절차를 운영하고 있기 때문에 특별히 독립된 법안을 마련하는 게 뭐 시급한 것은 아닙니다마는 아무래도 독립된 법안을 만들게 되면 국제적으로 우리 어떤 인권보호 수준이라든가 또는 난민에 대한 관심 내지는 그 업무를 잘 처리하고 있다는 신인도에 영향이 있을 것으로 판단되기 때문에 저희는 독립된 법안을 만드는 것이 바람직하다는 그런 원론적인 입장을 가지고 있습니다."

은 법무부가 원래의 법안을 수정하는 것이 달갑지 않았지만 '법안통과'가 우선순위이고 입법청원을 했던 원안이 그대로 통과될 것이라고 예상하지 않았기 때문에 법무부와 협의를 거쳐 일부 내용을 수정하였다.

NGO의 요구사항과 실제 도출된 결과를 비교하여 NGO의 영향력 정도를 가늠할 수 있다. NGO의 입법청원운동의 결과는 법제정, 기존법률에서 전부개정, 기존법률에서 일부개정, 제·개정 실패 총 4가지로 분류될 수 있다. 난민 NGO들의 요구사항은 출입국 관리법에 포함된 난민규정을 독립시켜 단일한 난민법으로 제정하는 것이었다. 입법청원운동 결과 기존 출입국 관리법에서 난민규정을 전부 개정 혹은 일부 개정하는 것이 아닌 독립법 제정을 이끌어냈다. 따라서 단일 난민법 제정과정에서 난민 NGO들의 영향력은 매우 컸다고 할 수 있다.

10.5. 결론

본 장은 국가가 왜 기존에 가입했던 국제조약을 다시 국내법의 형식으로 입법하는 이중적인 구속 구조를 선택하는지에 대한 의문에서 출발하였으며 그에 대한 답으로 NGO의 영향력에 주목하였다. 난민 숫자의 절대적 증가와 난민에 의한 범죄로 인해 국제적으로 난민보호규범에 대한 국가들의 확신이 줄어들고 있는 상황에서 제정된 한국의 단일 난민법 제정사례를 대표적 사례로 선정하여 그 과정에서 NGO의 영향력에 대해 분석하였다. 한국이 단일 난민법을 제정할 수 있었던 이유는 난민 NGO들이 추진했던 입법청원운동이 영향력을 발휘했기 때문이다. 이 글에서는 난민법 제정운동의 성공요인을 정치적 환경/기회라는 거시적 측면과 NGO의 역량이라는 미시적 측면을 분리하지 않고 동시에 분석하는 정치과정론의 시각을 차용하였다. 정치적 기회를 설명할 변수로 대외정책의 변화, 입법환경, 정책유형을, NGO의 역량을 설명하는 변수로 전문성과 네트워크 구성능력을 설정하였다. 그리고 발의과정부터 통과과정까지 전 과정에서 이 변수들이 각각 어떻게 상호작용하고 있는지 확인하였다. 특히 정치적 기회의 확대를 설명할 수 있는 '정책유형'이라는 새로운 변수를 제시하고 난민법 사례에 적용시켜 확인하였다. 정책유형은 정책의 이익과 비용이 집중되느냐 혹은 분산되느냐에 따라 4가지로 분류된다. 그 중 정책의 비용이 전체 국민으로 분산되고 정책이익이 특정집단으로 집중되는 고객정치유형의 법안에서는 집단적 반대유인이 없으며, 후원자 역할을 하는 국회의원을 확보하는 경우 NGO의 영향력이 가장 확대 되는 것으로 나타났다. 난민법은 고객정치유형에 속하는데 난민법 제정운동 당시 대중들은 무관심과 법안 제정을 반대하는 반대집단이 조직적으로 규합되지 않았던 사실에서 이러한 특징이 확인된다. 또한 난민법을 지지해 줄 강력한 후원자를 확보하게 되면서 난민 NGO들이 법 제정 과정에 영향력을 행사하는 데 유리하게 작용하였다.

난민 NGO들의 역량은 당시 정치적 기회와 연관되면서 시너지 효과를 냈다. 이명박 정부는 당시 북한인권문제와 국제사회에서 한국의 중견국가로서의 위상과 역할에 대해 많은 관심을 가지고 있었다. 난민지원네트워크는 그런 정부를 압박하기 위해서 국제기구를 통해 한국의 난민정책 상황을 전달하였으며, NGO들로부터 정보를 전달받은 국가 혹은 국제기구는 한국의 난민정책이 국가역량에 비해서 매우 부실하다는 점을 지적하였다. 지적을 받은 법무부는 해당 정책을 시정하겠다고 약속했으며 지적받은 사항을 어떻게 이행할 것인가 후속조치를 강구해야만 했다. 그 과정에서 법무부는 국회에서 거세지는 난민법 제정운동의 기류를 확인하게 되고 '난민법 반대' 입장에서 '난민법 제정에 공감'으로 입장을 변경하였다.

난민지원네트워크가 제출한 난민법 초안은 2년여의 시간 동안 공익 변호사, 난민 활동가들이 현실적 상황과 해외 입법례, 판례분석, 일본 난민 NGO들과의 아이디어 공유 등을 통해 작성되었고 서울지방변호사협회와 유엔난민기구의 검토를 거쳐 완성도가 매우 높았다. 황우여 의원이 우선처리 법안으로 난민법을 선택할 때에도 이 법안의 초당적 성격뿐만 아니라 법안의 준비정도가 중요하게 작용하였다.

단일 난민법 제정에 대한 아이디어와 난민법 초안은 애초에 난민 NGO가 아니었으면 존재할 수 없었다. 국회와 법무부에서도 출입국 관리법에 포함된 난민규정을 '개정'하려 고려한 적 있었지만 독립법안으로써 난민법 제정에 대한 아이디어나 의지는 전혀 없었다. 또한 난민 NGO들은 직접 국회 내에서 난민법에 대해 관심을 갖고 이를 지지해 줄 의원을 확보하였다. 그런 점에서 독립 난민법안이 국회에 발의되도록 가장 큰 영향력을 행사한 것은 난민 NGO들이었다. 국회에 난민법이 발의된 이후 한동안 여야 의원들의 무관심속에 난민법안이 표류하다가 난민법을 대표발의 했던 황우여 의원이 당대표로 선출되고 난민법안을 우선처리 법안으로 채택하면서 NGO들의 제정운동이 전환점을 맞이하게 되었다. 난민 NGO들은 황우여 의원의 국회 내 영향력을 이용하여 적극적으로 로비활동을 벌였고 국회 내에서 난민법에 대한 긍정적 인식을 확산시키는 데 성공할 수 있었다.

본 장은 난민 NGO들의 난민법 제정운동과 난민법 제정을 과정추적의 방식으로 설명하였다. 국제규범의 국내확산 과정에서 NGO들의 영향력이 어떤 조건에서 발휘될 수 있는지 증명하기 위해 관련 요인들을 먼저 설명하고, 구체적 사례 분석을 통해 다양한 구성요소들이 어떻게 상호작용하여 최종적으로 영향력 메커니즘을 형성하는지 밝히고자 노력했다는 점에서 이 글의 학술적 의의를 찾을 수 있다.

국제규범의 국내입법 과정에서 NGO의 영향력을 이론적, 경험적으로 증명하기 위한 노력에도 불구하고, 본 장은 단일 사례 분석 방법으로 일반화가 어렵다는 한계를 가지고 있다. 이론의 보다 넓은 적용을 위해, 다른 사례와 주제에서도 정치적 기회구조와 NGO의 전문성이 입법 과정에 영향을 끼치는지에 대한 후속 연구들이 필요하다. 또한 이 글에서는 NGO의 영향력을 입법과정에 한정하고 있지만 향후 후속연구를 통해 최근 제주도 난민 문제를 둘러싼 논쟁 등 법률의 실제 적용과정에서는 NGO의 영향력이 어떤 조건하에서, 어떻게 나타나는지 비교연구를 진행함으로써 국제규범의 국내확산과 NGO의 영향력 연구의 외연과 깊이를 확장할 수 있을 것이다.

참고
문헌

Betsill, Michele M & Elisabeth Corell. 2001. NGO influence in international environmental negotiations: a framework for analysis. Global environmental politics, 1(4): 65 – 85.

Calnan, Scott. 2008. 「The effectiveness of domestic human rights NGOs」. Leiden/Boston: Martinus HijhoffCorel

Elisabeth, and Michele M. Betsill. 2008. 「NGO diplomacy: The influence of nongovernmental organizations in international environmental negotiations」. Cambridge, Massachusetts: The MIT Press

Kitschelt Herbert P. 1986. Political opportunity structures and political protest: Anti – nuclear movements in four democracies. British journal of political science, 16(1): 57 – 85.

Koopmans Ruud and Susan Olzak. 2004. Discursive opportunities and the evolution of right – wing violence in Germany. American Journal of Sociology, 110(1): 198 – 230.

Meyer David S. 1993. Protest cycles and political process: America peace movements in the nuclear age. Political Research Quarterly, 46(3): 451 – 479.

Clark, Ann Marie(1995). Non – governmental organizations and their influence on international society, Journal of international affairs, 48(2), 507 – 525.

Eisinger Peter K. 1973. The conditions of protest behavior in American cities. American political science review, 67(1): 11 – 28.

Wilson James Q. and John J. Dilulio Jr. 2006. 「American government: Institutions and policies」, Boston, MA: Houghton Mifflin Company.

김선미. 2003. 정책결정과정에서 NGO 영향력의 유형론적 분석모델. 시민사회와 NGO, 1(1): 83 – 112.

김영호. 2002. NGO 영향력 행사의 성공조건. 국제정치논총, 42(3): 75 – 101.

김영대. 2012. 한국 사회단체의 정책 영향력 결정요인 탐색: 사회단체의 주관적 인식을 중심으로. 국가정책연구, 26(2): 57－85.

김창오, 이영환. 2011. 정책결정과정에서 소규모 NGO의 역할. 한국사회정책, 18(4): 9－40.

김태룡. 2002. NGO들간의 영향력 차이와 그에 따른 효과성에 관한 연구. 한국 행정학보, 36(2): 269－290.

박재묵. 2000. 한국 시민운동의 정치세력화 전망: 환경운동연합과 대전지역 시민 운동 단체의 지방선 거 참여 사례를 중심으로. 서울대학교 사회과 학연구원 한국 사회과학, 22(1): 69－92.

안병철. 2001. 정책형성과정의 정치적 성격과 특성－의약분업정책의 사례분석. 한국정책학회보, 10(2): 23－57.

오현철. 2003. 시민참여와 정치: 시민참여 유형의 변화와 의미: 현대 민주주의의 한계와 가능성. 시민사회와 NGO, 1(1): 49－82.

음선필. 2012. 국회 입법과정의 분석과 개선방안－제 18 대 국회를 중심으로. 홍익법학, 13(2): 131－175.

이민창, 김상률. 2013. NGO의 영향력 형성요인에 관한 분석. 한국정부학회 학술발표논문집, 38－61.

이병하. 2013. 소수자의 민주주의; 한국과 일본의 외국인 노동자 정책과 외국인 노동자 운동－이중적 시민사회와 정치적 기회구조. 기억과 전망, 29(0): 264－306.

장우영. 2006. 인터넷 규제의 정치: 내용규제 레짐의 고찰을 중심으로. 사회과학 연구, 14(1): 34－72.

전진영. 2009. 정책유형별 입법과정 비교분석. 한국정당학회보, 8(2): 35－65.

황세정, 이태동. 2018. NGO의 기업에 대한 영향력 연구: 그린피스의 쿨IT 캠페인을 중심으로. 동서연구, 30(4): 5－35.

기 타 자 료

법무부, 유엔 인권이사회 국가별 정기 인권검토(UPR) 후속조치 현황 (2011.12)

외교부, [인권]국가별 정례인권검토(UPR) 심의 결과 보고서(2008)

국가인권위원회, 국내 난민 등 인권 실태조사(2008) 보고서

이명박 정부 국정백서 편찬위원회, 「이명박 정부 국정백서 제 4권 글로벌 리더십과 국격 제고」, 행정안전부 국가기록원 대통령 기록관(2013)

외교부, 「외교백서－제5장 국제 사회 내 역할과 위상 제고를 위한 외교」 (2008)~(2013)

국회의안정보시스템, 제289회 국회(임시회) 제1차 법안심사제1소위 회의록

국회의안정보시스템, 제289회 국회(임시회) 제2차 법안심사제1소위 회의록

국회의안정보시스템, 제301회 국회(임시회) 제1차 법안심사제1소위 회의록

법무부 인권국, "UPR 권고사항에 대한 우리 입장 요지(2008)"; "제2차 국가별 정례인권검토(UPR)권고 수용 여부에 관한 정부 의견"

유엔난민기구, "UNHCR's Comments on the 2009 Draft Bill on Refugee Status

Determination and Treatment of Refugees and Others", (2009)

한나라당 대변인실, "최고중진연석회의 주요내용[보도자료]", 황우여 의원 발언 중 https://news.naver.com/main/read.nhn?mode＝LSD&mid＝sec&sid1＝123&oid＝156&aid＝0000008886 (검색일: 2018.11.5)

피난처 이호택 대표와의 인터뷰 (2018년 11월 2일 서울대 난민법 포럼)

공익법센터 공감 황필규 변호사 인터뷰(2018년 11월 25일)

NGO의 기업에 대한 영향력 연구

: 그린피스의 쿨IT 캠페인을 중심으로

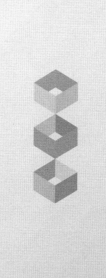

NGO의 기업에 대한 영향력 연구

: 그린피스의 쿨IT 캠페인을 중심으로

초 록

왜 그리고 어떻게 NGO는 기업의 활동에 영향을 끼치는가? 본 장은 NGO
의 기업에 대한 영향력 —NGO의 주장과 활동에 따라 기업의 행동이 변하고
이후 파급효과로 지속되는 것— 이 작동하는 메커니즘을 밝히는 데 목적을
둔다. 본 장에서는 NGO의 정보 정치 전략 메커니즘인 순위 평가가 기업의
행동에 영향을 끼친다고 주장한다. 이를 위해 NGO-기업 관계의 이론적 논
의를 토대로 그린피스의 쿨IT 캠페인 사례를 질적 연구 방법을 통해 분석한
다. 그린피스(Greenpeace)는 IT(information technology) 기업의 재생가
능에너지 사용을 촉구하며, 주요 타겟으로 네이버와 삼성SDS를 선정했다.
그린피스가 조사 발표한 보고서에서 네이버는 캠페인 동참으로 상위권이었
지만 삼성SDS는 응답거부로 하위권이었다. 이후 네이버는 목표 실천을 위한
추가 조치가 없는 등 행동 변화가 없었지만, 삼성 SDS는 재생가능에너지 사
용을 사칙에 넣는 등 행동 변화가 있었다. 이를 통해 본 장은 그린피스의 순
위 평가가 기업의 행동 변화에 영향을 미치는 요인이라는 것을 논증하였다.
본 장은 NGO-기업 관계에 대한 이론적 논의를 바탕으로 NGO 영향력의 경
험적 사례 분석을 통해 NGO의 역할에 대한 정치학 연구발전에 기여하고
있다.

11.1. 서론

인간의 건강과 생활에 직결되는 환경 문제가 최근 들어 중요한 정치적, 사회적 이슈로 급부상했다. 환경 이슈는 서로 다른 역할과 기능을 하는 정부-기업-NGO 등의 관계 속에서 인식되고 해결된다. 특히 환경과 관련된 정책 의제(Policy Agenda)에 있어서 대립된 입장을 가질 수 있는 기업과 NGO의 관계 양상은 다른 의제보다 훨씬 복잡하고 첨예하다. 이러한 상황에서 기업, 시민단체 등 다양한 행위 자들의 네트워크를 통해서 환경 문제 해결을 위해 노력하는 환경거버넌스의 구조로 전환되고 있다는 점이 주목할 만하다(배태영, 이재호 2001). 그러나 기존의 연구는 주로 정부를 중심축으로 기업과의 관계 혹은 NGO와의 관계를 다루고 있기 때문에 기업과 NGO의 관계를 분석한 연구는 상대적으로 부족한 상황이다. 이러한 맥락에서 본 장은 환경 의제를 둘러싸고 서로 경쟁하며 각축을 벌이는 정치적 행위자로서 NGO와 기업의 관계에 주목하고자 한다.

환경 보호 운동을 하는 NGO는 환경오염 주체인 기업에 대하여 지속적으로 환경 보호 캠페인을 진행하며 다양한 수단과 방법을 통해 기업의 친환경적 행동 및 정책을 이끌어 내려고 한다. 과거에 비해 NGO와 기업 사이에 친환경적인 목표를 공유하고 협력하는 관계가 형성되고 있는 추세이기도 하다. 이러한 상황 속에서 NGO는 시민사회의 일원으로 기업의 활동을 감시하고 견제하며 기업의 변화를 이끌어내는 등 가시적인 영향력으로 성과를 내기도 한다. 하지만 기업에 따라서 NGO의 영향력이 제한적으로 나타나게 되는 경우도 있다. 그렇다면 NGO는 기업에 어떻게 영향을 미칠 수 있을까? 나아가, 왜 NGO의 영향력은 기업에 따라서 차이가 발생하는 것일까? 본 장은 NGO의 기업에 대한 영향력이 어떻게 작동하는지 밝히고 NGO의 기업에 대한 영향력이 왜 다르게 나타나는지 분석하는 것을 목적으로 한다. 이를 바탕으로 NGO의 효과적인 영향력에 필요한 조건을 논의해보고자 한다.

NGO는 기업의 환경 보호 책임과 의무를 요구하며 변화를 촉구한다. 이 때 기업은 NGO의 활동에 따라서 기존의 입장 및 정책을 바꾸기도 하지만 바꾸지 않는 경우도 나타난다. 이러한 맥락에서 본 연구가 설명하고자 하는 종속변수는 기업의 행동 변화이다. 구체적으로 기업의 행동이란 기업의 공식적인 정책 및 공식 보도자료 또는 선언, 태도, 지지활동 등 기업이 대내외적인 환경과 자극에 반응하는 여러 가지 방식들을 의미한다고 볼 수 있다. 특히 본 장에서는 기업의 행동을 외부 자극에 대해서 반응하는 방식만으로 한정하고자 한다. 외부 자극은 기업에 대한 제3자의 감시 및 견제 활동에 한하여 살펴볼 것이다. 이에 따라 제3자에 의한 감시나 견제에 대하여 기업이 대응하는 태도나 입장 발표 등의 반응 방식을 기업 행동의 척도로 삼을 것이다.

그리고 이러한 기업의 행동 변화 여부를 결정하는 요인으로서 독립변수는 NGO의 순위 평가 전략을 설정할 것이다. 전략은 NGO가 캠페인을 이끌어가는 여러 가지 활동 방식이나 방법을 의미한다. 특히 본 장에서는 NGO의 기업 캠페인에서 사용되는 전략 가운데 정보 정치(Information Politics)의 메커니즘으로서 순위 평가 방법에 초점을 맞추고자 한다. 일반적으로 순위는 등급에 따라서 상위권(High-ranking)과 하위권(Low-ranking)으로 나눌 수 있으므로 상위권 혹은 하위권에 속하는 것을 순위 평가의 지표로 삼아 측정할 수 있다. 이러한 순위 평가가 대중들에게 공개된다면 기업의 입장에서 상위권은 유리하겠지만 하위권은 기업의 이익이나 브랜드 이미지에 불리하게 될 것이다. 이에 따라 순위 평가에서 하위권에 있는 기업일수록 NGO의 활동 및 전략에 민감하게 반응하여 행동에 변화가 일어날 것이라고 가정할 수 있다.

본 장은 NGO와 기업의 관계에서 특히 NGO의 관점을 취하여 NGO가 기업에 어떻게 영향을 미칠 수 있는가를 주목하여 경험적 사례로서 입증하고자 한다. 이에 따라 기업의 구체적인 예산의 규모, 의사결정구조 및 정책결정과정 등 기업의 내부 구조 및 상황 등의 내부적 요인에 대해서는 통제할 것이다.

연구 질문과 목적에 접근하기 위하여 NGO의 활동 분야 중 기업과 밀접한 관련이 있는 환경 이슈에 주목하여, 인터뷰와 문헌 분석 등의 질적 연구방법을 통해 환경 NGO의 캠페인을 분석하는 사례 연구를 진행하고자 한다. 구체적으로 2015년부터 2017년까지 한국에서 진행된 그린피스의 쿨IT 캠페인을 분석 사례로 선정하였고, 연구의 경험적 입증은 그린피스 관계자와 진행한 인터뷰 자료를 토대로 이루어졌다.

본 장의 구성은 다음과 같다. 먼저 2절에서 NGO의 영향력 및 NGO와 기업의 관계에 대한 선행연구를 검토하고 이론적 논의를 살펴본다. 다음으로 3절에서 그린피스의 쿨IT 캠페인과 이와 관련된 네이버 및 삼성 SDS의 사례를 분석한다. 이를 바탕으로 4절에서 사례 분석 결과에 대하여 논의한 뒤 5절에서 결론 및 의의를 제시하며 마무리 할 것이다.

11.2. 선행연구 및 이론적 논의

11.2.1. 선행연구

환경 이슈는 각 영역에서 서로 다른 역할과 기능을 하는 정부, 기업, NGO 등 다양한 행위자들의 관계로 둘러싸여 있다. 그러나 기존의 연구들은 NGO와 정부의 관계에 집중하여 분석하는 경향이 있으며 특히 NGO에 대한 논의는 주로 정부의 정책결정과정에서 NGO의 역할 및 영향력과 이에 따른 정부와 NGO의 관계 분석에 집중되고 있다(김영호 2002; 김태룡 2002; 김선미 2003; Chapman & Fisher 2000). 반면 몇몇 예외를 제외하고, NGO와 기업의 관계에 대한 보다 체계적인 연구는 NGO와 정부의 관계의 연구 성과에 비해 상대적으로 부족한 실정이라고 할 수 있다(장임숙 2007). 기존에 진행되어온 NGO와 기업의 관계에 대한 연구는 주로 관계의 유형화를 시도하거나 파트너십과 같은 협력적 관계의 특징을 강조하고 있다(장임숙 2005; 장임숙, 강성철 2007; Bendell & Murphy 1997; Stafford et al. 2000; Bas Arts 2002; Selsky & Parker 2005; Valor & Diego 2009; Schiller & Almog - Bar 2013).

본 장에서 관심을 가지고 있는 환경 분야에서 NGO와 정부 간 관계에 대한 기존 논의를 기업과의 관계에 그대로 적용할 수는 없다. 정부와 기업은 환경 문제에 있어서 그 역할 및 성격이 다르기 때문이며 따라서 NGO와 기업의 관계를 분석하기 위해서는 새로운 대안적 접근이 필요할 것이다. 또한 기존의 연구에서는 NGO와 기업의 협력적인 관계에만 집중하여 분석하는 경향이 있기 때문에 NGO의 활동 결과가 왜 기업마다 차이가 나타나는지에 대해서는 충분한 답을 구하기 어렵다는 한계가 있다. 특히 실제로는 더 빈번하게 나타났을 기업에 대한 NGO의 영향력 실패 사례에 대해서는 구체적인 원인 분석을 못하고 있다.

한편, 기존 연구에서 전반적으로 찾아볼 수 있는 NGO의 전략은 다양하게 분포되어 있다. 켁과 시킹크(Keck & Sikkink 1998)에 의하면, NGO는 상징 정치, 지렛대 정치, 책임 정치, 정보 정치의 전략으로 영향력을 행사한다.[1] 그중 본 장은 정보 정

---

[1] 국제정치와 지역정치에서 여러 NGO의 국제적인 네트워크로 형성된 '초국경 옹호 네트워크'(Transnational Advocacy Networks: TAN)에 주목하고 있다. 국내 NGO 등 시민사회는 TAN을 통해서 자국 정부에 우회적으로 상징정치, 책임정치, 지렛대 정치, 정보 정치를 통해 압력을 행사하게 되면서 정부 정책의 변화를 이끌어내게 된다. TAN의 영향력 행사 현상을 부메랑

치(Information Politics)전략에 초점을 맞춘다. 정보 정치란 구체적인 사실에 입각한 객관적인 정보를 제공하고 교환함으로써 새로운 틀을 만드는 전략이다. 정보정치 전략은 정치적으로 활용 가능한 정보를 가장 영향력이 있는 곳으로 빠르고 믿을 수 있게 전달하는 능력을 가리킨다. 여기에는 의제 설정 및 정보의 생성 및 전달까지 포함된다. 이때 정보는 정확한 사실은 물론 관련된 사실을 직접 겪은 사람들의 이야기인 증언이 모두 포함되어 있다.

결국 NGO 전략의 핵심은 NGO가 직접 수집한 정보에 달려있다고 할 수 있다. 이러한 정보 정치 전략을 토대로 NGO는 기업 및 정부의 정보 공개를 강요하는 메커니즘을 통하여 압력을 가하기도 한다. 특히 대중적인 방법으로 기업의 성과 관련 정보를 공개하는 NGO의 정보 정치에 의해 기업의 반응 및 변화를 유도할 수 있다(Overdevest 2005). 한편 이러한 정보 정치 전략은 정치적인 구조 및 조직의 구조와 문화에 따라 정보 수집과 전파의 특징이 다르게 나타나게 된다(Magrath 2015).

NGO와 기업의 관계에서 나타나는 NGO의 전략은 기업과 협력적이거나 대립적인 성격을 가진 전략으로 양분되지만, 실제 현장에서는 두 가지 성격의 전략들이 함께 나타나는 경우가 많다. 이에 따라 기업의 사회적, 환경적 책임을 강조하고 설득하기 위한 NGO의 전략은 협력적 성격에서부터 대립적 성격까지의 스펙트럼에서 크게 8가지[2]로 나누어진다(Winston 2002). 이 가운데 경험적으로 기업의 반응을 유도한 전략은 대중적인 비난 또는 기업의 평판에 부정적 영향을 끼치는 전략 등이 있다(Huijstee & Glasbergen 2010). 대중적인 비난과 기업의 평판을 훼손하는 전략을 통해 기업의 핵심 이미지와 가치가 손상될 때 기업은 NGO의 요구에 반응을 하는 것으로 나타났다.

그러나 대중적인 비난 전략의 구체적인 메커니즘과 이러한 전략을 사용하는 NGO와 기업의 관계는 어떻게 나타나는지 등에 대한 자세한 분석은 부족하다. 또한 하나의 NGO가 여러 기업을 대상으로 하는 캠페인에서 기업을 변화시키기 위한 효과적인 전략이 무엇인지에 대해서는 잘 알려지지 않았다. 지금까지 살펴본 기존 연구는 NGO와 정부 또는 기업관계의 유형화 및 NGO 영향력의 성공 사례를 설명하고 NGO의 다양한 전략 종류에 대해 풍부한 자료를 제공한다는 점에서 가치가

효과(Boomerang Pattern)라고 한다. 이에 대한 자세한 내용은 Keck & Sikkink 1998, 16−25. 참고.
2) 대화, 사회적 옹호활동, 주주총회 결의, 도덕적 수치심의 기록, 보이콧, 선택적 구매법, 정부부과 기준, 손해배상 소송.

있다. 그렇지만 기존 연구의 한계를 보완하며 NGO와 기업관계에서 NGO의 전략 및 NGO의 영향력을 분석할 수 있는 대안적 접근이 필요할 것이다.

11.2.2. 이론적 배경

기존 연구의 경향은 NGO가 정부의 정책결정과정에 참여하거나 정부에 압력을 행사하는 캠페인 활동을 진행하는 것 등이 정부에 대한 NGO의 영향력 행태로 나타나고 있음을 보여준다. 또한 기업과의 관계의 유형화 모델은 제시하면서 NGO의 성공적인 협력에 주목하여 탐색하고 있다. 그러나 이러한 연구들은 대부분 NGO의 영향력에 대한 구체적이고 명확한 정의를 내리지 않고 있다. 단지 NGO의 영향력을 NGO의 자원이나 NGO의 참여 등으로 판단하고 있을 뿐이다(Lecy et al. 2012). 특히 영향력의 정의 또는 NGO의 영향력에 대한 구체적인 개념 정리가 결여된 기존 연구에서는 NGO가 참여하고 활동한 분야에서 나타난 결과와 NGO의 영향력 사이의 연결 메커니즘이 정교하지 못하다는 약점이 있다. 왜냐하면 NGO의 활동이 자동적으로 NGO의 영향력으로 전환되는 것이 아니기 때문이다.

이러한 점을 비판하며 벳실과 코렐(Betsill & Corell 2001)은 국가 간 협상에서 NGO의 영향력을 분석하기 위한 이론적 모델을 제시하고 있다. 먼저 NGO의 영향력은 크게 2가지 구성요소이다. 하나는 NGO에 의해서 국가 간 협상에 의도적으로 정보가 전달되는 것이며, 다른 하나는 전달된 정보로 인하여 다른 행위자들의 행동이 변하는 것이다. 그리고 NGO 영향력의 직접적 지표는 최종적인 합의에 NGO의 목표가 반영되었는지를 보는 것이다. NGO 영향력의 분석틀에서 가장 중요한 부분은 바로 NGO가 의도적으로 전달하는 정보에 달려있다. 그 정보에 따라서 목표 대상의 행동이 바뀔 수 있기 때문에 NGO의 영향력을 좌우하는 구성 요소로 볼 수 있다. 정보의 중요성은 앞서 살펴보았던 초국가 옹호 네트워크(Transnational Advocacy Network: TAN)를 통한 NGO의 정보 정치 전략에도 잘 나타나고 있다.

환경 NGO의 평가와 목표 및 영향력에 관해서, 헨드리(Hendry 2003)는 환경 NGO의 영향력을 대상을 기업에 초점을 맞춰 설명하는 모델을 제시하고 있다. 헨드리에 따르면 총 4단계의 과정으로 환경 NGO와 기업의 관계가 형성된다. 1단계는 목표 이슈 설정(Issue Targeting)이다. 먼저 환경 NGO는 사람들의 건강 혹은 환경 생태계에 영향을 주는 다양한 문제들 가운데 한 가지의 구체적인 이슈를 목표로 삼게 된다. 2단계는 목표 산업 설정(Industry Targeting)이다. 환경 이슈의 목표를 정한 뒤 양적·질적 자료의 조합을 통해서 NGO는 목표 이슈에 가장 부정적인 영향을 끼치는 산업을 평가하고 목표 대상으로 설정한다. 다음으로 3단계에서는 전략을 선택(Tactic Selection)한다. 대상 산업 및 기업에 대하여 영향력을 행사할 수 있는 전략을 결정하는 것이다. 이때 NGO가 선택하는 전략은 크게 로비와 로비가 아닌 다른 전략으로 나누어진다. 로비는 다른 전략보다 더 큰 이득을 만들어낼 수 있을 때 사용되며, 가장 효과적인 방법이라고 할 수 있다. 로비 이외에 NGO가 선택할 수 있는 다양한 전략들이 존재하며, 상황 및 기준에 따라서 대안 전략을 선택하게 된다. 4단계에서는 목표 기업(Firm Targeting)을 선택한다. 행동을 취하기 전 이슈 및 산업에 대한 목표를 설정하고 행동 전략을 결정한 뒤 전략을 사용할 특정 기업을 목표로 선택하는 것이다. 목표 기업의 유형은 동맹(Allies), 파트너(Partners), 대립적(Adversarial)인 기업으로 나눌 수 있다. 그리고 4단계 이후 기업의 행동 변화 및 NGO의 영향력을 분석하기 위해서 마지막인 5단계로 NGO가 목표 기업과 상호작용하는 과정을 추가할 것이다. NGO는 특정 산업군의 기업의 행동에 영향을 끼치기 위해 정보 정치 등 다양한 전술을 구사한다. 이러한 NGO 전술에 기업은 반응하기도 하고 반응하지 않기도 한다. 기업의 반응에 따라 NGO의 전술도 바뀔 수 있고 일관될 수도 있다. 제시된 NGO의 기업에 대한 영향력에 대한 분석틀은 NGO가 왜, 어떤 이슈와 목표를 설정하여, 이에 따라 산업과 기업을 선정하고 효과적인 전략을 선택하는 과정을 보여준다는 점에서 의미가 있다. 이 모델에 근거하여 NGO와 기업의 관계 및 NGO의 기업에 대한 영향을 도식화하면 다음의 <표 11-1>과 같다.

본 장은 NGO의 활동에 의하여 기업의 행동이 바뀌는 것을 증명하고자 영향력에 대한 다양한 개념과 범주 중에서 콕스와 제이콥슨(Cox & Jacobson 1973)의 관점인 "한 행위자의 행동이 다른 행위자의 행동에 의해 수정되는 것"을 취하는 것이 유용하다고 본다. 이를 바탕으로 벳실과 코렐의 NGO 영향력 이론을 활용하여 NGO의 기업에 대한 영향력을 분석하고자 한다. 먼저 NGO의 기업에 대한 영향력은 두 가지 구성요소로 이루어진다. 첫 번째는 여러 가지 전략을 사용해서 NGO가 추구하는 목표나 주장을 의도적으로 기업에 요구하는 활동을 취하는 것이며 두 번째는 NGO의 활동으로 인해서 NGO가 요구하는 주장을 반영한 기업의 행동 변화가 이루어지는 것으로 볼 수 있다. 즉, 본 장에서 NGO의 영향력이란 NGO가 기업에 대해 주장하는 바를 다양한 전략을 통해 요구함으로써 NGO의 요구가 반영된 기업의 정책으로 바뀌거나 NGO의 활동에 대한 기업의 반응 방식에 변화가 나타나는 것을 말한다.

표 11-1 NGO와 기업 관계의 5단계 모델

1단계: 이슈 설정 (Issue Targeting)

이슈의 확인과 이슈 특정 목표 설정

∨

2단계: 산업 목표 설정 (Industry Targeting)

산업 특정 목표 설정

∨

3단계: 정보 정치 (Information Politics)

정보의 수집, 분석, 공개를 통한 행동 변화 촉구

∨

4단계: 기업 설정 (Firm Targeting)

동맹 (Allies) / 파트너 (Partners) / 적대적 관계 (Adversarial Targets)

∨

5단계: NGO-기업 영향과 상호작용

기업 행동 변화 / 불변 / NGO 전술 변화 / NGO-기업 관계 변화

자료; Hendry 2002, 263. 참고하여 재설정.

그러나 이러한 분석틀로는 NGO의 요구를 수용해서 기업이 변화한 이후, NGO와 기업의 관계에 있어서 NGO의 영향력을 포착할 수 없다는 한계가 있다. 이를 보완하고자 본 장에서는 추가적으로 영향력의 세 번째 구성요소를 설정하고자 한다. 세 번째 요소는 NGO의 지속적인 모니터링을 통해 기업의 변화가 유의미한 방법으로 다른 기업 또는 정부의 변화를 이끌어 내는 파급효과가 나타나는 것이다. 세 번째 구성 요소가 필요한 이유는 NGO의 캠페인이 기업의 단순한 선언을 받아내는 일회성의 성격을 가지기보다 장기적이고 오랜 시간 누적된 활동을 통해 기업의 실질적인 변화를 이끌어내는 것을 궁극적인 목적으로 하고 있기 때문이다. 이러한 점에 비추어 볼 때 세 가지의 구성요소가 모두 갖추어질 때 NGO의 목표가 궁극적으로 달성되며 기업에 대한 영향력이 지속적으로 발생한 것이라고 할 수 있다.

이에 따라 본 장은 NGO가 요구하는 목표에 따라서 기업의 행동이 바뀌는 경우와 그 이후에 NGO의 모니터링에 따른 기업의 파급효과가 나타나는 경우를 NGO의 영향력으로 볼 것이다. 반면 NGO의 요구나 활동에 대하여 기업의 행동 자체에 변화가 발생하지 않은 경우와 기업의 행동이 변화된 이후 추가적으로 기업의 파급효과가 나타나지 않은 경우는 NGO의 영향력으로 보지 않을 것이다. 결국 NGO의 영향력을 판단할 수 있는 지표는 첫째 NGO의 활동에 따른 기업의 행동 변화 여부이며 둘째 기업의 행동 변화 이후에 추가적으로 발생하는 파급효과의 여부라고 할 수 있다.

11.3. 사례분석

11.3.1. 그린피스의 쿨IT 캠페인[3]

본 장은 환경 NGO의 기업 영향에 대한 연구를 진행하기 위해 그린피스의 쿨 IT 캠페인을 분석 대상으로 삼았다. 사례 선정의 이유는 그린피스가 국제적 NGO 네

---

3) 그린피스 캠페인 사례 연구는 그린피스의 공식 자료 및 필자가 2018년 3월 8일 한국의 그린피스 관계자와 실시한 인터뷰 자료에 근거한다. 그러나 네이버 및 삼성 SDS 관계자와의 인터뷰를 다각도에서 여러 차례 시도하였으나, 무응답하거나 인터뷰를 거부하여 직접적인 질적 데이터를 모으지 못했다는 한계가 있음을 밝힌다.

트워크에 기반하면서도 국내에서 활동하고 있고, 특히 정보 정치를 활용하여 기업의 행태에 영향을 끼치고 있다는 점에 기인한다. 또한 기업 평가를 통한 랭킹 발표에 기업이 다르게 반응한다는 점을 설명하기 위해서 그린피스의 사례를 선정하여 분석한다.

그린피스의 쿨IT 캠페인은 2009년부터 미국을 중심으로 시작되었고 세계 유명 IT 기업들의 재생가능에너지 사용을 촉구하며 깨끗한 인터넷 만들기를 요구하는 활동이다.[4] 해외를 중심으로 진행되었던 쿨IT 캠페인의 연장선에서 한국은 2015년 '딴거하자' 캠페인이 시작되었다.

그린피스는 가장 먼저 시급한 환경적 이슈에 대하여 확인한다. 그리고 시급한 환경 이슈를 해결하기 위해 가장 필요한 산업군에 대해 결정한다. 산업군을 선택할 때에는 환경 이슈에서 영향력을 극대화할 수 있는 대상을 목표로 선택한다. 이슈와 산업군을 정한 이후 캠페인을 구상하며 큰 맥락에서 전략을 설정한다. 전략에 따라 주요 대상이 되는 기업을 목표로 설정한 뒤에 본격적으로 캠페인 활동을 시작하며 기업에 영향을 미치는 등 상호작용을 하게 된다.

그린피스는 인터넷의 발달 및 확산으로 IT 기업들이 운영하는 데이터센터가 소비하는 전력량이 기하급수적으로 늘고 있다는 점에 주목하였다. 민간과 공공을 합쳐 국내에 있는 IT 업계 데이터센터의 연간 총 전력 사용량은 대략 26.5억kWh정도 이다(한국IT서비스산업협회 2015). 이는 2014년 기준의 국내 원전 1기 전력생산량의 약 40%에 해당하는 수준이며 100만 가구가 사용하는 전력량과 비슷하다(범기영 2016). 특히 국내 IT 기업들은 데이터센터를 기반으로 하여 소비자들에게 빠르고 안정적인 인터넷 서비스를 제공하기 위해 24시간 서버와 인프라 시설을 가동하고 있다. 이러한 점에서 데이터센터가 소모하는 전력량이 엄청나다는 것을 알 수 있다. 인터넷 시대가 발전될수록 앞으로 데이터센터 시장도 지속적 성장이 예상되는 만큼 데이터센터가 사용하는 전력량도 증가하게 될 것이다. 여기에서 가장 큰 문제는 데이터센터가 사용하는 전력이 기후 변화를 야기하는 화석과 원자력 에너지에 의존하고 있다는 점이다. 특히 석탄과 같은 화석연료 사용으로 배출된 온실가스는 지구온난화

---

4) 2009년 그린피스는 데이터센터를 운영하는 기업들의 재생가능에너지원과 재생가능에너지 정책, 전력사용량 및 이산화탄소 배출량 등을 조사하여 '쿨IT 선두주자(Cool IT Leader-board)'의 보고서를 발표했다. 이후에도 몇 차례의 보고서를 발간하며 기업들에게 깨끗한 인터넷 사용을 위한 데이터센터 운영을 요구하였다. 그 결과 2011년 페이스북(Facebook)의 재생가능에너지 100% 사용 약속을 시작으로 애플(Apple), 구글(Google) 등 주요 글로벌 인터넷, IT 기업들의 선도적인 움직임이 이어졌다.

의 주범이다. 데이터센터가 화석연료에 전력 사용을 의존하면서 배출되는 공해는 지구온난화, 초미세먼지 등 기후 변화와 같이 환경을 파괴하게 된다. 그린피스는 이러한 점을 우려하여 기후에너지 이슈의 시급성을 확인하고 재생가능에너지 사용이라는 목표를 설정하였다. 그리고 앞으로 시장에서 성장가능성이 높은 산업군 중 재생가능에너지의 이슈에서 영향력이 극대화될 수 있는 동시에 재생가능에너지 사용이 시급하게 필요한 IT 산업군을 목표로 삼았다. 그린피스는 직접 기업의 정보를 수집하고 분석하여 언론과 대중에 보고서 형식으로 공개하는 방법인 정보 정치 전략을 큰 축으로 활용하였다. 이러한 전략을 사용하게 될 대상 기업은 IT 산업계에서 가진 영향력과 대중들의 인지도 등을 기준으로 정해진다. 특히 한국의 IT 기업 중 대표적인 영향력과 인지도를 가진 네이버와 삼성 SDS는 캠페인의 주력 목표 기업으로 선정되었다.

본격적으로 캠페인을 시작한 이후 2015년 6월 3일 국내 IT 기업들의 재생가능에너지 활용 실태를 조사한 "당신의 인터넷은 깨끗한가요?"의 보고서가 발표되었다. 그린피스가 조사한 국내 대기업 및 유명 인터넷 업계는 네이버, KT, LG U+, LG CNS, SK C&C, 삼성 SDS, (다음)카카오 등 7개 곳이며, 이들을 대상으로 투명성, 재생가능에너지 정책 등을 기준으로 자료를 수집하고 환경 성적을 평가하였다. 그린피스는 보고서를 통해 각 기업들이 지속가능한 재생가능에너지 정책을 얼마나 갖고 있는가를 중점적으로 평가하였으며 그 결과를 정리하면 다음의 <표 11-2>와 같다.

표 11-2 2015년도 기업에 대한 환경 평가 순위 결과

구분	재생에너지 정책	투명성	데이터센터 위치
네이버	A	A	춘천
SK C&C	D	B	대전 대덕구
KT	D	B	경기분당, 서울목동, 영동
LG CNS	D	C	서울 상암, 인천, 서울 가산, 부산

LG U+	F	F	서울 논현, 가산, 서초1,2
삼성 SDS	F	F	경기수원, 경북구미
(다음)카카오	F	F	정보공개거부

자료: 그린피스 2015,「당신의 인터넷은 깨끗한가요?」. 참고하여 재구성.

그린피스 관계자는 환경 평가 보고서의 평가 항목에 대해 기업이 재생가능에너지로 얼마큼의 전력을 충당하고 있는지에 대해서 상세하고 투명하게 정보를 밝히고 있는지를 기준으로 평가 항목을 구성하였다고 밝혔다.

"저희가 중요하게 생각하는 것은 실제로 이 기업 혹은 이 기업이 운영하는 데이터센터가 얼마큼의 재생가능에너지로 전력을 충당하고 있는지에 관한 것입니다. … 또한 그러한 정보를 많은 사람들이 접근 가능한 형태로 상세하고 투명성 있게 밝히고 있는지를 봅니다. 예를 들어 지속가능경영보고서라든가 누구나 열람할 수 있는 웹사이트라든가에서 밝히고 있는 것들이 중요하다고 봅니다." (그린피스 관계자 인터뷰 서울시, 2018년 3월 8일)

그린피스의 쿨IT 캠페인은 한국에서 시작되면서 언론으로부터 많은 관심을 받아왔다. 특히 그린피스는 기업의 순위 정보가 담긴 환경 평가 보고서의 자료를 언론에 공개하며, 낮은 비용으로 대중의 관심을 효과적으로 끌 수 있는 정보 정치를 전개하였다. 이에 따라 언론 기사도 주로 그린피스가 평가한 기업의 순위에 주목하며 기업의 소극적 태도를 지적하고 비판했다(김택수 2015; 이어진 2015; 김시연 2015).

계속해서 그린피스는 2017년 1월 한국을 포함한 미국, 중국, 대만의 주요 IT기업들의 친환경 성적표인 "깨끗하게 클릭하세요."라는 글로벌 통합 보고서를 발표하였다. 2015년 보고서의 조사 대상이었던 한국 기업들을 포함하여 미국, 중국 대만의 주요 IT 기업을 대상으로 투명성, 재생가능에너지 사용 약속 및 입지 정책, 에너지 효율성 및 온실가스 감축 목표, 재생가능에너지 구매 정책, 재생가능에너지 지지활동 등 5가지를 기준으로 조사·분석하여 발표하였다. 한국 기업들의 분석 결과를 살펴보면 대체적으로 2015년보다 진전된 모습이었다. 그러나 4개국 30개의 주요 기

업들과 비교한 결과 국내 기업들의 친환경성적은 높은 편이 아니었다.[5] 국내 주요
IT 기업들의 환경 평가 결과를 정리하면 다음의 <표 11-3>과 같다.[6]

표 11-3 2017년도 기업에 대한 환경 평가 순위 결과

기업명	총점	투명성 (20%)	재생가능 에너지 사용약속 및 입지정책 (20%)	에너지효율성 및 온실가스 감축목표 (10%)	재생가능 에너지 구매 정책 (30%)	재생가능 에너지 지지 활동 (20%)
네이버	C	B	B	B	D	D
삼성 SDS	D	C	D	C	D	C
KT	F	D	F	D	F	F
LG CNS	F	F	F	F	F	F
LG U+	F	D	F	D	F	F
SK C&C	F	D	F	D	F	F
Kakaotalk	C	C	D	D	F	C

자료: 그린피스 2017,「깨끗하게 클릭하세요.」. 참고하여 재구성.
그린피스는 총점 가운데 재생가능에너지 구매정책에 가장 큰 비중을 두고 평가하
였다.

"2017년 보고서에서 가장 중요하게 보았던 평가 항목은 기업들이 얼마만큼의
(재생가능에너지 사용) 지지활동을 적극적으로 했는지에 대한 부분들이었습니다.
왜냐하면 기업들의 지지활동이 저희 캠페인이 제도적인 정책을 바꾸는 데 있어서
도 기여할 수 있었던 부분이기 때문입니다. 기업들이 데이터센터 운영을 재생가능
에너지로 하기 위해서 추가적인 전력 회사 및 재생가능에너지 설비가 필요하다고
판단했을 때, 이와 관련된 정책이 마련될 수 있도록 기업들의 지지활동이 있었습

---

5) 페이스북, 애플, 구글과 같은 기업들은 이미 4년 전부터 100% 재생가능에너지 인터넷으로의 전
환에 뛰어들고, 100% 달성 목표에 근접한 상황이다. 이러한 추세에 따라 세계적으로 100% 재생
가능에너지 사용 약속을 한 IT기업들이 이미 20여 개에 이르는 것으로 파악되었다(그린피스
2017).
6) 자세한 채점 기준 및 평가 방법론은 그린피스 2017, 46-84. 참고.

니다. 즉, 기업들이 재생가능에너지 기반을 구축해서 비즈니스 활동을 하려고 하는데 정부에서 지원을 해주지 않으면 기업 활동을 할 수 없다는 식의 목소리를 내는 것 자체가 저희 캠페인에는 정말 큰 힘이 되었습니다. … 또한 기업이 약속한 재생가능에너지 사용 전환을 하는데 어떤 방법들로 유의미하게 기여를 하고 있는지에 대한 것도 중요한 기준으로 보았습니다." (그린피스 관계자 인터뷰 서울시, 2018년 3월 8일)

즉, 기업들이 자사의 데이터센터를 재생가능에너지로 운영할 것을 약속하거나 지지하는 활동을 하는 정도를 중심으로 순위를 평가한 것이다. 특히 정책적으로 제도 마련을 위해서 기업들이 재생가능에너지 지지활동에 얼마큼의 목소리를 냈는지 그리고 유의미한 변화의 모습을 보여주고 있는지 등이 캠페인의 성과에 중요한 만큼 평가 항목으로 사용된 것으로 볼 수 있다. 이것은 2015년의 보고서 평가 기준에서 기업이 재생가능에너지 정책을 얼마나 갖고 있는지, 얼마큼의 정보를 공개하고 있는지 등을 중점적으로 평가한 것에서 조금 더 심화된 맥락에서 이해할 수 있다.

2017년에도 그린피스의 보고서가 발표되면서 언론의 보도가 이어졌다. 2015년과 마찬가지로 기업에 대한 환경 평가 순위를 강조하는 기사가 주를 이루었다(김정수 2017; 장재진 2017). 그러나 기업의 입장에서 그린피스의 조사와 순위 평가가 현실적인 한계가 있다는 점을 반박하는 언론 보도도 있었다(백지영 2017). 이처럼 그린피스가 매긴 기업의 재생가능에너지 평가 순위는 언론을 통해 대중들에게 공개되고 전파된다. 그린피스가 발표한 기업의 순위는 A부터 F의 등급으로 이루어져 있다. 순위 결과는 기업의 재생가능에너지 사용 및 정책 공개의 투명성과 재생가능에너지 사용의 의지 및 약속과 그 약속에 따른 실천적 이행 등을 상징적으로 보여줌으로써 기업의 친환경적이고 혁신적인 이미지 및 환경적 책임 등을 의미한다. 이에 따라 순위가 높은 상위권일수록 재생가능에너지 사용과 관련한 환경적 책임을 다하는 기업으로 볼 수 있다. 반면 순위가 낮은 하위권일수록 기업의 환경적 책임을 회피하는 것을 의미한다. 특히 언론은 주로 기업의 친환경적 이미지를 상징하는 순위에 주목하여 공개하고 있기 때문에 상위권보다 하위권의 기업일수록 브랜드 이미지에 상대적으로 부정적인 영향을 받게 될 것이다.

이에 따라 그린피스가 타겟 기업들을 대상으로 정보를 수집하여 평가한 뒤 순위 결과를 공개한 두 개의 보고서가 발간된 것(2015년, 2017년)을 분석 시점 및 분석 내용의 기준 근거로 삼고자 한다. 이를 바탕으로 그린피스와 기업의 관계를 분석하기 위한 대상 기업으로서 IT 기업 가운데 네이버와 삼성 SDS를 선정하고자 한다. 네이버와 삼성 SDS는 캠페인 대상 기업 중 주력 타겟이며[7] 국내에서 대표적인 IT 기업일 뿐만 아니라 자체적으로 데이터센터를 운영하고 있다는 공통점[8]을 가지고 있기 때문에 비교가 가능하다고 본다. 또한 국내 IT기업들 가운데 특히 네이버와 삼성 SDS는 그린피스의 캠페인에 대한 대응 및 반응을 보여주었다는 점에서 두 기업의 사례를 비교 분석의 대상으로 삼는 것이 적절할 것이다. 다른 기업의 경우 2015년과 2017년 간 그린피스의 캠페인에 불구하고 정책에 큰 변화가 없다는 점을 고려해 사례 분석에서 제외하였다. 다음의 각 절에서는 그린피스의 전략에 대한 네이버와 삼성 SDS의 행동 및 그린피스와의 관계 등 상호작용에 대해 살펴보고자 한다.

11.3.2. 그린피스와 네이버[9]

2015년 5월 그린피스는 네이버와 두 사례 면담을 통해서 "100% 재생가능에너지 사용을 약속해 줄 것"을 요구하였다. 그리고 6월 1일 마침내 네이버는 "데이터센터 '각'의 100% 재생가능에너지 사용 목표를 공식화한다."는 공식적인 입장의 답변을 내놓았다(http://www.greenpeace.org/korea/news/press−release/climate−energy/2015/Cool−IT−press−conference/. 검색일: 2018.2.1). 네이버는 그린피스의 요구를 수용함으로써 데이터센터 '각'의 운영을 재생가능에너지로 100% 사용하겠다는 목표를 공개적으로 약속하였다. 네이버의 반응은 그린피스가 미국에서 쿨IT 캠페인(2009년)을 시작한 뒤 페이스북(2011년)이 100% 재생가능에너지 사용을 약속한 것보다 빨랐다. 이것은 아시아 기업 가운데에서도 최초라고 할 수 있다.

---

7) "저희가 2015년에 캠페인을 시작하면서 네이버가 처음으로 재생가능에너지로 자사의 데이터센터를 운영하겠다라는 약속을 했고, 그 이후 2017년에는 삼성SDS를 상대로 네이버처럼 그런 리더십을 보여 달라는 캠페인을 한 바가 있습니다. 이처럼 한국에서는 특히 그 두 개의 기업을 주력해서 타겟으로 하고 캠페인을 진행했습니다." (그린피스 관계자 인터뷰: 서울시, 2018년 3월 8일).
8) 자체적으로 데이터센터를 운영하지 않는 회사의 경우 에너지원 전환에 대한 직접적 권한이 없기 때문에, 에너지원을 재생에너지원으로 바꾸는 회사의 전략을 비교하는 데에는 무리가 따른다.
9) 그린피스와 네이버의 사례 연구는 그린피스(http://www.greenpeace.org/korea/) 뉴스 (검색일: 2018.2.1)와 그린피스 관계자 인터뷰(2018/03/08) 및 (주)네이버(http://www.navercorp.com/ko/index.nhn) IR 자료 (검색일: 2018.2.1), 네이버 데이터센터(http://datacenter.navercorp.com/ko/index.html) Go to Green (검색일: 2018.2.1)에 근거한다.

결국 캠페인의 주요 타겟 기업 중 하나인 네이버는 가장 먼저 데이터센터 '각'의 재생가능에너지 100% 사용 목표를 약속하면서 그린피스 캠페인에 동참하였다. 그 결과 그린피스는 2015년에 이루어진 환경 평가에서 네이버에 A라는 상위권의 평가를 매겼다. 그린피스는 당시 언론보도 인터뷰에서 네이버의 참여를 환영한다는 긍정적인 태도를 보였다. 이와 관련하여 네이버는 "2015년 5월, 그린피스가 국내 IT 기업의 인터넷 데이터센터(IDC) 재생가능에너지 사용 현황에 대해 분석한 결과, 투명성, 재생에너지 정책 측면에서 모두 'A'등급을 획득하였습니다. 또한, 국내 기업 최초로 그린피스가 추진 중인 100% 재생에너지 실현을 위한 캠페인에 동참하며 친환경 노력을 지속하고 있습니다."라는 내용을 2015년 사업보고서에 공개하였다.[10] 그린피스가 추구하는 캠페인에 함께 참여하면서 네이버는 국내 시장은 물론 글로벌 IT 기업들의 재생가능에너지 사용 움직임 속에서 혁신적이고 미래지향적인 모습의 이미지를 보여줄 수 있었다. 네이버의 결정이 언론에 긍정적으로 보도가 되면서 네이버는 자사의 친환경 이미지 구축에 장점을 취했을 것이다(조성준 2015; 이수환 2015; 김관용 2015a). 이를 통해 그린피스와 네이버의 관계는 협력적이라고 볼 수 있다.

2015년 환경 평가 이후 그린피스는 딴거하자 캠페인의 다양한 활동과 기후 변화 캠페인 등을 통해서 기업들을 대상으로 재생가능에너지 사용을 계속해서 촉구하였다. 특히 그린피스는 네이버에 대해서 주기적으로 질문과 질의를 하여 답변을 계속 요청하는 등의 꾸준한 감시와 모니터링을 실시하였다(그린피스 관계자 인터뷰: 서울시, 2018년 3월 8일). 그린피스는 기업이 선언에 그치지 않고 목표를 달성하도록 유도하는 것에 궁극적인 목적을 두고 있다. 네이버가 단순히 선언에 그치지 않고 실천적인 모습을 더 보여주는지에 대하여 중점을 두고 그린피스의 모니터링이 이루어졌다. 이를 통해 그린피스의 모니터링은 캠페인 목적 달성을 위한 중요한 수단이라는 것을 알 수 있다. 이어서 그린피스는 재생에너지 사용 캠페인의 두 번째 환경 평가 보고서를 2017년 1월 발표하였다.

"네이버의 경우 재생가능에너지 100% 사용 선언을 했지만 이후 (모니터링에 따르면) 이어지는 행보는 사실 선언에 비해서는 실제로 늘리려는 실천적인 모습을 많이 보여주지 못하고 있습니다. … 네이버가 처음에 100% 재생가능에너지 사용

---

10) 금융감독원(http://dart.fss.or.kr/) 전자 공시서류 (검색일: 2018.2.3) 참조.

을 선언하면서 비전을 보여준 것은 높은 점수를 줄 수 있었습니다. 왜냐하면 IT 시장과 산업에 좋은 신호(signal)를 보여준 것이기 때문입니다. 그러나 2년 정도 가 지난 지금은 크게 적극적으로 변화된 모습을 찾아볼 수가 없기 때문에 그 부분 에 대해서 (네이버가) 비판을 받아야 하는 점이라고 생각합니다." (그린피스 관계 자 인터뷰 서울시, 2018년 3월 8일)

2017년 그린피스 보고서의 평가 결과에 따르면 네이버는 데이터센터 운영 시설 중 한 곳에 태양열 발전 장비를 설치했지만 이를 통해서 생산되는 전력량은 매우 적었다. 특히 국내 IT 기업 최초로 100% 선언을 선언한 리더십을 보였음에도 불구 하고 적극적으로 다른 기업들의 참여를 독려하거나 정부의 에너지 정책을 독려하는 지지활동(Advocacy)의 움직임이 부족하다는 평가를 받았다. 또한 네이버는 임대로 운영하고 있는 또 다른 데이터센터의 운영에 대해서는 재생가능에너지 사용과 관련 된 어떤 입장도 밝히지 않았다. 결국 2015년 최상위권이었던 네이버는 그 이후 그 린피스의 지속적인 모니터링에도 불구하고 선언을 이행하기 위한 실천적인 변화 및 적극적인 지지활동 등 유의미한 행동의 변화가 나타나지 않았다. 이에 따라 그린피 스는 2017년 환경 평가 보고서에서 네이버의 추가적인 행동의 변화가 없게 된 점을 비판하며 2015년보다 낮은 순위인 C등급으로 평가했다. 그린피스는 모니터링을 통 해 네이버가 적극적이 노력이 없는 것을 비판하며 지지 의사를 더 이상 보내지 않 았다.

네이버가 밝힌 정기공시 자료에 따르면 2015년, 2016년 사업보고서에는 [Ⅱ.사 업의 내용- 14. 환경보호- 가. 네이버 그린팩토리 / 나. 네이버 데이터센터 '각']에 공개된 환경 보호 정보의 내용은 차이가 없이 모두 동일했다는 점에서 추가적 이행 이 두드러지지 않았음을 알 수 있다. 또한 가장 최근의 2017년도 사업보고서에는 오히려 그린피스의 캠페인 동참과 관련된 입장이 삭제된 것으로 볼 때 네이버의 목 표 실천은 이루어지지 않은 것으로 볼 수 있다. 이를 통해 그린피스와 네이버의 관 계가 대립적인 모습으로 나타났다고 볼 수 있다.

11.3.3. 그린피스와 삼성 SDS[11]

반면 그린피스 캠페인의 또 다른 주요 타겟 기업인 삼성 SDS의 경우 데이터센터 정보 공개를 거부하며 재생가능에너지 사용 약속 등에 대해서도 아무런 반응을 보이지 않았다. 특히 삼성 SDS는 그린피스의 정보 공개 요구에 응답하지 않는 등 NGO와 정치적 관계[12]를 맺지 않으려고 했다. 그 결과 그린피스는 2015년 환경 성적 평가에서 삼성SDS에 대해 가장 낮은 F로 평가하면서 하위권의 평가를 매겼다. 이와 같은 순위 평가에 대해서도 삼성 SDS는 즉각적으로 공식적인 반박 입장을 내놓지 않았다.

삼성 SDS는 2012년 정기공시자료인 사업보고서를 통해서 재무보고서에 처음으로 연간 온실가스 배출량과 에너지 사용량 정보를 공개하기 시작했다. 그리고 2015년부터 2017년까지 삼성 SDS는 정기공시 자료에서 [Ⅱ. 사업의 내용 – 11. 그 밖에 투자의사결정에 필요한 사항 – 나. 환경관련 규제사항] 또는 [ⅩⅠ. 그 밖에 투자자 보호를 위하여 필요한 사항 – 3. 제재현황 등 그 밖의 사항 – 아. 녹색경영] 에서 연간 온실가스 배출량 및 연간 에너지 소비량을 계속 공개하고 있다.[13] 그러나 이외에 친환경적 데이터센터 운영과 관련된 추가적인 정보 및 재생가능에너지와 관련된 자세한 정보는 공개하고 있지 않고 있다.

그린피스는 계속해서 삼성 SDS의 최하위 순위를 대중들에게 알리고 강조하는 각종 퍼포먼스를 진행하면서 캠페인을 이어갔다. 특히 2015년도 그린피스의 환경 평가 보고서가 발표된 이후 언론에서는 보고서에 공개된 순위에 주목하면서, 삼성 SDS의 하위권 성적과 소극적인 태도에 대하여 비판적인 보도가 있었다(김관용 2015b; 최광 2015). 이에 대해서도 삼성 SDS는 공식적인 반응을 내놓지 않았지만 언론에 공개된 그린피스의 성적 순위 및 비판적 기조는 기업의 이미지에 부정적인 영향을 미칠 수 있는 가능성이 존재했다고 볼 수 있다. 이를 통해 그린피스와 삼성 SDS의 관계는 대립적 혹은 갈등적인 모습이 나타났다고 할 수 있다.

---

11) 그린피스와 삼성SDS의 사례 연구는 그린피스 관계자 인터뷰(2018/03/08) 및 삼성 SDS(https://www.samsungsds.com/global/ko/index.html) 회사정보자료 (검색일: 2018.2.1) 등에 근거한다.

12) 기업과 NGO의 관계는 크게 경제적 관계와 정치적 관계로 나눌 수 있다. 경제적 관계는 기업의 자선활동을 통해 NGO의 재정을 확보하는 목적을 가진 관계이며, 정치적 관계는 기업의 관행과 실천을 변화시키려는 목적을 가지고 있다(Valor and Diego 2009, 110 – 111).

13) 금융감독원(http://dart.fss.or.kr/) 전자 공시서류 (검색일: 2018.2.3) 참조.

그린피스는 삼성 SDS뿐만 아니라 삼성 SDS 데이터센터로부터 서버와 네트워크를 사용하고 있는 삼성 관계사 중 핵심적인 주요 기업이라고 할 수 있는 삼성전자를 중심으로 데이터센터 100% 재생가능에너지 사용을 촉구하는 다양한 캠페인 활동을 지속적으로 벌였다. 뿐만 아니라 그린피스는 언론을 통해서 글로벌 기업 가운데 이미 4년 전부터 공식적으로 재생가능에너지 사용 목표를 공식적으로 추진하고 있는 페이스북, 애플, 구글 등과 비교하며 삼성SDS의 뒤쳐진 성적을 비판하고 적극적이고 책임감 있는 태도를 촉구하였다.

그러나 2017년 그린피스 보고서가 발표될 당시 삼성 SDS는 국내 기업들 중 처음으로 사칙에 '재생가능에너지 구입이 가능해질 경우 우선 구매하겠다.'는 내용을 담았다고 그린피스에 공개하였다. 이는 그린피스가 요구하는 바와 유사한 맥락에서 재생가능에너지 사용에 대한 긍정적인 입장을 밝힌 것으로 볼 수 있다. 또한 삼성 SDS는 재생가능에너지 거래가 가능하도록 재생가능에너지 법 개정을 위한 지지를 보냈다. 이러한 점은 네이버에 비해 그린피스로부터 좋은 평가를 받았다. 이를 통해 삼성 SDS는 정보 공개 요구에도 무응답으로 일관했던 2015년도의 모습보다 진일보된 행동을 보여주었다고 할 수 있다. 이와 관련해서 그린피스 캠페인 관계자는 언론에 공개되는 기업의 순위가 기업에 상당한 압력으로 작용했을 가능성에 대해 지적한다.

> "저희가 기업 랭킹을 자주 평가합니다. 그린피스에서 기업들을 순위 매기는 방식을 많이 사용하는 이유 중 하나는 실제로 기업들이 이 순위에 굉장히 민감하게 대응하기 때문입니다. 기업들이 실제로 민감하게 반응하면 무언가 행동을 해야 된다는 압박을 느끼게 하는 것 같습니다. … 기업의 브랜드 이미지라는 것이 결국 기업한테 돈이기도 하고, 기업의 가치이기 때문에 기업들이 굉장히 민감하게 생각합니다. 이러한 브랜드 이미지를 고려하여 저희가 기업들의 순위를 매기는 랭킹이라는 방법을 쓰는 것입니다. 기업에 대해서는 브랜드 이미지를 지렛대로 활용하여 랭킹을 이용하는 전략이 (기업 캠페인에 있어서) 주요한 방법인 것 같습니다."
> (그린피스 관계자 인터뷰 서울시, 2018년 3월 8일)

그러나 삼성 SDS는 데이터센터의 재생가능에너지 100% 사용에 대한 약속을 하지 않고 있기 때문에 여전히 하위권인 D등급으로 평가받았다. 그럼에도 눈여겨 볼 점은 2015년 가장 낮은 하위권에 있던 삼성 SDS가 2017년에는 재생가능에너지 사용에 대해서 긍정적으로 반응하는 등의 모습을 보여주었다는 점이다. 이에 따라 그린피스와 삼성 SDS의 관계는 협력적이기도 하면서 동시에 대립적인 성격이 나타났다고 할 수 있다.

11.4. 분석결과에 대한 논의

11.4.1. 그린피스와 기업의 관계

본 장은 헨드리의 이론을 참고하여 환경NGO와 기업관계의 5단계 모델을 설정하였다. 그리고 그린피스의 쿨IT 캠페인이 진행되는 과정에서 캠페인의 대상 기업 가운데 특히 주력 목표였던 네이버와 삼성 SDS와 어떤 관계의 상호작용 모습이 나타났는지 분석하였다.

실제로 진행된 그린피스의 쿨IT 캠페인은 기본적으로 환경 NGO와 기업 관계의 이론적 연구틀에 맞춰서 진행되었으며 그린피스와 기업의 관계도 형성되었다. 이론 장의 분석틀에 따르면 환경 NGO와 기업은 5단계 과정을 거쳐 관계를 형성하게 된다. 1단계는 목표 이슈 설정, 2단계 목표 산업군 선택, 3단계 전략 선택, 4단계 목표 기업 설정, 5단계 상호작용으로 이루어져 있다. 그중 전략 단계에서 NGO의 전략은 정보 정치와 정보 정치가 아닌 것으로 나눌 만큼 정보 정치는 가장 효과적이고 중요한 방법이다. 실제로 그린피스의 쿨IT 캠페인도 이러한 과정을 거쳐 진행되었다. 그린피스는 먼저 시급한 기후 에너지 이슈 중 재생가능에너지와 관련한 환경 이슈를 선택하며 캠페인 구상을 시작했다.

그리고 환경 이슈를 해결하기 위해 가장 먼저 변화가 필요하면서도 시장 변화에 민감한 IT 산업계를 목표 산업군으로 선택하였다. 그 다음 큰 맥락에서 기업의 변화를 촉구하며 직접 기업을 상대로 정보를 수집하여 공개하는 정보 정치 전략을 구상하였다. 이에 맞춰 산업군 내의 영향력 및 대중들의 인지도에 근거하여 주요 목표 기업으로 네이버, 삼성SDS 등을 선정하였다. 이러한 과정을 거쳐 그린피스는 본격적으로 기업들에 대한 캠페인 활동과 행동 변화를 촉구하는 전략을 전개하며 기업과의 관계를 형성했다. 그린피스는 기업과 영원한 적도 영원한 친구도 아니라는 원칙을 가지고 있다. 즉, 기업의 문제를 비판하고 감시하는 제3자의 역할을 하지만 기업의 장점에 대해서는 환영하고 지지한다. 실제로 캠페인 과정에서 네이버는 캠페인에 동참하는 뜻을 밝혔고 그린피스는 이를 지지하고 환영했다. 동시에 그린피스는 계속해서 네이버의 목표 실천에 대하여 감시하였다. 그러나 실질적인 변화를 보여주지 못하자 그린피스는 네이버에 대한 지지를 철회하고 이를 비판했다. 한편, 삼성 SDS는 그린피스의 쿨IT 캠페인에 대해 어떤 반응도 보이지 않았고 그린피스는 계속해서 이를 비판하고 감시했다. 이후 삼성 SDS가 캠페인에 대한 조건부적 지지의사를 밝히자 그린피스는 일단 긍정적으로 평가했지만 동시에 여전히 공개적으로 캠페인에 동참을 하지 않는 것에 대해 비판하였다. 이를 통해 그린피스와 두 기업의 관계는 협력적 또는 대립적 모습이 모두 나타나는 상호작용이 이루어졌음을 확인하였다. 따라서 환경 NGO−기업 관계 5단계 모델이 그린피스의 쿨IT 캠페인에서도 작동하였다고 볼 수 있다.

11.4.2. 그린피스의 정보 정치 전략

그린피스는 쿨IT 캠페인을 추진하는 과정에서 IT 기업의 데이터센터 운영 등에 대해서 상세한 자료를 직접 수집한다. 수집한 자료를 토대로 체계화된 정보로서 기업에 대한 환경 평가 순위가 공개된 보고서를 정기적으로 발간한다. 기업의 평가 정보가 담긴 보고서는 언론과 대중들에게 공개되고 전파된다. 이와 같은 맥락에서 그린피스의 보고서는 본 장에서 정의한 켁과 시킹크의 정보 정치 전략의 한 형태로 작동한다고 볼 수 있다. 기업의 변화를 이끌어 내는 정보 정치 전략의 메커니즘으로서 성과 중심의 정보 공개를 강요하는 방법이 있다. 특히 기업에 대한 NGO의 효과적인 전략은 기업의 비리를 폭로하여 대중적인 낙인을 찍는 것 또는 기업의 평판에 부정적인 상징을 보여주는 것 등이 대표적이다. 결국 이러한 NGO 전략의 이론적 요소들을 종합해 볼 때 기업의 평판에 부정적인 이미지를 남길 수 있는 정보 공개를 강요하거나 기업의 부정적인 측면을 대중들에게 알려 기업의 브랜드 이미지를 손상시키는 전략이 기업의 반응과 변화를 유도하는 효과적 전략이라고 할 수 있다.

정보 정치 전략의 이론적 내용을 종합한 측면에서 실제 그린피스의 쿨IT 캠페인에 대한 네이버와 삼성 SDS의 사례 분석 결과를 살펴보면 뚜렷한 차이가 나타난다.

NGO는 정보 정치 전략을 통해 기업의 반응을 유도하기 위해 기업의 이미지 실추를 가져올 수 있는 민감한 정보를 수집하여 공개하거나 그러한 정보 공개를 기업에 요구한다. 그린피스는 IT 기업에 대해 친환경 이미지와 직결되는 데이터센터의 재생가능에너지 사용과 관련된 환경 정보의 공개를 요구했다. 그리고 기업에 대해 수집한 자료와 정보를 토대로 보고서를 만들어 환경 성적을 평가하고, 친환경 이미지를 상징하는 순위를 공개했다. 이를 통해 실제로 그린피스의 캠페인에서 정보 정치 전략이 사용된 것을 알 수 있다. 보고서를 통해서 순위 평가 정보를 대중에 공개하는 전략으로 기업의 평판과 브랜드 이미지에 영향을 끼쳤다. 이에 비추어 볼 때 그린피스는 기업의 변화를 유도하기 위한 정보 정치 전략의 메커니즘으로서 순위 평가를 활용하였다.

이를 바탕으로 그린피스가 실제로 공개한 기업의 재생가능에너지 성적 평가에서 하위권의 순위는 기업의 입장에서 친환경적인 브랜드 이미지에 부정적인 영향을 끼치게 된다고 볼 수 있다. 상대적으로 상위권의 순위는 기업의 친환경적 이미지를 더욱 돋보이게 하는 수단이 된다. 그러므로 상위권보다 하위권의 순위가 공개된 기업일수록 기업의 브랜드 이미지가 훼손될 가능성이 있다는 점에서 그린피스의 견제와 감시 활동에 더 자극을 받고 민감하게 반응할 것이다. 이러한 맥락에서 실제로 상위권에 있던 네이버는 그린피스의 모니터링에도 태도나 반응의 변화가 없었지만 하위권에 있던 삼성 SDS는 상대적으로 그린피스의 캠페인에 민감하게 반응하면서 행동의 변화가 나타난 것이라고 볼 수 있다. 결국 그린피스가 환경 보고서를 통해 공개하는 기업의 환경 평가 순위는 기업의 행동 변화를 유도하는 중요한 정보 정치 전략의 메커니즘으로 작동한 것이라 할 수 있다.

11.4.3. 그린피스의 기업에 대한 영향력

본 장은 벳실과 코렐의 NGO 영향력의 이론적 분석틀을 기반으로 본 연구의 목적에 맞는 NGO 영향력의 구성 요소를 3가지로 설정하였다. 첫째, 여러 가지 전략을 통해 NGO가 추구하는 목표나 주장을 기업에 의도적으로 요구하는 활동을 하고 둘째, 기업이 이를 반영하는 방향으로 행동의 변화가 이루어지는 것이다. 그리고 NGO의 활동이 지속되는 과정에서 NGO의 영향력도 지속되는지를 판단하기 위해 세 번째로 기업의 변화가 가져오는 다른 기업의 변화, 정부에 압력 행사 등의 파급

효과를 볼 것이다. 따라서 본 장에서 NGO의 영향력을 판단하는 지표는 NGO의 활동에 따른 기업의 행동 변화 여부, 그리고 기업의 변화 이후 추가적으로 나타나는 파급효과의 여부라고 할 수 있다.

실제로 2015년 그린피스가 쿨IT 캠페인을 시작하면서 주요 타겟 기업인 네이버와 삼성 SDS에 대해 재생가능에너지 100% 사용을 의도적으로 요구하는 활동을 직접 취했다. 이는 그린피스 영향력의 첫 번째 구성요소라고 할 수 있다. 그리고 2015년에 발표한 환경 평가 보고서를 기준으로 네이버는 그린피스의 요구를 수용하여 재생가능에너지 100% 사용 목표에 동참하는 적극적인 태도 변화를 보여주었다. 네이버는 캠페인에 동참함으로써 행동이 변했으므로 두 번째 구성요소를 갖추었다. 이에 따라 2015년의 환경 평가 보고서 발표를 전후하여 그린피스의 네이버에 대한 영향력이 나타났다고 할 수 있다. 반면 같은 시기 삼성 SDS는 그린피스의 요구에 대해서 아무 반응도 없었기 때문에 두 번째 구성요소인 기업의 행동 변화가 나타나지 않았다. 그러므로 그린피스의 삼성 SDS에 대한 영향력은 나타나지 않은 것으로 볼 수 있다.

2015년 환경 평가 보고서 발표 이후 그린피스의 캠페인 활동 및 모니터링은 계속 되었다. 따라서 네이버의 경우 그린피스의 캠페인이 지속되면서 영향력도 지속될 수 있는지를 판단할 필요가 있다. 네이버가 가져오는 파급효과의 세 번째 구성요소를 통해서 영향력의 지속성을 판단해야 할 것이다. 네이버는 캠페인 동참 선언 이후 목표를 실천하는 추가적인 모습을 보이지 않았고, 적극적인 지지활동 등을 하지 않았다. 이러한 점에서 네이버의 파급효과가 나타나지 않았다고 할 수 있기 때문에 세 번째 구성요소를 갖추지 못했다. 그러므로 그린피스의 네이버에 대한 영향력은 2017년에 보고서를 발표한 시점을 전후해 더 이상 지속되지 못한 것으로 볼 수 있다. 반면 같은 시기 삼성 SDS는 그린피스가 요구하는 재생가능에너지 사용과 관련된 내용이 담긴 사칙을 만들었다고 밝히는 등 입장의 변화를 밝혔다. 그린피스가 계속해서 캠페인을 추진하며 삼성 SDS에 대해 지속적인 요구를 해왔다는 점은 첫 번째 구성요소에 여전히 해당한다. 그리고 그린피스의 캠페인에 반응하는 방향으로 삼성 SDS의 행동이 변했다는 점에서 두 번째 구성요소가 갖춰졌다고 볼 수 있다. 이에 따라 그린피스의 삼성SDS에 대한 영향력이 처음으로 나타나게 되었다고 할 수 있다.

따라서 2015년 첫 번째 평가를 전후하여 네이버에 대해서 그린피스의 영향력은 일차적으로 나타났지만 2017년 두 번째 평가를 전후해서 더 이상 지속되지 못하는 모습을 보였다. 반면 삼성 SDS에 대해서는 그린피스의 영향력이 2015년 평가 전후 시점에서는 나타나지 않았지만 2017년 평가 시점에서는 그린피스의 삼성SDS에 대한 영향력이 발생했다고 할 수 있다. 결국 2015년부터 2017년까지 쿨IT 캠페인의 과정에서 그린피스의 네이버에 대한 영향력은 시간이 지날수록 감소한 반면 삼성 SDS에 대한 영향력은 점진적으로 발생하는 모습이 나타났다고 볼 수 있다. 지금까지 논의한 내용을 정리하면 다음의 <표 11-4>와 같다.

표 11-4 그린피스의 쿨IT 캠페인 분석 결과 논의

	그린피스	네이버	삼성SDS
NGO-기업 관계 형성	• 1단계 이슈 설정=기후 변화 및 에너지 • 2단계 산업 목표 설정=IT 산업계 • 3단계 전술 설정=캠페인 프로그램 구상 및 기본 전략 구성 • 4단계 기업 설정=네이버, 삼성 SDS 등 선정 • 5단계 NGO-기업 영향과 상호작용=그린피스와 기업의 역학관계 존재		
NGO-기업 역학관계	• 기업의 캠페인 동참 및 그린피스의 지지, 환영=협력적 관계 • 기업의 캠페인 거부 및 그린피스의 비판, 감시=대립적 관계	캠페인 동참으로 환영하며 협력→실천 부족으로 지지를 철회하며 대립	캠페인 거부로 비판하며 대립→제한적이지만 참여 의지를 환영하며 협력
		역학관계 존재	역학관계 존재
NGO의 정보정치 전략	그린피스가 기업에 대해서 직접 수집한 자료를 토대로 데이터센터의 재생가능에너지 사용과 관련된 정보를 대중들이 알기 쉽도록 기업의 환경 성적 순위로 평가하여 공개하는 보고서 발표 (2015년, 2017년)		
정보정치 전략의 메커니즘	기업 별 환경 성적 순위 평가(A~F등급) 언론 및 대중에 공개	상위권 (A등급)→기업의 브랜드 이미지 구축에 도움	하위권 (F등급)→기업의 브랜드 이미지 훼손 가능성

11.5. 결론

본 장은 기업에 대한 NGO의 영향력이 가시적인 성과로 나타나는 경우와 그렇지 않은 경우의 차이가 왜 발생하는지에 관한 연구 질문에서 출발하였다. 이러한 맥락에서 NGO와 기업의 관계에 주목하고 NGO가 기업에 어떻게 영향력을 행사할 수 있는지에 대하여 분석하고자 한국에서 2015년부터 2017년까지 진행된 그린피스의 쿨IT 캠페인을 사례로 선정하여 연구를 진행하였다. 비록 캠페인이 한국에서 시작된 지 3~4년밖에 되지 않아 기업의 지속적인 행동 변화의 패턴은 밝히지 못한 한계가 있다. 그럼에도 불구하고 제한된 시공간 범주 내에서 구체적이고 명확한 분석 대상 및 변수를 통해 경험적으로 논증하였다. 향후 캠페인이 장기간 지속되어 나온 결과에 대해서 시계열 분석 등의 연구 방법을 통해 심화시킬 수 있을 것이다.

그린피스의 쿨IT 캠페인은 IT 기업에 대하여 재생가능에너지 사용 전환을 촉구하는 활동이다. 그린피스는 네이버와 삼성 SDS를 캠페인의 주요 타겟 기업으로 선정했다. 캠페인 활동에서 두 기업은 모두 재생가능에너지와 관련된 정보 공개 요구 및 모니터링의 대상이었다. 그린피스는 직접 수집한 두 기업의 재생가능에너지와 관련된 환경 정보를 바탕으로 친환경 성적을 평가하고 순위 결과를 대중에 공개하였다. 특히 언론을 통해서 공개된 순위는 기업의 친환경적 이미지 및 브랜드 가치와 밀접한 관련이 있다. 그렇기 때문에 기업은 그린피스의 순위 평가 결과에 대해 민감하게 반응하는 경향이 있다고 할 수 있다. 이러한 과정에서 그린피스와 두 기업의 관계는 협력과 갈등이 모두 나타나는 모습을 보였다. 그러나 두 기업은 첫 번째 환경 평가 보고서(2015년)에서 공개된 순위 평가가 대조적이었다는 점에서 차이가 있었다. 그린피스의 재생가능에너지 사용 요구에 대해 네이버는 재생가능에너지 100% 사용 목표를 선언함으로써 A등급의 상위권으로 평가받았다. 반면 삼성 SDS는 그린피스의 요구에도 캠페인 동참을 거부함으로써 F등급의 하위권 순위로 평가받았다. 이후 계속 진행된 캠페인 과정에서 두 번째 보고서(2017년)를 전후로 두 기업의 행동 변화가 다르게 나타났다. 상위권이었던 네이버는 캠페인 동참과 목표를 적극적으로 실천하는 행동의 변화가 나타나지 않았다. 반면 하위권인 삼성 SDS는 캠페인을 지지하고 수용하는 방향으로 진전된 행동의 변화가 나타났다.

두 기업을 비교 분석한 결과, 그린피스의 쿨IT 캠페인에서 다른 조건이 유사할 때 그린피스가 조사 발표한 보고서 내용 중 기업의 친환경 순위 평가에서 상위권인 네이버는 행동의 변화가 없었지만 하위권인 삼성 SDS는 행동의 변화가 나타났다. 이를 통해 기업의 행동이 변화하는 원인으로서 순위 평가 결과가 기업에 민감한 부분으로 작동했음을 확인하였다. 따라서 본 장에서는 경험적 사례 분석을 통해 NGO의 기업에 대한 정보 정치 전략에서 순위 평가 메커니즘이 기업의 행동 변화에 영향을 미치는 요인 중 하나라는 것을 논증하였다.

본 장을 통해서 NGO의 기업에 대한 영향력을 효과적으로 나타낼 수 있는 전략은 정보 정치 전략의 한 유형으로서 기업의 정보를 공개하는 보고서에서 찾을 수 있다. 특히 정보 정치 전략의 메커니즘으로서 보고서에 담긴 정보의 내용 중 기업의 순위를 평가하는 방법이 기업의 행동에 유의미한 변화를 야기한다고 볼 수 있다. 기업의 순위는 결국 기업의 브랜드 이미지와 연결된 만큼 기업이 민감하게 반응하게 되는 외부 자극에 해당한다. 이에 따라 본 장은 NGO의 기업에 대한 활동이 효과적으로 영향력을 행사하는데 필요한 조건으로 순위 평가 메커니즘의 정보 정치 전략을 제시할 수 있다. 이러한 맥락에서 본 장은 기존의 정보 정치 전략에서 한 단계 나아가 기존 연구에서 다루지 않았던 정보 정치 전략의 구체적인 메커니즘으로서 순위 평가 방법을 제시하고 경험적으로 분석한 점에서 의의를 찾을 수 있다. 단, 하위권의 기업은 순위 자체에 민감하게 반응하는 경향이 있지만 상위권에 있는 기업은 상대적으로 순위 공개에 자극을 받거나 민감하게 반응하지 않게 된다. 그렇기 때문에 상위권 기업의 유의미한 변화를 이끌어 내기 위해서는 NGO의 또 다른 전략이 추가적으로 함께 사용될 필요가 있을 것이다.

본 장은 국가-시장-시민사회의 다양한 행위자들로 이루어진 거버넌스의 한 축으로서 NGO와 기업의 관계를 그린피스의 쿨IT 캠페인 사례로 살펴보았다. NGO는 기업의 감시자, 비판자 및 지지자의 역할을 함께 수행하면서 기업과 갈등 및 협력의 관계를 동시에 형성한다는 특징이 있다. 특히 환경 문제처럼 정치적·사회적으로 중요한 이슈를 둘러싼 NGO와 기업의 역학관계는 정부 정책을 만드는 한 과정에도 영향을 미칠 수 있다. 정치·사회적 문제를 해결하기 위한 NGO의 활동이 기업의 변화를 유도하게 되면, NGO보다 정치적·사회적으로 더 큰 영향력과 힘을 가지고 있는 기업이 결국 정부의 정책 변화에 압력을 행사할 수 있기 때문이다. 이를 통해 궁극적으로 NGO와 기업의 관계는 정치적, 사회적 합의를 이끌어내는 데 밑 바탕이 되는 중요한 역할을 하게 된다고 볼 수 있다. 본 장에서는 NGO의 기업 영향에 대한 기존 이론틀을 바탕으로 상호작용이 중요함을 강조했다는 점에서 학문적 기여를 하고 있다. 또한 이러한 맥락에서 본 장은 환경 이슈를 둘러싼 정치적 거버넌스의 한 부분으로서 NGO와 기업의 관계를 분석했다는 점에서 정치학적 의의를 찾을 수 있다.

또한 NGO 연구 분야에서 기업과의 관계를 경험적으로 다룬 연구가 많지 않다는 점에서 본 장이 기여할 수 있는 부분이 있다. 결과적으로 환경 이슈를 둘러싼 정치적 장의 한 부분으로서 NGO-기업 관계의 경험적 분석을 통해 NGO 영향력의 전략 메커니즘을 연구하였다. 이를 통해 본 장은 NGO 정치학 연구의 다양성과 NGO-기업 관계를 다룬 연구의 발전에 기여할 수 있다는 점에서 의의가 있다.

본 장의 한계점은 다음과 같다. 첫째, 네이버 및 삼성 SDS의 인터뷰 참여 거부로 인해 NGO의 측면에만 초점을 맞춤으로써 기업과 NGO의 직접적인 상호작용을 실증적으로 다루지 못했다는 점이다. 둘째, 그린피스 캠페인 기간이 오래되지 않았기 때문에 그린피스 보고서와 기업의 행동 변화 패턴을 축적한 데이터가 현실적으로 부족하여 충분한 인과성이 드러나지 못했다는 점이다. 셋째, 비록 NGO의 기업 영향력에 관한 심도 있는 분석을 위해 두 사례만을 택하여 연구를 진행했지만, 성급한 일반화에 대한 우려가 들 수 있는 점이다. 이와 같은 한계는 후속 연구에서 충분한 데이터를 통해 다른 기업들의 사례를 추가하여 분석하거나 기업의 추가적인 질적 인터뷰를 실행함으로써 세밀한 분석 및 설명이 가능할 것으로 기대한다.

참고
문헌

Bas Arts. 2002. "Green Alliances of Business and NGOs. New styles of self-regulation of dead-end roads?" Corporate Social Responsibility and Environmental Management 9: 26-36.

Bendell Jem and Murphy, D. 1997. "Strange Bedfellows: Business and Environmental Groups." Business and Society Review 98: 40-44.

Bronwen Magrath. 2015. "Information Politics, Transnational Advocacy, and Education for All." Comparative Education Review 59(4), 666-692.

Carmen Valor and Amparo Merino de Diego. 2009. "Relationship of business and NGOs : an empirical analysis of strategies and mediators of their private relationship." Business Ethics: A European Review 18(2): 110-126.

Christine Overdevest. 2005. "Treadmill politics, information politics, and public policy." Organization & Environment 18(1): 72-90.

Cox, Robert W. and Harold K. Jacobson. 1973. The Anatomy of Influence: Decision Making in International Organization. New Haven, CT: Yale University Press.

Edwin R. Stafford, Michael Jay Polonsky and Cathy L. Hartman. 2000. "Environmental ngo-business collaboration and strategic bridging: A case analysis of the Greenpeace-Foron alliance." Business Strategy and the Environment 9: 122-135.

Jamie R. Hendry. 2002. "Environmental NGOs and Business: A Grounded Theory of Assessment, Targeting, and Influencing." Ph. D. dissertation at Virginia Tech.

_____. 2003. "Environmental NGOs and Business: A Grounded Theory of Assessment, Targeting, and Influencing." Business and Society 42(2): 267-276.

Jennifer Chapman and Thomas Fisher. 2000 "The effectiveness of NGO campaigning: lessons from practice." Development in Practice 10(2): 151-165.

Jesse D. Lecy, Hans Peter Schmitz and Haley Swedlund. 2012. "Non-Governmental and Not-for-Profit Organizational Effectiveness: A Modern Synthesis." International Journal of Voluntary and Nonprofit Organizations 23(2): 434-457.

John W. Selsky and Barbara Parker. 2005. "Cross—Sector Partnerships to Address Social Issues: Challenges to Theory and Practice." Journal of Management 31(6): 849−873.

Margaret E. Keck and Kathryn Sikkink. 1998. Activists Beyond Borders. Ithaca, N.Y.: Cornell University Press.

Mariette van Huijstee and Pieter Glasbergen. 2010. "NGOs moving business: An analysis of contrasting strategies." Business & Society 49(4): 591−618.

Michele M. Betsill and Elisabeth Corell. 2001. "NGO Influence in International Environmental Negotiations: A Framework for Analysis." Global Environmental Politics 1(4): 65−85.

Morton Winston. 2002. "NGO Strategies for Promoting Corporate Social Responsibility." Ethics & International Affairs 16(1): 71−87.

Ruth S. Schiller and Michal Almog—Bar. 2013. "Revisiting Collaborations Between Nonprofits and Businesses: An NPO—Centric View and Typology." Nonprofit and Voluntary Sector Quarterly 42(5): 942−962.

김선미. 2003. "NGO의 정책적 영향력."한국정치학회보, 37(5): 99−125.

김영호. 2002. "NGO 영향력 행사의 성공조건−미국 환경NGO의 정책옹호활동 사례를 중심으로." 국제정치논총, 42(3): 75−101.

김태룡. 2002. "NGO들간의 영향력 차이와 그에 따른 효과성에 관한 연구−지방정부의 환경정책결정과정과 관련하여." 한국행정학보, 36(2): 269−290.

배태영, 이재호. 2001. "환경거버넌스의 범주와 주체간 관계에 관한 연구." 한국정책과학학회보, 5(2): 18−34.

장임숙. 2005. "NGO와 기업간 관계의 유형화." 한국행정논집, 17(3): 931−956.

장임숙, 강성철. 2007. "환경NGO와 기업간 상호관계의 영향요인." 사회과학연구, 23(2): 373−403.

장임숙. 2007. "NGO와 기업간 관계변동에 관한 연구: 환경 분야를 중심으로." 부산대학교 박사 학위 논문.

기 타 자 료

그린피스. 2015. (한국 IT기업 재생가능에너지 성적표) 당신의 인터넷은 깨끗한가요?,

그린피스. 2017. 『(세계 IT 기업 재생가능에너지 성적표) 깨끗하게 클릭하세요.,

한국IT서비스산업협회. 2015. 데이터센터 산업 육성을 위한 기반조성 연구·조사,

김관용. 2015a. "네이버 데이터센터, 100% 신재생 에너지로 운영한다." 이데일리, 2015/06/03. http://www.edaily.co.kr/news/news_detail.asp?newsId=02991366609398112&mediaCodeNo=257 (검색일: 2018.4.11).

김관용. 2015b. "그린피스 데이터센터 환경 보고서.. 삼성SDS · 다음카카오 · LGU+ 'F'." 이

데일리, 2015/06/03. http://www.edaily.co.kr/news/news_detail.asp?newsId=023156866 09398112&mediaCodeNo=257&OutLnkChk=Y (검색일: 2018.4.11).

김시연. 2015. "그린피스 점수는요... 네이버 A, 다음카카오 F, 한국 IT 기업 재생에너지 성적표 발표... 삼성−LG도 '낙제점'" 오마이뉴스, 2015/06/03. http://www.ohmynews.com/NWS _Web/View/at_pg.aspx?CNTN_CD=A0002114917 (검색일: 2018.4.11).

김정수. 2017. "데이터센터 환경성적 매겨보니 애플은 A, 삼성은 D." 한겨레, 2017/01/10. http://www.hani.co.kr/arti/society/environment/778110.html (검색일: 2018.4.11).

김택수. 2015. "그린피스 '국내 IT기업, 재생에너지는 선택 아닌 필수.'" 그린포스트코리아, 2015/06/03. http://www.greenpostkorea.co.kr/news/articleView.html?idxno=48910 (검색일: 2018.4.11).

백지영. 2017. "그린피스 조사에 억울한 국내 데이터센터, '재생에너지 쓰고 싶어도…'" 디지털데일리, 2017/01/12. http://www.ddaily.co.kr/news/article.html?no=151746 (검색일: 2018.4.11).

범기영. 2016. "'전기 먹는 하마' 데이터센터 ① 그린 에너지는 어디에?…'서버보다 냉방에 펑펑'" KBS NEWS, 2016/08/12. http://news.kbs.co.kr/news/view.do?ncd=3328011 (검색일: 2018.4.8).

이수환. 2015. "네이버 데이터센터, 그린피스가 인정한 친환경 IT 아이콘으로 부상." 디지털데일리, 2015/06/03. http://www.ddaily.co.kr/news/article.html?no=131081 (검색일: 2018.4.11).

이어진. 2015. "국내 IT 대기업, 친환경 에너지 사용에 소극적." 중소기업신문, 2015/06/03. http://www.smedaily.co.kr/news/articleView.html?idxno=56078 (검색일: 2018.4.11).

장재진. 2017. "데이터센터 친환경 성적표, 구글A 네이버 C." 한국일보, 2017/01/11. http://www.hankookilbo.com/v/9910df080ed94dde9069a0720f80f407 (검색일: 2018.4.11).

조성준. 2015. "그린피스 '국내 IT기업 중 네이버만 신재생 약속'" 에너지경제, 2015/06/03. http://www.ekn.kr/news/article.html?no=138483 (검색일: 2018.4.11).

최광. 2015. "한국 ICT 기업 재생에너지 사용 성적표는? 네이버 유일하게 투명성·재생에너지 정책 모두 A…자료제출 거부 다음카카오·삼성SDS·LGU＋는 전과목 F." 머니투데이, 2015/06/03. http://news.mt.co.kr/mtview.php?no=2015060311311796287 (검색일: 2018.4.11).

그린피스. 2015. "네이버, 그린피스에 '데이터센터 100% 재생가능에너지로 간다' 약속." 2015/06/03, http://www.greenpeace.org/korea/news/press−release/climate−energy/2015/Cool−IT−press−conference/ (검색일: 2018.2.1).

그린피스. 뉴스. http://www.greenpeace.org/korea/news/press−release/·tab=0 (검색일: 2018.2.1).

금융감독원. 공시서류. http://dart.fss.or.kr/dsab007/main.do (검색일: 2018.2.3).

네이버 데이터센터. Go to Green. https://datacenter.navercorp.com/ko/index.html (검색일: 2018.2.1).

삼성SDS. 회사정보. https://www.samsungsds.com/global/ko/about/investor/disc/about_dis
 c_info.html (검색일: 2018.2.1).
(주)네이버. IR. https://www.navercorp.com/ko/ir/corporateDisclosure.nhn (검색일: 2018.2.1).
그린피스 관계자 인터뷰. 서울: 그린피스 서울사무소.(2018년 3월 8일).

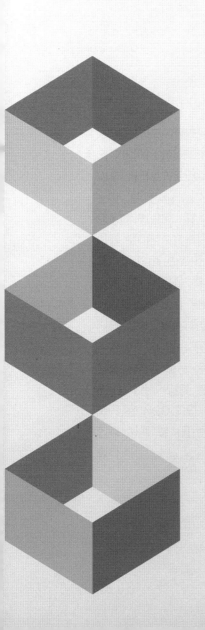

민관협력 파트너십과
정책 일관성 영향 연구

: 뉴욕시와 서울시의 건강도시 정책 비교

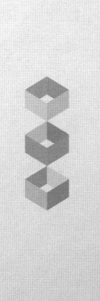

민관협력 파트너십과 정책 일관성 영향 연구

: 뉴욕시와 서울시의 건강도시 정책 비교

초 록

왜 어떤 정책은 일관되게 추진되는 데 반해, 유사한 정책은 일관적이지 않은가? 거버넌스 유형이 어떻게 정책 일관성에 영향을 주는가? 본 장은 거버넌스 구조를 이루는 민관협력 파트너십(Public-private Partnership)의 유형을 비교하여 공공부문, 민간부문, 제3부문이 자발적으로 참여하는 거버넌스 구조가 정책 일관성(Policy Consistency)에 긍정적인 영향을 끼친다고 주장한다. 정책 일관성은 비교적 장기간 동안 정책목표와 정책수단이 유지되는 것을 말한다. 본 장은 정책 일관성과 그 요인에 대한 이론적 분석 틀을 구축하고, 이를 통해 뉴욕시와 서울시의 건강도시(Healthy City) 정책 사례를 분석하였다. 뉴욕시와 서울시는 도시 인구 및 소득수준과 교육 수준 등이 유사한 대도시로 정치적 리더십의 변화를 경험했으며 두 도시 모두 건강도시 정책 추진을 위해 민관협력 파트너십을 거버넌스 제도로 두고 있다. 서울시는 민간위탁형 파트너십을 채택한 반면 뉴욕시는 자발적 네트워크 구성형 파트너십을 채택함으로써 서울시보다 재정적으로 안정적이고 기존제도와 협력적이며 독립적인 협의기구를 지속적으로 유지할 수 있었고, 그 결과 건강도시 정책을 일관성 있게 유지할 수 있었다. 이러한 연구 결과는 지방정책의 수립과 시행에서 자발적 네트워크형 민관협력 모델이 장기적으로 일관성 있는 정책을 유지하는 데 도움이 된다는 함의를 제공한다.

12.1. 서론

도시민의 건강 개선을 위한 정책 목표가 과거에는 개인의 생활양식을 변화시키거나 질병을 치료하는 데 초점을 두었다면, 최근에는 도시의 환경, 주거, 인구밀도, 교육, 고용 기회, 소득, 지역경제 등 사회 환경적 요소를 고려하는 것으로 변화하고 있다(Corburn 2009; Flynn 1996; 김진희 2012). 세계보건기구(World Health Organization: WHO) 역시 도시민의 건강 결정 요인으로 도시 거버넌스, 인구 특성, 건조환경(Built Environment), 사회·경제적 요소, 식량 안보 등을 제시하며, 이러한 추세를 뒷받침하고 있다(WHO, 1995).

'건강도시(Healthy City)'는 사회적 요인이 건강을 결정한다는 시각 속에서 1986년 WHO가 주창한 개념이자, 도시가 채택할 수 있는 정책 플랫폼이다. '건강도시'란 물리적 사회 환경을 지속적으로 개선하고 창출하며 지역사회 자원을 증대시킴으로써, 도시 구성원 개개인이 능력을 발휘하고 잠재능력을 최대한 개발하여 상호 협조할 수 있도록 하는 도시로 정의된다(WHO, 1995). 건강도시 계획(Healthy City Programme)은 도시계획과 공중보건을 긴밀하게 연결시킨 것이다. 따라서 성공적인 건강도시 계획을 위해서는 보건부문을 포함한 부문 간 협력이 포괄적이고 지속적으로 유지되어야 한다(김정희 2007). 각 도시들이 건강도시 계획의 긍정적 목적에 동의함에도 불구하고 건강도시를 위한 도시정책은 도시에 따라 일관되게 추진되기도 하고 그렇지 않기도 하다. 본 장은 어떤 도시의 건강도시 정책은 일관되게 추진되는 데 반해 다른 도시의 유사한 정책이 일관되게 지속되지 않는 이유는 무엇인지, 지방정부의 거버넌스 유형이 어떻게 정책 일관성에 영향을 주는지 대답하고자 한다.

거버넌스를 통한 지역사회 참여와 지방정부의 협력은 도시민의 건강증진과 지속가능한 도시를 위한 조건임과 동시에, 건강도시 프로젝트의 지속 여부를 판단하는 기준이 된다(WHO 1995). 건강도시 정책 추진 과정에서 민관협력 파트너십(Public-Private Partnership: PPP)은 지방정부와 지역 주민의 자생적 협력관계 위에서, 전문가와 지역사회의 참여를 효과적으로 이끌 수 있고, 시민 참여의 역량을 강화할 수 있다는 점에서 거버넌스 구축의 효과적 수단으로 주목받고 있다(김영 2010; Lipp, Winters & de Leeuw 2013; 유승현 2015). 그렇다면 어떠한 유형의 민관협력 파트너십이 건강도시 정책을 지속하는 데 적합한가?

각 도시는 상이한 건강도시 정책을 수립해 추진한다. 모든 정책은 환경과 상호작용하면서 정치적, 사회·경제적 요인에 따른 요구와 지지로 구성된 투입을 받아 전환과정을 거쳐 산출되기 때문이다(Easton 1957). 본 장은 거버넌스 구조, 정치적 요인, 사회·경제적 요인에 대한 분석을 통해 도시 수준에서의 거버넌스 구조가 정책일관성에 어떻게 영향을 미치는가에 답하고자 한다. 이를 위해, 뉴욕시와 서울시의건강도시 사례 연구를 통해 정책 일관성에 대한 민관협력 파트너십의 영향을 분석한다. 대표적 메가시티 뉴욕과 서울은 건강도시 달성을 위한 거버넌스 수단으로 동일하게 민관협력 파트너십을 채택하고 있지만, 서로 다른 파트너십 유형을 채택함으로써 상이한 거버넌스 구조를 가지고 있으며, 관련 정책의 일관성에 차이를 보인다. 본 장은 도시민의 건강증진과 같이 정책의 지속가능성과 정책목표의 일관성이필수적인 분야에서는 공공부문, 민간부문, 제3부문 행위자의 자발적 참여에 기반을둔 안정적 재정구조, 기존 제도와의 협력, 독립적이고 지속적인 협의 기구 구축이필요하다고 주장한다.

본 장의 구성은 다음과 같다. 2절에서는 종속 변수인 정책 일관성을 개념화한다. 또한, 정책 일관성에 영향을 미치는 독립변수에 대한 이론적 논의를 통해 도시 수준에서 민관협력 파트너십의 역할을 도출한다. 3절에서는 사례 분석을 위한 방법을소개하고 뉴욕과 서울의 건강도시 정책을 분석한다. 4절에서는 거버넌스 요인, 정치적 요인, 사회·경제적 요인을 바탕으로 민관협력 파트너십 유형에 따른 정책 추진상의 차이를 검증한다. 마지막으로 5절 결론을 통해 본 장은 건강도시 정책 일관성에 대한 민관협력 파트너십의 함의를 도출한다.

12.2. 정책 일관성과 거버넌스 유형의 관계에 대한 이론

12.2.1 정책 일관성

정책 일관성(Policy Consistency)은 정책 수립 당시 최적의 정책대안이 시간의 흐름에도 포기, 중단, 지연, 변질되는 현상 없이 유지되는 것을 말한다(Cohen &

Michel 1988; 정정길 외 2010). 본 장은 정책 일관성을 1)장기성(Long-term)과 2)정책목표 및 정책수단(사업) 유지라는 두 가지 측면으로 나누어 살펴본다. 먼저, 시간적 차원에서 정책이 장기적 일관성을 갖춰야 하는 이유는 주어진 시점 동안 정책이 집약적인 안정성을 가지고 실행되며, 장기적 비전을 가지고 설계 및 실행되는 경우 변화하는 상황에 대한 적응력을 향상시킬 수 있기 때문이다(Voß, Smith & Grin 2009). 둘째, 내용적 차원에서 시간의 흐름에도 정책목표와 정책수단이 유지되어야 한다. 일관되지 않은 정책으로 인한 부정적 결과는 정책이 목표하는 긍정적 효과를 상쇄시키거나 정책이 없는 것보다 비효율적일 수 있다. 정책 일관성은 특히 에너지, 환경, 보건, 농업과 같이 사회적 인프라와 관련되어 있으면서 정부로부터 재정적, 제도적, 교육적 지원을 받는 분야에서 중요하게 다루어진다. 건강증진을 목표로 하는 도시 정책은 새로운 정책사업이 시작될 때 상당한 초기비용이 발생하며, 건강 분야의 특성상 단기적 성과 관측이 어렵기 때문에 일관적인 정책 추진이 요구된다. 또한, 도시의 건강 문제는 도시민의 지지와 참여를 바탕으로 건강의 가치를 도시 시스템에 내재화시킬 때 비로소 성공할 수 있기 때문에, 장기적 접근을 기반으로 하는 일관성 있는 정책이 필수적이다.

<그림 12-1>은 장기성과 정책목표 및 정책수단의 유지를 통해 정책 일관성을 도식화한 것이다. 정책 일관성부터 정책 비일관성까지의 범주를 파악할 수 있다. 정책 일관성이 가장 높은 것은 P1의 정책목표 아래 정책수단 (a)를 t1의 시점부터 t5까지 포기, 중단, 지연, 변질 현상 없이 유지하는 것이다. 정책 비일관성이 나타나는 항목으로는 P2의 정책목표 아래 정책수단 (b)가 t1의 시점부터 t3 시기까지 유지되지만, t3부터 t4의 기간 동안 중단, t4시점부터 정책수단이 (c)로 변화가 생긴 것으로 확인 할 수 있다. 마지막으로 정책목표 P3의 수단인 (a)는 시간의 흐름에도 유지되지만, t3의 시기를 기점으로 정책목표가 P4로 변경된다. 정책수단은 유지되고 있으나 정책목표가 변경되었기 때문에 정책 일관성이 저하되고 있다.

그렇다면 정책 일관성을 상실케 하는 정책변동은 왜 발생하는가? 정치체계를 둘러싼 정치적 맥락, 사회·경제적 맥락, 거버넌스 구조가 변화할 때, 정치체계에 대한 요구와 지지 양태가 달라지며, 결과적으로 정책 내용도 변화하기 때문이다(Easton 1957; 유훈 2009).

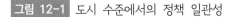
그림 12-1 도시 수준에서의 정책 일관성

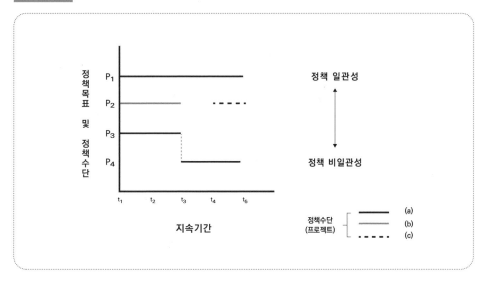

첫째, 정치적 맥락이 정책변동을 일으킨다는 주장은 주로 정치적 리더십의 변화에 주목한다. 정책 결정자(도시의 경우, 시장)의 정책 의지나 책임감 등은 정책의 내용과 방향을 결정하고 정책집행의 효율성을 좌우할 만한 주요 변수로 작용한다(Peters & Pierre 1998; Lee & Koski 2012). 즉, 도시의 정치 지도자가 바뀌면 전반적인 정책 아젠다뿐만 아니라 구체적인 정책 프로그램이 바뀔 수 있다.

둘째, 정책변동 요인으로 사회·경제적 맥락을 강조하는 연구들은 도시민의 소득수준, 교육수준, 도시 인구 비율에 따라 정책에 대한 대중들의 요구가 변화하며 결과적으로 상이한 정책 결과를 가져온다고 주장한다. 사회·경제적 맥락에 따라 시민들의 문제의식이 결정되며, 이러한 문제의식이 정책결정 과정에 중요하게 작용하기 때문이다. 도시민이 주목하지 않는 문제는 정책의 대상이 될 수 없고, 일부가 인식하는 문제라고 하더라도 이를 공론화하여 여론으로 형성하지 못하면 정책대상으로 채택될 수 없기 때문이다(권영규 2006).

마지막으로, 거버넌스 구조에 따라 정책변동이 발생한다는 주장이 있다. 이러한 주장은 기존의 중앙집권적 정부의 권위가 거버넌스의 네트워크 구조로 전환되면서 정책 결정과 시행에 있어 정부, 시장 그리고 시민사회의 영향력이 증대되고 있으며 이들의 관계에 주목해야 한다고 지적한다(이명석 2002; Provan & Kenis 2008). 본 장은 구체적인 거버넌스 구조로서 민관협력 파트너십의 유형이 정책 일관성에 영향을 끼치는 방식을 중심으로 살펴볼 것이다.

12.2.2 민관협력 파트너십 유형과 정책 일관성

시장실패와 정부실패로 인해 시장과 정부의 독자적인 문제해결이 불가능해지자, 시장·정부·시민사회 주체 간의 상호작용을 강조하는 거버넌스가 등장했다. 거버넌스 개념은 보는 시각에 따라 상이하지만, 일반적으로 '국가와 시장, 시민사회 등 다양한 행위자가 협력하여 공동의 문제를 해결하기 위한 통치'라고 정의할 수 있다 (Rhodes 2000). <표 12-1>은 도시 수준의 거버넌스에 참여하는 주요 행위자들의 역할을 나타낸 것이다. 도시 거버넌스는 시 정부, 시장, 시민사회 등으로 구성되어 있으며 상호보완적인 역할을 수행한다.

표 12-1 시 거버넌스에 참여하는 주요 행위자와 역할

주요 행위자	도시 거버넌스에서의 역할
시장과 시의회	• 도시 거버넌스 이사회의 의장 • 정책 추진에 있어서 비전 제시 • 인적, 물적 자원의 할당 • 시장령/지방의회에서 조례 제정
시청 부서	• 기술적 전문지식 제공 • 정책 계획 및 실행
비정부기구와 사기업	• 시민 참여 촉진 • 정책에 대한 시민의식 향상 • 정책 실행
연구 기관	• 정책관련 전문 연구 • 의사결정 과정에서 자문 역할

자료: Lee & Painter(2015)의 재구성.

민관협력 파트너십(Public Private Partnership: PPP)은 공공부문, 민간부문, 제3섹터(시민부문) 등 모든 사회적 행위자들 사이의 상호의존성을 관리하는 거버넌스 구

조로서, 이들이 어떻게 참여하고 있는가에 따라 거버넌스 구조가 결정된다. <표 12-1>과 같이 공공부문, 민간부문, 시민사회 대표들은 각자의 역량을 기반으로 인적, 물적 자원의 상호보완적 교류에 참여한다. 거버넌스 구조에서 다중 행위자 네트워크는 협력적이고 자발적이며 포괄적인 의사결정 과정을 특징으로 하기 때문에 정책이 중앙 집중적으로 통제되지 않도록 보완할 수 있다(Scholz & Wang 2006; Lee & Painter 2015).

표 12-2 국내 민관협력 파트너십의 유형 분류 체계

구분	계약상의 파트너십	자발적 네트워크 구성형 파트너십
참여 행위자	공공부문, 사기업, 제3부문	공공부문, 사기업, 제3부문
행위자 수	적음(2-3)	중간(5-15)
행위자 간 결합 방식	계약에 근거한 주인-대리인 관계	상호 헌신에 의존하는 느슨하지만 친밀한 방식
직무 설명	세부적이고 결과 지향적	포괄적이고 과정 지향적
이익과 위험분담	대칭적	대칭적
관리	민간부문	공공-민간
평가기준	사전 결정	상호 발전
거버넌스 방식	협력/위계적	협력/경쟁

자료: Schuppert(2011: 294)의 재구성.

도시 수준의 민관협력 파트너십은 행위자 간 결합 방식에 따라 계약상의 (Contractual) 파트너십과 자발적 네트워크 구성형(Self-committing Network-like) 파트너십으로 구분할 수 있다. 각각의 파트너십 구조에 따라 참여자의 역할 분담이 이루어지며, 거버넌스 성과가 다르게 결정될 수 있다(김인 2006). 구체적으로 도시 수준에 적용될 수 있는 민관협력 파트너십은 유형에 따라 다음과 같은 특징을 갖는다. 첫째, 계약상의 파트너십인 민간위탁 유형에서는 자발적 네트워크 구성형 파트너십보다 빠른 의사결정, 저렴한 비용, 그리고 신속성이 나타난다. 하지만 주인-대

리인의 위탁관계라는 점에서 참여 행위자가 제한적이며, 참여자들의 공동 책임이 부족한 특징이 있다(Klijin & Teisman 2000, 86). 전형적으로 민간위탁은 기업 또는 비영리단체들 중 경쟁을 통해 선정된 단체에게 정부의 활동을 대행하게 함으로써 행정의 효율성을 높이는 데 초점을 둔다(문인수·이종열, 2002: 57). 민간위탁 방식으로 구성된 거버넌스에서는 정책 지속성이 필요한 정책계획이라 할지라도 정부와의 재계약이 이행되지 않아 정책이 종결되기도 한다. 둘째, 자발적 네트워크 구성형 파트너십은 공공부문, 민간부문, 제3부문의 행위자들이 실질적으로 공동의 의사결정을 통해 정책 추진과 수립에 참여할 수 있게 한다. 이때 정책결정 및 실행 과정에서 비정부 행위자들은 동등한 권리를 가진 파트너로 참여하기 때문에, 공공부문의 주도보다는 참여주체 간 상호 의사소통 방식과 수평적인 운영을 통해 네트워크의 효과가 증대된다. 참여 공간의 확대와 함께 행위자의 증가는 의사결정 과정에서의 신속성과 효율성을 저하시킬 수 있다는 단점도 있지만(Lee 2012), 다양한 이해관계자의 이익을 고려할 수 있기 때문에, 한 번 정책이 결정되면 일관성 있게 유지될 가능성이 크다.

12.2.3 건강도시 거버넌스와 정책 일관성

건강도시 계획(Healthy City Programme)은 건강 보호와 지속 가능한 개발을 위한 정책 결정과정에서 건강을 최우선 순위로 두는 것을 목적으로 한다(WHO 1995). 따라서 정치적 지원이 필수적이며 단기적인 이벤트성 정책 사업은 지양되어야 한다(김정희 2007, 139). 한국의 건강도시 정책 사업은 개인의 건강행태 변화와 건강 관리서비스 확대에 초점을 둔 협의의 건강도시 사업이 대부분이며, 건강도시 사업을 추진하기 위한 시민과 지방정부간의 구체적인 협력체계나 참여를 위한 제도적 기반이 마련되어 있지 못한 실정이다(문은숙 2015; 유승현 2015). 한국의 건강도시 관련 연구는 도시계획 관점에서는 도시재생과 연계한 건강도시 조성(김영 2010; 이경환, 김성길 2011), 건강도시 정책 방향에 관한 연구(강은정 2010; 김승희, 김은숙 2015), 건강도시에 대한 평가(김진희 2012) 등 다양한 각도로 소개되고 있다. 하지만 아직까지 이론적으로 건강도시의 정책 일관성과 그 요인을 살펴보거나, 도시 간의 비교를 통해 이를 검증한 연구는 부족하다.

본 장은 장기적이고 조화롭게 유지될 수 있는 건강도시 정책 거버넌스 구조를 민관협력 파트너십 유형의 비교 분석을 통해 밝히고자 한다. 특히 미국과 한국의 건강도시 정책목표와 정책수단이 시간에 따라 지속되고 있는지 살펴봄으로써, 장기적인 정책 실행이 필요한 건강도시에 적합한 파트너십 형태를 파악하고, 그 장단점을 분석하여 향후 건강도시 정책 사업의 지향점을 제시하고자 한다.

12.3. 뉴욕과 서울의 건강도시 정책 사례 분석

본 장은 건강도시 정책 일관성에 영향을 미치는 민관협력 파트너십 유형에 대해 알아보고자 한다. 파트너십 유형에 따른 차이를 설명하기 위한 비교사례로 두 국가의 두 도시(뉴욕, 서울)를 선정하였다. 최대유사체계 분석안을 통해, 두 도시의 정책 일관성에 영향을 미치는 정치적 요인(정치적 리더십과 당파성), 사회·경제적 요인(인구밀도, 교육수준, 소득수준)을 통제하고, 민관협력 파트너십 유형의 특성에 주목할 수 있도록 했다.

또한, 질적 연구를 위해 심층 인터뷰와 문헌분석을 병행하였다. 심층 인터뷰는 해당 사업에 직접 연계된 담당 부서 공무원, 연구원, 민간 활동가(NGO)를 대상으로 하였으며, 2016년 9월부터 12월 사이에 이메일과 전화로 진행했다. 문헌분석은 민관협력 파트너십, 거버넌스, 건강도시 등의 키워드를 위주로 두 도시의 건강도시 정책계획이 정리된 공식문서인 Active Design Guidelines, Fit City Conference Report, 서울특별시 지역 보건의료계획, 사업 보고회 자료집, 공식 홈페이지 자료 등을 토대로 진행했다.

12.3.1 뉴욕시 '액티브 디자인 가이드라인(Active Design Guidelines)'

뉴욕시 인구는 2015년 기준 8,550,405명,[1] 면적은 1214.4㎢에 달한다. 뉴욕의 대표적인 건강도시 정책 사업인 Active Design Guidelines(이하, ADGs)는 2010년 1월 27일 배포된 건강하고 쾌적한 도시 및 건조 환경 조성을 위한 전략 지침서이

---

[1] NYC, New York City Population, 출처:http://www1.nyc.gov/site/planning/data-maps/nyc-population/current-future-populations.page, (검색일: 2016.6.16).

다. 비만, 당뇨병 등 만성질환에 대응하기 위해 도시 건조환경 및 건물 디자인을 통해 신체활동을 향상할 수 있도록 개발되었다. 뉴욕시 ADGs의 목표는 도시 거주민들이 일상생활에서 건강한 활동을 영위할 수 있도록 환경을 조성하여, 더욱 살기 좋은 도시로 만드는 것이다(NYC 2010,4). ADGs의 시초는 뉴욕시 보건정신건강국(Department of Health and Mental Hygiene: DOHMH)이 뉴욕 건축가협회(American Institution of Architecture New York Chapter 이하, AIANY)와 협력하여 주최하고 있는 Fit City 콘퍼런스라 할 수 있다. 당시 주도적인 행위자로 참여한 공공부문의 보건정신건강국과 디자인 전문가 집단인 AIANY은 건강과 디자인 사이의 교차점에서 상호 이익이 있었기 때문에 Fit City 콘퍼런스에 참여하게 된다.[2] 2007년 제2회 Fit City 콘퍼런스에서 보건정신건강국을 포함한 디자인건설국(Department of Design and Construction: DDC), 교통국(Department of Transportation: DOT), 도시계획국(Department of City Planning), 예산관리국(Mayor's Office of Management and Budget)으로 구성된 실무진(Working Group) 구성을 통해 ADGs를 제안하였고, 그 결과 시청 내 관련 부서, 비영리 기관, 건축가, 개발자, 학계 파트너들과의 협업을 통해 2010년 1월 27일 매뉴얼로 탄생하게 된다(이명훈 외 2014). 실무진은 AIANY, 지역대학 연구진 등 전문인력 참여를 더하여 'ADG Team'으로 조직적 발전을 이룩했다. 이들은 주로 뉴욕 시내 건물, 가로, 근린환경과 관련된 프로젝트 추진 시에 가이드라인이 적용될 수 있도록 정책개발 및 기술적 조언을 담당했다.

한편, 2012년 1월 블룸버그(Michael Bloomberg) 시장은 비만 방지와 만성질환 예방을 위해 시청의 다양한 부서 위원들로 구성된 비만 대책위원회(Obesity Task Force)를 소집했다. 해당 부서들은 공중보건(Public Health), 특히 비만 예방을 위해 ADGs의 적용을 촉구했으며, ADG Team과 통합하여 비영리 조직인 액티브 디자인 센터(The Center for Active Design 이하, CfAD)를 창립했다. 2012년 9월 18일 설립된 CfAD는 공공부문과 민간부문의 파트너십을 통해 구축되었고, 독립적인 비영리 기구로 ADGs의 지속적 개발과 확산을 촉진하는 역할을 담당하며 전문가와 대중에 대한 교육을 진행하고 있다(NYC 2010, 30).

---

2) 뉴욕시 보건정신건강국 공무원 (2016년 12월 07일, 서면 인터뷰)

그림 12-2 뉴욕시 액티브 디자인 가이드라인 정책 추진체제

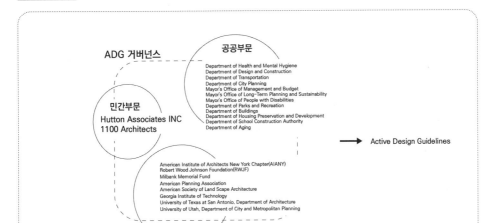

자료: Lee(2013)의 재구성.

　자발적 네트워크 구성형 민관협력 파트너십을 통한 CfAD의 설립 목적은 건강도시 정책을 적극적으로 시행한 블룸버그 시장의 임기 이후에도 ADGs를 지속시키기 위한 조치였다. 센터의 초기 설립 비용은 뉴욕시의 지원을 받았지만, 현재는 재정적으로 독립적인 조직으로 운영되고 있다.3) ADGs 정책 추진 자금은 미국연방의 질병 관리예방센터(CDC)를 비롯하여 다양한 재단(Robert Wood Johnson Foundation, Milbank Memorial Fund)의 기부금을 통해 충당됐다. CfAD 설립 이후 센터는 기부금, 이자 수익, 정부 지원 등을 통해 기금을 조달하고 있다.4)

　자발적 네트워크 구성형 민관협력 파트너십의 ADGs 거버넌스는 참여 행위자들의 제도적 보완을 통해 지속되고 있다. 2007년에 발효된 뉴욕시 지방 법 86에 따라 공공부문의 지원을 받은 건축물은 친환경 건물로 거듭나기 위해 LEED(Leadership in Energy and Environment Design)친환경 건물 인증이 필요했다. ADGs의 원칙에 LEED의 신체활동 혁신 크레딧을 도입하여, 디자인을 통해 신체활동을 향상하는 건

---

3) 뉴욕시 보건정신건강국 공무원 (2016년 9월 24일 서면 인터뷰)
4) Return of Organization Exempt From Income Tax Form 990, Department of the Treasury Internal Revenue Service 2012, 2013, 2014, https://www.guidestar.org/profile/46–1016582, (검색일: 2016.12.1).

물의 경우 인센티브를 획득할 수 있게 했다(Lee 2012: 6).

또한, 뉴욕시는 지역 개발 전략 구상을 통해 ADGs의 지속성을 담보할 수 있도록 했다. 블룸버그 시장이 2007년 수립한 PlaNYC는 천만 인구에 대비하기 위한 경제, 기후변화, 삶의 질 향상을 위한 장기적 청사진이다. PlaNYC는 25개 시청 부서와의 협력을 통해 푸르고 건강한 뉴욕시를 지향하는데, PlaNYC의 2011년 개정판은 계획 달성을 위해 ADGs를 활용할 것을 명시하고 있다(New York 2011, 169). 블룸버그의 후임인 드 빌라시오(Bill de Blasio) 시장의 취임 이후에는 OneNYC로 명맥을 이어 나가고 있다.

뉴욕시장의 행정명령 359항은 ADGs의 원칙을 도시 계획에 포함하는 것을 골자로 하고 있다. 이에 따라 뉴욕시는 행정조치를 통해 ADGs를 실행에 옮길 수 있도록 하는 중개자 역할을 맡게 되었다. 행정명령에 제시된 사항은 첫째, 액티브 디자인을 새롭게 건설 공간에 접목시킬 수 있도록 할 것, 둘째, 시유(City – owned)건물에서 계단 사용을 권장할 것, 셋째, 디자인건설국은 보건정신건강국과 협력하여 ADGs 관련 단체, 조직 등을 교육하는 것이다.

이 외에도 보건정신건강국의 Take Care New York 2020, 디자인건설국, 교통국의 '도로 디자인매뉴얼'은 기존 정책에 ADGs 전략을 포함해 기존 정책 프로그램과 융합하여 건강도시 추진을 전개하고 있다(AIANY 2010 8).

기업, 비영리 조직, 학계 참여자로 이루어진 민간부문 행위자 중 직접적인 파트너십 관계를 통해 가장 두드러진 역할을 수행한 것은 뉴욕 건축가협회(AIANY)이다. AIANY은 물리적인 활동을 촉진하는 도시 디자인을 정착시키기 위해 정책 입안자 및 전문가들과 함께 계획 추진체제의 핵심 역할을 담당해왔다. 보건정신건강국과의 파트너십을 통해 2006년부터 개최한 Fit city 콘퍼런스는 매년 비만, 디자인, 건축 관련 이해관계자들이 도시민의 건강증진 향상을 위해 참여하고 있다.

공공과 전문가의 행정적·학술적 지원, 재단의 경제적 지원 외에도 민간단체로 구성된 지역사회 단체들은 ADGs 프로그램을 발전시키고 이행하는데 직·간접적인 임무를 수행하고 있다. 특히, CfAD가 2013년 8월 지역사회 건강증진을 위해 발간한 Active Design: Guide for Community Groups는 뉴욕시 행정부국과 비정부 기구(Non – Political Organization: NPO)가 지역사회 수준에서 액티브 디자인 프로그램을 추진하는 데 도움이 되고 있다(이명훈 외 2014, 30). ADGs 프로젝트에 참여하는 비정부기구로는 건강도시 추진을 위해 설립된 Partnership for Healthier NYC를 비롯해 Citizen Committee for NYC, Build it GreenNYC(BIGNYC), Groundswell 등이 있다.

기본적으로 미국은 다원주의 민주주의를 기반으로 지역사회 리더가 의사결정 과정에 참여하여 공중보건을 개선하고자 하는 특징을 가진다(Flynn 1996, 126). 즉, 정책결정 요인으로서 초기 정치적 맥락이 중요하게 작용한다고 이해할 수 있다. ADGs는 공화당으로부터 지지를 받은 블룸버그가 2002년 시장으로 당선된 이후, 2006년 Fit City 콘퍼런스를 거쳐 2010년 발표한 지침이다. 그러나 블룸버그 시장은 임기 종료 후에도 건강도시 추진을 위한 ADGs가 지속되어야 한다는 필요성에 따라 CfAD를 설립했다. 2014년부터 집권하고 있는 민주당 출신의 드 빌라시오 시장 역시 Fit City 콘퍼런스와 ADGs를 지속해서 추진하고 있다. 드 빌라시오 시장은 OneNYC 기조를 통해 기존의 PlaNYC를 보완하여 협력적 건강도시 정책을 지원하고 있으며, 추가적으로 지속 가능한 보건을 위한 정책적 전환을 추진하고 있다.[5] 즉, 정치적 맥락 요인인 뉴욕 시장 및 집권정당의 변화에도 불구하고, ADGs 건강도시 정책 사업은 민관협력 파트너십의 기조를 유지하며 지속하고 있음을 알 수 있다.

12.3.2. 서울시 '건강한 생활터 만들기', '건강친화 마을 만들기', '소생활권 건강생태계 조성 사업'

서울특별시 인구는 2015년 기준 10,297,138명, 인구 밀도는 16,291명/km2, 면적 605.18 km2에 달하며,[6] 총 25개 자치구로 구성되어 있다. 서울특별시는 2003년 9월 시장 방침에 따라 건강도시 프로젝트를 계획했다. WHO 서태평양지역 건강도시 네트워크에 참여하면서 복지 건강국 부서 내에 건강도시추진반을 신설하였으며, 서울특별시를 포함한 모든 자치구 수준에서 건강도시 가입을 독려하고 있다. 현재 서울특별시 건강도시 사업은 건강증진 정책 내에서 개별 단위사업으로 수행되고 있다. 서울의 건강도시 사업은 시민참여를 통해 지역의 물리적, 사회적 환경을 지속적으로 개선하여 개인과 삶의 터를 건강하게 하고자 하는 목적에서 시작되었다.

서울특별시 건강도시 사업의 목표는 '건강검진이나 질병 치료 중심의 정책에서 벗

5) NYC, "Mayor de Blasio Announces 'Building Healthy Communities', 2016−09−29, http://www1.nyc.gov/office−of−the−mayor/news/784−16/mayor−de−blasio−building−healthy−communities− (검색일: 2016.11.8).
6) 서울통계, 출처: http://stat.seoul.go.kr/jsp3/index.jsp, (검색일: 2016.11.20).

어나 도시환경과 개인의 생활양식 개선'이며(문은숙 2015, 24), 각 시기에 따라 '건강한 생활터 만들기', '건강친화 마을 만들기', '소생활권 건강생태계 조성'과 같이 생활환경 조성을 통한 건강증진 사업을 추진하는 자치구에 대한 경상보조 형태로 진행되어 왔다. 구체적으로 2005년부터 2012년까지 WHO 서태평양지역 건강도시 연맹(The Alliance for Healthy Cities: AFHC) 가입을 비롯한 자치구 프로그램 보급 위주 업무가 진행되었고, 이 시기에 '건강한 생활터 만들기' 사업이 일부 자치구에서 제한적으로 시행되었다. 이 사업을 통해 서울시 내 자치구들이 건강도시 사업 기반을 다질 수 있었지만, 2012년 서울시가 보조를 중단하면서 건강도시 사업이 정체되었다. 2012년부터 2014년 사이에는 '건강친화 마을 만들기' 사업이 진행되었고, 2015년부터는 기존 보건소 중심 보건사업에서 탈피하여 민관협력을 도모하는 '소생활권 건강생태계 조성 사업'을 진행했다. 각 사업의 구체적인 거버넌스 구조는 다음과 같다.

12.3.2.A '건강한 생활터 만들기'

서울시가 2005년부터 2014년까지 추진한 '건강한 생활터 만들기' 사업은 건강한 어린이집 만들기, 건강한 학교 만들기, 건강한 직장(재래시장) 만들기, 건강한 마을 만들기의 네 가지 주제로 구성되어 있었다. 공공부문 참여 행위자가 주도적인 거버넌스를 형성하고 있는 '건강한 생활터 만들기'의 행위자별 역할은 다음과 같다(<그림 12-3> 참고).

서울시는 사업수행에 필요한 기준 및 지침을 개발하고 보건소 및 민간부문이 실질적인 사업을 수행할 수 있도록 재정을 지원하였다. 구체적으로 학교 및 사업장 내 건강한 생활터 조성을 위한 운동시설 설치비, 보건소의 건강증진 및 예방사업을 위한 예산을 지원했다. 또한, 건강 관련 의제에 관해 교육 및 홍보를 진행하고 보건소, 건강증진센터의 사업실적을 관리하는 업무를 담당했다(서울특별시보건정책과·서울시정개발연구원, 2007). 보건복지부는 비만 예방 환경조성 사업을 추진하였으며, 유아용 식품첨가물 관리를 강화하는 등 영유아 안전 환경조성 사업에 대해 제도적 지원을 하였다. 자치구는 비만예방 환경조성 사업에 참여하면서 관할 지역에 산책로, 자전거도로, 생활체육시설을 확충하였다. 자치구 보건소는 주민건강증진센터와 함께 지자체 내 산책로, 체육시설 등을 설치할 수 있도록 유도하였다. 경찰청은 장애예방사업에서 음주 운전 단속, 교통안전 교육 시행을 통해 기존 경찰청 업무와 상호보완적으로 건강도시 사업에 참여하였다. 한편, 민간부문의 주요 참여자인 개별

사업장들은 비만 예방 환경조성을 위해 사내 음료수 자판기를 규제하는 방식으로 참여했다. 제3부문 비영리 기구 참여자로는 민간단체, 학교, 지역 재활시설 등이 포함되었으며, 이들은 성동구, 중구, 서대문구, 도봉구, 마포구, 강남구에서 추진된 '건강한 학교 만들기' 사업을 통해 건강한 환경조성, 생활습관 실천, 교육 관련 프로그램을 운영하였다.[7]

그림 12-3 '건강한 생활터 만들기' 거버넌스 구조

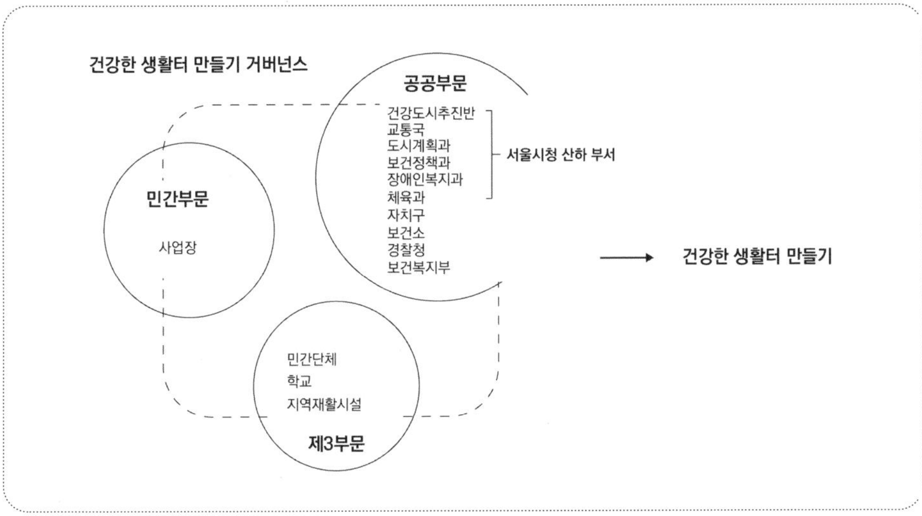

자료: 서울특별시보건정책과·서울시정개발연구원(2007: 149-162)의 재구성.

'건강한 생활터 만들기' 사업은 주로 자치단체경상보조 형태로 서울시에서 해당 자치구에 재정 및 행정 관련 지원을 하는 방식으로 실시되었다. 2011년까지 건강도시 만들기 자치구 지원 사업에 참여한 자치구는 25개구에 달했으나, 2012년에는 전액 시비 지원으로 추진되던 건강한 생활터 만들기 사업의 지원금이 50% 삭감되었

---

7) 사례로, 성동구 건강관리과는 2009년 '건강한 학교 만들기' 사업 수행을 위해 (사)녹색소비자연대 전국협의회에 어린이 건강클럽 운영을 위탁계약 했다(2009-04-01~2009-12-30). '아토피 없는 건강한 학교 만들기' 사업의 경우 한양대학교 산학협력단과 위탁계약을 체결했다(2009.2.27~2009.11.30). 2011년 또한 동일한 민간단체에 위탁계약을 맺었다(2011.3.3.~2011.12.31). 2009년 '건강한 직장 만들기' 프로그램은 한국중독전문가협회에 민간위탁 운영을 맡겼다. 출처: 성동구청, "성동구 행정정보 수의계약 내역,"http://sd.go.kr/sd/ceio.do?mCode=13D080100000&displayId=&op=situationList2, (검색일: 2016.12.3)

고, 2013년부터 생활터 중심 건강증진사업 정착으로 자치구에서 자체 수행하게 되었다.8)

'건강한 생활터 만들기' 사업은 대체로 자치구 보건소를 통해 운영되었다. 자치구는 사업계획서를 검토하고, 구성원의 건강 관심 정도, 건강 취약집단에 대한 형평성을 고려하여 생활터 조성 사업을 담당할 단체를 선정하였다. 심의를 거쳐 선정된 민간부문 및 제3부문 행위자는 추진위원회 구성을 통해 세부계획을 수립하여 프로그램을 진행하였다. '건강한 생활터 만들기' 사업이 채택한 공공부문 주도 거버넌스에서는 부서 간 조율과 협력이 어렵고, 사업지가 추진담당자의 생활터에 집중되어 있었으며, 성과 중심적 일회성 행사 위주로 운영되는 문제점이 발견되었다. 특히 실질적으로 건강도시 활성화의 주체가 되어야 할 서울시민의 참여가 저조하며, 건강도시의 주체인 시민 조직의 질적·양적 인프라 부족으로 인해 지속성이 떨어지는 것으로 분석되었다(서울특별시보건정책과·서울시정개발연구원, 2007: 603).

12.3.2.B. '건강친화 마을 만들기'

2012년부터 2014년까지 추진된 3년간의 '건강친화 마을 만들기' 사업은 「건강 서울 36.5 프로젝트」의 '건강 마을, 건강도시' 사업 계획 아래에서 추진되었다. 「건강 서울 36.5 프로젝트」는 모든 시민이 함께 누리고 건강한 서울을 위해 건강 격차 해소, 시민과 환자의 권리, 빈틈없는 의료 안전망을 마련하고 민간자원과의 협력을 통한 공공 보건의료 확대를 위해 서울시에서 중장기 공공보건의료 정책개발과 계획으로 수립한 것이다(서울특별시, 2012). 중점사업으로 시행된 '건강마을, 건강도시' 사업은 건강증진과를 중심으로, 2012년 2개였던 '건강친화마을' 시범지구를 2014년까지 50개로 증가시키고자 했다. 또한, '복지건강마을 지원단'을 구성하여 마을사업 기술지원 및 창업보육 센터 임무를 수행하도록 하고, 자발적인 주민참여 및 의사소통을 할 수 있는 지역 복지네트워크 구축을 목표로 하였다.

'건강친화 마을 만들기' 사업은 지역 주민들이 주체가 되어 건강 향상을 위해 마을을 조성하는 것을 취지로 하는 민관 협력을 추구한 중요한 시도로 볼 수 있다(홍종원, 2015). 사업 선정의 질을 향상시키기 위해 선정된 민간단체와 보건소가 협력을 통해 공동계획서를 수립하여 서울시 '건강친화 마을 만들기 사업'에 공모하여 최

---

8) 서울시 건강한 생활터 만들기 사업(2013년 이후 자치구 자체 추진 중), 서울특별시 건강증진 홈페이지, http://health.seoul.go.kr/archives/1185, (검색일: 2016.11.29)

종 사업을 결정하는 과정으로 실행되었다.[9] 2012년 시범대상지로 강북구 번2동 '148 마을'과 성북구 월곡2동 '삼태기마을'이 선정되었다. 장기적으로 주민 스스로 복지를 실현하기 위해 요구되는 전문적인 지원체계를 구축하기 위해 성공회대학교, 도시연대, 의료생협이 협력하여 복지건강 마을 지원단을 구성했고 서울시는 이 지원단을 통해 사업을 지원하였다. '건강친화 마을 만들기'의 시범사업으로 선정된 '강북구 148 마을'과 '성북구 삼태기 마을'은 각각의 마을 거버넌스 구성을 통해 서울특별시 및 복지건강 마을 지원단과 관계를 맺었다.

서울시 건강증진과는 복지건강마을 지원단과 민간위탁 방식으로 파트너십을 맺고, 건강친화마을을 추진하는 '건강네트워크'[10]에 사업컨설팅 및 주민교육을 포함한 총괄업무를 위탁했다. 서울시는 자치구 보건소와 민간단체로 구성된 협력체에 예산을 지원했다. 민간단체는 보건소와 함께 사업계획을 작성하고, 주민 조직화를 위해 주민과 보건소의 중개 임무를 수행했다(홍종원, 2015: 51).

강북구 148 마을의 경우, 2000년대 중반부터 유지되어 오던 '돌산공동체', '아름다운생명사랑', '강북구 보건소' 컨소시엄을 통해 사업 추진단을 발족하여 건강마을 만들기를 추진했다. 성북구 삼태기 마을은 2008년 건강도시 추진 경험을 바탕으로 보건소가 주도적으로 사업을 추진하고 주민협의체가 협력하는 형태로 진행되었다. 그러나 2012년도 첫 해 사업 이후 사업주체가 자치구 보건소에서 복지관으로 변경되고 예산이 축소되는 등 정책수단이 변동되면서, 초기에 사업이 의도한 마을공동체 단위 복지와 건강을 결합한 "주민생활 속 작은 복지 실현"은 지속되지 못했다(이영범, 2013: 28). 서울시는 '건강친화 마을 만들기'를 직접 수행하기보다는 기존의 건강도시 사업과 같이 자치단체경상보조를[11] 통해 자치구 보건소가 지역 민간단체와 협력하는 방식으로 운영했다. 특히, 건강마을 사업을 통해 설립된 주민건강증진 공간 '건강카페'(성북구의 '마실 사랑방', 강북구의 '따순 오얏골')는 주민 참여의 거점 역할을 수행하여, 주민 주도로 건강관련 프로그램을 추진해 나갔다. 그러나 2013년부터 서울시 건강마을 만들기 사업의 담당부서가 복지건강실 건강증진과에서 복지정책과

---

9) 광진구 행정국, "건강친화 마을 만들기 사업 계획 공모 안내,"
출처: http://www.gwangjin.go.kr/_board-read.do?boardId=MIT038&boardNo=133160457 908499&command=READ&t=1490341278578, (검색일: 2016.11.29).
10) 자치구 보건소가 민간단체와의 협력을 통해 지역 건강자원, 주민조직화를 지원하는 것을 일컫는다.
11) 서울특별시 복지건강본부, 2012년 세출예산, p. 76, http://finance.seoul.go.kr/files/2012/02/20 12_10_budget.pdf, (검색일: 2016.12.7).

로 변경되면서 건강도시 추진 목표가 복지중심의 "지역중심 복지 서비스 전달체계 구축" 성과목표로 변경되었고 복지공동체 사업의 일부로 포함되면서[12], 앞서 계획했던 3년간의 사업 계획을 완성하지 못하고 1년 만에 종결되었다.

12.3.2.C. '소생활권 건강생태계 조성 사업'

2015년 서울시는 건강도시 사업으로 새롭게 '소생활권 건강생태계 조성 사업'을 설립하고 추진하였다. 2015년 시범 사업을 시작으로 현재까지 진행되고 있는 소생활권 건강생태계 기반조성사업의 목적은 '건강 네트워크'를 통하여 동(洞) 단위 복지네트워크의 중심인 '洞 마을 복지센터'를 적극적으로 활용하고, 소생활권[13] 단위로 건강을 지원하는 자원을 발굴하며, 조직화를 지원하는 것이다. 즉, 소생활권 단위의 건강협의체 구성과 운영을 통해 민간분야의 건강 자원을 개발하고 네트워크를 구축하여 자생력을 갖는 건강생태계 기반을 조성하는 것이 주요 목적이다. 특히, 기존 보건소 중심 건강생활실천 사업의 한계를 극복하기 위해, 지역주민이 주도적으로 지역사회 건강문제를 발굴, 분석, 기획, 시행하고 평가할 수 있는 실질적 민관 거버넌스 구축을 목표로 한다는 특징이 있다.

2015년 성동구(민간단체: 건강한 의료복지 사회적 협동조합), 성북구(생명의 전화 종합사회복지관, 삼태기 건강마을 풍경소리, 3개 단체 컨소시엄), 도봉구(여성 민우회), 금천구(환경과 사람들)가 각 자치구 보건소와 함께 첫 시범 사업 구로 선정되어 협력 사업이 시행되었고(서울특별시, 2016), 2016년에는 6개 자치구가 참여하여 7개의 생활권을 이루었다. 이전의 보건소 중심 건강생활 실천 사업에서는 주민참여가 저조하고, 보건소와 민간단체의 연계가 단발적이라는 한계가 지적되었기 때문에, 이를 보완하기 위해 건강증진 사업에 더욱 적극적인 주민참여가 요구되었다. 따라서 소생활권 건강생태계 기반조성 사업은 지속적인 건강증진 활동의 핵심인 주민 스스로 건강의제를 발굴하고 해결하는 데 초점을 맞추고 있다. 자치구 보건소와 민간단체로 구

---

12) 서울특별시 복지건강실, 2013년 세출예산, p.8, http://finance.seoul.go.kr/files/2013/01/2013_11_budget.pdf, (검색일: 2016.12.7).
   서울특별시 복지건강실, 2014년 세출예산, p.9, http://finance.seoul.go.kr/files/2014/01/2014_04_11.pdf, (검색일: 2016.9.10).
13) '소생활권'은 서울시가 도시기본계획에서 생활권 개념을 제시한 '1978년 도시기본계획'에서 찾아볼 수 있다. 당시 소생활권의 개념은 지역사회 기본 단위로 인구 5만명 지역을 설정하고 있다. 이후, '2006년 기본계획'까지 자치구 중심의 일상 생활권을 의미한다(최정민, 양재섭, 김창기 2006, 35).

성된 '소생활권 건강네트워크'는 공공과 민간의 협력을 통해 주민이 주체가 되어 건강문제를 해결할 수 있도록 주민 소모임 구성과 지역 건강자원 발굴 역할을 수행하고 있다(서울특별시 2016, 15).

서울시는 인제대학교 산학 협력단과의 위탁계약을 통해 '서울시 사업지원단'을 구성했다. '서울시 사업지원단'은 교육훈련, 자문, 기술, 운영, 사업평가 지원을 통해 건강네트워크를 지원할 수 있도록 서울시의 예산 및 행정지원을 받는다. '사업지원단'은 전담인력에게 적절한 역할을 분담함으로써 담당 공무원이 직접 사업에 참여하지 않고 자금만 지원하는 민간위탁의 한계를 극복하고자 했다.[14) 또한, 사업 지침 마련 및 사례관리를 담당하고 워크숍을 통해 지역사회 역량 강화를 지원하고 있다. 서울특별시 건강증진과는 사업을 기획하고 사업 지원단 및 자치구에 대한 예산 및 행정지원을 담당하고 있다.

실질적으로 사업을 수행하는 자치구 보건소와 민간단체는 위탁계약을 통해 사업을 수행하고 있다. 자치구 보건소는 '건강네트워크' 구성을 위한 건강자원 파악, 건강네트워크 운영단체 선정, 예산 및 행정 지원을 담당하고 있다. 민간단체는 건강의제 발굴, 건강문제 분석 및 진단, 주민발굴과 조직화 과정을 통해 주민주도 건강문제 해결을 전반적으로 기획하고 지원한다.

민간위탁으로 시행되는 만큼 서울시 건강도시 네트워크 및 사무 관련 업무는 전액 시비로 지원되고 있다. 공공부문의 지원이 중단되어도 자생적으로 건강을 증진시킬 수 있는 네트워크를 조성하고자 했던 기존 목적과는 달리, 1년 단위 위탁 계약은 네트워크 지속성을 저해하는 요인으로 작용했다. 2015년 조성되었던 성북구 건강생태계는 2016년에 지속적 건강도시 추진에 실패했다. 민간위탁 구조의 특성상 공모에 지원하는 민간단체가 없는 경우, 사업이 지속되기 어렵다. 지역사회 참여형 특징의 소생활권 건강생태계 조성 사업 역시 계약 기간이 종료되어 운영을 맡는 민간단체가 바뀌게 되면 처음부터 사업을 다시 시작할 수밖에 없다.[15) 즉, 단기적 계약을 통한 사업구조는 정책 일관성을 유지하고 자생적 생태계를 구성하기 위한 요건을 충족시키지 못한다. 서울시가 정한 공모사업에 응모하여 지원금을 수령해 사업을 수행하는 방식은 민간에게 사업의 일부 권한만을 부여한 것에 불과하므로 해

---

14) 서울시 건강 생태계 사업 지원단 연구원 (2016년 9월 13일, 서면 인터뷰)
15) 성북구 보건소 공무원 (2016년 10월 20일, 전화 인터뷰), 서울시 건강 생태계 사업 지원단 연구원 (2016년 9월 23일, 서면 인터뷰)

당 정책의 생태계 조성을 위한 민간 참여를 오히려 제한할 수 있다. 따라서 초기 정책 형성 과정부터 주민의 주도적 참여와 장기적인 도시계획의 병행이 필요하다(김정희 2015).

서울의 건강도시 거버넌스는 민간위탁 유형의 파트너십을 채택하고 있는데 이는 어떠한 제도적 보완을 통해 진행되어왔는가? 이는 2003년 신설된 '건강도시추진반'과 「서울특별시 건강도시위원회 설치 및 운영에 관한 조례」를 통해 파악할 수 있다. 조례는 안전하고 건강한 도시환경을 구축하고 유지할 수 있는 제도적 기반을 마련하기 위해 제정되었다. 그러나 위원회의 실적 저조와 역할 미흡을 이유로 2011년 조례가 폐지되었고, 서울시 '건강증진사업지원단'이 건강도시 정책 자문을 위해 기존 건강도시위원회의 기능을 통합했다.

서울의 건강도시 거버넌스를 둘러싼 정치적 맥락은 다음과 같이 살펴볼 수 있다. 서울시가 '건강도시'를 추진하게 된 것은 2003년 이명박 시장방침 646호에 의해서다. 2005년부터는 단일사업 유형의 '건강한 생활터 사업'을 시작하고 조례를 제정하였다. '건강도시위원회'는 도시건강 정책에 대한 전문적이고 체계적인 자문 업무를 수행하기 위해 정책 구성 및 운영에 관한 제반 사항을 규정하는 임무를 수행했다.

민선4기 한나라당 출신 오세훈 시장은 2006년부터 2011년까지 서울시장을 역임하면서 시민 건강증진을 정책 목표로 2006년 '하이서울 건강도시 엑스포', 2010년 '건강도시연맹 국제대회'를 개최하는 등 건강도시 사업의 외연 확대에 주력하였다. 그러나 2011년 '서울시 위원회 정비 및 운영 활성화 계획'에 따라 조례가 폐지[16]되고 '건강한 생활터 사업'에 지원되는 시비가 전액 삭감되어 사실상 건강도시 사업은 중단되었다(문은숙 2015).

민선 6기 박원순 시장은 시민사회 운동가 출신으로 취임 이후, 2012년 서울시 공공의료 종합계획인 '건강서울 36.5'를 통해 새롭게 '건강마을, 건강도시 사업' 계획을 발표했다. 구체적으로 질병 예방, 질 높은 공공보건의료 제공, 건강을 지원하는 환경 조성의 정책과제로 구성되어 있다. 건강도시 사업으로 '건강친화 마을'이 시범 운영되고 '복지건강마을 지원단'이 운영되었으나 '2013년 건강서울 36.5 보완계획'에 따라 '복지건강공동체 지원사업'으로 변경되어 사실상 종료되었다. 2015년부터는

---

16) 서울특별시 건강도시위원회 설치 및 운영에 관한 조례[시행 2011.10.27][조례 제5191호, 2011.10.27, 폐지]는 서울특별시장 권한대행 권영규에 의해 서울특별시위원회 정비 및 운영 활성화 계획에 따라 위원회 운영 실적 저조 및 역할미흡으로 조례를 폐지하였다. 출처: 법제처 www.law.go.kr, (검색일: 2016.11.28).

'소생활권 건강 생태계 조성'사업을 시작하였으며 주민 주도적 생태계 기반 조성을 목표로 하고 있다.

이명박 시장부터 박원순 시장까지 건강도시 달성이라는 정책목표 아래 '건강한 생활터 만들기', '건강친화 마을 만들기', '소생활권 건강생태계 조성 사업'이 진행되었다. 근본적 취지는 비슷하지만, 잦은 명칭 변경과 중단 현상은 사업의 지속성을 저해시켰다. 주로 WHO 건강도시 연맹 가입 및 건강도시 인식 확산에 초점을 맞춰 외연적인 건강도시 확장에 주목해왔다. 건강도시 프로젝트의 도입은 서울시장의 적극적 리더십에 의해 시작되었지만, 사업의 중장기 계획, 인프라, 재정의 부족, 자발적 파트너십 부재로 인해 프로젝트의 일관성을 유지하며 지속하는데 장애가 되고 있다. 또한, 건강도시 조례 폐지로 인해 건강도시를 지속해서 유지하기 위한 제도적 장치가 부재한 현실이다.

12.4. 분석

뉴욕시와 서울시의 건강도시 정책 사례 분석을 통해 본 연구의 주요 독립변수인 거버넌스 구조, 즉 민관협력 파트너십 유형이 정책 일관성에 영향을 미치고 있음을 확인했다. 파트너십에 따른 정책 일관성 유지는 관련 인터뷰를 통해서도 실증적으로 확인할 수 있었다. <그림 12-4>는 시간의 흐름에 따라 뉴욕과 서울의 건강 정책 일관성을 그래프로 나타낸 것이다. 뉴욕시 보건정신건강국과 AIANY은 2007년 ADGs 개발을 위한 실무진을 구성하고, 2010년 전략 매뉴얼(ADGs)을 출간했으며, 현재까지 건강도시 프로젝트를 지속적으로 유지·발전시켜오고 있다. 한편, 서울시는 2003년 '건강도시추진반'을 설치하고, 2005년 건강한 생활환경 조성을 위한 '건강한 생활터 만들기', 2012년 '건강친화 마을 만들기', 2015년 '소생활권 건강생태계 조성' 사업을 차례로 추진했다. 2003년 건강도시 도입 당시에는 WHO의 건강도시 계획을 반영하여 새로운 정책적 틀로서의 건강도시를 강조한 반면, 2005년부터는 사회 환경적 조건이 건강을 결정한다는 것에 주목하여, 지역주민의 참여와 역량 강화를 통해 건강에 이로운 생활환경 조성을 목표로 하는 사업이 진행되었다.

서울시의 경우, 건강한 생활환경을 조성하여 도시민의 건강을 증진하고자 하는 정책목표는 일관성 있게 유지됐으나, 정책수단인 건강도시 사업은 계속해서 변화했다(문은숙, 서명희 2016).

 **그림 12-4** 뉴욕시와 서울시의 건강도시 정책 일관성

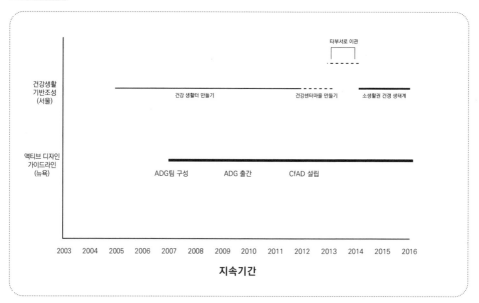

<표 12-3>은 뉴욕시와 서울시 건강도시 정책 사업의 일관성에 영향을 미치는 요소들을 정리한 것이다. 먼저, 뉴욕과 서울의 건강도시 정책을 둘러싼 정치적 맥락을 살펴보면, 시장 주도로 건강도시 프로젝트를 시작했다는 공통점을 가지고 있다. 블룸버그 시장과 이명박 시장은 건강의 중요성을 언급하고, 도시 정책 전 분야에서 건강을 우선적으로 해야 한다는 의지를 적극적으로 표명했다. 건강도시 프로젝트가 시행되는 동안 뉴욕시와 서울시는 공통적으로 정치적 변화를 겪었다. 뉴욕시는 공화당 블룸버그 시장에서 민주당 드 빌라시오로 리더십 및 정당 변화가 있었고, 서울시 또한 한나라당 이명박에서 오세훈, 민주당 박원순으로 시 정권 변동이 있었다. 또한, 대중들의 요구와 지지를 측정할 수 있는 지표인 사회·경제적 요인은 두 도시 모두 인구 천만 명에 가까운 메가시티라는 공통점을 가지고 있으며, 두 도시의 상

급학교 진학률은 비슷한 수준으로 파악된다. 또한, 1인당 소득 수준에서도 두 도시 모두 증가추세를 보이고 있다. 따라서 본 연구가 앞서 제시한 분석 틀의 요소 중 거버넌스 구조 외의 요인은 두 도시 사례에서 통제되고 있다고 할 수 있다.

표 12-3 뉴욕시와 서울시의 건강도시 거버넌스 및 환경적 맥락

구분		뉴욕	서울
정책목표		도시의 건조환경을 건강 지향적으로 조성하여 비만과 만성질환 감축	건강생활 기반조성 및 보건서비스 지원강화로 시민건강수준 향상
정책수단		액티브 디자인 가이드라인 (Active Design Guidelines)	건강한 생활터 만들기 건강친화 마을 만들기 소생활권 건강생태계 조성
거버넌스 구조	파트너십 유형	자발적 네트워크 구성형	민간위탁형
	참여자	보건정신건강국, 뉴욕건축가협회 외 11개 시정부문 및 민간단체	서울시 보건증진과, 자치구 보건소, 민간단체
정치적 요소		정치적 리더십 및 당파성	마이클 블룸버그 (공화당, 무소속, 2002~2013년) 빌 드 빌라시오 (민주당, 2014~)
사회·경제적 요소	면적	1214.4㎢	605.18㎢
	인구 및 인구밀도	8,550,405명 10,725.4명/㎢	10,297,138명 16,291명/㎢
	교육수준 (상급학교 진학률)	55.3%(2010)→59.7(2014)	69.67%(2003)→56.4%(2015)
	소득수준 (1인당 개인소득)	$30,948(2010)→ $32,829(2014)	11,800,000원(2003)→ 16,558,000원(2010년)→ 19,267,000원(2014)

자료: Schuppert(2011: 294)의 재구성.

뉴욕시와 서울시가 정치적 요소와 사회·경제적 요소가 유사한 상황에서 정책 일관성에 차이를 나타내는 원인은 파트너십 유형 차이 때문이다. 정책 일관성의 특징인 정책목표 및 정책수단의 중단, 포기, 지연 없는 장기적 지속에 대해 파트너십 유형이 어떻게 영향을 미치는가는 다음 특성을 바탕으로 확인할 수 있다.

첫째, 부문 간 협력이 가능한 자발적 네트워크 구성형 파트너십은 제도적, 정책적 상호보완성이 높기 때문에 정책 일관성 유지에 적합한 기반을 제공한다. 뉴욕시와 서울시는 초기 단계에서 보건 전담 부서인 '보건정신건강국(DOHMH)(뉴욕시)', '건강증진과(서울시)'가 주도적으로 해당 정책을 시행했으며, 건강한 생활환경 조성을 통해 도시민의 건강 증진 향상을 목표로 하였다. 뉴욕시 보건정신건강국은 AIANY과 파트너십을 형성하여 ADGs를 개발했다. 지속 가능한 종합 도시 계획(PlaNYC, OneNYC), LEED, 디자인 건설국의 대중교통 이용, 교통국의 도로 디자인 매뉴얼 등 다양한 참여 부서의 기존 제도와 협력이 가능했다. 서울시의 경우에도 초기 '건강한 생활터 만들기'에서 서울시 복지 건강국을 비롯해 보건복지부, 경찰청, 교육청 등 다양한 공공부문 협력을 구축했다. 특히 보건복지부의 식품규제를 통한 제도적 지원은 중앙정부-도시정부 간 협력을 보여주는 것이었다. 그러나 2012년 시비 지원이 중단되면서 해당 정책이 자치구 관할 사업으로 이전되었다. 2012년에 새롭게 시작된 '건강친화 마을 만들기'의 경우, 서울시-사업지원단, 보건소-민간단체의 협력관계가 위탁계약에 근거한 한시적 관계였기 때문에 다른 부서의 협력이 제한적이었고 제도적 협력을 통한 정책의 일관성 유지가 어려웠다. 2015년부터 시행되고 있는 '소생활권 건강 생태계 조성' 사업의 경우도 보건소와 민간단체, 그리고 서울시와 사업 지원단의 1년 단위 민간위탁 계약을 통해 이루어지고 있어 참여 행위자가 제한적이었다. 또한 계약기간 만료 후, 다음 해에 민간단체가 바뀌게 될 때는 사실상 사업을 다시 시작해야 했다. 민간위탁 유형 파트너십은 업무 효율성은 높일 수 있으나, 제한적 행위자 및 계약 기간으로 인해 정책 일관성 유지가 어려웠다.

둘째, 정책 일관성은 채택하고 있는 파트너십이 정책 사업을 총괄하고 추진하는 조직 및 기구를 형성할 수 있을 때 증진된다. 지역 보건의료 거버넌스의 원활한 작동을 위해서는 특정 주체가 일방적으로 주도하거나, 배제되지 않도록 운영하기 위한 전담기구의 필요하다(황순기 2013). 뉴욕시는 건강도시 정책 사업을 최초로 도입한 블룸버그 시장의 임기 이후에도 지속해서 정책을 유지하고 확산시키기 위해 CfAD 설립했다. 뉴욕시 정부로부터 독립된 비영리 기구인 CfAD는 공공부문과 제3

부문을 비롯한 민간기업 등이 참여하여 자발적 네트워크 구성형 파트너십을 구축하고 있다. CfAD는 설립 초기에 뉴욕시 보건정신건강국의 재정지원을 받았으나, 현재는 완전히 독립적인 비영리조직으로 운영되고 있다. CfAD는 자발적이고 지속적인 건강도시 정책을 지속시키기 위해 도시 계획가 및 건축가에게 건강 친화적 도시 설계에 대한 워크숍 및 트레이닝을 진행하고 있으며, 지역사회 참여를 증진하기 위해 민간단체들의 참여를 독려하고 있다. 조정기구는 주로 인센티브 구조와 모니터링 체계를 통해 지역 전반에 서비스를 제공한다. 단기적으로는 자금 조달 및 정책결정 상의 혼란을 초래할 수 있지만, 장기적으로는 전반적 효율성을 상승시킬 것으로 기대된다(Provan & Milward 1995, 30). 한편, 서울시의 경우, 2012년 '건강친화 마을 만들기' 사업에서는 성공회대학교, 도시연대, 의료생협이 컨소시엄을 구축해 서울시와 계약을 통해 사업지원단을 설립하였지만, 2015년 '소생활권 건강생태계 조성' 사업으로 건강도시 사업이 변경되면서 인제대학교가 사업지원단을 맡아 운영하고 있다. 사업지원단이 지원하는 건강네트워크(보건소 – 민간단체) 또한 위탁계약을 통해 사업을 추진하기 때문에, 계약 만료 후 새로운 참여자로 교체되는 경우 일관성이 떨어진다.

셋째, 파트너십 유형에 따라 정책실행을 위한 자금 구성이 상이하게 나타나며, 결과적으로 정책 일관성에 영향을 끼친다는 것을 확인할 수 있다. 2012년 설립된 뉴욕시 CfAD은 설립 초기 시 정부로부터 상당한 금전적 지원을 받았지만, 현재는 Knight Foundation 등이 기부하는 민간 자금을 통해 가이드라인 개발과 확산을 위한 자원을 조달하고 있다. 반면, 서울시는 전액 시비 지원 및 자치구 경상보조를 통해 건강도시 사업비용을 조달하고 있다. 자금을 공공부문이 일괄적으로 조달하고, 민간에 사업 추진만 위탁하는 민간위탁 방식은 비용 및 업무효율성을 늘릴 수 있다는 특징이 있으나, 도시 건강정책이 장기적으로 지속되고, 정책목표와 수단을 유지시켜 정책 내용을 일관성 있게 지속시키려면, 민간 영역의 자금을 활용한 자금 조성 구조를 확립할 필요가 있다(서울시 복지건강마을 지원단 2013).

12.5. 결론

본 장의 목적은 정책 일관성에 영향을 미치는 요인을 파악하고, 정책 일관성 유지에 적합한 민관협력 파트너십 유형을 도출하는 것이다. 이를 위해 뉴욕과 서울의 건강도시 정책 사례를 선정하여 장기적인 정책 지속이 필요한 보건, 환경, 에너지, 교육 분야에 접목할 수 있는 거버넌스 구조를 도출하고자 하였다. 정책 일관성은 정치적 요인, 사회·경제적 요인과 같은 일반적인 정책변동 원인에 의해 영향을 받을 수도 있지만, 본 장은 두 도시 사례에서 정치적, 사회·경제적 요인을 통제변수로 제한함으로써, 거버넌스 구조인 민관협력 파트너십 유형을 유의미한 변수로 도출하였다.

이론과 사례 분석을 통해 확인했듯이, 도시 정책이 일관성 있게 유지되기 위해서는 시정 부문 간 협력뿐만 아니라, 비정부 기구, 전문가 집단, 민간기업과 일반대중의 적극적인 참여가 필수적이다. 특히, 건강도시 정책과 같이 개인의 생활습관 및 사회·경제적 환경의 영향을 받는 정책은 다면적 요소를 가지고 있기 때문에, 단일 부서나 단순 시민참여로는 정책의 지속성을 보장하지 못한다(WHO, 2016). 따라서 재정적으로 안정적이고 기존제도와 협력적이며 독립적인 협의기구를 지속적으로 유지해야 한다.

본 장은 몇 가지 한계를 가지고 있다. 첫째, 본 장은 민관협력 파트너십의 성패와 같은 정책사업에 대한 평가가 아닌, 정책 일관성에 초점을 두고 제한적으로 평가했다. 파트너십 유형에 따른 건강도시 사업성과를 평가하기 위해서는 더 많은 문헌 검토와 심층 인터뷰가 필요하다. 둘째, 정책 일관성에 영향을 미치는 변수가 제한적이었다. 독립변수로 선정한 정치적 요소, 사회·환경적 요소, 민관협력 파트너십 이외에도 수많은 원인이 정책 일관성을 증진시키거나 방해 할 수 있다. 그러나 본 장은 대표적 요인 중 일부만을 선정하여 한정적인 상태에서 연구를 진행하였다는 한계가 있다. 셋째, 건강도시 정책 사례로 선정한 뉴욕시의 '액티브 디자인 가이드라인'과 서울시의 '건강한 생활터 만들기, 건강친화 마을 만들기, 소생활권 건강생태계 조성' 이외에도 인터뷰 및 문헌검토를 통해 밝힌 것과 같이 건강도시 개념을 지향하는 정책과 사업은 다양하게 존재한다. 그러나 본 장은 보건부문이 주요하게 참여하고 있으며, 민관협력 파트너십을 통해 생활터 접근을 시도하는 대상만을 비교하였다는 점에서 제한적인 사례분석이 될 수 있다.

그럼에도 불구하고, 본 장은 민관협력 파트너십 유형에 따라 건강도시 정책의 일관성이 다르게 나타남을 보여주었다는 데 의의가 있다. 특히, 보건정책을 비롯해 장기적인 목표를 가지고 추진되어야 하는 정책 분야에서 지속 가능한 파트너십은 필수적 도움이 될 것으로 판단된다. 본 장은 보건 분야에서 주로 다루어졌던 정책 분야를 정치적 시각에서 접근하였다. 향후 건강도시 정책의 의제화 과정이나 건강도시 거버넌스 구성의 원인 등이 후속연구를 통해 분석되어야 할 것이다.

AIANY. 2010. Fit City 5: Promoting Physical Activity through Design, Implementation of NYC's Active Design Guidelines, http://aiany.aiany.org/corecode/uploads/document/uploaded_pdfs/corecode_aianyaia/FIT_CITY5_Publication_FINAL_183.pdf, (검색일: 2016. 12.10).

Cohen, D., & Michel, P. 1988. How should control theory be used to calculate a time−consistent government policy? The Review of Economic Studies, 55(2): 263−274.

Corburn, J. 2009. Toward the healthy city: people, places, and the politics of urban planning: Mit Press.

Department of the Treasury Internal Revenue Service. 2016. Return of Organization Exempt From Income Tax Form 990. Retrieved from: https://www.guidestar.org/profile/46−1016582

Easton, D. 1957. An approach to the analysis of political systems. World politics, 9(03), 383−400.

Flynn, B. C. 1996. Healthy cities: toward worldwide health promotion. Annual review of public health, 17(1): 299−309.

Klijn, E.−H., & Teisman, G. R. 2000. Governing public−private partnerships: Analysing and managing the processes and institutional characteristics of public−private partnerships. Routledge Advances in Management and Business Studies, 19: 84−102.

Lee, K. K. 2012. Developing and implementing the active design guidelines in New York City. Health & place, 18(1): 5−7.

Lee, K. K. 2013. Fit Cities: How Active Design Can Build Healthier and More Sustainable communities, PDF source: http://www.ncchpp.ca/docs/CLASP_24Nov2010_KarenLee.pdf, (검색일: 2016.11.29)

Lee, T., & Koski, C. 2012. Building green: local political leadership addressing climate change. Review of Policy Research, 29(5): 605−624.

Lee, T., & Painter, M. 2015. Comprehensive local climate policy: The role of urban governance. Urban Climate, 14: 566−577.

Lipp, A., Winters, T., & de Leeuw, E. (2013). Evaluation of partnership working in cities in phase IV of the WHO Healthy Cities Network. Journal of urban health, 90(1); 37−51.

NewYork, 2011. PlaNYC Full Report.

NYC. 2010. Active Design Guidelines.

NYC. 2016. New York City Population. Retrieved from: http://www1.nyc.gov/site/planning/data−maps/nyc−population/current−future−populations.page

NYC. 2016. Mayor de Blasio Announces 'Building Healthy Communities.' Retrieved from: http://www1.nyc.gov/office−of−the−mayor/news/784−16/mayor−de−blasio−building−healthy−communities− (searched 2016.11.08).

Peters, B. G., & Pierre, J. 1998. Governance without government? Rethinking public administration. Journal of public administration research and theory, 8(2): 223−243.

Provan, K. G., & Kenis, P. .2008. Modes of network governance: Structure, management, and effectiveness. Journal of public administration research and theory, 18(2): 229−252.

Provan, K. G., & Milward, H. B. 1995. A preliminary theory of interorganizational network effectiveness: A comparative study of four community mental health systems. Administrative science quarterly, 1−33.

Rhodes, R. A. .2000.. Governance and public administration: Debating governance: authority, steering and democracy. Oxford: Oxford University Press.

Scholz, J. T., & Wang, C. L. 2006. Cooptation or transformation? Local policy networks and federal regulatory enforcement. American Journal of Political Science, 50(1): 81−97.

Schuppert, G. F. 2011. Partnerships. The SAGE handbook of Governance. University of California, Berkeley: SAGE.

Voß, J.−P., Smith, A., & Grin, J. 2009. Designing long−term policy: rethinking transition management. Policy sciences, 42(4): 275−302.

WHO. 1995. Building a healthy city: A practitioners' guide, A step−by−step approach to implementing healthy city projects in low−income countries.

WHO. Types of Healthy Settings. Retrieved from http://www.who.int/healthy_settings/types/cities/en/ (searched 2016.10.20.).

강은정. 2010. 건강도시 현황 및 정책과제. 보건복지포럼, 163(−): 27−38.

광진구 행정국. 2012. 건강친화 마을 만들기 사업 계획 공모 안내. 출처: http://www.gwangji

n.go.kr/_board‒read.do?boardId=MIT038&boardNo=133160457908499&command=R
EAD&t=1490341278578. (검색일: 2016.11.29).

권영규. 2006. "정책네트워크 분석을 통한 도시하천복원사업 정책과정비교연구." 박사학위논문,
　　서울시립대학교 대학원.

김승희, 김은숙. 2015. "건강지표분석을 통한 건강도시정책방향에 관한 연구 ‒ 강원도 사례."
　　도시정책연구 6(2): 47‒62.

김영. 2010. "건강도시 실현을 위한 추진전략과 과제." 국토, 43‒56.

김인. 2006. "지방정부의 공공서비스 전달에 있어서 거버넌스 구조가 성과에 미치는 영향." 한
　　국행정학보, 40(4): 51‒75.

김정희. (2007). "건강도시에 대한 비판적 고찰." 보건과 사회과학, 21, 137‒156.

김정희. (2015). "굿 거버넌스 실현을 위한 대도시의 주민참여행정 비교연구." 지방정부연구,
　　18(4): 135‒170.

김진희. 2012. "건강도시 평가의 원칙. 보건교육." 건강증진학회지, 29(4): 67‒81.

문은숙. 2015. "세계 건강도시 정책동향과 건강도시 서울의 미래." 세계와 도시, 11: 18‒27.

문은숙, 서명희. 2016. 서울시 건강도시사업 추진실태와 개선방안, 서울연구원

문인수, 이종열. 2002. "거버넌스 패러다임으로서 파트너십 전략의 활용방안." 한국정책과학학
　　회보, 6(3): 53‒76.

서울시 복지건강마을 지원단. 2013. 마을공동체 시범사업의 쟁점과 과제: 서울시 복지건강마을
　　사례를 중심으로. 간담회 자료집

서울통계. 2016. http://stat.seoul.go.kr/jsp3/index.jsp

서울특별시. 2012. 건강서울 36.5 프로젝트.

서울특별시. 2016. 2016 소생활권 건강생태계 기반조성 지원사업 안내(안).

서울특별시 건강도시위원회 설치 및 운영에 관한 조례 제5191호. (2011. 10.27). 법제처.

서울특별시 건강증진과. 2015. 2015년 서울시 소생활권 건강생태계 기반조성 지원 종합 결과
　　보고 및 대토론회.

서울특별시 건강증진 홈페이지. http://health.seoul.go.kr/archives/

서울특별시보건정책과, 서울시정개발연구원. 2007. 서울특별시 지역보건의료계획 제4기 (2007
　　년~2010년).

서울특별시 복지건강본부. 2012. 세출예산

서울특별시 복지건강실. 2013. 세출예산

서울특별시 복지건강실. 2014. 세출예산

성동구청. 2009. 성동구 행정정보 수의계약 내역. http://sd.go.kr/sd/ceio.do?mCode=13D08
　　0100000&displayId=&op=situationList2,(검색일: 2016.12.3)

유승현. 2015. "도시건강에 대한 건강증진 접근방향과 과제." 보건과 사회과학, 40: 29‒55.

유훈. 2009. 정책변동론, 서울: 대영문화사.

이경환, 김성길. 2011. "도시재생 과정에서 활용 가능한 건강도시 계획지표 개발 및 전문가 의

식 차이에 관한 연구." 한국도시설계학회지, 12(5): 137-150.

이명석. 2002. "거버넌스의 개념화." 한국행정학보, 36(4): 321-338.

이명훈, 송혜승, 장민영, 조미정, 최민성. 2014. "뉴욕의 건강도시 계획과정 및 추진체제." 국토계획, 49(4): 17-36.

이영범. 2013. "복지로 가는 마을." 한국주거학회지, 8(1): 24-28.

정정길, 최종원, 이시원, 정준금, 정광호. 2010. 정책학원론, 서울: 대명출판사.

최정민, 양재섭, 김창기. 2006. "서울시 생활권계획의 운영실태와 개선방향에 관한 연구 - 도쿄도와의 비교를 중심으로." 서울도시연구, 7(3): 31-50.

홍종원. 2015. "건강마을만들기 사례연구." 석사학위논문. 성공회대학교 NGO대학원

황순기. 2013. "지역보건의료 거버넌스 구축방안." 지방정부연구, 16(4): 137-161.

시민정치, 교육,
NGO 활성화

결론

시민정치, 교육, NGO 활성화

이 책은 시민정치는 무엇이고, 왜 필요한가, 시민들은 무엇을 원하고, 정치 참여를 가능하게 하는 기술들을 어떻게 활용할 수 있는가, 숙의 과정을 통해 어떻게 시민들이 정책을 결정할 수 있으며, 시민 정치 교육은 어떤 효과를 가지는가에 대해 질문했다. 아울러, 시민사회조직인 NGO의 역할과, 성장, 기업과 정부 정책에 미치는 영향에 대한 논의를 진행했다.

1. 시민정치는 무엇이고, 어떻게 활성화할 수 있는가?

시민정치는 시민들이 정치의 주체가 되어 정치과정에 참여하고 정책을 결정함을 의미한다. 대의 민주주의에서 시민들이 선거에 참여하여 투표를 하는 것도 일종의 정치 참여 방법이다. 여기에 더해, 시민정치는 시민들의 자발적인 참여를 통해 자신의 목소리를 내고, 집단 행동을 조직하며, 숙의를 통해 사회의 가치와 자원을 배분한다. 자발성과 포용성은 시민 정치의 핵심이다. 시민들은 자발적으로 시민사회를 형성하고, 일상에서의 상호 작용을 통해 여론을 형성하고 논쟁과정을 거쳐 공적 결정을 내리고 합의에 다다를 수 있다. 시민정치는 정책 수립과 더불어 서비스 생산과 배분할 수 있다. 지역 사회 시민들의 수요를 파악하고 서비스를 생산해서 전달하는 역할은 시민들 스스로 문제 해결의 주체가 된다는 점에서 간과되어서는 안 된다.

시민정치는 민주주의, 특히 지역을 기반으로 한 민주주의라는 점에서 중요하다. 시민정치는 대의 민주주의의 한계점을 보완하면서, 지역의 필요에 대한 논의와 결정하기 때문에 필수적이다. 시민들이 대표를 뽑기도 하지만, 숙의 과정을 통해 주요한 사안을 학습하고 결정하는 합의 과정도 주목할 요소이다.

시민들의 정치적 필요를 아는 방법은 다양하다. 가장 대표적인 것은 선거이다. 시민들은 선거 제도를 통해 자신이 지지하는 정당과 후보에 투표함으로 정치적 선호를 나타낸다. 또 다른 방법은 시민들의 민원과 청원을 통해 나타낼 수 있다. 이 책 1부 2장은 시민들의 청원 빅데이터를 분석함으로써 시민들이 코로나 확산 상황에서 무엇을 원하는가를 파악하고자 한다. 시민들은 민원과 청원을 통해 끊임없이 정부와 소통한다. 텍스트 마이닝과 빅데이터 분석은 시민들의 요구를 체계적으로 이해할 수 있게 돕는다. 코로나 확산 시 다양한 시민들의 우려와 요구가 있었으며, 이는 지원과 예방으로 크게 범주화 할 수 있다. 해외와의 연계 (공항이나 항만의 발달)가 가능한 도시들에서는 예방을, 그렇지 않은 도시들에서는 지원을 요청하는 경향이 나타났다. 이러한 분석 방법은 코로나 이외에도 일상적으로 요구되는 시민들의 요청을 파악하는데 요긴할 것이다. 상시적이고 광범위한 시민 의견의 청취와 분석이 선거 이외의 상황에서도 가능해졌다.

3장에서는 시민이 새로운 정보통신기술(Information & Communication Technology: ICT)들을 활용하여 자치를 활성화시킨 사례를 살펴봤다. 정보 기술의 성격과 주민자치 정도에 따른 유형화를 통해 주민 참여-주민 결정 차원과 정보수집-응답과 정보 공동 생성 차원의 틀로 자치정부의 온라인 주민 참여를 구분해 봤다. 3장은 주민 결정과 정보 공동 생성 기술을 활용하여, 주민들이 상시적으로 공적인 문제를 토론하고 결정할 수 있도록 하는 혁신적인 접근이 필요함으로 강조하고 있다.

숙의민주주의는 시민들이 토론을 통해 정책적인 결정하는 방법이다. 4장에서 살펴본 원자력발전소 건설 여부를 결정하는 공론화 과정은 시민들의 토론과 숙의 과정을 통해 국가의 에너지 정책을 결정할 수 있음을 보여준다. 이익과 가치가 첨예하게 대립된 에너지 정책에 대한 일반 시민들의 관심, 교육, 결정을 접목하는 방법으로서 이는 공론화 위원회의 가능성을 나타내는 사례이다. 시민들은 상식을 가지고 첨예한 공적 문제에 대해 논의하고 결정할 수 있다. 이 과정은 참여하는 시민들뿐만 아니라, 과정에 관심을 가진 시민들에게 민주주의 교육 효과 또한 가져올 수 있다. 따라서, 숙의 과정을 확대하고 제도화 하여야 한다. 이를 통해 온라인 플랫폼과 결합할 때,

숙의과정은 좀 더 용이하게 시민과 정책 결정자들에게 다가갈 수 있다.

시민 정치 교육은 시민들이 지역 문제에 관심을 가지고 함께 해결하려고 할 때 효과를 발휘할 수 있다. 5장에서의 실험 연구는 지역사회기반 수업을 수강한 학생들이 그렇지 않은 학생들보다 지역 사회에 자원봉사를 하거나, 학생 단체를 조직하거나, 민원이나 청원을 통해 지역 정치에 참여할 가능성이 높아짐을 보여준다. 시민 정치 교육은 대학뿐만 아니라, 초, 중, 고 교육과 함께 평생 교육의 장에서 민주시민교육의 일환으로 진행되어야 한다. 지역 문제를 지역 주민들인 민-관 협력을 통해 해결하는 것이 시민 정치 교육의 핵심이다.

시민은 국가 공간에 국한되지 않는다. 6장에서 다룬 세계시민은 인간으로서 가져야 할 보편적 윤리와 가치를 국경을 초월하여 공유한다. 비폭력, 생명존중, 다양성, 관용, 평화, 정의, 평등, 참여, 연대, 타자 존중과 공동체 의식은 어느 나라의 시민들이나 향유할 수 있는 가치들이다. 또한 국가에 국한되지 않는 기후-환경-에너지 문제, 인간 안보, 난민과 젠더 문제, 문화-종교와 문제는 세계시민들의 관심과 참여, 문제 해결을 위한 노력이 필요하다. 국가마다 특수성이 있지만 세계시민으로 가질 수 있는 가치와 이익을 충돌지점을 확인할 때, 시민의 개념을 국경을 넘어 확산하려는 세계시민의 의의에 공감할 수 있을 것이다.

2. NGO의 역할은 무엇이고, 정책과 기업에 어떤 영향을 끼치는가?

NGO는 시민사회의 조직이다. 시민들이 자발적으로 공동으로 추구하는 목적을 달성하기 위해 만들어서 운영한다. 사람들의 삶의 질을 향상시키기 위해 만들어진 자치, 민간, 비영리 단체이다. NGO는 시민사회 활성화, 민주주의 발전, 정책 과정에서의 아젠다 제시, 감시자 역할을 수행하며 공익을 추구한다.

세계화와 민주화는 NGO의 형성과 확산을 추동하는 요인이다. 8장에서 경험적으로 밝혔듯이, 국제 NGO는 정치적 세계화(국제 기구 참여 확대)와 민주주의의 확산이라는 정치 요소에 따라 발전에 영향을 받는다. 아울러, 경제적 세계화(특히 외국인직접투자), 인터넷 등의 커뮤니케이션 발전, 경제적 번영 또한 NGO 성장에 긍정적으로 영향을 끼친다. 대내외적 정치-경제가 복합적으로 NGO 성장에 영향을 끼치는 것이다.

동시에 NGO에 대한 신뢰에는 언론의 독립성이 영향을 끼침을 이 책에서 밝히고 있다. NGO 성장에 거시적 요소와 함께 미시적 요소, 특히 NGO의 활동을 자세히 알리고, 감시자의 역할을 하는 언론의 자유와 정부로부터의 언론의 자유가 필요함을 9장에서 보여주고 있다. 건강한 NGO-언론의 관계는 신생 민주국가뿐만 아니라 발달된 민주국가에서도 요청된다.

NGO는 국제규범을 국내에 제도화하는 역할을 할 수 있다. NGO는 정치적 기회구조를 활용하여, 난민보호의 중요성과 방법에 대한 법률안을 제시함으로써 국회에서 난민법이 단일법으로 입법될 수 있도록 행동을 유도한 바 있다. 문제를 지적하는 능력과 함께 대안을 제시하는 능력과 정치적 접근성을 높이는 전략의 효과성을 10장에서 경험적으로 제시하고 있다.

뿐만 아니라, NGO는 기업의 행태에서 정보 정치를 활용하여 영향을 끼칠 수 있다. 기업의 영향력이 갈수록 커지고 있는 가운데, 11장에서는 환경 NGO인 그린피스가 IT기업들의 재생에너지 사용을 촉구하기 위해 기업의 친환경전략과 행태를 평가하여 순위를 공표함으로써 기업 행태를 변화시키는 사례를 분석하고 있다. 기후변화 및 에너지 이슈를 선정하고, 목표 산업과 기업을 설정하고, 가장 효과적인 전술을 적용함으로써 NGO는 기업과 함께 혹은 기업의 행태를 감시하며 추구하는 가치를 공유하고 이뤄낼 수 있다. 기업 에너지 사용 100%를 재생에너지로 전환하는 RE100 등 다양한 이니셔티브가 비영리단체에서 시작되었다는 것은 우연이 아니다.

민관협력제도는 문제의 인식과 해결을 위해 도입되고 있다. 시민사회, 전문가, 공공기관이 함께 네트워크를 구성하여 협력적으로 문제 해결을 위해 노력할 때 정책 일관성이 높아짐을 12장은 서울시와 뉴욕시의 건강도시 사례를 통해 보여준다. 정치적 리더십이 선거를 통해 바뀔 때에도 자발적이고 독립적인 네트워크형 민관협력 기구는 재정과 비전, 전략을 안정적이고 지속적으로 유지함으로써 정책의 일관성을 높일 수 있다.

NGO는 사회 속에 홀로 존재하지 않는다. NGO의 가치에 공감하고 참여하는 시민들이 있어야 하며, 뿐만 아니라 또한 상호 견제하거나 협력할 수 있는 정치 제도, 공공 기관, 기업과 함께 사회적 가치를 추구할 수 있다. 시민정치와 NGO는 민주주의의 일상화와 삶의 질 향상, 인류의 보편적 가치를 이뤄나갈 주춧돌이다.

참고
문헌

Adams, L. 2005. Actually existing civil society in Central Asia. Paper presented at EES March 17−20, 2005, at Washington, DC.

Adamson, F. B. 2002. Building civil society from the outside: An evaluation of democracy assistance strategies In Uzbekistan and Kyrgyzstan. In S. E. Mendelson, & J. K. Glenn (Eds.), The power and limits of NGOs: A critical look at building democracy in Eastern Europe and Eurasia (pp.177−206). New York: Columbia University Press.

Adamson, F. B. 2004. Global liberalism vs. political Islam: Competing ideological frameworks in international politics. Paper presented at 45th Annual Meeting of the International Studies Association at Montreal, Quebec, Canada.Bagdikian, B. H. (1997). The media monopoly. Boston: Beacon Press.

Bahry, D., Kosolapov, M., Kosyreva, P., & Wilson, R. W. 2005. Ethnicity and trust: Evidence from Russia. American Political Science Review, 99: 521−532.

Beck, N., & Katz, J. N. 1995. What to do (and not to do) with time−series cross−section data. American Political Science Review, 89: 634−647

Becker, J. 2004. Lessons from Russia: A neo−authoritarian media system. European Journal of Communication, 19: 139−163.

Bekkers, R. 2003. Trust, accreditation, and philanthropy in the Netherlands. Nonprofit and Voluntary Sector Quarterly, 32: 596−615.

Bekkers, R., & Bowman, W. 2009. The relationship between confidence in charitable organizations and volunteering revisited. Nonprofit and Voluntary Sector Quarterly, 38: 884−897.

Bennett, L. 2002. News: The politics of illusion. New York: Longman.

Bernhard, M., & Karakoc, E. 2007. Civil society and the legacies of dictatorship. World Politics, 59: 539−567.

Botan, C. H., & Taylor, M. 2005. The role of trust in channels of strategic communication for building civil society. Journal of Communication, 55: 685−702.

Braithwaite, V., & Levi, M. (Eds.). 1998. Trust and governance. New York: Russell Sage.

Capella, J. N., & Jamieson, K. L. 1997. Spiral of cynicism. Oxford, UK: Oxford University Press.

Chandler, D. 2006. Building trust in public institutions? Good governance and anti−corruption in Bosnia−Herzegovina. Ethnopolitics, 5: 85−99.

Cooley, A., & Ron, J. 2000. Perverse aid: The new market for foreign assistance.Paper read at Institute for Global Studies in Culture, Power, and History, at Johns Hopkins University.

Cooley, A., & Ron, J. 2002. The NGO scramble: Organizational insecurity and the political economy of transnational action. International Security, 27(1): 5−39.

Crowley, S. 2002. Comprehending the weakness of Russia's unions. Demokratizatsiya, 10(2).

Crowley, S., & Ost, D. (Eds.). 2001. Workers after workers' states: Labor and politics in postcommunist Eastern Europe. New York: Rowman & Littlefield.

Delhey, J., & Newton, K. (2005). Predicting cross−national levels of social trust: Global pattern or Nordic exceptionalism? European Sociology Review, 21: 311−327.

Downing, J. 1996. Internationalizing media theory. London: Sage.

Eigen, P. 2002. Measuring and combating corruption. Journal of Economic Policy Reform, 5: 187−201.

Ekiert, G., & Kubik, J. 1999. Rebellious civil society: Popular protest and democratic consolidation in Poland, 1989−1993. Ann Arbor: University of Michigan Press.

Erlich, J. (2006, May 5). Uzbekistan: Democratization or business as usual? Philanthropy News Digest. Retrieved September 1, 2010, from http://www.eurasia.org/documents/Article _Uzbekistan_JErlich_0406.pdf

EUXTV. 2009. Berlusconi media control triggers hot EU debate on Press. In News and Politics.

Evans, A. B., Henry, L. A., & Sundstrom, L. M. 2005. Russian civil society: A critical assessment. Armonk, NY: M. E. Sharpe.

Fearon, J. D., & Laitin, D. 2003. Ethnicity, insurgency, and civil war. American Political Science Review, 97: 1−16.

Freedom House. 2009. Freedom of the press: Central and Eastern Europe/FSU 2008. Retrieved September 1, 2010, from http://www.Freedom House.org/template.cfm?page=251&year=2008

Goehring, J. 2007. Nations in transit 2007. New York: Freedom House.

Granovetter, M. 1985. Economic action and social structure: The problem of embeddedness. American Journal of Sociology, 91: 481−510.

Gross, K., Aday, S., & Brewer, 2004. P. R. A panel study of media effects on political and social trust after September 11, 2001. Harvard International Journal of Press/Politics, 9(4): 9−73.

Grzymala−Busse, A., & Luong, P. J. 2002. Reconceptualizing the state: Lessons from postcommunism. Politics & Society, 30: 529−554.

Gugerty, M. K., & Prakash, A. (Eds.). 2010. Voluntary regulations of NGOs and nonprofits: A accountability club framework. Cambridge, UK: Cambridge University Press.

Gunther, R., & Mughan, A. 2000. The political impact of the media: A reassessment. In R. Gunther & A. Mughan (Eds.), Democracy and the Media (pp.402−447). Cambridge, UK:Cambridge University Press.

Hansmann, H. 1980. The role of nonprofit enterprise. Yale Law Review, 89, 835−898.

Henderson, S. L. 2002. Selling civil society: Western aid and the nongovernmental organization sector in Russia. Comparative Political Studies, 35: 139−167.

Hoffmann, E. P. 1998. The dynamics of state−society relations in post−Soviet Russia. In H. Eckstein, F. J. Fleron, E. P. Hoffmann, & W. M. Reisinger (Eds.), Can democracy take root in post−Soviet Russia? Explorations in state−society relations (pp.69−101). Lanham:Rowman & Littlefield.

사 항 색 인

이태동
연세대학교 언더우드 특훈교수이자 정치외교학과 교수로 환경-에너지-인력자원연구센터장을 맡고 있다. 연세대학교에서 정치외교학을 전공한 후, 서울대학교 환경대학원에서 도시 및 지역계획 석사학위를 취득하고, 미국워싱턴대학(University of Washington)에서 세계도시와 기후변화(Global Cities and Climate Change: the Translocal Relation of Environmental Governance, Routledge 출판사)를 주제로 정치학 박사학위를 받았다. 주된 관심사로 도시의 기후변화와 에너지 정책을 국제관계와 비교정책의 관점에서 분석하는 연구를 하고 있으며, 환경-에너지정치, 마을학개론, 시민사회와 NGO 정치 등의 과목을 가르치고 있다. 마을학개론(2017, 대한민국학술원 우수학술도서상), 우리가 만드는 정치(2018), 환경-에너지 리빙랩(2019), 에너지전환의 정치(2021, 대한민국학술원 우수학술도서상) 저서와 해외, 국내의 유수한 저널에 다수의 논문을 출판하였다. www.taedonglee.com

시민정치와 NGO

초판발행	2023년 3월 10일
지은이	이태동
펴낸이	안종만 · 안상준
편 집	양수정
기획/마케팅	장규식
표지디자인	Ben Story
제 작	고철민 · 조영환
펴낸곳	(주) 박영사
	서울특별시 금천구 가산디지털2로 53, 210호(가산동, 한라시그마밸리)
	등록 1959. 3. 11. 제300-1959-1호(倫)
전 화	02)733-6771
f a x	02)736-4818
e-mail	pys@pybook.co.kr
homepage	www.pybook.co.kr
ISBN	979-11-303-1695-6 93340

copyright©이태동, 2023, Printed in Korea

정 가   24,000원